本书由上海文化发展基金会图书出版专项基金资助出版

中国经济运行风险研究报告

Research on the Risk of Chinese Macroeconomic Operation 2013

2013

唐海燕　贾德奎等／著

立信会计出版社
LIXIN ACCOUNTING PUBLISHING HOUSE

图书在版编目(CIP)数据

中国经济运行风险研究报告. 2013 / 唐海燕等著. —上海：立信会计出版社，2013. 10
ISBN 978-7-5429-3981-4

Ⅰ. ①中… Ⅱ. ①唐… Ⅲ. ①中国经济—经济运行—风险评价—研究报告—2013 Ⅳ. ①F123

中国版本图书馆 CIP 数据核字(2013)第 216167 号

责任编辑　赵新民
封面设计　周崇文

中国经济运行风险研究报告 2013

出版发行	立信会计出版社		
地　　址	上海市中山西路 2230 号	邮政编码	200235
电　　话	(021)64411389	传　　真	(021)64411325
网　　址	www.lixinaph.com	电子邮箱	lxaph@sh163.net
网上书店	www.shlx.net	电　　话	(021)64411071
经　　销	各地新华书店		
印　　刷	上海中华印刷有限公司		
开　　本	787 毫米×1092 毫米	1/16	
印　　张	20.75	插　　页	4
字　　数	494 千字		
版　　次	2013 年 10 月第 1 版		
印　　次	2013 年 10 月第 1 次		
书　　号	ISBN 978-7-5429-3981-4/F		
定　　价	68.00 元		

如有印订差错，请与本社联系调换

中国经济运行风险研究报告课题组

课题组负责人　唐海燕　贾德奎

课题组成员（按姓氏笔画排序）

王双成　王淑贞　王楚明　邓小洋

朱为华　毕玉江　邵　军　张丕强

张会清　张志谦　张利兵　赵迎春

袁　敏　贾德奎　曹惠民　黄　波

程新章　裴　瑱

课题组秘书　卞世博　冯晓楠

前　　言

2012年9月,《中国经济运行风险研究报告2012》顺利出版发行,这是我们连续出版的第六本年度报告,报告对中国经济运行的总体风险状况的持续性跟踪研究,赢得了较好的社会评价。

从2013年前两个季度的实际经济运行状况来看,2012年的研究报告较好地刻画了中国经济运行中的主要风险因素及其特征。而且,报告对于中国经济运行态势的关键分析和判断,也与后来的实际经济发展状况基本吻合。但是,由于报告的出版周期为一年,因此对全球范围内新出现的可能影响中国经济运行的一些风险因素,难以在研究中及时、全面地反映出来。并且,由于报告的研究和写作时间要早于实际经济运行,因此在研究侧重点的安排、视角的选择以及具体风险因素的识别方面,也可能难以完全反映中国实际经济运行中正在显现的各种新情况、新特点。

为较好地解决上述问题,自2010年开始,研究院在年度风险研究报告的基础上,同时组织研究并按季度出版了《中国经济运行风险指数季报》,通过风险指数季报的发布,一方面尽可能弥补年度报告在时效性上的不足,另一方面也便于重点聚焦于某个正在显现中的风险问题,从而努力使研究更为系统和深入。已经出版的《中国经济运行风险指数季报》,较好地跟踪和预测了中国宏观经济运行中的主要风险因素的动态变化,并对经济运行的总体风险状况和宏观调控政策的可能变化进行了前瞻性把握,持续发布的《中国经济运行风险指数季报》因其具有更好的时效性和准确的预测表现,赢得了良好的社会反响。

《中国经济运行风险研究报告2013》在研究思路和基本框架上,与上一年的研究基本保持一致。即采用"4+1+X"的基本架构,在选取宏观政策调控的四大最终目标作为基本因素("4+1+X"中的"4")的基础上,再根据当年经济运行中的热点问题或重要领域("4+1+X"中的"X")及微观经济主体运行状况("4+1+X"中的"1")确定若干有代表性的扩展特征因素,通过深入研究这些因素引致宏观经济运行风险的传导机制和风险水平，以最终反映中国宏观经济运行的总体风险状况。

经过几年的锻炼和磨合，中国立信风险管理研究院围绕年度报告构建了一支稳定的研究团队，即以校内的教授、博士等学术骨干为主体，并通过风险专题研究项目的形式，充分整合了国内各大高校中有志于风险管理研究的优秀中青年学者，组建了项目团队以开展研究工作。

具体负责研究和报告撰写的人员为：总论，唐海燕、贾德奎；经济增长风险，唐海燕、程新章、毕玉江、张会清、裴瑱和王双成；通货膨胀风险，贾德奎；就业风险，黄波；国际收支失衡风险，张丕强；金融系统风险，王楚明、张利兵；财税风险，赵迎春；能源安全风险，何亚群；微观主体运行风险，邵军、袁敏。

本报告严格遵循风险识别、风险度量和风险管理的基本研究范式，力图全面、准确地回答中国宏观经济运行的风险来源、风险大小及风险管理对策等关乎国计民生的重大现实问题，并期待能够为中国宏观经济运行风险方面的学术研究注入活力，为经济工作者和决策者提供有益参考。

最后需要指出的是，尽管本报告努力以数据为基础、以事实为依据，但部分风险主题的研究却不可避免地存在着主观推理和判断的成分，这有可能会在一定程度上影响到本报告研究结果的准确性。除此之外，本报告也许还存在着诸多我们尚未意识到的问题或缺陷，希望各位同仁能不吝指正，以便于我们在今后的研究中继续探索、完善和解决。

唐海燕

2013年9月于立信园

目　　录

Contents

第一章　总　　论

一、绪论

经济运行风险，主要指实际经济运行相比较其正常（或均衡）状态而产生显著偏离的可能性。在实践中，宏观经济各个目标的实现程度通常被用于衡量经济运行的实际状况，因此经济运行风险的大小程度，也主要表现为反映经济运行质量的各关键经济变量对其正常值的偏离程度。

进入2013年以后，世界经济仍然没有出现明显的复苏迹象。中国经济增长的基础仍然不够牢固，加之各主要发达国家纷纷明确实施各种量化宽松措施，未来中国面临的输入型通货膨胀压力不断增大。而中国自身经济结构调整、转变经济发展方式过程中本来就面临要素价格上涨、资源环境压力不断增大的问题，因此，经济运行整体风险继续有所增加。

从数据来看，2012年中国经济运行的主要指标都较上一年有所回落，2013年这一态势仍在继续，尽管这一变化趋势早已在经济主体的预期之中，但中国经济告别过去延续多年高增长的客观事实所隐含的信息仍是喜忧参半。一方面，不再追求高增长意味着政策层面上转变经济发展方式的决心，这将在长期内给中国经济健康运行奠定基础；另一方面，如果经济持续下滑，将很有可能引致微观经济活跃度下降、财政收入减少以及就业压力迅速上升等问题，从而产生新的隐忧。

进入2013年，中国新一届政府将持续推动中国经济体制的深化改革，并进一步推动收入分配制度改革，全面提升居民可支配收入；在新一届政府的治理下，“城镇化”相关政策的出台，有望带动下一轮经济的持续向好。除此之外，中国国内消费需求就长期来看，仍将可能保持平稳的增长势头；投资方面，虽然未来出现大规模的政府主导的大型项目投资的可能性逐渐变小，但在结构性减税政策的刺激和引导下，民间投资有可能出现的平稳增长将会在一定程度上弥补政府退出留下的缺口。不仅如此，在政府扩大保障性住房供应的努力下，再加上新推出的战略性新兴产业规划所带来的投资刺激，中国国内投资仍有望保持平稳的增长，这些因素都将成为2013年中国宏观经济运行的有利方面。

但是不容乐观的是，在相当长的时间段内，影响中国经济稳定持续增长的不利因素仍没有明显改善的迹象，全球经济环境仍很脆弱。世界银行在2013年1月15日发布的《全球经济展望》中指出：“全球金融危机爆发4年之后，最坏的时候看来已经过去。但总体来看，全球经济环境依然脆弱，尤其是高收入国家继续受到波动和缓慢增长的影响，仍然有可能令人产生更大的失望。”进入2013年以来，欧洲部分国家的主权债务危机及经济衰退的趋势仍没有转好的明显迹象，美国经济的复苏步伐也仍然比较缓慢，其他与中国有着密切贸易关系的经济体，在全球整体萎靡的大背景下，其经济发展前景也难言乐观，以上诸多因素都将对中国的外需增长产生负面影响，因此，在未来较长一段时间内，中国经济运行的外部环境仍将面临很大的不确定性。

在接下来对中国经济运行风险进行研究时，本报告将严格遵循风险相关问题的规范研究思路展开：首先，识别中国经济运行风险的主要引致因素，并探讨这些因素引致风险的传导机制；其次，在对中国经济运行中的风险状况进行定性描述的基础上，通过设计风险衡量指数，尝试对中国经济运行中所面临的风险大小程度进行量化，以提供反映中国经济未来所面临风险大小的数量结果；最后，基于前述风险因素识别及影响机制分析，提出相应的管理中国经济运行风险的政策建议。

本研究的主要内容有中国经济运行中的风险引致因素识别，中国经济运行风险的量化研究以及管理风险的对策建议等。在对经济运行风险的基本概念进行界定后，主要的后续研究内容具体安排如下。

第一部分，通过对 2013 年以来中国的居民消费、固定资产投资、就业状况、各类价格指数、国际收支、货币信贷增长、政府财政收入支出和居民未来预期等方面的变化进行分析，以对中国当前经济运行现状进行描述，并识别和归纳影响经济运行的主要风险因素。

第二部分，筛选衡量经济运行风险的经济指标，并计算不同指标引致经济运行风险的相对权重，以构建经济运行风险的衡量指数。

第三部分，利用所构建的经济运行风险指数，对 2013 年和 2014 年的中国经济运行风险进行预测，并在此基础上对量化结果进行分析。

最后，根据前述风险引致因素识别的结果及利用经济运行风险指数所得到的量化结果，提出管理中国经济运行风险的政策建议。

二、中国经济运行中的风险因素及特征表现

（一）经济增长率延续下滑趋势

2013 年以来，中国经济运行总体上趋于稳定，消费、投资和进出口都呈现了比较稳定的增长态势，但同时从统计数据上也可以看出，在总体保持稳定的情况下，中国经济的运行环境仍然复杂多变，面临的不确定性也依然较大。如图 1-1 和图 1-2 所示，自 2010 年第 1 季度以来，中国国内发电量增长速度开始明显放缓；与此相对应的是，中国工业增加值同比增长率和 *GDP* 增长率数据都出现了较明显的回落趋势，并且进入 2013 年以来，这一下降趋势逐渐平稳，但尚未出现明显的反转迹象。

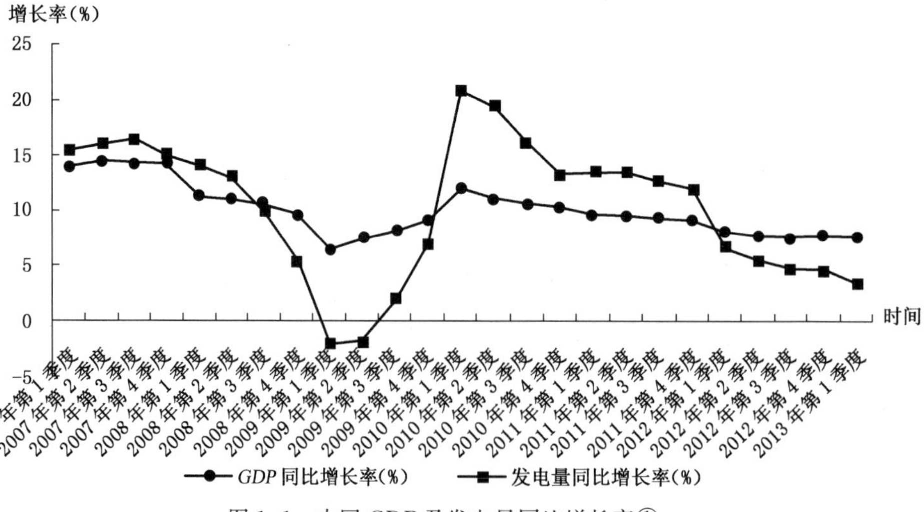

图 1-1 中国 *GDP* 及发电量同比增长率①

① 数据来源为 Wind 宏观经济专题数据库，下同。

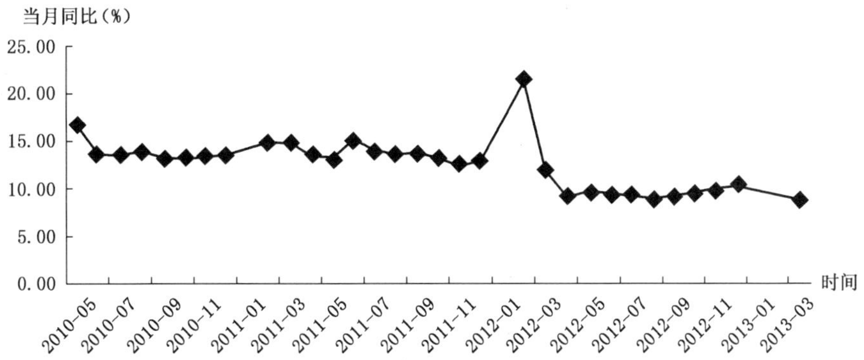

图 1-2 中国工业增加值同比增长率

2013 年以来，中国国内消费增长总体良好，稳中有降。如图 1-3 所示，2013 年第 1 季度社会消费品零售总额同比增长 12.4%，增速比 2012 年同期低 2.4 个百分点。分城乡看，城镇消费品零售额 4.8 万亿元，同比增长 12.2%；乡村消费品零售额 7 557 亿元，同比增长 13.9%。

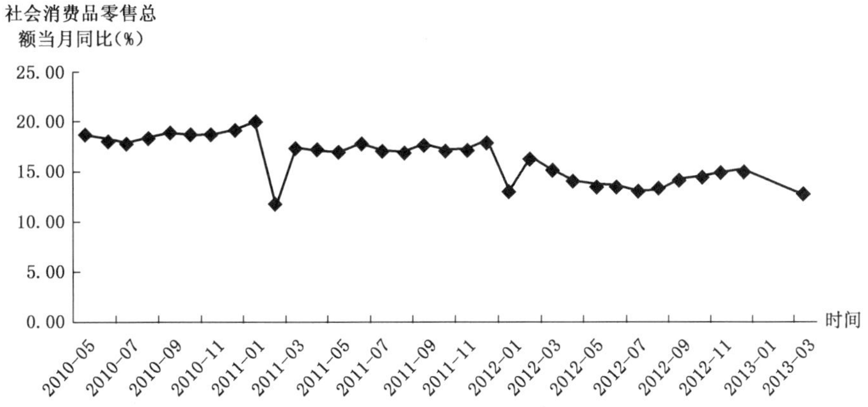

图 1-3 中国社会消费品零售总额增长状况

2013 年以来，中国国内固定资产投资增速相对较快。如图 1-4 所示，2013 年第 1 季度固定资产投资完成 5.8 万亿元，同比增长 20.9%，比 2012 年同期高 2.5 个百分点；分地区看，中部和西部投资增速仍然要明显快于东部，东、中、西部地区固定资产投资同比分别增长19.4%、24.1%和 24.2%。

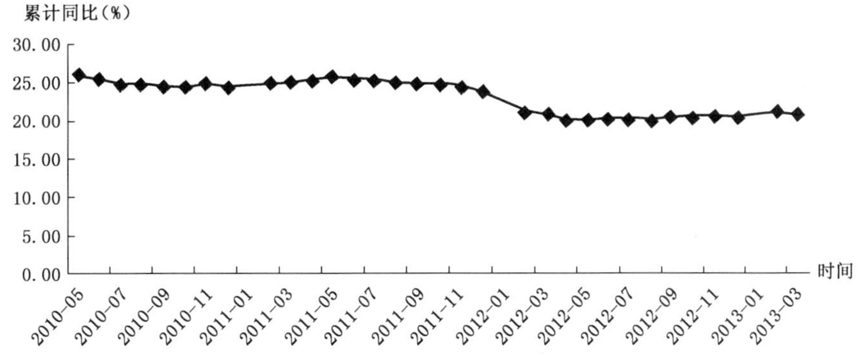

图 1-4 中国国内固定资产投资完成额增长状况

（二）劳动力供需的结构性矛盾仍然突出

如图 1-5 所示，中国国内就业状况总体良好，城镇失业人数变化不大。2012 年以来，中国经济增速有所放缓，GDP 增长率从 2012 年第 1 季度的 8.1％下降至 2013 年第 1 季度的 7.7％，但与此相对应，全国的就业形势总体上仍表现平稳，就业市场并没有立即显现出随着经济增长速度明显下降的态势。但进入 2013 年以来，中国国内新增就业呈逐步下降态势，经济下行对就业市场的影响开始显现。另外，经济结构调整也使得不同产业或行业的就业出现结构性波动，不仅如此，2013 年高校毕业生的规模进一步扩大，就业需求与岗位供给的缺口进一步放大，这些都将使得中国国内未来一段时间内的就业形势更加严峻。

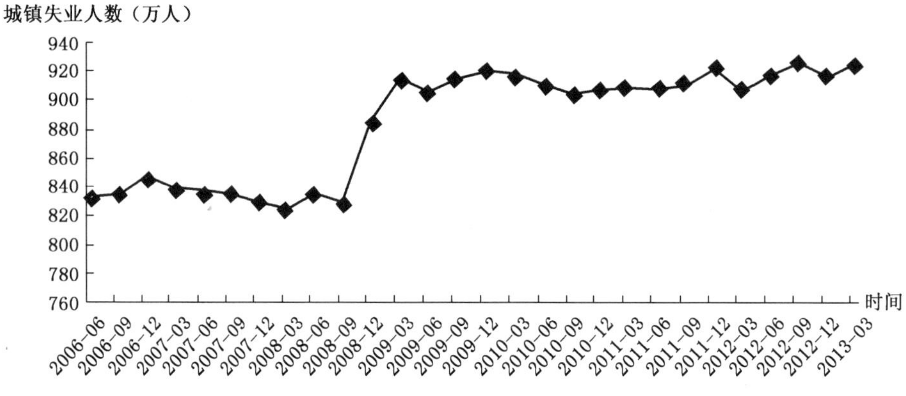

图 1-5 中国城镇失业人数变化

（三）通货膨胀隐忧仍旧存在

2013 年第 1 季度以来，中国国内的物价水平总体上呈现较为平稳的走势。如图 1-6 所示，其中，2013 年第 1 季度 CPI 同比约上涨 2.45％，较 2012 年第 4 季度温和上涨 0.35 个百分点。2013 年 1～4 月份全国居民消费价格总水平同比上涨 2％、3.2％、2.1％和 2.4％；全国 1～4 月份工业生产者出厂价格同比下降 1.6％、1.6％、1.9％和 2.6％。从历史数据来看，中国国内的 CPI 自 2011 年下半年开始逐步回落，并且经济主体普遍预期中国的 *GDP* 增幅会有进一步减缓，来自供求方面的压力将有所减轻，有利于减缓物价上涨的压力。

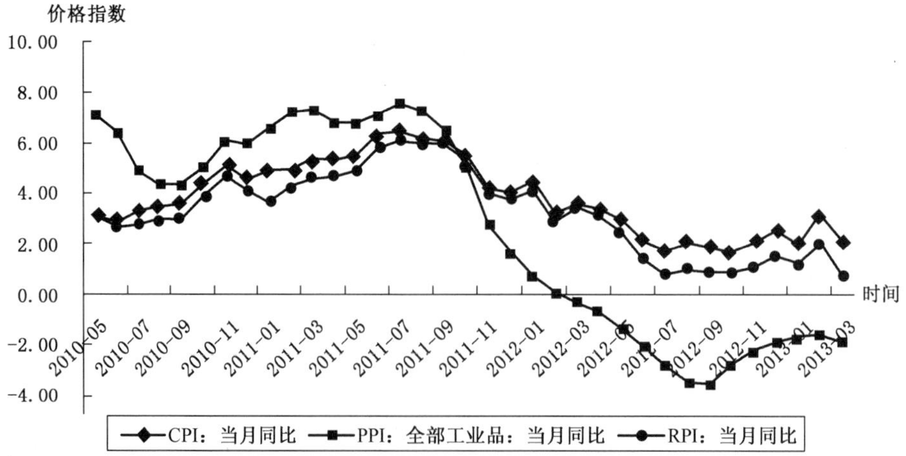

图 1-6 中国各种价格指数变化

尽管2013年中国出现较大通货膨胀风险的可能性进一步减小,但是,如果考虑到食品价格波动和宽松流动性的影响,短期内中国仍然存在着通货膨胀压力上升的隐忧;不仅如此,考虑到中国经济运行的实际状况,2013年及未来较长一段时间内,货币供应增长过快仍将是中国通货膨胀风险的主要引致因素。除此之外,固定资产投资增速较高、通货膨胀预期的可能上升、国际通货膨胀的输入以及人民币升值预期下的热钱流入等因素,也仍将有可能成为引致通货膨胀风险的重要原因。

(四)国际收支波动幅度增大

2013年以来,中国促进对外贸易稳定增长的一系列政策措施效果在逐步释放,全国进出口贸易延续了2012年第4季度以来反弹回升的势头,继续保持稳定的增长。如图1-7所示,中国外贸进出口金额继续保持增长,尤其是出口同比有较大幅度上升。2013年第1季度,中国进出口贸易总额为9 746.7亿美元,同比增长13.4%。其中,累计出口5 088亿美元,同比增长18.4%;累计进口4 658亿美元,同比增长8.4%。

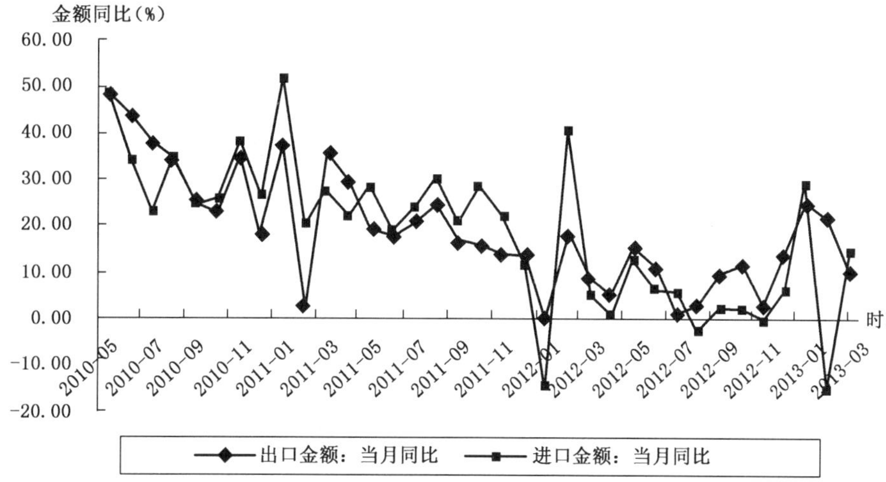

图1-7 中国进出口金额增长状况

2011年以来,中国长期保持的国际收支方面的"双顺差"趋势一度得以改变(如图1-8所示),2012年2月甚至出现了316亿美元的贸易逆差,这在某种程度上改善了中国的国际收支

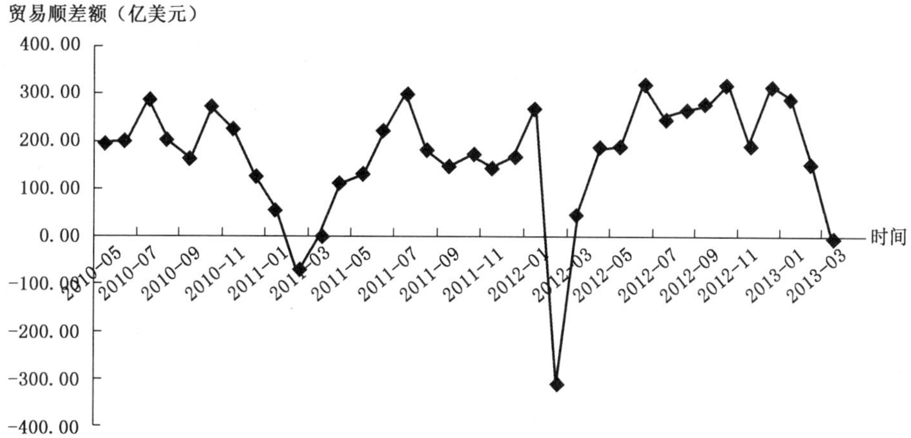

图1-8 中国对外贸易顺差变化状况

状况，但随后这种贸易顺差趋势又得以延续，其中2013年第1季度出现贸易顺差430.7亿美元，而与此相比较，2012年第1季度中国的贸易顺差仅为2.1亿美元。

综观2013年中国经济运行的外部环境，可以发现，2012年以来的各种风险因素仍然存在，全球多个国家或地区的政治仍在持续动荡，自然灾害频繁冲击经济，从而导致宏观经济环境仍不稳定；国际金融市场存在较多不确定性，欧洲多个国家的主权债务危机仍有进一步恶化的趋势，全球经济下行风险依然存在；并且，发达经济体的经济复苏缓慢，新兴市场经济体的可持续增长也面临挑战。除此之外，中国汇率制度改革后的人民币升值趋势仍然会持续一段时间，经济结构转型正处于关键时期，这都将对出口产生持续的负面影响，多种因素交织，将可能导致中国的国际收支状况出现较大的波动。

（五）货币信贷继续保持较快增长

2013年以来，在通货膨胀上涨得到有效控制的情况下，面对实体经济出现的下滑趋势，中国货币当局在继续实施稳健货币政策的基础上，根据外汇流入增加较多、货币信贷扩张压力加大的形势变化，前瞻性地进行预调微调。总体而言，如图1-9所示，2013年以来中国国内银行体系流动性较为充裕，货币信贷和社会融资增长较快，金融市场运行平稳。

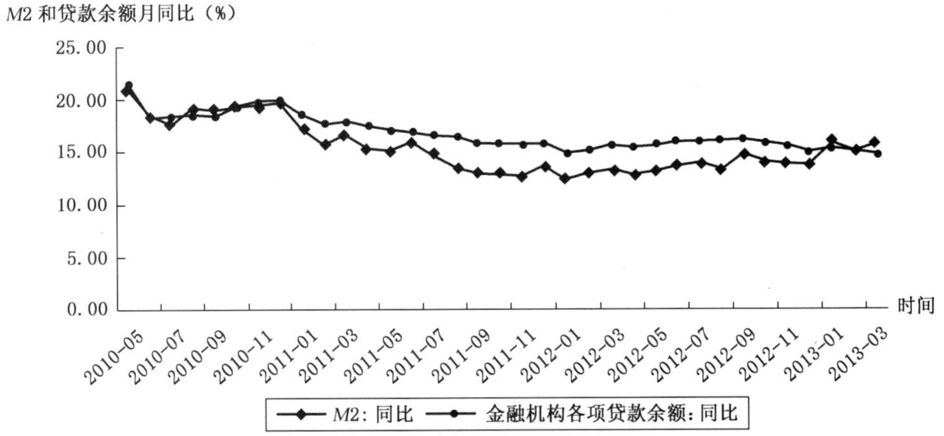

图1-9 中国货币信贷变化状况

在货币供应及信贷数据方面，2013年3月末，中国广义货币供应量（M2）余额为103.6万亿元，同比增长15.7%，增速比上年年末高1.9个百分点。狭义货币供应量（M1）余额为31.1万亿元，同比增长11.8%，增速比上年年末高5.3个百分点。流通中货币（M0）余额为5.5万亿元，同比增长11.8%，增速比上年年末高4.1个百分点。2013年3月末，中国全部金融机构本外币贷款余额为70.5万亿元，同比增长16%，增速比上年年末高0.4个百分点，人民币贷款余额为65.8万亿元，同比增长14.9%，增速比上年年末略低0.1个百分点。

总体来看，中国国内中长期贷款的增长速度较快，商业银行仍延续着较强的贷款投放动力；并且，各地方政府加快发展的积极性较高、国外持续宽松的货币政策环境以及金融机构较强的业务发展意愿，均是贷款投放较多的重要推动因素。尽管从数据上来看，相比较2012年，2013年以来中国的货币供应及信贷增长的速度并没有大幅上升，但同时仍需要注意的是，虽然目前的信贷结构得以改善，短期贷款相对增加较多，但中长期贷款增长仍处高位，信贷扩张势头仍然较强。一方面，由于金融危机以来的经济刺激计划，在建项目的资金需求量巨大，导致中长期贷款投放有刚性需求，项目贷款需求旺盛无疑会加大金融机构的流动性风险；另一方面，地方政府融资平台可能引发的潜在问题和风险仍然不容忽视。不仅如此，在政府对房地产市场的严厉调控措施下，目前多地的房价下降明显，如果出现房地产价格的大幅波动，无疑会导致商业银行的不良贷款上升，从而引发金融风险。

（六）财政收支增长趋势下降明显

2012年以来，中国财政收支的增长速度出现了较明显的回落，并且这一趋势在2013年得以延续。如图1-10所示，2013年第1季度，中国全国公共财政收入3.2万亿元，同比增长6.9%，增速比上年同期低7.8个百分点；全国公共财政支出2.7万亿元，同比增长12.1%，增速比上年同期低21.5个百分点。

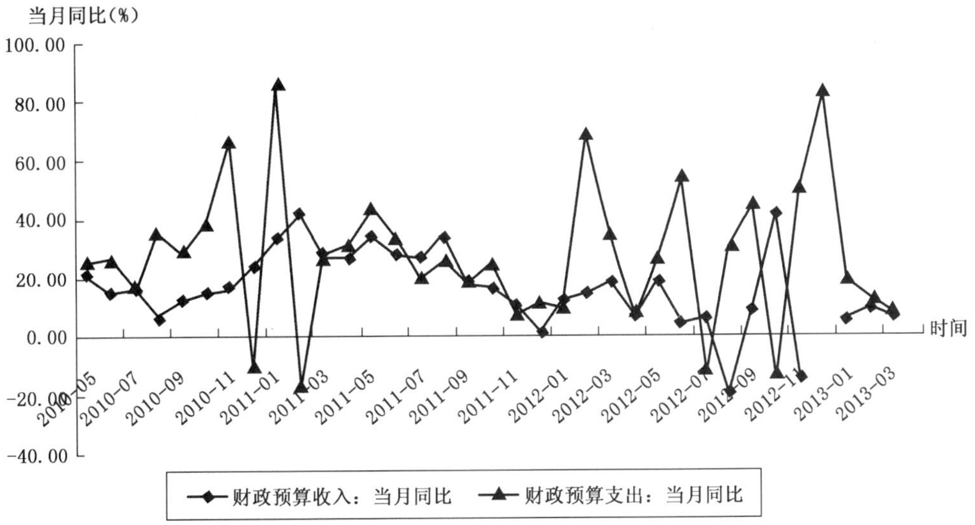

图1-10 中国财政收支变化状况

2013年以来，中国经济增长速度的放缓，以及政府采取的结构性减税政策等，都是促使税收收入和财政收入增速大幅回落的主要原因，并且随着房地产市场调控效果的进一步凸显，以及政府正在制定的减税政策逐步开始实施等，预计中国未来的财政收入增幅还会有所回落。与财政收入增速明显回落相比较，财政支出增速虽有回落，但与民生相关的重点支出得到了保障。增速较快的项目有文化体育与传媒支出、医疗卫生支出、住房保障支出和节能环保支出等。

（七）居民未来预期有所好转

2013年以来，中国居民的收入感受、各种未来预期以及消费意愿等与2012年相比均有所好转。如图1-11所示，2013年第1季度，中国居民的收入感受指数和未来的收入信心指数分别为54.6和55.8，指数值相比较上年同期分别上升2.7和0.9；不仅如此，如图1-12所示，中国居民对物价的预期指数变化不大，对当前物价的满意指数略有上升，居民的消费意愿相比较2012年有所增加。除此之外，2013年“国五条”房产调控新政的到来，使得居民对房价上涨的预期显著加强，由此导致居民购房意愿骤增，各地的房地产成交量迅速上升。

总体来看，居民对未来收入增长的预期和信心有所好转，但对物价水平的反弹仍心存疑虑，因此居民的消费意愿能否持续好转仍需要进一步观察。各地对“国五条”房产调控新政细则的落地，使得政策预期诱导下的房产快速升温势头已经逐渐开始走弱。在此影响之下，中国居民的购房意愿和消费意愿能否保持稳定增长仍有较大的不确定性，而这种趋势在中长期内的延续，将极有可能会影响到宏观经济的稳定运行。

从上面的分析可以看出，中国经济运行虽然总体向好，但不容忽视的是，日趋复杂的外围环境和日益上升的各种不确定性，仍然是影响中国经济长期持续稳定运行的潜在风险；并且，国内消费增长能否成为经济持续增长的可靠动力，以及经济结构转型过程中的各种可能负面影响，都会使得 2013 年及之后的中国经济运行面临较大的不确定性。

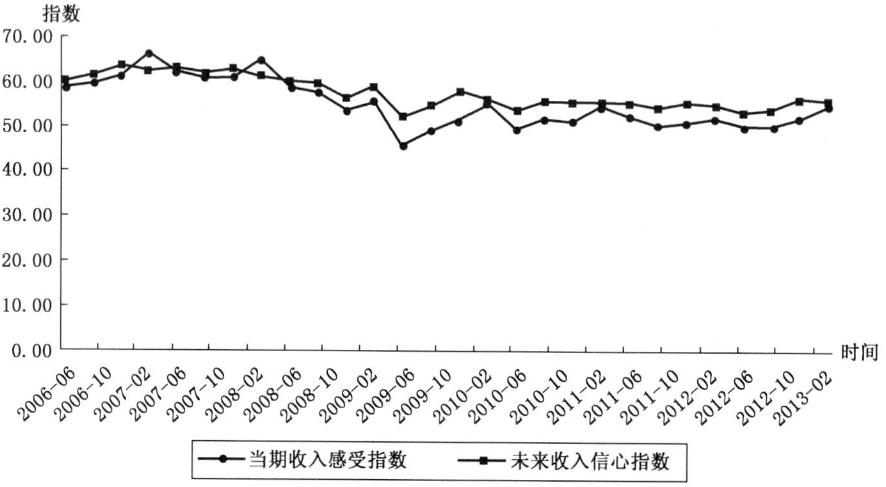

图 1-11 中国居民收入感受和收入信心指数变化状况

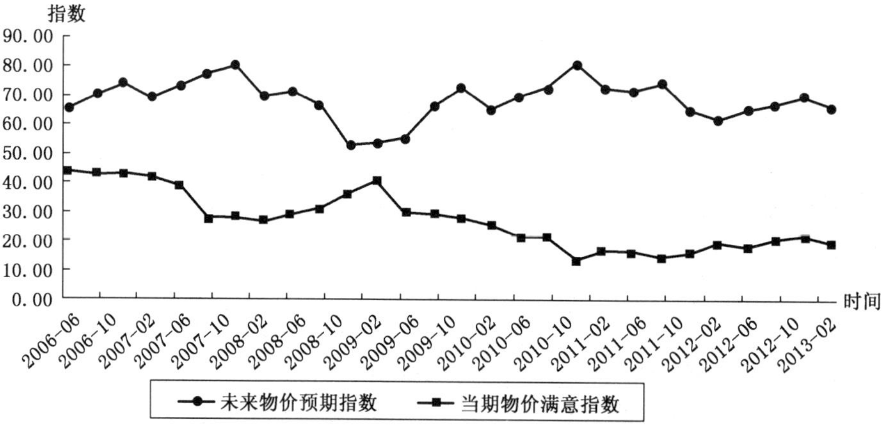

图 1-12 中国居民物价预期和物价满意指数变化状况

三、中国经济运行风险指数构建

本研究尝试在 2012 年宏观经济运行风险报告的基础上，继续通过构建中国经济运行风险指数（Risk Index of Economic Operation，RIEO），以对中国经济的总体运行态势进行前瞻性把握。经济运行风险指数的编制过程如下：首先，筛选一组能够较好地反映经济运行态势的代表性指标，以构建风险测度模型；其次，利用上述模型考察宏观经济在一定时间范围内的变动趋势，得到风险测度结果；再次，对测度结果及相应的风险区间进行标准化处理；最后，得到风险指数值，以反映宏观经济在未来一段时间内的可能运行状况。

（一）指标选取

由于本研究所涉及的风险测度实际上是一种对经济运行态势的综合评价，因此所建立的风险测度指标体系要遵循相关性、全面性、可测性、稳定性、重要性和独立性等原则。经济运行风险指数的构建是否具有科学性，以及在实际应用中能否有较好的风险指示和预警功能，其首要的决定因素就是合适的指标选择。然而，指标体系的全面性不可避免地会影响指标的相互独立，造成指标间的信息重叠。指标的个数越多，指标间信息重叠的程度就可能越高；反之，指标个数越少，虽然可以提高指标的独立性，但会影响指标的全面性。因此，需要在指标体系的全面性和独立性之间求得一种平衡，这也是本研究选择风险测度指标的基本原则。

上述原则中对于经济运行风险测度指标选取而言：相关性是指所选取的指标，其变动状况在很大程度上能够直接反映出宏观经济在未来一段时间内的变化趋势；全面性是指测度指标的选取尽可能做到不遗漏各种能够影响或反映宏观经济运行态势的因素；可测性是指所选的指标必须是可以量化的，并且相对应的数据是现行统计核算体系中可以获取的；稳定性是指对所选指标变化幅度进行不同状态划分后，划分的标准能够保持相对的稳定；重要性是指选择尽量少的关键指标来反映经济运行的风险状况，而不刻意追求指标选择的全面性和系统性；独立性是指所选取的各指标之间尽可能没有显著的相关关系或因果关系。

在实际经济发展过程中，对经济运行状况的评价，很大程度上反映为宏观政策调控目标的实现程度。而根据宏观经济学的一般原理，宏观政策调控的主要目标是经济增长、物价稳定、充分就业和国际收支平衡。除此之外，现实的政策实践中，一国内部的财政收支平衡、金融系统的稳定以及经济主体的未来预期也常常是政策当局所重点关注的目标。因此，在具体构建经济运行风险指数时，用于反映经济运行状况的指标应当涵盖以上几个方面的内容。

根据上述经济运行状况的评价目标，初步选择的指标如表 1-1 所示。

表 1-1

构建经济运行风险指数的指标初选结果

经济增长	物价稳定	充分就业
固定资产投资增长率（*X*1） 消费品零售增长率（*X*2） 出口增长率（*X*3）	居民消费价格指数（*X*4） 工业品出厂价格指数（*X*5）	城镇登记失业率（*X*6） 城镇单位就业增长率（*X*7）
国际收支平衡	财政收支	金融稳定
进出口商品差额（*X*8） 外汇储备/*GDP*（*X*9）	各项税收完成比率（*X*10） 财政赤字/*GDP*（*X*11）	金融机构各项贷款增长率（*X*12） 货币供应量 *M*2 增长率（*X*13） 股票市值/*GDP*（*X*14）
经济主体预期	企业家信心指数（*X*15） 居民消费意愿指数（*X*16）	

与 2012 年宏观经济运行风险研究报告相同的是，2013 年的研究报告保留了反映经济主体预期的指标，这样能够更为全面地刻画宏观经济运行的潜在风险状况，并且，在反映就业状

况的指标初步选择上，2013 年的研究报告将继续沿用城镇登记失业率①和城镇单位就业增长率指标来反映就业状况。

接下来进行指标筛选，分析所用数据来源均为 Wind 宏观经济数据库，时间范围为 2001 年 1 月至 2013 年 3 月。即首先对上述 16 个指标进行相关分析，从相关系数较大的指标中选取相对更重要的指标；接下来进行 Granger 因果关系检验分析以进一步精简指标②，选择作为 Granger 成因的指标，如果指标间互为 Granger 成因或不存在因果关系，则依据定性分析来选取指标；一些与其他指标相关系数较小的指标则直接作为暂时的评价指标。

对初选指标进行相关分析后，筛选后的指标包括：消费品零售增长率（$X2$）、出口增长率（$X3$）、居民消费价格指数（$X4$）、城镇单位就业增长率（$X7$）、外汇储备/GDP（$X9$）、各项税收完成比率（$X10$）、财政赤字/GDP（$X11$）、金融机构各项贷款增长率（$X12$）、股票市值/GDP（$X14$）和企业家信心指数（$X15$）。

对上述指标进行 Granger 因果关系检验分析，并选择有显著 Granger 因果关系的成因指标，最后筛选出的 9 个指标包括：消费品零售增长率（$X2$）、出口增长率（$X3$）、居民消费价格指数（$X4$）、城镇单位就业增长率（$X7$）、外汇储备/GDP（$X9$）、财政赤字/GDP（$X11$）、金融机构各项贷款增长率（$X12$）、股票市值/GDP（$X14$）和企业家信心指数（$X15$）。

消费品零售增长率进入指标体系，其原因在于，在拉动经济增长的 3 个最主要的因素中，消费支出的变化更能够真实地反映经济主体对未来经济发展趋势的预期，并且消费拉动经济增长的贡献效率要比投资和进出口更大。由于中国目前的经济增长在很大程度上仍依赖于对外贸易的增长，并且外贸企业、尤其是出口企业的经营状况会直接影响到劳动力的就业水平，因此出口增长率能够直接反映宏观经济的运行状况，基于此，出口增长率被选为风险指数构建的一个主要指标。固定资产投资增长率从指标体系中被剔除，这在理论上可以作如下解释，即中国长期以来为保持经济增长速度的稳定，在消费和进出口受到各种冲击时，政府就会通过促进固定资产投资增长来避免外来冲击造成的经济下滑或恶化，据此可以推知，固定资产投资增长率在某一时期的迅速上升，某种程度上可间接反映出消费增长和进出口增长在此时期有较大波动，所以为避免因素重叠，可将固定资产投资增长率指标剔除。

在反映物价水平的变动状况方面，居民消费价格指数（CPI）被认为是最具有代表性的指标，并且实际统计分析也证实了这一点，因此居民消费价格指数将成为构建风险指数的另一个重要指标。

另外，在反映就业状况的指标中，由于城镇登记失业率的可靠性较差，因此需选择其他指标来替代就业率指标。而在劳动力稳定供给的情况下，城镇单位就业增长率如果出现较大的波动，则在很大程度上可以反映出宏观经济中的就业变化，因此，城镇单位就业增长率可作为反映就业状况的指标。

在中国目前的国际经济往来和外汇管制制度下，国际收支状况的变化会直接反映为外汇储备的增长变动。不仅如此，在中国目前的财政收支预算体系下，经济正常运行情况下财政赤字会相对较小并且稳定，如果经济过热（或过冷），则会表现为财政收入增长速度加快（或降低

① 由于中国失业率数据一直具有争议，因此本章在 RIEO 指数的编制时暂时放弃城镇登记失业率指标，而参考城镇单位就业人数、就业增长率等数据以估计失业状况。

② Granger 因果检验分析要求各检验变量是平稳或同阶单整的。对上述指标进行 ADF 检验，结果表明上述指标都是 I (1) 序列，因此可继续进行因果检验分析。

甚至负增长)，因此财政赤字的变动及大小能够间接反映经济运行的变化状况。基于此，外汇储备/*GDP* 和财政赤字/*GDP* 可作为构建风险指数的指标选择。

在现代经济发展中，金融系统的运行状况会对经济运行产生重要影响，而在反映金融稳定状况的指标中，金融机构各项贷款的变动，一方面，会在未来一段时间内直接反映为实体经济的变化；另一方面，由于长期以来，中国政策当局会根据经济调控需要来对金融机构的贷款发放施加影响，因此金融机构各项贷款的变化能够反映出政府对未来经济运行态势的判断。除此之外，由于股票市场一般被认为是经济运行状况的"晴雨表"，并且随着股票交易价格的波动，相应发生变化的股票市值能够较好地反映出市场主体的未来经济预期。基于此，金融机构各项贷款增长率和股票市值/*GDP* 被选为风险指数构建的另外两个指标。

企业家信心指数反映了经济主体对未来经济运行的预期，这种预期将直接影响到投资增长乃至实体经济的运行状况，因此可用于反映宏观经济运行的风险状况。最后得到的用于经济运行风险指数计算的指标体系如表 1-2 所示。

表 1-2

指标选择结果

对应的经济调控目标	指　标　选　取
经济增长	消费品零售增长率(S_1)
	出口增长率(S_2)
物价稳定	居民消费价格指数(S_3)
充分就业	城镇单位就业增长率(S_4)
国际收支平衡	外汇储备/*GDP*(S_5)
财政收支平衡	财政赤字/*GDP*(S_6)
金融稳定	金融机构各项贷款增长率(S_7)
	股票市值/*GDP*(S_8)
经济主体预期	企业家信心指数(S_9)

(二) 指标权重确定

由于上面所选取的 9 个指标对经济运行风险影响的重要性和代表性不尽相同，这就需要确定各因素对经济运行风险影响的相对权重。下面采用层次分析法(AHP)进行权重计算。在具体确定不同指标之间相对重要程度时，主要参考中国政策当局公开的官方表述及货币当局政策实施中对不同政策目标的倾向性。按上述原则无法确定相对重要程度的指标间的关系时，则采用德尔菲法(Delphi Method)来进行确定。最终采用层次分析法算出的各指标权重系数如表 1-3 所示。

表 1-3

经济运行风险指数中各指标的权重系数

构　成　指　标	权 重 系 数
消费品零售增长率(S_1)	0.188 9
出口增长率(S_2)	0.187 5
居民消费价格指数(S_3)	0.217 3
城镇单位就业增长率(S_4)	0.122 4

（续表）

构成指标	权重系数
外汇储备/GDP(S_5)	0.070 2
财政赤字/GDP(S_6)	0.025 6
金融机构各项贷款增长率(S_7)	0.103 3
股票市值/GDP(S_8)	0.046 2
企业家信心指数(S_9)	0.038 6

（三）模型构建及风险区间设定

将各个指标与其权重相乘再求和便可得到经济运行风险的加权评价模型，根据前面的指标确定及权重计算结果，最后得出的评价经济运行状况的风险指数模型为：

$$RIEO = 0.1889S_1 + 0.1875S_2 + 0.2173S_3 + 0.1224S_4 + 0.0702S_5 + 0.0256S_6 + 0.1033S_7 + 0.0462S_8 + 0.0386S_9 \quad (1\text{-}1)$$

利用上述模型进行经济运行风险的评价，对模型中每一个指标都根据其预测值进行评分和划分风险状态，以便对经济运行风险作标准化处理，以便最终进行综合评价。

本研究中单个指标的评分将采用百分制，并拟将风险状况划分为“无风险”（0～20 分）、“风险关注”（20～50 分）、“有风险”（50～70 分）、“较高风险”（70～90 分）和“高风险”（90～100 分）五个级别。各个划分级别界限值的确定主要参照国际上通用的警戒值设置及现有的研究成果，对于目前尚没有可参考界限值的指标，则结合中国实际情况按近期的经济预测目标值的平均数调整而得。为综合衡量经济运行风险，需要对指标进行标准化处理，与指标对应的风险状态是由区间表示的，因此可采用映射法将指标原始数据还原成分数值。

由于不同的指标有不同的性质且取得原始数据的方式不一，故映射的原理一样，但方法上有差异。在评价指标中，基本上分为正取向（指标值越大，对应区间显示的风险越大）、逆取向（指标值越小，对应区间显示的风险越大）和中性（指标数值对应某一区间风险最小，偏离该区间程度越大，风险越大）指标三大类。对于正取向和中性评价指标，在数据处理时，首先找出指标值对应的风险状态区间，根据该风险状态区间的警戒上限和下限的相对位置，按照相同的比例把原始指标值映射到分值上限和下限的对应百分位位置。对于逆取向指标评分使用的原理与前者相同，只是在映射时初始对应区间需要从上限开始对应。对于单个指标的风险临界值的确定，将分两种情况而定：其一，在国际上有可参考警戒值的指标，将参考已有标准，并结合中国实际情况进行适当调整后确定（如居民消费价格指数、外汇储备/GDP、财政赤字/GDP和股票市值/GDP等指标）；其二，对于没有可参考标准的指标，将根据这些指标在近年来的实际波动与其平均值的离差状况进行确定（如消费品零售增长率、出口增长率、城镇单位就业增长率、金融机构各项贷款增长率和企业家信心指数等）。具体映射及赋值结果参见表 1-4。

表 1-4

经济运行风险指数所选指标的风险状态界定

指标名称	无风险	风险关注	有风险	较高风险	高风险
消费品零售增长率(S_1)	13%～18%	10%～13% 18%～22%	5%～10% 22%～25%	0～5% 25%～30%	0 以下 30%以上

（续表）

指标名称	无风险	风险关注	有风险	较高风险	高风险
出口增长率(S_2)	10%～25%	0～10% 25%～30%	−10%～0 30%～35%	−10%～−20% 35%～40%	−20%以下 40%以上
居民消费价格指数(S_3)	1%～3%	3%～5% 0～−1%	5%～7% −1%～−3%	7%～10% −3%～−5%	10%以上 −5%以下
城镇单位就业增长率(S_4)	2.5%以上	1.5%～2.5%	0.5%～1.5%	−0.5%～0.5%	−0.5%以下
外汇储备/GDP(S_5)	10%～30%	30%～40% 8%～10%	40%～50% 5%～8%	50%～60% 3%～5%	60%以上 3%以下
财政赤字/GDP(S_6)	2%以下	2%～4%	4%～7%	7%～10%	10%以上
金融机构各项贷款增长率(S_7)	13%～15%	10%～13% 15%～18%	8%～10% 18%～23%	5%～8% 23%～28%	5%以下 28%以上
股票市值/GDP(S_8)	20%～30%	15%～20% 30%～50%	10%～15% 50%～70%	5%～10% 70%～100%	5%以下 100%以上
企业家信心指数(S_9)	125 以上	100～125	90～100	70～90	70 以下
指标评分	0～20 分	20～50 分	50～70 分	70～90 分	90～100 分

上述指标体系中，某个指标变量 S_i 达到一定程度后，将可能对整体经济运行起到决定性作用，从而引发系统性风险。因此，本研究拟以“高风险”状态的中间值为界，构造经济运行风险指数的函数表达式如下：

$$\begin{cases} RIEO = \sum S_i W_i\text{，任何 } S_i < 90 \text{ 时} \\ RIEO = S_i\text{，任何 } S_i \geqslant 90 \text{ 时} \end{cases} \tag{1-2}$$

通过各个指标的预测值及其对应的风险状态评分，并利用上面的函数解析式，就可以直接计算出经济运行风险指数值。

四、中国经济运行风险预测

下面将对 2013 年和 2014 年影响中国经济运行的各风险因素的可能变动情况进行预测。其中，各指标数据的预测采用了自回归移动平均模型（ARMA）方法，数据来源均为 Wind 宏观经济数据库。在利用实证方法得到预测结果后，又结合定性分析和其他研究机构的相关判断和预测，对预测值进行了适度调整，最后得到了风险指数预测结果，参见表 1-5。

表 1-5

2013—2014 年中国经济运行风险指数各指标预测结果

指标构成	2013 年	2014 年
	风险值	风险值
消费品零售增长率(S_1)	12.0	16.0
出口增长率(S_2)	20.0	26.0
居民消费价格指数(S_3)	28.0	32.0

（续表）

指标构成	2013 年	2014 年
	风险值	风险值
城镇单位就业增长率（S_4）	32.0	36.0
外汇储备/*GDP*（S_5）	50.0	48.0
财政赤字/*GDP*（S_6）	40.0	45.0
金融机构各项贷款增长率（S_7）	30.0	32.0
股票市值/*GDP*（S_8）	65.0	60.0
企业家信心指数（S_9）	25.0	30.0
RIEO 值	27.6	31.0

从表 1-5 的各指标预测结果来看，与 2012 年的预测结果类似，2013 年可能影响中国经济运行的各主要因素中，外汇储备/*GDP* 和股票市值/*GDP* 指标处于“有风险”状态，这反映了长期持续顺差产生的风险影响仍在继续，并且中国的贸易顺差还将持续造成外汇储备的增加，在人民币持续升值和美元价值大幅波动的情况下，这无疑会导致中国以美元资产为主的巨额外汇储备面临着很大的价值缩水风险；不仅如此，国内外经济运行环境存在极大不确定性，再加上中国上市公司普遍的、严重的造假行为对市场信誉及长期稳定运行的负面影响，将使得股票市场的风险逐步上升。在上述几个主要因素的影响下，2013 年中国的经济运行风险指数 *RIEO* 值为 27.6，处于“风险关注”级别。

根据表 1-5 的预测结果，2014 年中国经济运行的主要风险因素中，资本市场的波动仍是主要的风险来源，其对应指标的风险评级仍处于“有风险”状态。而与 2013 年相比较，在对外贸易顺差增速可能进一步出现回落、甚至出现逆差的情况下，中国的国际收支问题会得到进一步缓解，外汇储备规模过大的风险会有略微的回落。与 2013 年相比，在经济增长速度回落和居民消费意愿下降的影响下，2014 年中国的通货膨胀压力仍将处于较温和的状态，风险等级处于“风险关注”级别，与此相对应，中国国内的就业形势将日益严峻，就业风险会逐步上升。在经济增长放缓、财政收入减少、财政支出刚性以及政府减税政策的综合影响下，中国政府的财政收支状况相比较 2013 年以前会有所恶化，对应的风险会有明显上升。

基于上述预测结果可以看出，在没有其他意外冲击的情况下，2014 年可能影响中国经济运行的其他指标的变动都比较小。在上述几个主要因素的影响下，2014 年中国的经济运行风险指数 *RIEO* 值为 31，也处于“风险关注”级别。并且可以推断，如果政府的各项政策措施得当，2014 年中国经济运行的风险仍将处于完全可控的状态，经济有望继续平稳较快增长。

五、结论及对策建议

本研究对影响中国经济运行的主要风险因素进行识别，并在此基础上，建立了经济运行风险指数模型，通过对构建经济运行风险指数的各个主要指标的预测，借以评价中国未来经济运行的总体风险状况。研究结果表明，2013 年和 2014 年中国经济运行的总体风险状况均为“风险关注”级别，但可能引致风险的因素略有区别。其中，2013 年风险因素主要来自外汇储备规模过大和资本市场的波动;而具体到2014年,除了外汇储备规模过大和资本市场波动这两个风险影响因素之外,中国国内的就业风险会逐步上升,并且,在经济增长放缓、财政收入减少、财政支出刚性以及政府减税政策的综合影响下,中国政府的财政收支状况相比较2013年以前会有所恶化,对应的风险会有明显上升。

与上一年的判断一致,本研究认为,在未来较长的一段时间内,除了上述可能的风险因素外,中国经济运行还可能面临政策操作风险、地方政府融资平台风险和房地产市场及其相关的信贷风险等其他挑战。具体而言,其一,在宏观政策的多目标约束下,中国政策当局习惯于相机抉择的政策操作方式,是导致经济周期性波动的重要原因之一,因此政策调控部门非常有必要逐渐改变一直以来的宏观调控思路,从而将稳定价格水平作为政策调控的核心目标,以尽可能避免解决问题的手段成为导致新问题的原因;其二,中国地方政府融资平台所涉及的信贷规模很大,这些融资主要以政府所拥有的土地作质押,或用综合收费能力来保证项目的还款能力,房地产调控政策造成土地价格下降和地方财政收入下滑,都会严重影响到融资平台涉及的贷款归还,由此给银行系统带来很大的风险。其三,在严厉的房地产调控政策的影响下,中国房地产市场的风险迅速累积,由此会波及金融市场的稳定以及政府财政的稳健状况。为避免房地产市场的泡沫累积对民生和长期实体经济的发展造成伤害,中国政府采取了限购、限贷和增加交易环节税收等多种手段,以遏制房地产市场的非理性增长,但这种政策调控思路对房价的影响似乎事与愿违,房地产泡沫仍旧不断变大,这将有可能引致更为严厉的下一轮调控,这种无法触及房地产价格失控的深层原因的调控操作,极有可能成为引致风险的重要原因。

除此之外,在全球范围内,各主要发达经济体的复苏步伐仍旧缓慢,包括西班牙、希腊等国在内的欧洲主权债务危机问题有进一步恶化的迹象,将可能造成中国经济赖以增长的外部需求持续的低迷态势,再加上人民币持续升值的状况,都会导致外贸企业的生存状况进一步恶化,并加大国内劳动力的就业压力。其他微观经济主体的运营也面临着各种挑战,这些都将给中国经济运行增加诸多的不确定性。

基于此,中国政策当局应有所区别地调节信贷投放数量和投放方向,保持适度的信贷和货币供应增长速度,尤其应通过利率调整等价格型货币政策工具,以正确引导通货膨胀预期,从而避免资产价格泡沫的滋生和通货膨胀快速上升的风险。为减少地方政府债务风险的快速积累,中国政府需要逐步创新和完善目前的行政管理体制和官员激励机制,实施有效的行政监督并分散或约束地方政府官员在决策过程中高度集中的权力;对于房地产市场的调整,中国政策当局应尽可能避免过多地借助限购等行政措施来调控房价,而拟更多地通过房地产保有环节的相关税收政策的调整和完善,以及从体制上根除房地产开发与交易各环节中的寻租腐败等问题,以便在抑制过快的房价上涨过程中,不至于同时错误地抑制了正常合理的市场需求。除此之外,中国政府还需要严格控制固定资产投资增速和新开工项目数量,继续坚持经济结构转变,并通过税收优惠等政策引导市场过剩资本进一步向民营企业和实体经济转移,以确保经济增长质量,从而实现经济长期的持续健康运行。

参考文献

[1] 唐海燕,贾德奎. 中国经济运行风险研究报告2012[M]. 上海:立信会计出版社,2012.

[2] 唐海燕,贾德奎.中国经济运行风险指数[M].上海:上海人民出版社,2013.

[3] 中国人民银行货币政策分析小组.中国货币政策执行报告[R].北京:中国金融出版社,2013.

第二章　投资与经济增长风险

一、2012 年投资与经济增长风险研究回顾

在《中国经济运行风险研究报告 2012》投资与经济增长风险研究部分中，我们认为，从投资资金来源看，2011 年预算内资金增加率在 35%，会导致 2012 年 *GDP* 增长率增长 7.6%；从投资资金去向看，如果 2011 年服务业投资增长 30%，将有效地拉动 2012 年 *GDP* 增长7.7%左右。结果显示，2012 年，中国 *GDP* 增长率为 7.8%，这说明我们的预测至少是部分准确地表述了中国经济增长的客观实际，说明我们的模型精度还是可信的。

《中国经济运行风险研究报告 2012》中，我们从政府投资的视角，阐述了政府投资将会导致经济增长的风险加大。并指出，在向市场经济转型过程中，由于未能实现政府主导型投资向市场主导型投资的转变，各级地方政府为追求 *GDP* 增长的短期目标，各种政绩形象工程缺乏有效的约束。不计成本收益的投资冲动，掩盖了在政府主导下出现的大量无效投资和投资浪费。事实证明，政府投资冲动确实对 2012 年经济增长产生了不利的影响。

《中国经济运行风险研究报告 2012》中，我们从服务业投资的视角出发，探讨了经济增长的潜力。我们发现，无论是建筑业投资，还是服务业投资，滞后 1 期或滞后 2 期的投资效果都能带动 *GDP* 的增长，即这种投资增长都是 *GDP* 增长的格兰杰原因。而且，通过分析，我们得知服务业投资增长能在更大程度上导致 *GDP* 的增长。

在此报告中，我们提出了投资适度稳定增长；改善投资环境，鼓励民间投资；优化投资结构，实现投资增长方式的转变；坚定不移地积极发展房地产业，加快保障性住房建设以及鼓励民间投资；提高投资效率和效益等风险防范与管理措施。事实证明，我们的判断与事实是吻合的。

二、2012 年中国投资的总体特征

2012 年，中国经济结构调整有了新的进展，2012 年服务业占 *GDP* 的比重比上年提高了 1.2 个百分点；中国城镇化率比上年提高了 1.3 个百分点；在经济增长的贡献中，最终消费的贡献率比资本形成高 1.4 个百分点。

从固定资产投资看，2012 年固定资产投资（不含农户）364 835 亿元，比上年名义增长 20.6%（扣除价格因素实际增长 19.3%），增速比上年回落 3.4 个百分点。其中，国有及国有控股投资 123 694 亿元，增长 14.7%；民间投资 223 982 亿元，增长 24.8%，占全部投资的比重为 61.4%。分地区看，与上年相比，东部地区投资增长 17.8%，中部地区比上年增长 25.8%，西部地区比上年增长 24.2%。分产业看，第一产业投资 9 004 亿元，比上年增长 32.2%；第二产业投资158 672亿元，比上年增长 20.2%；第三产业投资 197 159 亿元，比上年增长 20.6%。在第二产业投资中，工业投资154 636亿元，比上年增长 20.0%；其中，采矿业投资 13 129 亿元，比上年增长 11.8%；制造业投资124 971亿元，比上年增长 22.0%；电力、热力、燃气及水的

生产和供应业投资 16 536 亿元，比上年增长12.8%。全年基础设施（不包括电力、热力、燃气及水的生产与供应）投资 58 391 亿元，比上年增长 13.3%。从到位资金情况看，全年到位资金 399 440 亿元，比上年增长 18.6%，其中，国家预算内资金增长 29.7%；国内贷款增长 8.4%；自筹资金增长 21.7%；利用外资下降10.9%；其他资金增长 13.7%。全年新开工项目计划总投资309 083亿元，比上年增长28.6%；新开工项目 356 296 个，比上年增加 28 948 个。从环比看，12 月份固定资产投资（不含农户）增长 1.53%。

2012 年，投资总体特征体现在如下几个方面。

1. 投资放缓格局尚未改变，但已呈现企稳迹象

受世界经济复苏缓慢、国内经济周期性下滑和中长期潜在增速“换挡减速”等因素影响，2012 年投资运行仍处于减速下行阶段。前 3 季度，固定资产投资累计同比增长 20.5%，较上年同期下降 4.4 个百分点，与 2000—2011 年同期均值相比低 5.3 个百分点。在一系列“稳增长”政策的作用下，前 3 季度投资增速较上半年加快 0.1 个百分点，投资较前 3 季度又回升 0.2 个百分点，10 月投资环比增长 1.94%，连续 3 个月回升，表明投资出现企稳迹象。由于 2012 年投资品价格增速出现大幅回落，因此从实际增速看，2012 年投资呈现回升态势，实际投资增长 19%，较上年同期回升 2.1 个百分点。总体来看，9 月份以来，中国固定资产投资出现了企稳回暖的趋势，2012 年全年固定资产投资增长 20.6%。

2. “稳增长”政策有助于投资逐步企稳

2012 年前 5 个月，投资增速逐月递减，面对投资持续减速和宏观需求面萎缩的形势，为防止经济出现过快下滑，中央适时提出了把“稳增长放在更加重要位置”的调控取向，果断地加大预调微调力度，及时出台一系列政策措施，具体政策包括减息、降准、财政支出发力以及加快投资项目审批等：第一，中央项目投资持续发力。中央项目投资累计同比增速在 6 月份后下降幅度逐步缩小，实现增长 5.1%，较上年同期加快 13.6 个百分点。第二，国家预算内资金增速较上年显著回升。国家预算内资金累计同比增长 27.6%，较上年同期加快 14.5 个百分点，且高于 2000—2011 年同期均值 0.4 个百分点。第三，流动性总体充裕，社会融资总量显著扩大。广义货币供应量累计同比增速达 14.1%，较上年同期加快 1.2 个百分点。

3. 行业投资运行出现分化

制造业投资与出口高度相关，其减速主要是由于世界经济复苏脆弱、下行风险加大以及国内产能过剩、需求萎缩、企业投资信心不足所导致。房地产业和基础设施行业投资与城镇化相关，其投资与政策密切关联，随着资金面问题逐步缓解，这类投资将有望企稳回升。

首先，制造业投资增速高位回稳。2012 年以来，由于国内外需求减弱，投资扩张动力下降，制造业投资也从高位回调。制造业投资累计同比增长 23.1%，高于同期全部投资增速 2.4 个百分点。需要关注的是，在当前几乎全面“去产能化”背景下，制造业投资仍然保持高速增长，使未来产能过剩的风险进一步加大。

其次，房地产投资减速是下拉投资增长的重要力量。受房地产调控政策影响，2012 年房地产开发投资延续了自 2011 年下半年开始的放缓态势，房地产开发投资累计同比增长 15.4%，较上年同期减缓 15.7 个百分点，较 2000—2011 年同期均值低 12.2 个百分点，房地产开发投资占全部投资比重降至 19.7%，贡献率也降至 15.3%，分别较上年同期下降 1 个百分点和 9.3 个百分点。房地产投资大幅减速成为下拉投资增速的重要力量。

再次，基础设施投资逐步回升有利于投资稳定增长。基础设施投资长期作为中国投资的重点领域，2003—2010 年其占比一直保持在 25%～30%，平均累计同比增速接近 30%。受到“4 万亿元”投资计划结束以及反危机政策退出的影响，从 2011 年开始，基础设施投资增速开始深度回调。此外，由于高铁事故带来的安全大检查等原因，国家放慢了投资审批进度，再加上铁路融资杠杆过高导致的资金支持不足，土地财政和融资平台作用受限，进一步加剧了投资回调幅度。2012 年，由于稳增长系列政策推出、财政资金开始发力、基建项目审批加快、铁路投资计划规模有所恢复等因素，基础设施投资开始恢复性增长，增速达到 14.1%，高于上年同期5.5%，带动全部投资增长 3%，为实现“稳投资”创造了有利条件。

4. 民间投资增长仍然较快，调整幅度大于全部投资

2012 年，中国民间投资保持较快增长，仍是拉动投资增长的主要力量。中国民间投资占全部投资的 61.4%，累计同比增长 25.2%，高于全部投资增速 4.5 个百分点，拉动全部投资增长 15.7 个百分点。

5. 中西部地区投资增速仍高于东部，但减速幅度也较大

2012 年，投资区域结构继续改善，产业转移成为驱动投资增长的重要动力。东、中、西部地区投资累计同比分别增长 17.8%，25.8%和 24.2%，中西部地区投资增速持续高于东部。2012 年，三大区域投资波动均呈现基本同步减速的特征，这表明中、西部与东部经济联系密切，中、西部的原材料、初级产品加工受到东部地区出口减速的影响，但中西部投资减速幅度更大些。

三、2013 年第 1 季度投资特征

2013 年第 1 季度，中国经济社会发展开局平稳，经济保持平稳增长。消费需求相对稳定，投资增长较快，进出口增速回升；农业生产形势较好，工业企业利润恢复性增长；价格形势大体稳定，城镇新增就业稳定在合理区间。第 1 季度实现国内生产总值(*GDP*)11.9 万亿元，同比增长 7.7%，增速比上年同期低 0.4 个百分点，环比增长 1.6%。居民消费价格同比上涨2.4%。

固定资产投资增长较快(见表 2-1)。1～3 月份，固定资产投资(不含农户)完成 5.8 万亿元，同比名义增长 20.9%，扣除价格因素，实际增长 20.7%，增速比上年同期高 2.5 个百分点。分地区看，1～3 月份，东部地区投资 30 349 亿元，同比增长 19.4%，增速比 1～2 月份回落 0.7 个百分点；中部地区投资 14 275 亿元，增长 24.1%，增速回落 1.1 个百分点；西部地区投资 13 122亿元，增长 24.2%，增速加快 0.9 个百分点。分产业看，1～3 月份，第一产业投资 930 亿元，同比增长 31.4%，增速比 1～2 月份回落 6 个百分点；第二产业投资 24 635 亿元，增长 16.2%，增速加快 0.6 个百分点；第三产业投资 32 527 亿元，增长 24.5%，增速回落 0.5 个百分点。第二产业中，工业投资 24 254 亿元，增长 17.4%，增速比 1～2 月份加快 0.3 个百分点。其中，采矿业投资 1 338 亿元，增长 2.7%，增速回落 10.5 个百分点；制造业投资 20 473 亿元，增长 18.7%，增速加快 1.7 个百分点；电力、热力、燃气及水的生产和供应业投资 2 443 亿元，增长 15.3%，增速回落 3.9 个百分点。从项目隶属关系看，1～3 月份，中央项目投资 2 687 亿元，同比增长 11.6%，增速比 1～2 月份加快 7.2 个百分点；地方项目投资 55 406 亿元，增长 21.4%，增速回落 0.9 个百分点。从施工和新开工项目情况看，1～3 月份，施工项目计划总投资 457 104 亿元，同比增长 19.1%，增速比 1～2 月份加快 0.3 个百分点；新开工项目计划总投

资 41 429 亿元，同比增长 14%，增速加快 3.9 个百分点。

表 2-1

2013 年 1～3 月份固定资产投资(不含农户)主要数据

指　　标	1～3 月份	
	绝对量(亿元)	同比增长(%)
固定资产投资(不含农户)	58 092	20.9
其中:国有及国有控股	18 029	18.7
分项目隶属关系		
中央项目	2 687	11.6
地方项目	55 406	21.4
分产业		
第一产业	930	31.4
第二产业	24 635	16.2
第三产业	32 527	24.5
分行业		
农林牧渔业	1 177	32.9
采矿业	1 338	2.7
其中:煤炭开采和洗选业	478	−12.6
石油和天然气开采业	286	21.0
黑色金属矿采选业	156	5.4
有色金属矿采选业	173	8.1
非金属矿采选业	199	9.9
制造业	20 473	18.7
其中:非金属矿物制品业	1 789	16.6
黑色金属冶炼和压延加工业	768	7.7
有色金属冶炼和压延加工业	715	31.2
通用设备制造业	1 505	23.1
专用设备制造业	1 445	22.1
汽车制造业	1 361	15.3
铁路、船舶、航空航天和其他运输设备制造业	410	16.4
电气机械和器材制造业	1 411	5.5
计算机、通信和其他电子设备制造业	1 150	19.7
电力、热力、燃气及水的生产和供应业	2 443	15.3
其中:电力、热力生产和供应业	1 904	10.9

（续表）

指　　标	1～3月份	
	绝对量(亿元)	同比增长(%)
建筑业	461	−23.9
交通运输、仓储和邮政业	4 478	22.0
其中:铁路运输业	561	5.8
道路运输业	2 658	21.7
水利、环境和公共设施管理业	4 384	36.5
其中:水利管理业	588	33.5
公共设施管理业	3 625	37.5
教育	710	27.6
卫生和社会工作	426	17.3
文化、体育和娱乐业	694	37.3
公共管理、社会保障和社会组织	721	−5.1
分注册类型		
内资企业	53 984	21.7
港澳台商投资企业	1 932	12.8
外商投资企业	1 943	9.9
分施工和新开工项目		
施工项目计划总投资	457 104	19.1
新开工项目计划总投资	41 429	14.0
固定资产投资(不含农户)到位资金	84 899	19.6
其中:国家预算资金	3 119	21.8
国内贷款	12 086	11.1
利用外资	1 068	6.3
自筹资金	54 756	17.0

注:表中同比增长均为未扣除价格因素的名义增长。

四、风险因素识别

投资引致经济增长的风险,我们可以从以下视角加以说明:首先是金融资源配置效率低下,引起的投资效率低的风险;其次是投融资体制不完善,引起投资效益欠佳、投资率过高的风险。第一个方面的风险与投资不能导致总要素生产率增加而导致经济增长风险相关;第二个方面的风险与投资不能形成有效的资本累积而导致经济增长风险相关。

（一）金融资源配置效率低下与经济增长风险

金融资源配置效率是指在金融市场上，由金融机构作为金融中介完成的或者由融资双方或多方在市场服务体系下实现的社会资源的帕累托效率配置，是金融效率在质量方面的体现。一般认为，金融体系在优化社会资源配置中的主要作用表现为：一是通过改变资本的所有权和使用权结构，提高既定数量资本的配置效率；二是促使资本流向更高收益率的投资项目，提高新资本的配置效率；三是通过金融中介实现资产期限与风险的转化，加快资本积累的速度。如果金融体系资源配置效率低下，既定数量资本难以提高总要素生产率，就难以形成经济可持续增长的动力。

经历了30多年的改革开放，中国已经初步形成了较为完整的金融体系，在经济发展和市场机制的完善中起到了积极的作用。但是，目前中国金融体系面临的问题依然较多，中国金融体系的资源配置效率依然不高，主要体现在信贷市场资金配给机制不完善，配置效率不高上。

1. 信贷市场资金配给机制与配置效率

在市场经济中，信贷配给不管是短期现象还是普遍存在，它并不必然影响金融体系的资源配置效率。只有在信贷配给受到非经济因素和非市场化原则的干扰下，而导致信贷配给资金的实际使用效率低于市场竞争效率时，信贷配给才会影响金融体系的资源配置优化。

长期以来，中国信贷资金的配给受到行政性制度安排的影响。在传统的计划经济中，政府通过行政计划手段控制了金融资产的价格水平、资金流向，信贷市场竞争效率的缺失使银行信贷配给资金的效率完全被动地取决于贷款对象使用资金的效率。伴随着银行体制的商业化改革，银行体系在信贷资金配给中的主动作用有所体现，但作用范围依然有限。一方面，信贷资金的规模控制一直是国家宏观调控的主要手段；另一方面，银行领导者由行政部门任命，并非股东选举产生，导致信贷资金配给的市场化原则难以形成，信贷配给规则仍然带有许多行政化色彩。

以主观判定因素为主导的激励、约束机制，往往来自“上级”的偏好威胁而不是股东利益目标的约束。此时，银行家实施信贷配给的原则，自然就不会考虑股东利益最大化目标。受这种信贷资金配给原则的支配，中国的资金配给结构呈现出明显的体制特征：一方面是信贷资金配给主体的类型单一性，使资金配给市场缺乏有效的竞争机制，市场高度集中；另一方面是信贷资金配给客体的属性不同所享受的“待遇”也迥然不同。国有商业银行始终是中国信贷资金配给的主体，占有大部分市场份额，使信贷市场的供给机制带有明显的垄断特征。

在以国有企业为主体的数量配给方式下，中国信贷资金的配置效率，主要取决于国有企业的生产经营效率和银行与企业之间的利益分配博弈。国有企业对信贷资金配给效率的影响不仅表现在产出方面，而且表现在利益博弈中银行业的被动局面上。由于中国国有银行实行垂直纵向管理，其实际委托人是中央政府，国有银行的资产损失最终只能由国家或政府承担。而国有企业一般实行属地管理，其名义委托人仍是国家，但由于企业的生存关系到地方经济的发展和社会稳定等，与地方利益的联系更加紧密，地方政府就成为国有企业的实际委托人。因此，银行与企业的博弈在一定程度上演化成了中央与地方政府的博弈。

在这个博弈过程中，中央和地方政府的策略选择都遵循个体理性最大化原则。历史经验表明，中央政府只在强制性制度变迁的有限次博弈中占优；而地方政府在无限次常态博弈中拥有明显的优势。如果一家银行的分支机构负责人因发放援助地方经济发展的贷款出现了呆、坏账而被总行撤职，他完全可以凭借支持地方经济发展的“政绩”，在地方政府中谋求到合适的职位；反之则不行。

当企业和银行的高层管理者都预期到这种结果时，非效率贷款和“逃废欠债”就会成为一种普遍现象，国有企业的信贷配给资金就会沉淀为大量的不良贷款。

2. 资本市场的交易信息传导机制扭曲，配置效率较低

由于现实经济中的市场不完全性，资本市场的发展对金融效率的影响，取决于资本市场的有效性、竞争性以及监管机制的完善程度，它们构成了资本市场运行的总体质量水平。

市场交易的信息传导机制扭曲，价格波动幅度大。根据资本市场有效性假说，高效的金融市场应该能够把信息传递给所有市场参与者，并迅速在市场价格中得以反映。信息质量、透明度以及与定价机制的联系，是资本市场效率的核心。尽管有学者认为，中国的股票市场已经具有弱有效市场的特征（骆祚炎，2003），但中国资本市场中的信息传导机制扭曲和市场价格的信息反应钝化的缺陷，至今没有得到根本的改善。资本市场中信息传导机制的扭曲，产生了两方面的影响：一是当价格信息被人为操纵和控制时，投资者将保持一种警惕性心态，导致股票市场的高换手率特征；二是投资者的从众行为增加了“庄家”操纵股价的成功概率。在转型时期的资本市场信息特征与宏观政策的不确定性共同作用下，中国股票价格波动较大，交易量变动剧烈。

中国资本市场的产出弹性小和非市场信息扰动对股价波动的影响，使得居民对博取价差的回报率预期很高。在股价上涨时期，大量居民涌入股市，股权融资在很大程度上满足了企业的资金需求。但是，这种投机性动机驱动下的资金支撑作用具有双重性，在刺激经济增长的同时，也会加大整个经济、金融体系的风险。在股价低迷时期，大量居民退出股市，股权融资在根本上不能满足企业的资金需求。自 2012 年 11 月以来，中国 A 股市场 IPO 到 2013 年 5 月依然没有重启的迹象，股市融资难以实现。

中国的上市公司不仅存在“内部人”控制，还同时并存着企业激励机制和约束机制的严重扭曲。“企业家”升迁奖罚的主要力量来自行政主管部门。由于这些部门的行为目标并不是企业利润最大化，因此，企业经营活动脱离经济原则的趋势明显，这突出表现为企业肆意忽略中小股东的利益，编制各种迎合“上级”需要的虚假信息。大股东利用上市公司“圈钱”的现象，在中国资本市场中较为普遍。谁控制了上市公司，谁就控制了一条“免费”的资金使用通道，于是，内部人控制问题又衍生出“内部人争夺”问题。

“内部人争夺”表现在两个方面：一是不同大股东对同一家上市公司控制权的斗争，这种斗争以企业效率损失为代价；二是同一投资者对不同上市公司控制权的控制。在股权控制中，上市公司演变为特定投资者谋取股价差额收益的资金调配工具，并成为操纵股价的一种手段。市场发展不协调、竞争水平低和内部人控制问题，直接影响了资本市场资金的使用效率。

（二）投融资体制不完善与经济增长风险

投融资在经济增长和创造就业岗位中发挥着基础性作用。长期以来，高投资支撑了中国经济的高速增长，然而随着经济增速放缓，加上发展方式转型的迫切需求，传统投融资体制存在的弊端进一步暴露出来。

1. 资金筹集与运用之间有明显的期限错配风险

从固定资产投资的资金来源看，2011 年的国内贷款占 13.4%，自筹和其他资金占80.9%，

表面上看银行信贷支持投资的比重似乎并不高，但是在自筹和其他资金中，仍然有较大比重的银行资金来源，背后原因包括：企业短期资金的长期化、企业异地贷款、关联方引入的贷款、此前年份沉淀的银行贷款等。来自许多抽样调查的分析也表明，固定资产投资中直接或间接来源于银行贷款的部分，要远高于国家统计局公布的数据。

作为中长期投资资金的主要提供者，银行的“短存长贷”现象仍然严重。据央行统计，企业存款和储蓄存款中的活期比重居高不下，近年来通常在50%以上。而在监管和调控作用下，贷款期限增量结构有所改善，也导致中长期信贷的供给下降，同时在存量结构中仍以中长期为主。截至2013年1月末，中长期贷款占境内贷款余额达55%。如考虑银行通过表外业务和其他非银行机构通道流向中长期的资金，则相关比重会更高。

在固定资产的自筹资金中，还有很大一部分来源于债券等固定收益产品的融资，不仅这些债权类产品通常是以短期为主，而且商业银行也是债券市场的最大投资者，这也间接造成银行短期资金的长期化。由此看来，在中国的中长期投资中，还是缺乏可持续的长期资本予以匹配，这必然会造成潜在的期限错配风险。为控制该风险而针对银行体系的监管强化，必然会更加减少中长期资本的可得性。

2. 融资结构扭曲

在债权性融资和股权性融资中，过于偏重于前者，由于缺乏多层次的、立体的长期资本市场，加上诸多长期投资领域，对于引入民营资本、激活民间投资仍存在障碍，还有对公用事业领域投资的观念的限制，以及对非国有投资者的利益保护存在缺失，导致引入投资的股权性资金还未被充分调动起来。

在债权性融资内部，主要依靠银行信贷、城投债券、信托等融资方式，尚未充分发挥规范的中长期债券的支撑作用。在股权性融资内部，还不完善的资本市场难以发挥中长期资金提供者的职能，创业板市场、非上市股权交易、产业投资基金与风险投资基金的作用还亟待发掘。在国外城市建设领域日益常见的项目融资、证券化融资等模式，虽然近年来在中国发展迅速，但是仍未取得根本性的突破。

3. 投资主体和投融资模式选择错位

就中国中长期投资的企业主体来看，2011年国有和集体企业投资占内资企业总投资的32%左右，而在有限责任公司、股份有限公司等企业投资中，也或多或少体现着国有资本的影响力。通过多年市场化改革，虽然政府财政直接投资比重不断下降，但是在各类国有资本发挥影响力的企业投资主体背后，仍然充分体现了各级政府的主导作用。

在中长期投融资领域，政府行政主导会带来许多弊端，而完全要依靠市场主体自发投资，也难以保障许多具有公共性、公益性的重大投资项目。在中国多年的投融资体制改革中，核心思路是从财政主导转向金融主导，但其中的问题有两点：一是政府作为裁判员和运动员的双重矛盾没有解决；二是忽视了金融主导下的政策性投融资体制建设。尤其是随着前些年的政策性金融机构转向商业化，中长期投融资机制也可能缺少了一个重要环节。客观来看，在财政直接投资、市场金融性投资两种模式之外，考虑到中国作为发展中大型经济体，且城镇化尚未完成，还必须要有对中长期政策性金融投融资模式的系统构建。

4. 缺乏适合中长期投融资特点的制度和管理机制

一方面，中国还缺乏统一的城市基础设施建设投融资的基本法律，相关部门的活动主要依据各部委发布的行政规章以及规范性文件，对政府的公共投资职责定位也不清楚。另一方面，针对政府通过平台企业进行的投资，还缺乏依据其特点而构建的风险评价、控制、监管准则，也没有建立科学有效的项目后评价机制，更没有把政府的投资职责，与对投资的监管职责彻底区分开来。所有这些制度环境的缺失，加剧了中长期投资中存在的资金浪费、项目低效和重复建设现象。

5. 投资效率和效益欠佳，投资率过高

虽然高投资支撑了中国经济高增长，而且投资拉动经济增长在未来仍具有合理性，但是也出现了“过犹不及”。例如，2003 年以来，中国的投资率连续 8 年超过 40%。2011 年中国投资率达到 48%，为有史以来最高；最终消费率是 47%，为有史以来最低。第一次出现投资率超过最终消费率的情况，其中必然蕴含着结构失衡问题。此外，无论在城镇化建设还是工业投资中，效率和效益不佳的情况屡见不鲜，尤其在基础设施投融资领域，“政绩项目”、“面子项目”造成了严重的资源浪费。

在投资扩张的内生机制没有改变的情况下，宏观调控的大起大落，进一步导致了经济景气期间的投资过剩，与经济低谷期间的投资受损，无法形成可持续的中长期投融资理念与机制。各种各样的产业振兴、产业刺激政策虽然不可缺少，但是在制定和执行过程中缺乏缜密论证，更多依靠行政思维来完成，由此导致中长期投资的结构性、集中性风险增大。例如，在许多战略新兴产业中，“大干快上”的盲目投资已经造成恶劣后果，包括物联网、LED 项目、光伏产业等，都出现了产能过剩。这里就需要注意产业政策的适度问题，“引导”和“刺激”不应使投资严重偏离市场选择。

五、风险度量

我们可以从两个不同的视角度量投资引致经济增长风险：一是投资的资金来源（即投资是国家预算内资金、银行贷款、国外投资、自有资金及其他资金来源）；二是投资的资金流向（即投资投向的行业，如农业、服务业和制造业等）。

（一）投资资金来源导致的经济增长风险度量

国家投资资金来源不合理，往往导致经济增长大起大落的风险。从中国的实际情况来看，短期内政府资本每增加 1%，产出将会增加 0.80%，而民间投资对产出的贡献并不明显，它每增加 1%将带来产出增加 0.11%。也就是说，政府投资在短期可以暂时替代民间投资来扩大总需求，拉动经济的增长。尤其是在经济紧缩阶段民间投资将仅仅维持在自发投资的水平上，此时增加政府投资可以弥补民间投资的不足，启动需求，很好地发挥经济增长效应。但是从长期来看，政府投资的效率是远低于民间投资的，过多的政府投资会对民间投资产生挤出效应。实证分析结果表明，在长期，政府资本的产出弹性为负，其每增加 1%将引起产出降低 0.99%，民间资本的产出弹性为正，每增加 1%的民间资本将引起产出同方向增长 0.48%。因此，在长期，政府投资对经济增长并没有促进作用，拉动经济增长的原动力应该是民间投资，只有民间投资得到持续适度的增长，才能保证一个更高的经济增长水平。

本研究引用前述的中国经济增长风险状况，鉴于预算内资金增长率、国内贷款增长率、利用外资增长率和自筹资金增长率指标中的数据都是名义数据（即不考虑物价指数），因此，*GDP* 增长率数据也采用名义数据（见表 2-2）。本研究以预算内资金增长率作为政府投资的度量指标。

表 2-2

1982—2011 年年度 *GDP* 风险、资金来源增长率(%)

年份	*GDP* 风险	名义 *GDP* 增长率	投资增长率	预算内资金增长率	国内贷款增长率	利用外资增长率	自筹资金增长率
1982	1.0	9.0	28.03	3.5	44.4	66.4	34.1
1983	1.0	12.3	16.23	21.6	−0.4	10.0	18.7
1984	3.0	21.0	28.17	23.9	47.3	6.2	27.6
1985	4.0	24.8	38.75	−3.1	97.4	29.5	41.6
1986	1.0	13.6	22.70	11.7	29.0	50.1	21.9
1987	1.0	17.3	21.51	9.0	32.4	32.5	19.9
1988	2.0	24.8	22.74	−13.0	12.1	51.3	32.5
1989	4.0	13.1	−5.23	−15.3	−22.0	5.7	0.7
1990	3.0	10.1	2.43	7.4	16.1	−2.2	−1.2
1991	2.0	16.6	23.84	−3.2	48.5	12.0	21.2
1992	3.0	23.4	44.43	−8.7	68.4	47.0	41.0
1993	3.0	30.9	61.78	39.2	38.8	103.6	69.6
1994	2.0	36.4	36.37	9.5	30.1	85.4	34.7
1995	1.0	24.3	15.13	17.3	5.0	29.8	16.3
1996	1.0	17.3	13.81	0.8	8.9	19.6	14.9
1997	1.0	11.3	8.14	11.3	4.6	−2.3	10.9
1998	2.0	6.4	13.69	71.9	15.9	−2.5	13.2
1999	2.0	6.6	3.61	54.7	3.3	−23.3	4.2
2000	2.0	10.8	11.28	13.9	17.5	−15.5	11.9
2001	2.0	10.3	14.73	20.7	7.6	2.0	17.2
2002	2.0	10.2	18.59	24.1	22.4	20.5	16.9
2003	1.0	13.5	30.12	−15.0	36.0	24.7	33.4
2004	1.0	18.1	27.21	21.1	14.5	26.4	31.4
2005	1.0	15.4	26.86	27.6	18.4	21.1	29.3
2006	2.0	15.8	25.76	12.5	20.0	8.9	28.8
2007	2.0	18.0	26.77	25.4	17.6	18.4	29.2
2008	2.0	16.8	25.9	35.8	14.8	3.5	25.7
2009	1.0	8.4	36.8	59.5	48.6	−12.96	35.20
2010	2.0	17.7	14.2	2.6	12.0	1.7	16.4
2011	2.0	17.8	21.1	14.1	5.3	7.6	28.3

1. 经济增长风险高的年份投资资金来源特征

从表 2-2 中可以看出,1985 年和 1989 年经济增长风险都高达 4,从这两年投资的当年基本特征看,1985 年投资过快增长(达到了 38.5%),1989 年投资减少(减少了 5.23%),这是引致经济增长风险的关键因素。从预算内资金增长率来看,两者都为负值,预算内资金(政府投资)的减少可能是经济增长高风险的原因之一。

1984 年、1990 年、1992 年和 1993 年的经济增长风险都较高,经济增长风险为 3,处于有风险状态。从这几年投资当年投资增幅的基本特征来看,1990 年投资过慢增长,增长率仅为 2.43%,这是导致经济增长率下滑的关键。1984 年、1992 年和 1993 年的经济增长风险较高的关键原因在于投资过快增长。从预算内资金增长率看,1992 年预算内资金增长率为负,1993 年预算内资金增长率过快增长,可能是经济增长高风险的原因之一。

2. 度量投资资金来源与经济增长风险间的关系

我们以 *MYGDPZZL* 表示名义 *GDP* 增长率,*YSNZJZZL* 表示预算内资金增长率,*GNDKZZL* 表示国内贷款增长率,*LYWZZZL* 表示利用外资增长率,*ZCZJZZL* 表示自筹资金增长率,我们可以得到如图 2-1 所示表示的六变量趋势图。

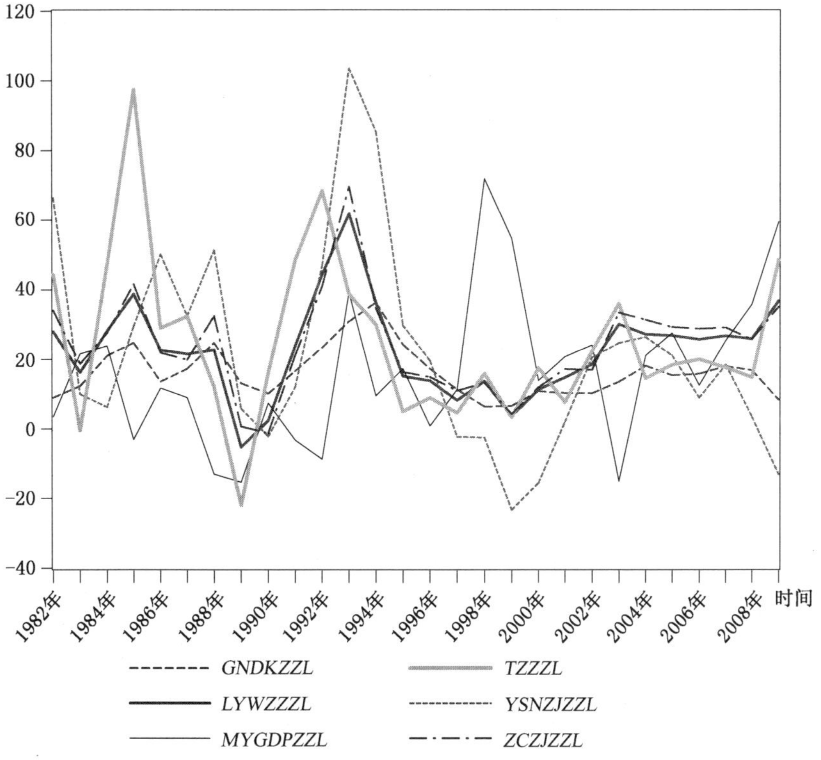

图 2-1 六变量趋势图

从图中可以看出,名义 *GDP* 增长率和预算内资金增长率之间关系比较密切,然而名义 *GDP* 增长率和投资增长率、国内贷款增长率、利用外资增长率之间关系并不明显。

1) 格兰杰因果关系分析

为了判断经济增长风险与各项投资之间的关系,我们对变量进行格兰杰因果关系分析。

表 2-3

滞后 1 期结果

配对格兰杰因果关系检验
日期:07/05/2013 时间:10:25
数据来源:1982—2011 年
滞后:1

空位假设	观察量	*F* 统计	可能性
GNDK 不是 *GDP* 变化的原因	25	0.205 68	0.654 62
GDP 不是 *GNDK* 变化的原因		0.742 78	0.398 07
LYWZ 不是 *GDP* 变化的原因	25	1.989 02	0.172 43
GDP 不是 *LYWZ* 变化的原因		0.549 94	0.466 18
YSNZJ 不是 *GDP* 变化的原因	25	1.569 86	0.223 38
GDP 不是 *YSNZJ* 变化的原因		2.176 07	0.154 34
ZCZJ 不是 *GDP* 变化的原因	25	3.995 52	0.058 13
GDP 不是 *ZCZJ* 变化的原因		0.356 68	0.556 46

表 2-4

滞后 2 期结果

配对格兰杰因果关系检验
日期:07/05/2013 时间:10:26
数据来源:1982—2011 年
滞后:2

空位假设	观察量	*F* 统计	可能性
GNDK 不是 *GDP* 变化的原因	24	1.795 04	0.193 17
GDP 不是 *GNDK* 变化的原因		0.316 03	0.732 79
LYWZ 不是 *GDP* 变化的原因	24	1.201 32	0.322 64
GDP 不是 *LYWZ* 变化的原因		0.552 28	0.584 61
YSNZJ 不是 *GDP* 变化的原因	24	2.615 96	0.099 19
GDP 不是 *YSNZJ* 变化的原因			0.358 50
ZCZJ 不是 *GDP* 变化的原因	24	0.881 89	0.430 28
GDP 不是 *ZCZJ* 变化的原因			0.481 37

从上述格兰杰因果关系分析的结果(表 2-3 和表 2-4)来看,无论是滞后 1 期,还是滞后 2 期,预算内资金是 *GDP* 变化的格兰杰原因,而 *GDP* 并不是预算内资金变化的格兰杰原因。其他变量(国内贷款、利用外资和自筹资金等)都不是 *GDP* 变化的格兰杰原因。

2) *GDP* 与预算内资金之间的相关性分析

在验证预算内资金是 *GDP* 的格兰杰原因的基础上,我们可以对预算内资金和 *GDP* 进行回归分析。

通过因果关系和相关回归分析,预算内资金变化是 *GDP* 增长和下降的原因,而 *GDP* 的变化并不是预算内资金增长和下降的原因。通过相关性分析(表2-5和表2-6),可以发现预算内资金每变化1%,将导致滞后1期*GDP*增长0.41%,将导致滞后2期年度*GDP*减少0.0077%。

表2-5　**GDP与预算内资金的当期回归结果**

因变量:*GDP*
方法:最小二乘法
日期:07/05/2013　时间:10:29
数据来源:1982—2011年
累计观察值:29

变　量	相关系数	标准差	*t*-统计	可能性
YSNZJ	0.187 232	0.035 302	5.133 719	0.000 0
C	12.229 83	1.326 201	9.221 704	0.000 0

R-平方值	0.523 385	自变量平均值	16.588 46
调整的*R*-平方值	0.503 526	自变量的均方差	7.372 778
回归的标准误差	5.194 929	阿凯克信息标准	6.207 046
总平方剩余	647.694 8	*Schwarz*标准	6.303 823
对数似然	−78.691 60	*F*-统计	26.355 07
*Durbin-Watson*统计	1.259 180	*F-statistic*的可能性	0.000 030

表2-6

GDP与预算内资金当期和滞后2期的回归结果

因变量:*GDP*
方法:最小二乘法
日期:07/05/2013　时间:10:31
数据来源:1983—2011年
累计观察值:27

变　量	相关系数	标准差	*t*-统计	可能性
YSNZJ	0.410 635	0.039 196	5.373 936	0.000 0
YSNZJ(−1)	−0.007 734	0.048 161	−0.160 593	0.874 0
YSNZJ(−2)	0.072 065	0.035 478	2.031 277	0.055 7
C	10.644 48	1.147 672	9.274 851	0.000 0

R-平方值	0.780 577	自变量平均值	17.083 33
调整的*R*-平方值	0.747 663	自变量的均方差	7.451 563
回归的标准误差	3.743 153	阿凯克信息标准	5.628 745
总平方剩余	280.223 8	*Schwarz*标准	5.825 088
对数似然	−63.544 94	*F*-统计	23.716 03
*Durbin-Watson*统计	2.008 793	*F-statistic*的可能性	0.000 001

从短期看,2012 年中国经济在进一步深化的国际经济危机及自身周期调整压力下,将继续处于增长方式转型过程中的艰难阶段,政府对投资的拉动是 2013 年中国经济增长的主导性因素,成为支撑需求并使之不断加速下滑的关键力量(2012 年固定资产投资增长率年同比为 20.6%)。但从长期看,由于政府投资增幅过快和过大,2014 年后中国经济增长下行的风险将增加。

3. 基本结论

在向市场经济转型过程中，由于未能实现政府主导型投资向市场主导型投资的转变，各级地方政府为追求 *GDP* 增长的短期目标，各种政绩形象工程缺乏有效的约束，不计成本收益的投资冲动，掩盖了在政府主导下所出现的大量的无效投资和投资浪费。大量无效投资虽然在统计上促进了 *GDP* 增长率和账面上资本存量的增加，但由于投资项目的失败和低效，生产能力未能相应提高，使得资本短缺的中国，其资本—产出比却异常地高于资本富余的发达国家,这表明中国的投资效率极为低下。虽然中国 *GDP* 保持高速度增长，但国民总产出中有相当的部分是用于弥补无效投资和浪费的，真正能够用来提高社会福利、改善居民生活水平、增加社会财富的部分则所剩不多，由此造成中国的居民消费占 *GDP* 的比重也不断下降，远远低于世界平均水平，影响了人民生活和社会福利的提高，违背了发展经济的目的。所以,从长期看,政府投资存在着严重的经济增长风险。

2012 年预算内资金增加率为 21%,将导致 2013 年 *GDP* 增长率增长 8.2%,与此同时将导致 2014 年经济增长率下降 0.217%。

(二) 投资资金流向导致的经济增长风险度量

投资资金流向不合理,往往会导致经济不可持续增长的风险。

1. 经济增长风险高年份的投资资金流向特征

从表 2-7 中可以看出,经济增长风险最高的年份是 1992 年和 1993 年,从这两年的投资资金流向看,非常显著的特征是建筑业和服务业投资的大幅度增加,特别是 1993 年,建筑业增幅高达 394.71%,服务业增幅高达 64.68%。

表 2-7

1990—2010 年 *GDP* 风险、资金流向增长率(%)

年份	*GDP* 风险	名义 *GDP* 增长率	投资增长率	农、林、牧、渔业	采掘业	制造业	水的生产和供应业	建筑业	服务业
1990	2.0	9.86	2.43	31.53	19.90	5.71	26.01	−24.78	2.74
1991	2.0	16.68	23.84	25.93	18.90	25.11	16.40	21.04	29.16
1992	3.0	23.61	44.43	30.04	24.62	25.39	30.48	84.52	61.25
1993	3.0	31.24	61.78	6.23	15.86	47.59	38.29	394.71	64.68
1994	2.0	36.41	36.37	22.83	12.31	37.51	49.72	20.28	42.05
1995	1.0	26.13	15.13	34.91	10.95	26.62	9.36	5.20	13.37
1996	1.0	17.08	13.81	42.84	13.89	9.07	22.84	25.98	15.43
1997	1.0	10.95	8.14	40.66	30.09	−8.79	25.42	−17.68	20.62

（续表）

年份	GDP风险	名义 GDP 增长率	投资增长率	农、林、牧、渔业	采掘业	制造业	水的生产和供应业	建筑业	服务业
1998	2.0	6.87	13.69	46.46	−16.66	−3.13	10.61	4.86	34.06
1999	2.0	6.25	3.61	32.67	−12.27	−20.31	2.27	41.30	9.76
2000	2.0	10.64	11.28	20.70	24.29	−0.64	13.07	−11.70	6.71
2001	2.0	10.52	14.73	20.41	9.37	28.42	−11.43	−4.17	14.17
2002	2.0	9.74	18.59	35.26	5.49	39.02	11.94	42.13	17.54
2003	1.0	12.87	30.12	−29.10	31.51	73.48	20.59	41.80	26.26
2004	1.0	17.71	27.21	14.43	34.96	33.33	46.25	4.28	22.37
2005	1.0	15.67	26.86	22.90	49.73	35.69	30.36	16.08	19.50
2006	2.0	16.97	25.76	18.34	30.41	28.27	13.65	0.58	23.43
2007	2.0	22.88	26.77	23.77	25.66	30.55	10.27	15.70	23.82
2008	2.0	18.15	25.85	48.80	31.08	27.41	16.16	19.48	24.79
2009	1.0	8.55	29.95	36.14	19.53	24.53	31.26	28.06	33.76
2010	2.0	17.69	23.83	14.91	19.43	25.50	8.63	40.64	25.23
2011	2.0	17.77	14.21	10.54	6.78	15.90	−6.51	19.80	11.94

2. 度量投资资金流向与经济增长风险间的因果关系

我们以 *GGDP* 代表经济增长率，*TZX*1 表示投资增长率，*LLMYX*2 表示农林牧渔业投资增长率，*CJX*3 表示采掘业投资增长率，*ZZX*4 表示制造业投资增长率，*SSGX*5 表示水的生产和供应业投资增长率，*JZX*6 表示建筑业投资增长率，*FWX*7 表示服务业投资增长率。

我们可以得到如表 2-8 和表 2-9 所示的格兰杰因果检验关系。

表 2-8

滞后 1 期结果

配对格兰杰因果关系检验（滞后 1 期检验）

空 位 假 设	观察量	*F*-统计	可能性
*ZZX*4 不是 *GGDP* 变化的格兰杰原因	20	2.171 78	0.161 24
GGDP 不是 *ZZX*4 变化的格兰杰原因		0.159 67	0.695 09
*SSGX*5 不是 *GGDP* 变化的格兰杰原因	20	0.029 81	0.865 24
GGDP 不是 *SSGX*5 变化的格兰杰原因			0.328 27
*JZX*6 不是 *GGDP* 变化的格兰杰原因	20	17.299 5	0.000 84
GGDP 不是 *JZX*6 变化的格兰杰原因		17	0.905 35
*FWX*7 不是 *GGDP* 变化的格兰杰原因	20	9.507 52	0.007 57
GGDP 不是 *FWX*7 变化的格兰杰原因			0.753 85

表 2-9

滞后 2 期结果

配对格兰杰因果关系检验(滞后 2 期检验)

空 位 假 设	观察量	*F*-统计	可能性
*TZX*1 不是 *GGDP* 变化的格兰杰原因	19	10.592 0	0.002 24
GGDP 不是 *TZX*1 变化的格兰杰原因		0.434 67	0.657 28
*LLMYX*2 不是 *GGDP* 变化的格兰杰原因	19	1.257 04	0.319 41
GGDP 不是 *LLMYX*2 变化的格兰杰原因		1.660 07	0.230 95
*CJX*3 不是 *GGDP* 变化的格兰杰原因	19	0.146 05	0.865 62
GGDP 不是 *CJX*3 变化的格兰杰原因		0.302 45	0.744 47
*ZZX*4 不是 *GGDP* 变化的格兰杰原因	19	1.244 49	0.322 75
GGDP 不是 *ZZX*4 变化的格兰杰原因		2.298 40	0.142 87
*SSGX*5 不是 *GGDP* 变化的格兰杰原因	19	0.662 16	0.533 60
GGDP 不是 *SSGX*5 变化的格兰杰原因		0.621 92	0.553 36
*JZX*6 不是 *GGDP* 变化的格兰杰原因	19	11.116 2	0.001 86
GGDP 不是 *JZX*6 变化的格兰杰原因		3.537 79	0.061 98
*FWX*7 不是 *GGDP* 变化的格兰杰原因	19	3.450 84	0.065 48
GGDP 不是 *FWX*7 变化的格兰杰原因		2.005 36	0.177 26

从表 2-8 和表 2-9 的结果来看,无论是滞后 1 期,还是滞后 2 期,建筑业和服务业的投资增长都是经济增长率变化的原因。因此,我们认为,可以就建筑业和服务业的投资增长与 *GDP* 增长率之间的关系进行回归分析,如表 2-10 至表 2-13 所示。

3. *GDP* 增长率与建筑业投资增长率之间的相关性分析

表 2-10

***GDP* 增长率当期与建筑业投资增长率当期回归结果**

因变量:*GGDP*

方法:最小二乘法

日期:05/08/2013 时间:14:43

样本:1990—2011 年

累计观察值:22

变 量	相关系数	标 准 差	*t*-统计	可 能 性
*JZX*6	0.095 926	0.055 438	1.730 342	0.101 7
C	14.857 13	2.007 120	7.402 212	0.000 0

R-平方值	0.149 748	自变量平均值	16.773 68
调整的 *R*-平方值	0.099 734	自变量的均方差	7.689 592
回归的标准误差	7.296 067	阿凯克信息标准	6.911 849
总平方剩余	904.954 1	*Schwarz* 标准	7.011 263
对数似然	−63.662 56	*F*-统计	2.994 082
Durbin-Watson 统计	0.760 714	*F-statistic* 的可能性	0.101 680

表 2-11

GDP 增长率当期与建筑业投资增长率滞后 1 期回归结果

因变量:*GGDP*
方法:最小二乘法
日期:05/08/2013　时间:14:44
样本(调整):1991—2011 年
累计观察值:21(调整后)

变　量	相关系数	标 准 差	*t*-统计	可 能 性
*JZX*6(−1)	0.178 614	0.042 971	4.156 587	0.000 7
C	13.209 76	1.586 185	8.328 003	0.000 0

R-平方值	0.519 190	自变量平均值	16.783 33
调整的 *R*-平方值	0.489 140	自变量的均方差	7.912 406
回归的标准误差	5.655 351	阿凯克信息标准	6.407 521
总平方剩余	511.728 0	*Schwarz* 标准	6.506 451
对数似然	−55.667 69	*F*-统计	17.277 21
Durbin-Watson 统计	0.704 612	*F-statistic* 的可能性	0.000 743

表 2-12

GDP 增长率当期与建筑业投资增长率当期、滞后 1 期和滞后 2 期回归结果

因变量:*GGDP*
方法:最小二乘法
日期:05/08/2013　时间:14:46
样本(调整):1992—2011 年
累计观察值:20(调整后)

变　量	相关系数	标 准 差	*t*-统计	可 能 性
*JZX*6	0.118 604	0.037 071	3.199 405	0.007 0
*JZX*6(−1)	0.126 198	0.036 350	3.471 709	0.004 1
*JZX*6(−2)	0.131 255	0.034 573	3.796 463	0.002 2
C	8.602 962	1.467 828	5.861 017	0.000 1

R-平方值	0.821 148	自变量平均值	16.794 12
调整的 *R*-平方值	0.779 875	自变量的均方差	8.155 786
回归的标准误差	3.826 492	阿凯克信息标准	5.724 098
总平方剩余	190.346 5	*Schwarz* 标准	5.920 148
对数似然	−44.654 83	*F*-统计	19.895 29
Durbin-Watson 统计	0.969 340	*F-statistic* 的可能性	0.000 039

表 2-13

GDP 增长率当期与建筑业投资增长率滞后 1 期和滞后 2 期回归结果

因变量:*GGDP*
方法:最小二乘法
日期:05/08/2013 时间:15:50
样本(调整):1992—2011 年
累计观察值:20(调整后)
6 次迭代后的回归结果

变 量	相关系数	标 准 差	*t*-统计	可 能 性
*JZX*6(−1)	0.101 652	0.022 194	4.580 173	0.000 6
*JZX*6(−2)	0.072 327	0.021 842	3.311 303	0.006 2
C	10.979 87	2.879 484	3.813 137	0.002 5
AR(1)	0.742 293	0.144 867	5.123 947	0.000 3

R-平方值	0.910 133	自变量平均值	16.381 25
调整的 *R*-平方值	0.887 666	自变量的均方差	8.237 736
回归的标准误差	2.760 977	阿凯克信息标准	5.081 364
总平方剩余	91.475 90	*Schwarz* 标准	5.274 511
对数似然	−36.650 91	*F*-统计	40.510 28
Durbin-Watson 统计	1.822 127	*F-statistic* 的可能性	0.000 001
反向 *AR* 根	0.74		

综合表 2-10 至表 2-13,我们可以发现,*GDP* 增长率当期与建筑业投资增长率滞后 1 期和滞后 2 期回归结果最优,即表 2-13 能最优地预测未来 *GDP* 的增长率。具体方程可以写作为:

$$GGDP = 10.98 + 0.10JZX(-1) + 0.072JZX(-2) \tag{2-1}$$

4. *GDP* 增长率与服务业投资增长率之间的相关性分析

表 2-14

GDP 增长率当期与服务业投资增长率当期回归结果

因变量:*GGDP*
方法:最小二乘法
日期:05/08/2013 时间:15:02
样本:1990—2011 年
累计观察值:22

变 量	相关系数	标 准 差	*t*-统计	可 能 性
*FWX*7	0.283 091	0.091 235	3.102 891	0.006 5
C	9.745 425	2.689 657	3.623 296	0.002 1

R-平方值	0.361 573	自变量平均值	16.773 68
调整的 *R*-平方值	0.324 018	自变量的均方差	7.689 592
回归的标准误差	6.322 238	阿凯克信息标准	6.625 324
总平方剩余	679.501 7	*Schwarz* 标准	6.724 739
对数似然	−60.940 58	*F*-统计	9.627 932
Durbin-Watson 统计	0.850 554	*F-statistic* 的可能性	0.006 464

表 2-15

GDP 增长率当期与服务业投资增长率滞后 1 期回归结果

因变量:*GGDP*
方法:最小二乘法
日期:05/08/2013　时间:15:05
样本(调整):1992—2011 年
累计观察值:20(调整后)
10 次迭代后的回归结果

变　　量	相关系数	标 准 差	*t*-统计	可 能 性
*FWX*7(−1)	0.244 447	0.076 080	3.213 034	0.006 3
C	9.775 410	3.768 081	2.594 267	0.021 2
AR(1)	0.684 372	0.191 024	3.582 643	0.003 0

R-平方值	0.782 828	自变量平均值	16.794 12
调整的 *R*-平方值	0.751 803	自变量的均方差	8.155 786
回归的标准误差	4.063 160	阿凯克信息标准	5.800 584
总平方剩余	231.129 8	*Schwarz* 标准	5.947 622
对数似然	−46.304 97	*F*-统计	25.232 48
Durbin-Watson 统计	1.828 780	*F-statistic* 的可能性	0.000 023
反向 *AR* 根	0.68		

表 2-16

GDP 增长率当期与服务业投资增长率当期和滞后 1 期回归结果

因变量:*GGDP*
方法:最小二乘法
日期:05/08/2013　时间:16:03
样本(调整):1991—2010 年
累计观察值:20(调整后)

变　　量	相关系数	标 准 差	*t*-统计	可 能 性
*FWX*7	0.144 674	0.089 331	1.619 531	0.126 2
*FWX*7(−1)	0.291 294	0.084 406	3.451 126	0.003 6
C	5.781 496	2.386 532	2.422 552	0.028 5

R-平方值	0.667 007	自变量平均值	16.783 33
调整的 *R*-平方值	0.622 608	自变量的均方差	7.912 406
回归的标准误差	4.860 767	阿凯克信息标准	6.151 281
总平方剩余	354.405 9	*Schwarz* 标准	6.299 677
对数似然	−52.361 53	*F*-统计	15.023 01
Durbin-Watson 统计	1.077 326	*F-statistic* 的可能性	0.000 262

综合表 2-14 至表 2-16，我们可以发现，GDP 增长率当期与服务业投资增长率滞后 1 期回归结果最优，即表 2-15 能最优地预测未来 GDP 的增长率。具体方程可以写作为：

$$GGDP = 9.78 + 0.24FWx(-1) \tag{2-2}$$

5. 基本结论

综上所述，无论是建筑业投资，还是服务业投资，滞后 1 期或滞后 2 期的投资效果都能带动 GDP 的增长，即这种投资增长都是 GDP 增长的格兰杰原因。而且，通过分析，我们得知服务业投资增长能在更大程度上导致 GDP 的增长。

六、风险的防范与管理

为有效遏制投资增长不均衡导致的经济增长风险，我们认为，在 2013 年中国投资领域的改革应围绕以下方面展开：提高金融资源配置效率；进一步改革投融资体制；加大文化产业投资力度，打造新兴文化产业；避免城镇化投资过快增长等。

（一）提高金融资源配置效率

从转型经济国家金融体制改革的经验来看，在转型时期，要取得金融体制改革的关键性突破，必须彻底打破国有或准国有机构对金融业务的垄断格局。因为，国有企业的垄断地位，使其在获取大量低效率垄断利润的同时，也必然会主动或被动地为政府分担部分社会职能。此时企业领导者就演变为“企业家”和“政治家”的混同体，从而助长了企业领导者的投机与寻租行为，阻碍了企业有效治理结构的形成，金融效率的提高也就难以实现。从这个意义上看，提高金融资源配置效率的关键在于打破市场割裂状态促进金融要素在全国范围的充分流动；打破垄断和降低进入壁垒，加快对内开放步伐，提高竞争力度并在此基础上积极推进利率市场化；培育多元化金融主体；引入有效的市场竞争，提高金融体系运行的市场化程度。

一般来说，约束机制可以分为外生性和内生性两种。外生性约束机制是在经济、金融运行体外形成的，体现的是“人的意志”；内生性约束机制是在经济、金融运行过程中体内的自然结果，体现的是“市场的逻辑”。在我国金融体系中，外生性约束机制众多，领导意志、社会道德、思想作风建设都可能演化成一种约束机制安排，而内生性约束机制却发育迟缓。由于内生性约束机制的缺失，股东对管理者所承担的监督义务就会演化成普遍的“搭便车”行为。改革开放 30 多年的经验表明，将银行经营机制的根本改善寄希望于外部约束机制的作用上，是十分有害的。缺乏源于市场的内生性约束机制，提高金融体系的资源配置效率只能成为无本之木。因此，构建完善的市场规则，促进金融体系的内生性约束机制的形成，是提升金融资源配置效率的有效方式。

由于金融特有的外部性，世界各国对金融业的管制都较为严格，但这并不意味着政府要就金融体系运行的所有环节施加控制或影响。政府对金融市场的过分干预，将积累许多潜在风险，给宏观经济健康发展带来严重威胁。弱化政府对金融体系的影响，并不是否定政府的管理，而是在政府促进市场规则形成与政府替代市场规则之间进行选择。当政府从直接控制金融活动中退出时，必然会促进市场机制的建立，否则就会出现金融市场混乱。相反，当政府出于“自利”或“利他”的目的，认为不能放松对金融活动的干预时，就会形成市场对政府作用的惯性依赖。这种趋势的延续，就会使政府的影响力演化成权力机构的自我增强机制，从而阻碍市场机制的完善。因此，减少政府在金融资源的区域分配和企业融资中的作用，明确政府在金融体系中的角色和定位，弱化政府对金融体系运行的影响，是提升金融资源配置效率的有效手段。

（二）进一步改革投融资体制

我国目前的投融资体系可分为政府投融资、政策性投融资和市场投融资三个部分。政府投融资纯粹为政府行为；政策性投融资为三家政策性银行的行为，为半政府行为；市场投融资为商业银行、非银行金融机构、一般公众的行为，为普通商业行为。投融资体制改革的方向是规范政府投融资和政策性投融资，加强市场投融资，使投融资的主角由政府转为一般公众，确立一般企业和居民在投融资领域的基本主体地位，建立起投融资领域的市场机构，最终使投资和融资都通过市场进行。

作为投融资体制改革的出发点，首先需要重新审视政府的投资职能定位。随着将来城镇化和工业化道路由规模扩张变得更加重视质量，预计以投资拉动经济增长的空间也在变窄，同时政府投资的效率也在降低。

在未来，一方面应逐渐减少政府的直接和间接投融资行为；另一方面则应推动相关领域进一步向民间资本放开，以市场力量来解决政府投融资难题，从而自源头上减少政府投资责任带来的负债冲动。在此基础上，根据公共投资、准公共投资、非公共投资项目的不同特点，构建不同的投资管理、市场监管、风险防范与责任分担机制。

根据不同的投资目标，围绕不同的投资主体，选择不同的投资模式。根据不同性质的投资项目，相应的投资主体亦可分为地方政府、国有企业（国有控股企业）和民营企业。其中，地方政府直接主导的投资，应该是纯公益性、低回报或无回报的建设项目；国有企业的投资，应该是兼具公益性和商业性的、有稳定回报的建设项目；民营企业的投资，应围绕具有相对较高回报率的建设投资项目。对此，不同投资主体所选择的投资模式，应该各不相同、有所区别。当然，在此过程中，根据不同项目特点，也需要创新民营企业与国有企业的联合投资模式（如 BOT 等项目投资）。通过这样的模式区分和创新，既避免政府过度介入竞争性投资领域，也弱化了政府间接运用商业性资金来支持公共项目建设的潜在风险。

发展和创新不同的融资主体及融资产品，满足多元化的中长期投融资需求。在确定了不同投资主体和差异化的投资模式之后，还需要构建多层次的中长期融资保障体系，从而为投资建设提供可持续的、稳定的资金供给。一方面，考虑到投资在较长时期内仍是中国经济的主要拉动力，而缺乏中长期金融机构将制约有效投资增长，因此应该着力打造适应新型城镇化需要的金融机构体系，包括基金类机构和政策性、开发性金融机构等，以及如何规范引导商业性金融的中长期政策性投融资业务。另一方面，根据不同的投资模式特征，努力创新和开发金融产品体系，包括各类债权融资和股权融资产品，以及探索通过证券化等创新而促进中长期信贷的流动性。

发展真正有利于增长和居民服务的公共投资项目，保障非公共投资的质量和回报，避免投资的低效膨胀。投资建设项目的选择，决定了投融资体系能否形成良性循环的模式，也影响到未来的经济发展能否保持高质量，及能否充分吸收不断扩张的债务杠杆率。一方面，政府和国有企业主导的投资建设，应该真正符合地方或区域间的公共利益，有利于经济良性发展和居民生活的改善，在项目的选择和事后评价中，应该充分引入立法部门、非公共部门的第三方约束机制。另一方面，对于市场化主导的投资项目，为了使其能够真正服务于新型城镇化、工业化、信息化和农业现代化，需要政府真正放松管制、减少干预，切实推进国有资本的逐步退出，并且给予民营主体更多的财税支持，使得投资能够有效促进技术进步、生产效率提高，从而形成良性的发展模式。

（三）加大文化产业投资力度，打造新兴文化产业

文化产业是市场经济条件下繁荣发展社会主义文化的重要载体，是满足人民群众多样化、多层次精神文化需求的重要途径，也是推动经济结构调整、转变经济发展方式的重要着力点。根据“中共十八大”描绘的发展蓝图，到 2020 年文化产业将发展成为国民经济的支柱性产业。

文化产业总量规模稳步提升，人民群众文化消费不断增长。经过多年发展，文化产业展现出巨大潜力和广阔前景，逐渐成为新的经济增长点。截至 2012 年年末，广播节目综合人口覆盖率为 97.5%，电视节目综合人口覆盖率为 98.2%。2012 年生产电视剧 506 部共计 17 703 集，生产故事影片 745 部，出版各类报纸 476 亿份、各类期刊 34 亿册、图书 81 亿册。人民群众对文化的消费需求不断增长。

多元化、多层次的文化产业投融资体系初步建立，文化产业投融资渠道不断丰富。政府加大对文化产业的扶持和推动，财政资金发挥引导和示范作用。银行业创新金融产品，优化授信模式，加大对文化产业的支持力度。2013 年 3 月末，主要金融机构对文化、体育和娱乐业的中长期贷款余额为 1 219 亿元，同比增长 35.1%。证券市场成为文化产业融资新平台，除多家文化企业集团在境内外上市融资外，各种文化产业投资基金、创意产业投资基金、股权投资基金开始进入文化产业，一批民营文化产业投资机构应运而生。保险业为支持文化产业发展，创新和开发多个适合文化企业特点的试点险种。

推动文化产业成为国民经济支柱性产业，需加强文化产业整体实力和竞争力。要进一步提高文化产业的规模化、集约化、专业化水平，推进文化产业转型升级。不断适应当前城乡居民消费结构的新变化和审美的新需求，创新文化产品和服务，提高文化消费意识，培育新的消费热点。从金融支持角度看，可进一步开发适合文化产业特点的金融产品，健全多层次贷款风险分担和补偿机制；支持符合条件的文化企业开展直接融资，鼓励多种形式的文化产业投资。

（四）避免城镇化投资过快增长

推进新型城镇化成为 2013 年结构改革的一个重要切入点。城镇化作为“扩大内需的最大潜力所在”，必将带来投资和消费的集聚。从历史发展和现实国情及国际经验比较来看，在一个农业大国的基础上推进城镇化，向现代化迈进，这是我们的最大国情；积极稳妥地推进城镇化进程，关系到三农问题的解决和全面建成小康社会，关系到国家现代化建设的全局，新型城镇化能够成为推动我国经济持续健康发展、实现以人为本的科学发展的“王牌”力量。推进新型城镇化将是我国最大的内需和投资所在，也是我国未来发展最重要的比较优势。

新型城镇化将有效刺激需求并提高居民消费总水平。目前城市居民人均生活消费支出是农村居民的 3.6 倍，若未来 20 年城镇化率每年提高 1 个百分点，从 2013 年至 2030 年，还将有 4 亿农民转为市民，将产生巨量的需求和投资。随着大量人口进入城镇，必然会对城市住房、供水、供电、供气、交通和其他基础设施建设提出新的需求，进而衍生出巨大的投资市场。大批农民进入城市，变农民消费为市民消费，新增人口对教育、文化、体育、公共服务等提出新的需求，成为拉动经济和投资的新增长点。只有减少农民，才能富裕农民。城镇化的发展能够加速农村剩余劳动力的转移，农村人口逐步转为城镇居民，有助于推进农业适度规模经营，提高劳动生产率，对增加农民收入和提高农民消费水平具有明显效果，进而使农村潜在的消费需求变为现实的有效需求。

新型城镇化有助于推动服务业发展并提升服务质量。一方面，城镇化是服务业发展的重要载体。城镇化的发展不仅能够推动以教育、医疗、社保、就业等为主要内容的公共服务发展，也能够推动以商贸、餐饮、旅游等为主要内容的消费型服务业和以金融、保险、物流等为主要内容的生产型服务业的发展，这都会对劳动力产生持续的巨大需求。另一方面，城镇化滞后造成了第三产业在国民经济中所占比例偏低。通过城镇化，每年大量的农民离开农业岗位而成为非农产业从业者，实现人口在城镇的集聚，推动服务业发展，改变城镇发展过于依靠增加物质资源消耗的现状，从而实现发展方式的转变。

新型城镇化有助于拓展就业空间，以解决更多农村劳动力就业。城镇化是解决日益严重的农村富余劳动力的重要出路。农村经济的进一步发展和现代化进程的顺利进行，需要将滞留在农村的大量富余劳动力转移到城市的第二、第三产业，摆脱目前严重失调的人口城乡分布格局对国民经济持续健康发展的制约。积极稳妥推进城镇化，通过城镇经济的发展，创造新的就业领域和劳动力需求，提高吸纳农村富余劳动力的能力。同时，又会带动农村第二、第三产业的发展，拓展农村就业空间。

正因如此，新型城镇化建设过程中，很容易出现冒进搞大投资的现象，城镇化很可能演变成为投资增长过快的局面，使得城镇化进程中出现耕地资源浪费、房地产过度开发、土地利用效率低的情况，城市化建设中产生较为明显的泡沫。要避免城镇化建设进程中投资过快增长现象，首先是科学界定政府投资领域。各级政府部门的政府投资应集中于教育和民生领域的公共产品以及民间投资不愿介入而又关系到国计民生的领域中，而不能介入到竞争性的投资领域之中。其次，政府部门的投资项目，需要有科学的规划。一些地方和部门对投资项目可行性调查不充分，可操作性不强；有的项目仓促上马，不适应地方产业和社会经济发展的需要，难以发挥应有的经济效益和社会效益，最后造成了国家财政资金的损失和浪费；有的投资项目的设计方案没有经过深入研究，导致项目下达后多次改变设计方案，多次调整项目计划；有的项目没有认真做好投资概算预测，导致工程投资超预算、超财力，政府债务攀升；一些地方和部门没有建立投资项目中长期规划，在上级政府出台一些如行业扶持、拉动内需等项目投资决策后，盲目上报项目，导致项目在选址、建设内容和标准上缺乏充分考虑。只有避免这些现象的发生，政府项目的科学规划才能得到有效的保证。

参考文献

[1] 马建春，张爱莉. 我国股票市场结构缺陷的成因与对策[J]. 山东财政学院学报，2002(11).

[2] 石亚东，李传永. 我国城市基础设施投融资体制改革的难点分析[J]. 中央财经大学学报，2010(07).

[3] 王冠凤. 我国金融市场资源配置效率探析[J]. 商业会计，2011(21).

[4] 王克冰. 深化政府投融资体制改革若干思考[J]. 天津社会科学，2009(03).

[5] 吴亚平. 投融资体制改革：何去何从[M]. 经济管理出版社，2013(01).

[6] 周业安，马湘君，赵坚毅. 政府行为、金融发展与经济增长[J]. 河南社会科学，2007(01).

第三章　消费与经济增长风险

一、绪论

长期以来，中国消费内需一直处于低速增长的状态，过低的消费需求已经成为制约经济结构调整和经济平稳增长的主要瓶颈。随着政策层面越来越重视内需对经济增长的促进作用，中国国内消费有望进入长期平稳增长通道。然而，消费增长的抑制因素仍然是不容忽视的。世界经济复苏仍然乏力，消费者对未来的预期并不乐观；国内通货膨胀有抬头迹象，食品安全问题依然困扰着消费者的消费信心，经济结构转型过程中仍然存在难以避免的社会保障体系不健全以及收入分配不公的问题，这些负面因素都制约了国内消费的增长。受世界经济衰退的负面影响，2012 年中国消费增速持续走低，未来消费增长风险不容忽视。

（一）中国居民消费的结构性失衡现象显著

中国宏观消费目前存在显著的结构性失衡现象，这主要表现在消费的区域结构、收入层次结构等方面。地区差异与不同层次收入群体消费差异的存在，使得提振内需的政策设计更加复杂，给政策制定与实施带来了较大难度。

1. 消费的区域结构失衡

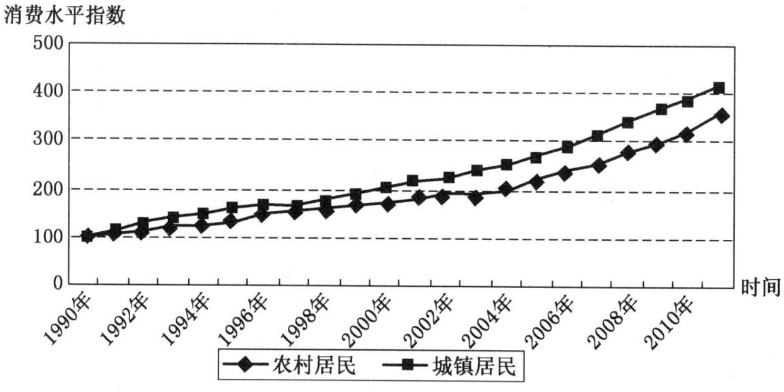

图 3-1　居民消费水平指数

数据来源：中诚信资讯数据库。换算为以 1990 年为基期。

由图 3-1 可以看到，在 1990 年至 2011 年间，农村居民和城镇居民的消费水平差距呈现逐渐扩大的趋势。虽然农村居民整体消费水平偏低，但是在目前农村人口仍然占较大比重的情况下，城乡消费差距的扩大会导致中国消费也呈现二元结构，这对启动内需带动经济平稳增长是非常不利的因素。

除农村与城镇消费水平差距比较明显之外，中国东、中、西部居民支出结构也存在较大差异。

表 3-1

2011 年城镇居民平均每人现金消费支出构成(%)

	东部地区	中部地区	西部地区	东北地区
食品	35.4	37.2	38.4	35.1
衣着	9.8	12.1	12.1	13.2
居住	9.2	9.8	8.7	9.9
家庭设备及用品	6.7	6.9	6.9	6.2
交通通信	15.9	12.1	12.7	12.2
文教娱乐	13.2	11.7	10.9	10.7
医疗保健	5.8	6.8	6.6	8.5
其他	4	3.4	3.7	4.2

数据来源:中国国家统计局。

表 3-1 显示了国家统计局发布的 2011 年中国东、中、西部及东北地区城镇居民人均现金消费支出构成基本情况。从消费构成比重来看,中西部地区在食品、衣着、家庭设备及用品等商品类别上的消费支出比重明显较高,东北地区居民在衣着、居住与医疗保健和其他类别商品上支出比重较高,而东部地区则在交通通信、文教娱乐和其他商品类别的消费上有较高比重。这些统计数据表明,中国不仅城乡消费差异明显,不同地域居民的消费支出构成也存在较大差异。

2. 不同收入层次的消费结构失衡

宏观消费的增长要靠农村和城镇消费市场来共同推动。然而,目前中国城镇居民和农村居民不同收入层次的消费存在较大差异,这既是阻碍消费增长的重要因素,也是推动消费增长的潜在力量。

表 3-2

城镇居民家庭人均消费性支出构成(低收入户/高收入户)

年　份	食品	衣着	居住	家庭设备用品及服务	医疗保健	交通和通信	教育文化娱乐服务	其他商品及服务
2000	1.34	0.80	1.17	0.51	0.97	0.73	0.91	0.60
2001	1.36	0.79	1.14	0.52	0.93	0.74	0.95	0.57
2002	1.26	0.98	1.07	0.61	0.94	0.71	0.85	0.74
2003	1.30	0.94	1.09	0.62	0.85	0.74	0.83	0.70
2004	1.33	0.90	1.02	0.61	0.90	0.71	0.80	0.75
2005	1.31	0.92	1.11	0.64	0.87	0.67	0.86	0.70
2006	1.30	0.96	1.09	0.70	0.95	0.66	0.83	0.67
2007	1.31	0.97	1.14	0.79	0.93	0.60	0.84	0.73
2008	1.35	0.93	1.11	0.74	1.05	0.58	0.75	0.65
2009	1.35	0.98	1.18	0.79	1.09	0.52	0.77	0.66
2010	1.37	1.03	1.11	0.81	1.04	0.53	0.78	0.73
2011	1.34	0.99	1.16	0.79	1.08	0.60	0.78	0.59

数据来源:中诚信资讯数据库。

由表 3-2 数据可以看到，在 2000 年至 2011 年间，以低收入户数值与高收入户同类数据相比较而得到的城镇居民人均消费性支出构成差异的变化幅度还是比较大的。低收入户的食品和居住类支出都高于高收入户，在衣着支出方面的数据是比较接近的，而他们的医疗保健支出则出现了波动。在 2008 年之前，低收入户的医疗保健支出比重是低于高收入户的，但是从 2008 年开始，低收入户在医疗保健方面的支出比重开始超过高收入户。在交通和通信、文教娱乐用品及服务以及其他商品及服务类别方面，低收入户的支出比重与高收入户支出比重的比值都出现了不同程度的下降。这说明医疗保健支出占低收入户人均支出的比重越来越大，在收入增长速度稳定的情况下，它可能会影响低收入户其他类别商品的消费增长。

表 3-3

农村居民家庭人均消费性支出构成(低收入户/高收入户)

年份	食品	衣着	居住	家庭设备用品及服务	医疗保健	交通和通信	文教娱乐用品及服务	其他商品及服务
2002	0.42	0.29	0.18	0.23	0.29	0.13	0.23	0.18
2003	0.40	0.28	0.19	0.22	0.28	0.14	0.24	0.18
2004	0.43	0.29	0.20	0.21	0.28	0.16	0.25	0.20
2005	0.44	0.32	0.27	0.27	0.35	0.21	0.27	0.23
2006	0.41	0.29	0.23	0.25	0.33	0.21	0.24	0.24
2007	0.42	0.31	0.23	0.25	0.33	0.20	0.22	0.22
2008	0.43	0.31	0.23	0.26	0.32	0.21	0.22	0.24
2009	0.43	0.31	0.25	0.31	0.34	0.21	0.22	0.23
2010	0.44	0.30	0.23	0.28	0.32	0.19	0.21	0.23
2011	0.46	0.34	0.31	0.31	0.48	0.26	0.25	0.28

数据来源：中诚信资讯数据库。

表 3-3 数据反映了农村居民家庭人均消费支出的构成中，低收入户与高收入户各类商品构成的差异。可以看到，低收入户在所有类别的支出方面都远低于高收入户。与城镇居民支出构成的对比分析不同，不同收入层次的农村居民消费构成的差异要远高于城镇居民。食品是农村居民家庭人均消费支出构成的主要部分，但是低收入户的食品支出金额也远低于高收入户，其支出的比值还没有达到 0.5。也就是说，低收入户的农村居民家庭人均食品支出金额平均还不到高收入户的一半。虽然低收入户在其他各类商品的消费支出与高收入户的比值在近年均有所增长，但是也远未达到 0.5 的比值。这说明中国农村居民的收入及支出差异程度较大。

支出差异的存在，一方面说明农村居民消费的层次结构失衡现象比城镇居民要突出；另一方面也说明中国农村消费仍然存在巨大的市场机会，如果能够通过适当的政策引导，农村消费的增长将成为未来宏观消费增长的重要推动力量。李志强等人(2013)利用 2009 年中国农村住户调查数据估计了不同收入农村居民的边际消费倾向和需求收入弹性。结果发现，中国农村居民不同收入人群的消费水平差异较大，其消费选择行为不尽相同。随着收入的增加，消费支出呈现多样化倾向，低收入和中低收入居民既要增加食物消费支出，又需要较大幅度地增加文化教育娱乐、医疗保健和交通通信的消费，而对于高收入居民而言，许多商品已经是必需品了，他们的消费重点是居住。

（二）2012 年中国消费发展概况

统计数字显示，2012 年，中国社会消费品零售总额为 207 167 亿元，比 2011 年名义增长 14.3%（扣除价格因素实际增长 12.1%），增速比 2011 年回落 2.8 个百分点。按经营单位所在地来分，城镇消费品零售额 179 318 亿元，比 2011 年增长 14.3%；乡村消费品零售额 27 849 亿元，增长 14.5%。分品种来看，前期受消费激励政策影响程度较大的汽车、家电等主要商品增速均有所回落。

（三）2012 年中国消费发展的特征

由于美国金融危机的波及面不断扩大，欧洲债务危机仍未得到有效缓解，世界经济陷入衰退边缘。在此背景下，中国宏观经济运行也不可避免地受到负面冲击，社会消费需求增速不断下降。

1. 消费增速显著下降，消费增长乏力

2012 年，中国宏观消费整体增长率比 2011 年有明显下降，而进入 2013 年后这一势头仍未得到有效缓解。

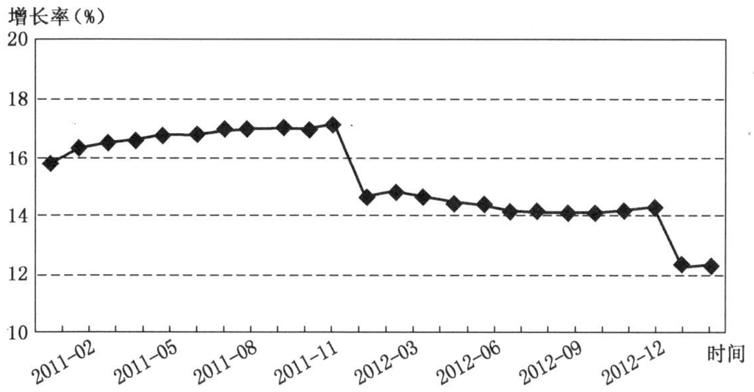

图 3-2　2011 年 2 月至 2013 年 3 月各月社会消费品零售总额累计同比增长率变化

数据来源：中诚信资讯数据库。

从图 3-2 所示的 2011 年 2 月至 2013 年 3 月统计数据来看，2011 年各月社会消费品零售总额累计增长率基本位于 16%线的上方，但进入 2012 年以后，社会消费品零售总额增长率直接下降到 14%的区间里，而进入 2013 年之后，更是进一步下降到 12%左右。社会消费品零售总额累计增长率的不断下降预示未来中国宏观消费的风险不断增长，而消费对经济平稳运行的支持力度也会出现明显下降。消费增速不断下滑将成为中国宏观经济运行中不容忽视的风险因素。

由图 3-3 可以看到，在过去的 20 年间，中国最终消费的贡献率与拉动率都出现较大幅度的波动，只是在近 10 年间逐渐恢复平稳上升的趋势。虽然消费对经济增长的贡献率与拉动率都有所上升，但是总体消费增长乏力也会使得这一推动作用大打折扣。

2. 多数分类商品消费增长率显著下降，受前期消费激励政策影响程度较大的汽车、家电等主要商品消费增速回落明显

如表 3-4 所示，2012 年，在限额以上企业商品零售额中，多数类别商品的消费增长率显著下降。其中，汽车类零售额比上年增长 7.3%，增速下降 1 倍；粮油类增长 19.9%，肉禽蛋类增

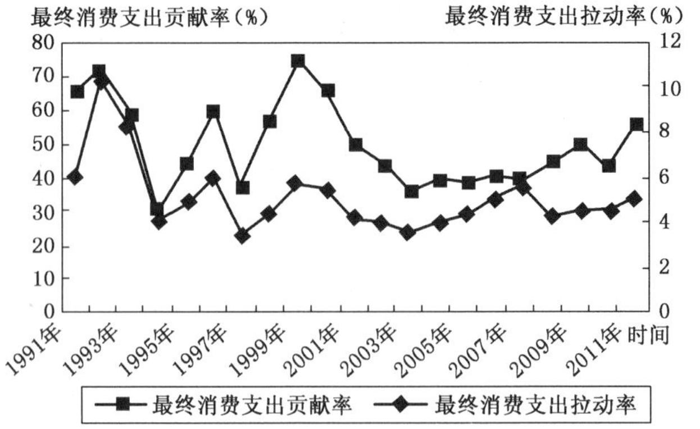

图 3-3 1991 年至 2011 年间最终消费支出拉动率与贡献率

数据来源:中诚信资讯数据库。

长 18%,增速回落均接近 10 个百分点;增速回落最为明显的是家用电器和音像器材类、金银珠宝类商品。其中,家用电器和音像器材类商品 2012 年消费增长率仅为 7.2%,比 2011 年增速下降了近 15 个百分点。金银珠宝类商品 2012 年的消费增长率仅为 16%,较之 2011 年的 42.1%的增速出现了显著下降。

表 3-4

各年度限额以上企业商品零售额增速变化情况(%)

类别 \ 年份	2007	2008	2009	2010	2011	2012
通讯器材类	8.8	1.4	−1.3	21.8	27.5	28.9
文化办公用品类	22.6	17.9	6.7	23.5	27.6	17.7
肉禽蛋类	40.9	22.3	8.3	21.7	27.6	18
家用电器和音像器材类	23.4	14.2	12.3	27.7	21.6	7.2
粮油类	38.3	22.7	13	27.9	29.1	19.9
日用品类	26.5	17.1	15.6	25.1	24.1	17.5
金银珠宝类	41.7	38.6	15.9	46	42.1	16
化妆品类	26.3	22.1	16.9	16.6	18.7	17
服装类	28.7	25.9	20.8	25.8	25.1	17.7
中西药品类	25.1	14.8	21.7	23.5	21.5	23
建筑及装潢材料类	43.6	−12	26.6	32.3	30.1	24.6
汽车类	36.9	25.3	32.3	34.8	14.6	7.3
家具类	43.2	22.6	35.5	37.2	32.8	27

数据来源:中国国家统计局各年统计公报。

与往年相比,2012 年只有通讯器材类和中西药品类商品的消费增速超过了 2011 年,但是也只是勉强超过 2011 年增速而已,并未出现显著增长的趋势。

以上数据表明,目前制约中国消费增长的因素仍显著存在,加之世界经济仍深陷泥潭,复苏乏力,中国自身经济结构调整过程中的各类深层次矛盾也不断显现,未来宏观消费增长的风险将有显著增加。

二、风险因素识别

（一）影响消费变动的主要因素

1. 收入增长及分配状况

收入及其分配状况始终是影响消费增长的最根本因素。当前，中国宏观政策层面已经将消费视为促进经济平稳增长的重要因素。2012 年 12 月 15 日召开的中央经济工作会议提出，2013 年要牢牢把握扩大内需这一战略基点，培育一批拉动力强的消费增长点，增强消费对经济增长的基础作用，发挥好投资对经济增长的关键作用。然而，收入分配不公问题仍然会制约消费的进一步增长。2012 年国家统计局首次公布了 2003 年以来中国居民收入分配基尼系数。数据显示，2003 年至 2008 年中国基尼系数总体上升，2008 年为 0.491，此后随着一次分配和再分配政策调整，基尼系数逐年下降，2012 年为 0.474，收入分配不公的问题正在逐步得到缓解。尽管如此，2012 年的基尼系数仍然大幅高于 0.4 的国际警戒线。

此外，收入增长的平稳性也会对居民的收入预期和消费增长产生显著影响。1990 年至 2011 年间，中国城镇居民家庭人均可支配收入增长率均值为 8.3%。在 2002 年达到最高值 13.4%，随后在 2006 年和 2007 年分别达到 10.4%和 12.2%，近年该值开始出现下降的趋势（见图 3-4）。如果收入的长期稳定增长得不到保证，势必会影响消费的持续增长。

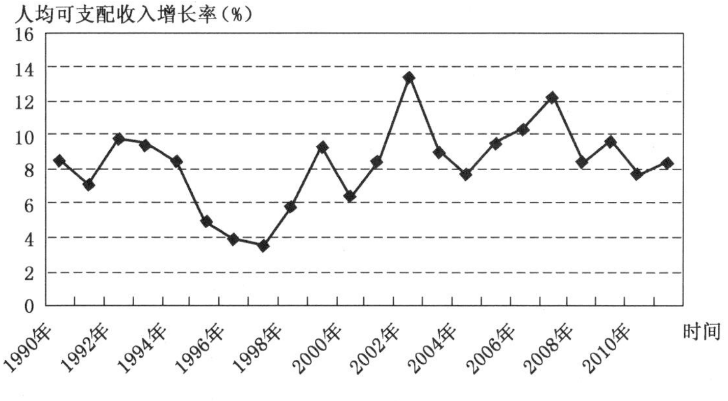

图 3-4　1990 年至 2011 年间城镇居民家庭人均可支配收入增长率

数据来源：中国国家统计局。

侯石安、赵和楠(2012)根据收入构成与居民消费行为的内在机理，分析了不同收入来源对城乡居民消费行为的影响。研究发现，对城市居民而言，工薪收入的消费效应最大，转移性收入的消费效应次之，经营净收入的消费效应较小，财产性收入的消费效应不显著；对农村居民而言，工资收入所产生的消费效应最大，家庭经营纯收入的消费效应次之，转移性收入和财产性收入的消费效应最小。本研究提出，应通过多种举措增加城乡居民的工薪收入和财产性收入，建立并完善城乡居民社会保障体系和农业生产保障体系，不断优化收入来源结构，以实现城乡居民消费的有效释放。刘东皇、沈坤荣(2012)的研究发现，要素分配与消费增长之间存在明显的相关关系，提升劳动者报酬率是构建消费增长长效机制的重要方面。要素分配对消费增长的影响很大，其中一部分是通过作用于居民收入差距施加的，而要素分配通过作用于收入水平进而影响消费增长的假设也显著成立。其政策含义是，优化要素分配不仅有利于消费增长，也有助于缩小居民收入差距，基于消费增长视角的再分配政策工具可能并不如初次分配领域的政策调整有效。朱建平、朱万闯(2012)的研究认为，中等收入者的边际消费倾向趋于稳定，低收入者和高收入者的边际消费倾向都有上升趋势。中国居民的边际消费倾向呈现“U”形。因此，提高低收入者的消费不仅在于提高他们的收入，更重要的是缩小当前的贫富差距。

2. 财政政策

财政政策能够通过影响居民的消费能力和边际消费倾向作用于消费增长。胡永刚、郭新强(2012)构建了包含存量和流量两部分政府生产性支出的内生增长模型。研究表明，政府支出增加在提高税负、挤出居民消费的同时，也通过其生产性增加收入、挤入居民消费；政府支出增加究竟挤入还是挤出居民消费，取决于两种效应的比较以及政府的生产性支出比重和税负水平。李永友、钟晓敏(2012)基于代表性家庭最优消费决策及其与财政政策的关系，估计中国财政政策对城乡居民边际消费倾向的影响。研究表明，自 1998 年以来，城乡居民边际消费倾向的下降幅度超过 20%。城乡居民边际消费倾向下降，除源于收入分配、经济发展程度、预期消费结构等因素的影响外，与财政政策运用也有很大关系。其中，未预期到的财政政策冲击对居民边际消费倾向产生的综合效应显著为负。以未预期到的税收增加为融资工具的策略选择，大大抑制了结构调整的正面效应。因此，扩大居民消费，不仅要通过财政增收，提高居民消费能力，而且要通过调整财政收支策略，稳定居民消费预期，提升居民边际消费倾向。刘沁清(2012)使用 1998 年至 2010 年的省级面板数据，分东部、中部、西部三个地区研究了财政民生投入对城乡居民消费倾向的不同影响，并将影响分解为互补效应和替代效应，评估财政民生投入改善居民福利和需求结构的效果。研究发现，财政民生支出对居民消费影响的地区差异较大，东部地区教育投入较为有效，中、西部农村地区财政卫生投入较为有效。进而提出，在加大财政民生支出的同时，应注意不同地区民生支出的结构优化和比较优势发挥。胡东兰等人(2013)采用 1978 年至 2010 年的年度时间序列数据实证分析了中国财政支农支出对农村居民消费的影响。研究表明，中国财政支农支出对农村居民消费有一定的挤入效应，这种挤入效应效果不明显，且农村居民消费存在一定的滞后性。为更好地拉动农村居民消费、拓展农村消费市场，政府应从优化财政支农支出结构、完善农村社会保障体系等方面作出努力。

3. 资产价格与消费习惯

重要的资产价格如房价也会通过居民的消费决策影响宏观消费增长。李春风等人(2013)将房价、住房面积、消费习惯及借贷约束等变量引入消费者最优选择模型中，构建出在综合考虑各个因素的条件下，能够检验房价波动对居民消费影响的动态面板模型，运用动态系统广义矩阵方法，采用中国 29 个省市的年度数据进行多角度的实证分析。研究表明：中国城镇居民受较强消费习惯与收入敏感性的影响；房价波动对居住消费的影响为负，对非居住消费的影响为正，且均存在明显的非对称性；中、东、西部地区房价波动对居住消费的影响均为负，但影响系数差异较大；对非居住消费的影响差异更为明显，对东、西部地区影响为正，对中部地区为负。陈健、高波(2012)发现，收入差距与房价之间存在着正向的互动关系，但是对消费的影响却呈现出一定的区域差异，在东、中部地区，收入差距与房价之间这种相互强化的关系，使得代表消费主体的广大中低收入群体的住房负担加重，不得不减少消费。但是，在西部地区，由于住房负担相对较轻，能正向发挥财富效应，所以收入差距与房价之间的互动影响，反而促进了消费。这种差异正好折射出我国区域经济发展的不平衡性。因此，有必要通过对收入分配的合理调整，实施稳健的货币政策和有效的住房保障政策来科学调控房价，进而切实促进消费。谢洁玉等人(2012)使用中国城镇住户调查数据，分析了房价对城镇居民消费的影响。研究认为，房价显著抑制了消费，而且该抑制效应在不同群体间差异明显。马方方(2012)以中国股票和房地产市场为例，运用财富效应基本理论分析框架对中国资产价格对消费的影响效应进行实证和理论分析。研究认为，股票价格波动对中国居民消费几乎不产生影响，当前资产价格波动对消费的影响主要体现为房地产价格的财富效应。

4. 社会保障水平

社会保障水平一直是影响中国消费增长的重要因素。长期以来，由于社会保障程度较低且不平衡，居民消费尤其是农村居民的消费增长始终较为缓慢。陈池波、张攀峰(2012)检验了新型社会保障、收入类型对农村居民消费的影响。估计结果显示，新型农村合作医疗对农村居民消费影响最大，在农户家庭的收入来源中，主动性收入对消费有促进作用，但未发现转移性收入对消费有显著的影响。调研数据也证实，参加新型农村养老保险的农户家庭更愿意消费。要扩大农村消费需求，农村新型医疗合作的财政补助标准有待进一步提高，新型养老保险覆盖面亟待扩大，以增强农村居民对未来的良好预期。臧文斌等人(2012)利用2007年和2008年中国城镇居民基本医疗保险入户调查9个城市的面板数据，实证分析了城镇居民基本医疗保险对城镇家庭消费的影响。研究结果显示，在其他条件相同的情况下，参保家庭的年非医疗消费支出比未参保家庭约高13%，医疗消费没有发生显著变化。从对各分项开支的估计结果来看，首先为参保家庭的日常生活及其他消费的变化最大，其次为教育消费。另外，通过对不同收入家庭样本的分析可以发现，参保对低收入家庭的非医疗消费影响最大，中等收入家庭次之，而对高收入家庭基本没有影响。李丹(2013)通过对城镇居民和农村居民消费特点的分析后发现，导致居民消费过低的根本原因为：一是居民真实收入不高，居民的储蓄性动机仍然很强，政府对居民的“补贴不足”；二是政府对消费性投资产品的供给严重不足。对于这两方面的原因，政府都可以采取有效的行动来改善目前的消费状况。实证分析表明，居民真实收入的增加依然是影响居民消费最重要的因素；政府在教育、医疗、社保等民生性支出等方面的增加可以有效促进居民消费，而对消费性产品的投资也可以进一步促进居民消费的扩大。

5. 社会的人口负担程度

人口构成中老年人比重的上升将提高社会的老年抚养比，而抚养负担的加重会降低劳动阶层的消费率，因而抑制消费增长。如图3-5所示，在1990年到2011年，中国老年抚养比一直呈现上升趋势，而近年来该数值有加快增长的势头。“未富先老”的风险也将制约中国未来消费的增长。

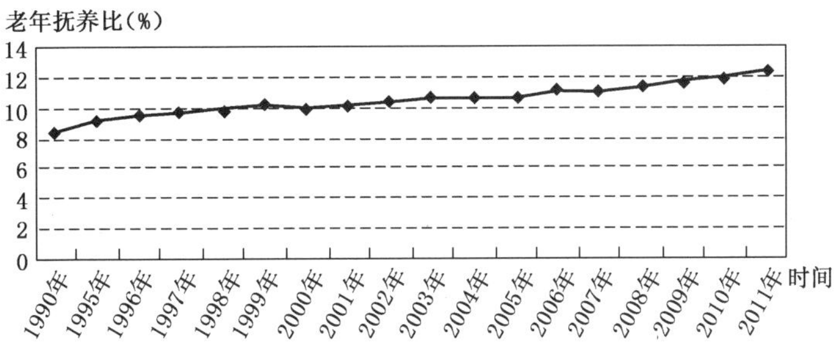

图3-5　1991年至2011年间中国老年抚养比变化情况

数据来源：中国国家统计局。

（二）影响消费波动的其他因素

1. 已实现的和预期的通货膨胀

通货膨胀是影响居民日常消费行为的主要因素，因为它直接关系到居民收入的实际购买力，从而也影响到社会有效需求水平。通货膨胀影响消费主要是通过两个途径：第一个途径是已经实现的通货膨胀水平，也就是消费者已经观察到的物价上涨程度；第二个途径是通过影响消费者对未来通货膨胀的预期而实现的。当前，美国金融危机引发欧洲债务危机之后，世界经济陷入衰退，各国纷纷采取不同版本的量化宽松政策刺激经济，输入型通货膨胀风险不断增加，而中国自身的货币超发与较为宽松的财政政策，也对消费者未来的通货膨胀预期产生了不良影响。这些因素都会影响未来中国居民消费的增长。

杨继东(2012)使用省际面板数据的回归模型系统考察了通货膨胀对消费的影响。研究发现，通货膨胀与最终消费率负相关，通货膨胀抑制了最终消费在GDP中的占比。从通胀对消费结构的影响来看，通货膨胀降低了农村消费和耐用品消费在最终消费中的占比；通货膨胀并没有显著提高总体名义消费水平的增长，但高通胀有利于城市名义消费水平的增长。从刺激消费的角度而言，控制通胀的政策有利于稳定消费，从而稳定经济增长。

2. 不利的消费环境

目前制约消费增长的消费环境因素包括食品安全、农村基础设施建设、消费信贷便利性等。近年来，食品安全逐渐成为中国消费者密切关注的问题。现实中不断出现的食品安全问题使得消费者的消费信心受到严重打击，商家的不良生产行为以及不诚信行为成为食品安全的一大隐患。我国农村有着巨大的消费市场与消费潜力，但是交通运输、通讯等基础设施建设的落后已经成为制约农村消费增长的重要阻力。此外，传统量入为出的消费习惯加之金融机构对个人消费信贷的不重视，使得消费信贷促进消费增长的作用也得不到有效发挥。金融约束对消费的制约作用在农村表现得尤为突出。胡帮勇、张兵(2012)分析了我国农村金融发展水平与农民消费之间的动态关系。结果表明，农民人均可支配收入、农村金融效率和农村金融规模都显著影响农民的消费支出，且影响力次第减弱；农村金融效率和农村金融规模对农民消费支出的影响主要体现为长期效应，短期影响并不明显；货币化程度对农民消费支出的影响不显著，主要体现为短期效应，长期内几乎没有影响。

中国居民消费增长乏力不是单一因素的作用结果，而是上述多种因素的共同作用结果。因此，政策层面需要综合考虑消费增长的各种制约因素，稳定居民收入增速，促进收入分配的公平公正性，转变消费者的不良预期，改善基础设施，在促进消费增速不断提高的过程中加快消费升级步伐。

三、消费波动的实证研究

（一）相关研究回顾

由前文分析可以看到，影响居民消费的因素主要包括收入、价格、财政支出政策等。由于中国仍然存在明显的城乡二元经济差别，近年来有不少学者使用中国分省面板数据研究各种因素对居民消费的影响。李文星(2008)使用中国分省面板数据考察了人口结构对最终消费率的影响。杨继东(2012)使用省际面板数据研究了通货膨胀对消费水平、消费结构和消费增长率的影响程度。李春风等人(2012)将消费习惯强度定义为滞后1期消费对当前消费的影响。研究发现，中国城镇居民消费习惯强度整体呈上升趋势，而在消费习惯的影响下，边际消费倾向持续走低。消费习惯成为导致中国城镇居民边际消费倾向处于低位运行的重要影响因素。臧旭恒、李燕桥(2012)使用中国省际面板数据研究了消费信贷对城镇居民消费行为的影响,结果发现城镇居民消费行为对收入变动和信贷条件变动同时呈现出"过度敏感性",但信贷敏感性系数要远远小于收入敏感性系数;当前的消费信贷主要缓解了居民当期流动性约束,促进了耐用品消费的增长,但对非耐用品与服务消费的影响较弱;不同收入的居民对信贷条件变化的敏感程度明显不同,中等收入组和较高收入组居民的信贷敏感性系数最高,高收入组居民次之,而低收入组和较低收入组居民最低。因此,尽管消费信贷对拉动内需具有一定的效果,但仍然受到诸多因素的制约,应采取多种措施努力打破消费信贷发展的限制。

本研究主要基于消费存在惯性这一基本思路,使用全国省际面板数据研究消费惯性存在的情形下,居民收入增长、财政支出以及通货膨胀等因素对消费增长的影响作用。与已有研究不同的是,我们将主要探讨随着中国改革开放进程的不断深化,影响居民消费行为各变量的作用方式是否存在差别。具体而言,在设定消费计量方程时,将消费的滞后 1 期变量加入因变量行列,研究各宏观经济变量的变化对消费的影响程度,并讨论这种影响在不同时间段上的区别。由于中国普遍存在的二元经济结构,城镇居民的消费行为与农村居民存在较大差异,因此,在实证分析时将对城镇居民与农村居民分别进行研究。

(二) 数据处理及模型设定

受数据可得性的限制,此处实证研究将以 1984 年到 2011 年间中国各主要省份的城镇与农村居民消费水平为研究对象①,综合考虑消费习惯、收入变化、财政政策、通货膨胀等因素对消费的影响机制。

各变量说明及其数据处理方式如下。

1. 消费水平

使用 1984 年到 2011 年间城镇居民消费水平指数与农村居民消费水平指数作为消费水平的替代变量,将其换算成 1984 年为基期的定基指数序列。取自然对数处理后,分别表示为 $\ln CC$和 $\ln UC$。

2. 收入

考虑到中国城镇和农村收入来源构成仍然存在较大差异,因此在实证研究时,分别使用各省市城镇居民家庭人均可支配收入和农村居民家庭人均纯收入变量。将对应的各省市城市居民消费价格定基指数和农村居民消费价格定基指数换算成以 1984 年为基期的指数序列,并取自然对数处理,分别表示为 $\ln CI$ 和 $\ln UI$。

3. 财政支出

由于财政支出中的转移支付部分可以直接形成部分居民的消费力,此外,财政教育支出、基础设施建设支出等项目都对居民的消费行为或消费决策具有直接或间接的影响。因此,在实证研究时也考虑了财政支出变量。本部分选取地方财政一般预算支出作为替代变量,使用各省市以 1984 年为基期的居民消费价格指数进行定基调整之后,取自然对数处理,实证研究时表示为 $\ln FS$。

4. 价格因素

前面分析已经指出,已实现的和预期的通货膨胀都会影响居民的消费决策和消费行为。

① 由于海南、重庆、西藏的数据不全,因此没有被列入。

为分析简便，这里没有单独考虑居民的通货膨胀预期，而是通过在实证研究时加入通货膨胀变量的滞后项来进行替代。由于实证研究时对城镇居民和农村居民的消费行为分别进行考虑，因此，在数据处理时分别使用城镇居民消费价格指数和农村居民消费价格指数作为替代变量，换算成以 1984 年为基期的指数序列之后再取自然对数处理，实证研究时分别表示为 $\ln CCP$ 和 $\ln UCP$。

5. 地区国内生产总值

地区经济增长对居民消费具有多重影响。实证研究时使用各主要省市的 GDP 指数作为地区国内生产总值变量的替代变量，换算成 1984 年为基期的指数序列之后取自然对数，实证研究时表示为 $\ln GDP$。

以上各数据序列均来源于中诚信资讯数据库。

由于消费存在较强的惯性特征，因此，在实证研究时使用了动态面板数据的分析方法，通过在回归式中加入被解释变量和解释变量的滞后值来衡量消费的惯性特征。具体而言，分别对城镇居民消费和农村居民消费建立如下动态面板模型：

$$C_{it} = \sum_{k=1}^{p} \alpha_k C_{i\ (t-k)} + \sum_{l=1}^{q} \beta_l x_{i(t-l)} + \lambda_t + \mu_i + \nu_{it} \tag{3-1}$$

在实证研究时，C_{it} 分别代表农村和城镇居民消费水平，λ_t 和 μ_i 分别代表省际面板数据的时间和个体效应，ν_{it} 是残差项，$x_{i(t-l)}$ 是解释变量序列，l 是滞后期数，p 和 q 是最大的滞后时期数。由于此处使用的是年度面板数据，因此，滞后期都选择为 1 年。

（三）实证研究

由于此处建立的面板模型中包含了各变量的滞后变量，而这也是符合消费相关的经济理论要求的，因此，在实证估计时采用了动态面板 GMM(Generalized Method of Moments)估计方法。GMM 是基于模型参数的一些矩条件而产生的一种模型参数估计方法，仅需要知道一些矩条件，即可以避免模型中可能存在的异方差和自相关的干扰。通过在每一期使用不同数量的工具变量，GMM 方法就可以得到动态面板模型的有效估计量。GMM 方法较早是由 Hansen(1982)引入面板模型的分析方法，目前在动态面板分析方法中已经得到广泛应用。

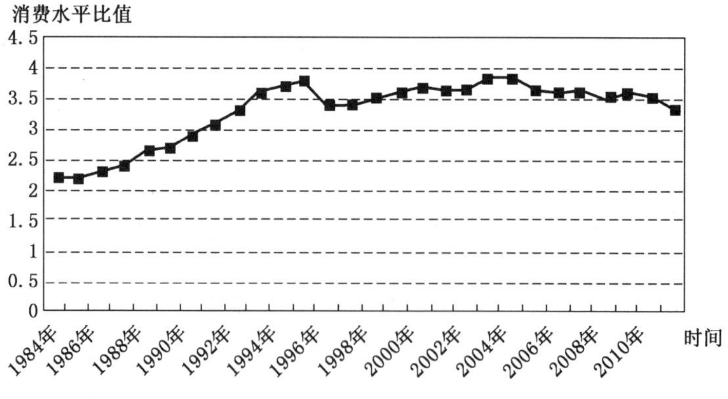

图 3-6　中国城乡居民消费水平对比图示(农村居民=1)

数据来源：中诚信资讯数据库。

由于所选取的面板数据时间跨度较长，而在 1984 年至 2011 年间中国经历了价格体制改革等多项改革阶段,居民的消费行为和消费习惯也发生了变化。由图 3-6 可以看到,在 1984—2011 年,城乡居民消费水平对比基本经历了三个不同阶段:第一阶段为 1984—1995 年,城乡居民消费水平整体差异不断增强,城乡居民消费水平的对比值由 1984 年的 2.2 逐渐上升到 1995 年的阶段性高点 3.8,12 年间上升了 72.7%,城乡居民消费差距显著扩大。第二阶段为 1996—2003 年,城乡居民消费水平对比值基本保持稳定。第三阶段为 2004—2011 年,在此阶段该对比值有所下降,由 2004 年的阶段高点 3.84 下降到 2011 年的 3.33。根据这一变化趋势,为刻画居民消费习惯变动规律以及对比分析农村居民和城镇居民消费行为的差异,此处将研究时间段划分为三个阶段。

表 3-5

城镇居民消费行为的实证研究结果

	第一时间段(1984—1995)		第二时间段(1996—2003)		第三时间段(2004—2011)	
变　量	系数	标准误差	系数	标准误差	系数	标准误差
C	0.774 666 5	0.381 882 8 ***				
ln *CC*(−1)	0.783 046 9	0.188 405 **	0.997 302	0.017 877 9 ***	1.003 383	0.014 993 8 ***
ln *FS*	−0.006 894	0.006 433 3	−0.010 14	0.007 473 9	−0.351 7	0.091 951 1 ***
ln *FS*(−1)	−0.010 106	0.005 146 6 ***	0.020 903	0.007 624 2 ***	0.393 699	0.096 942 7 ***
ln *CCP*	−0.223 558	0.057 787 *	−0.356 56	0.2797 83	−0.125 58	0.178 658 1
ln *CCP*(−1)	0.020 534 6	0.114 537	0.359 457	0.287 850 3	0.125 669	0.181 435 1
ln *GDP*	0.454 042 7	0.159 277 6 *	0.622 383	0.407 232 1	0.390 773	0.209 131 5 *
ln *GDP*(−1)	−0.357 605	0.276 131 1	−0.624 74	0.412 976 3	−0.361 86	0.212 410 8 *
ln *CI*	0.133 349 7	0.078 149 2	−0.050 86	0.129 112 4	0.706 98	0.181 500 9 ***
ln *CI*(−1)	0.043 393 8	0.060 646 1 ***	0.045 417	0.121 526 9	−0.759 71	0.185 237 ***
AB(1)	0.004		0		0	
AB(2)	0.141		0.575		0.982	
Sargan	0.38		0.164		0.084	
No. of obs	309		196		196	

注:*AB*(1)是 Arellano-Bond AR(1)检验,*AB*(2)是 Arellano-Bond AR(2)检验,*Sargan* 为 Sargan 过度限制检验。*No. of obs* 代表观测值数量。*,**,*** 分别表示显著性水平为 10%,5%,1%。

由表 3-5 回归结果可以看到,实证分析的结论基本验证了前文的分析。首先,中国城镇居民消费的阶段性特征是较为明显的。在我们前述的时间分段方式下,代表消费惯性的滞后消费项的回归系数逐渐增大,这与李春风等人(2012)的研究结论是一致的。其次,在这三个时间段,代表财政政策的一般预算支出变量的回归系数都较为显著。在改革开放政策刚启动的第一阶段,财政支出对滞后 1 期城镇居民消费水平的影响为负,但是系数绝对值较小,而且显著性并不强。在第二阶段,财政支出政策对滞后 1 期消费的正向影响明显增加。进入第三阶段,虽然财政一般预算支出对城镇居民当期消费水平产生了负面影响,但是对滞后 1 期消费产生了程度更高的正向影响,其综合效应仍然为正。对于消费品价格变量,虽然在三个时间段里价格对当期消费都产生了负面影响,但是只在第一阶段中回归系数具有比较低的统计显著性,在后两个时间段里价格变量系数都不显著。我们认为,这一方面是因为居民消费的惯性程度增强所致,另一方面是由于当前中国居民消费的构成中,生活必需品的消费仍然占重要比重,其消费量的价格弹性较小,对价格变动的敏感度也比较低。

此外,从回归结果也可以看到,在第一阶段和第三阶段,当期 *GDP* 增速提高,对消费的影响效应是正向的,而在第三阶段中,*GDP* 增速对滞后 1 期消费有负面影响。这可能是由于 *GDP* 增速提高之后,居民对未来经济增长信心增强,消费的上升造成下期通货膨胀提高,进而对下期消费产生了抑制作用。

对于收入变量而言,在第一阶段和第三阶段,收入增加都会使得滞后 1 期消费水平上升,而这一效应在第一阶段表现得尤为明显。这可能是由于在中国改革开放的起始阶段,居民收入水平普遍较低,因而收入的上升会直接带动消费增长。虽然第三阶段收入上升对滞后 1 期消费水平具有负面影响,但是综合效应仍然为正。

回归结果还显示出在第二阶段,也就是 1996—2003 年,是中国经济社会体制不断变革的阶段,由于各种重要改革措施的交互影响,价格变量、收入变量以及经济增长变量的回归系数显著性程度都不高。

表 3-6

农村居民消费行为的实证研究结果

	第一时间段(1984—1995)		第二时间段(1996—2003)		第三时间段(2004—2011)	
变 量	系数	标准误差	系数	标准误差	系数	标准误差
ln *CC*(−1)	1.027 655	0.019 068 2 ***	0.971 703	0.014 873 3 ***	1.005 713	0.015 257 ***
ln *FS*	−0.003 535	0.009 480 5	−0.004 58	0.006 479 5	−0.240 76	0.077 318 ***
ln *FS*(−1)	−0.014 385	0.010 093 9	0.004 907	0.006 920 2	0.255 447	0.077 958 ***
ln *UCP*	−0.099 422	0.092 720 2	0.165 085	0.262 6402	0.331 985	0.167 015 9 **
ln *UCP*(−1)	0.062 442 4	0.106 14	−0.203 65	0.270 351 4	−0.361 36	0.169 098 5 **
ln *GDP*	0.403 768 3	0.158 168 5 ***	0.411 399	0.401 821 5	0.023 512	0.224 461 6
ln *GDP*(−1)	−0.420 117	0.172 815 1 ***	−0.446 86	0.403 250 7	−0.027 67	0.226 860 2
ln *UI*	0.060 645 7	0.052 567 4	0.051 598	0.084 012 6	1.089 675	0.178 111 4 ***
ln *UI*(−1)	−0.013 752	0.056 224 7	0.040 202	0.080 273 9	−1.074 27	0.177 549 8 ***
AB(1)	0		0.001		0	
AB(2)	0.849		0.045		0.369	
Sargan	0.983		0.026		0.255	
No. of obs	309		196		196	

注:*AB*(1)是 Arellano-Bond AR(1)检验,*AB*(2)是 Arellano-Bond AR(2)检验,*Sargan* 为 Sargan 过度限制检验。*No. of obs* 代表观测值数量。*,**,*** 分别表示显著性水平为 10%,5%,1%。

由表 3-6 回归结果可以看到,农村居民消费水平的惯性也是非常强的,但是在本章划分的三个阶段中,其惯性系数经历了由高到低,再由低到高的"U"形变化。在 20 世纪 80 年代中期至90年代中期，农村商品经济仍不发达，因而，居民消费水平的惯性特征较为明显。进入第二阶段后，随着农村经济不断增长，农村居民消费行为出现分化，其商品经济特征不断增强。进入第三阶段以后，农村收入的不断提高使得居民消费在更高层次出现惯性特征。在第一阶段和第二阶段，财政支出变量、价格变量和收入变量的回归系数都不显著。与同阶段城镇居民消费水平的影响作用相比，财政支出对农村居民消费水平的影响作用显然是比较弱的。在第三阶段，财政支出对农村居民当期消费的影响作用为负，但是对滞后1期消费的影响作用为正，其长期综合效应仍然为正，这表明财政支出对农村居民消费的影响在逐渐增强。收入变量对农村居民消费水平的影响作用与财政支出政策的影响模式比较接近，从回归结果可以看出，对农村居民而言，收入增长会提高当期消费水平。在第三阶段，收入变量的回归系数是统计显著的，虽然收入增长对滞后1期消费水平的影响为负，但是综合效应仍然为正。

价格变量的系数在前两个阶段的实证结果中都是不显著的，但是在第三阶段，价格上升会降低滞后1期的消费水平，虽然对当期消费有正向刺激作用，但是价格变量对农村居民消费的综合影响效应仍然为负。

（四）实证研究结论

从我们的实证分析结果可以看到，中国城镇居民和农村居民的消费水平都表现出较为明显的惯性特征，而且其变化趋势是不同的。城镇居民消费水平的惯性特征是逐渐强化的，而农村居民消费的惯性则经历了“U”形变化。这表明，在中国居民生活水平逐渐提高的过程中，仍然存在农村居民和城镇居民消费水平的二元经济现象。此外，实证研究还表明，在不同阶段，价格变量、财政支出、收入变量和经济增长水平的作用模式和作用程度也都不尽相同。

因此，政府在出台与消费相关的政策时，应当对城镇地区和农村地区有所区别。对于广大农村地区，提升居民消费水平的重要政策是提高财政支出，改善消费的基础设施，提高农村居民的收入水平。而对于城镇居民，政策着力点应该是提高居民可支配收入水平，提升消费结构，尤其是鼓励居民增加在服务型消费产品上的支出。

四、风险度量

1. 风险度量方法

按照本章一直使用的方法，对历年社会消费品零售总额使用当年CPI进行调整得到实际值，根据实际值计算其当年实际增长率，再以各年实际消费增长率对均值的偏差绝对值作为当年消费风险等级划分的基数。分级方法显示在表3-7当中。

表3-7

消费增长风险评级

绝对值偏离程度(%)	风险级别	风险评级
≤2	1	无风险
≤5	2	低风险
≤8	3	中等风险
>8	4	高风险

2012年，社会消费品零售总额的实际增长率比2011年有较为显著的下降，降幅已经超过

3 个百分点，消费品零售总额增长率已经持续 2 年出现对长期趋势的负向偏离。据此，消费的风险评级也相应提高一级，进入级别为 2 级的低风险区间。

对于宏观经济增长风险，仍然按照已有方法进行四个等级的划分。2012 年，在世界经济陷入衰退以及国内经济增长乏力的双重压力下，中国 *GDP* 达到 519 322 亿元，比 2011 年增长 7.8%。根据宏观经济增长风险评级规则，2012 年宏观经济增长风险评级级别为 2 的低风险等级。

2. 2013 年消费波动风险评级

进入 2013 年，由于外贸进出口增速都出现了较大幅度的波动，外需依然乏力，而中国经济发展受到的环境能源与资源的制约越来越明显，输入型通货膨胀风险不断增加，居民对未来宏观经济走势信心不强，这势必影响居民的消费信心，制约消费增长。经济增速放缓也会影响居民收入的增长。预计 2013 年社会消费增长率将比 2012 年继续有所下降，因此，2013 年消费增长风险评价结果是级别为 3 的中等风险评级。

五、风险管理

在前面分析的基础上，我们认为，进入 2013 年，政府应该着重从以下几个方面提振消费，切实使内需成为中国经济增长的核心动力。

1. 继续把增加居民收入作为稳定消费、促进消费增长的根本推动力量

在提高全社会居民收入增速的基础上，注重提高收入分配的公平性，缩小社会收入差距。需要通过建立各种有效机制促进消费增长。龚晓菊(2012)认为，应该通过建立扩大消费需求的长效机制来促进消费增长。扩大消费需求的长效机制包括收入分配机制、财税引导机制、社会保障机制、区域倾斜机制、产业促进机制、益农强农机制、消费金融机制和消费环境优化机制等八大机制。薛鹏、徐康宁(2012)分别从消费倾向、消费支出、国际比较和模型计量四个方面，全面分析和研究了 1978 年改革开放以来中国政府消费与城乡居民消费状况，指出当前扩大内需、扩大居民消费需求的对策思路是要逐渐提高劳动者报酬在国民经济中占有的比例，尤其要着力提高中低收入群体的实际收入；继续重视“三农”和民生工程，帮扶贫困等弱势群体，快速有效推进“西部大开发”和“中部崛起”等落后地区区域经济增长战略；同时也要尽快打破一些高收入垄断行业，扩大竞争，长期坚持并有针对性地改善民生，将收入差距控制在合理状态。

2. 优化财政政策作用机制，不断提高居民边际消费倾向

财政支出通过转移支付和基础设施、文化教育等方面的投资来影响居民消费决策。在当前中央和地方财政分权体制下，重点应该是理顺中央政府和地方政府财政政策运用的互补关系，充分利用结构化财政支出策略，同时注重财政支出政策的总量风险调控，平衡财政支出政策的结构化调整与总量风险调控之间的关系，提高居民直接受益项目的投入力度，提升居民边际消费倾向。

3. 加强市场消费品监管，发展农村流通业，营造良好的消费环境

近年来，国内消费品市场的不规范现象较为突出，这在相当程度上打击了居民消费的放心程度，阻碍了消费的增长。因此，通过加强市场监管，规范市场秩序，营造良好的消费环境来提振消费者信心，这对于稳定消费，促进消费增长具有重要作用。吴学品、李骏阳(2012)的研究发现，农村流通总量规模对扩大农村消费增长效应逐年上升，但是农村流通业发展缓慢，年增长率较低，使得流通总量规模难以促进农村居民消费的大幅度增长。因此，应该通过大力发展

农村流通业促进农村居民消费增长。耿晔强(2012)的研究表明,文化水平、医疗卫生条件、基础设施投资、自然条件等消费环境与农村居民消费水平之间存在稳定的协整关系。文化水平、基础设施投资对农村居民消费水平的冲击有明显效果,因而对农村居民消费水平的提高有显著作用。

4. 以低碳环保消费激励政策带动消费升级

中国的经济结构转型、产业升级调整必须与消费的低碳化与环境保护相结合。当前,中国宏观经济发展面临的环境资源问题日益明显,必须通过低碳商品的消费来带动产业结构升级,并进而推动经济结构转型。此外,消费结构升级还要求政策层面要关注对文化消费市场的支持与发展,构建新型文化产业布局结构,发展壮大文化产业。政策层面可以借鉴前期"以旧换新"、"家电下乡"等政策的操作模式和方法,鼓励低碳环保商品的消费和文化消费,以此来带动整个社会的消费升级。

5. 抑制资产泡沫,控制通货膨胀,提高居民消费信心

近年来,不断上涨的房价加重了居民的住房负担,资产泡沫化不仅加剧了宏观经济发生风险的可能性,也通过预期通货膨胀的上升削弱了居民的消费信心。政策层面需要通过理顺财政收支机制,加大对保障性住房的投入,抑制房价的进一步过快上涨,控制通货膨胀,解决居民后顾之忧。尤其是在开放经济环境下,受美国金融危机和欧洲债务危机的影响,世界经济陷入衰退,各国纷纷实行宽松的经济刺激政策使得中国面临的输入型通货膨胀风险不断增强。在此背景下,政府在制定宏观经济政策时需要重新审视财政货币政策的有效性问题,加强对开放经济环境下政策效应的研究,通过更加具有前瞻性的政策机制设计,降低消费者的通货膨胀预期,提高居民的消费信心。

参考文献

[1] 陈池波,张攀峰.新型社会保障、收入类型与农村居民消费——基于截面数据的经验分析[J].经济管理,2012(2).

[2] 陈健,高波.收入差距、房价与消费变动——基于面板数据联立方程模型的分析[J].上海经济研究,2012(2).

[3] 耿晔强.消费环境对我国农村居民消费影响的实证分析[J].统计研究,2012,29(11).

[4] 胡帮勇,张兵.中国农村金融发展对农民消费影响的实证研究——基于1979—2010年的时间序列数据[J].经济经纬,2012(6).

[5] 胡东兰,田侃,夏杰长.中国财政支农支出对农村居民消费影响——实证分析与政策建议[J].财政研究,2013(1).

[6] 胡永刚,郭新强.内生增长、政府生产性支出与中国居民消费[J].经济研究,2012(9).

[7] 龚晓菊.扩大消费需求的长效机制分析[J].财贸经济,2012(8).

[8] 侯石安,赵和楠.城乡居民收入来源构成对其消费行为的影响[J].中南财经政法大学学报,2012(6).

[9] 李春风,陈乐一,刘建江.房价波动对我国城镇居民消费的影响研究[J].统计研究,2013,30(2).

[10] 李春风,陈乐一,李玉双.消费习惯下我国城镇居民持久收入的边际消费倾向[J].现

代财经,2012(11).

[11] 李丹.中国最终消费率过低之谜[J].上海财经大学学报,2012(1).

[12] 李永友,钟晓敏.财政政策与城乡居民边际消费倾向[J].中国社会科学,2012(12).

[13] 李志强,王东杰,喻闻,吴健寨,张玉梅.不同收入农村居民消费需求比较研究[J].系统科学与数学,2013,33(1).

[14] 刘沁清.财政民生投入和城乡居民消费——基于省级面板数据的发现[J].上海经济研究,2012(6).

[15] 刘东皇,沈坤荣.要素分配、居民收入差距与消费增长[J].经济学动态,2012(10).

[16] 马方方.中国资产价格波动对消费影响效应的分析[J].经济与管理研究,2012(9).

[17] 吴学品,李骏阳.流通业发展对农村消费影响的动态演化[J].财贸经济,2012(12).

[18] 王云清,朱启贵.中国财政扩张对居民消费、投资和通货膨胀的动态效应研究[J].南开经济研究,2012(6).

[19] 谢洁玉,吴斌珍,李宏彬,郑思齐.中国城市房价与居民消费[J].金融研究,2012(6).

[20] 薛鹏,徐康宁.中国政府消费与城乡居民消费状况比较研究:1978—2010[J].上海经济研究,2012(6).

[21] 徐小鹰.政府消费对城乡居民消费的影响研究[J].求索,2012(12).

[22] 杨继东.通货膨胀与消费需求——基于省级面板数据的实证研究[J].财贸经济,2012(8).

[23] 臧文斌,刘国恩,徐菲,熊先军.中国城镇居民基本医疗保险对家庭消费的影响[J].经济研究,2012(7).

[24] 臧旭恒,李燕桥.消费信贷、流动性约束与中国城镇居民消费行为[J].经济学动态,2012(2).

[25] 朱建平,朱万闯.中国居民消费的特征分析——基于两阶段面板分位回归[J].数理统计与管理,2012,31(7).

第四章　对外贸易与经济增长风险

一、绪论

1. 2012年中国外贸发展的总体情况

在全球经济复苏乏力和国内经济增速放缓的总体背景下，尽管国务院发布了一系列稳定外贸增长的政策措施，但2012年中国的对外贸易增速仍然延续了上一年的下滑态势，全年进出口贸易总值为38 667.6亿美元，较2011年增长6.2%，增速大幅下降了16.3个百分点(见图4-1)，这不仅与政府工作报告中10%的目标增速存在较大差距，也显著低于研究机构的年初预期。不过，面对全球贸易持续萎缩的大环境，相比欧、美、日主要经济体以及巴西、墨西哥等新兴经济体的贸易数据，中国对外贸易的表现已经算是相当不错了，在全球贸易总量中所占比重从2011年的8.8%升至2012年的11.1%。

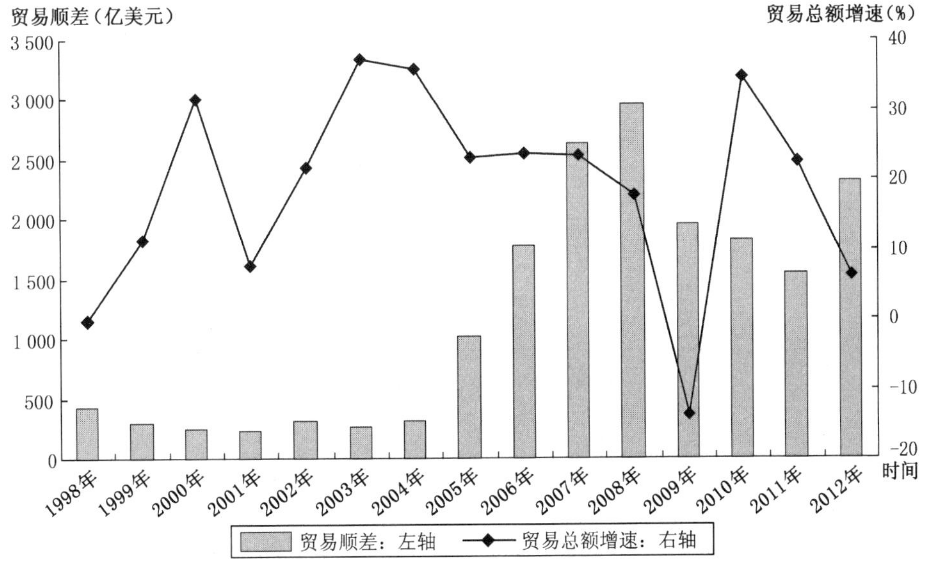

图4-1　1998年以来中国的对外贸易增速与贸易顺差

由于经济增长和社会就业的压力较大，中国在2012年出台的外贸政策更多地偏向于“稳出口”，如加快出口退税进度、加强出口信用保险等，这对于遏制出口过快下滑的趋势产生了积极作用。2012年出口值为20 489.3亿美元，同比增长7.9%。然而，在不利的国内经济形势下，“扩进口”政策力度偏弱限制了进口贸易的发展，2012年进口值为18 178.3亿美元，同比仅增长4.3%，较上年大幅下降20.6个百分点。全年贸易顺差2 311亿美元，同比扩大48.1%，贸易顺差与进出口总值的比例出现反弹，从 2011 年的 4.2%上升至 2012 年的 5.9%。政策导向的倾斜加重了进出口贸易的结构失衡，“促平衡”的预定目标基本落空，转变对外贸易发展方式的难度随之加大。

2. 2012 年中国外贸发展的主要特点

（1）对外贸易增速较为稳定，但进口贸易增速呈持续下滑之势。2012 年中国的对外贸易走势虽有小幅波动，但总体而言较为平稳（见图 4-2）。尽管受欧债危机深化、中日钓鱼岛争端等因素的影响，6～8 月份对外贸易增速曾一度显露下滑苗头，进出口总量的同比增速从 7.9%连续降至 6.1%。但国务院审时度势，于 9 月份及时出台了《关于促进对外贸易稳定增长的若干意见》，通过加快出口退税进度、加强出口信用保险、提高贸易便利化水平等措施稳定对外贸易，有力的政策支持推动对外贸易尤其是出口贸易增速重回上升轨道。

相比之下，进口贸易形势则要严峻得多。由于稳定外贸的政策重心在于稳出口，对于进口贸易的拉动作用并不大，以至于进口贸易增速从 5 月份开始便呈持续下滑之势，从 5 月份的 6.8%一直降至 11 月份的最低点 4.1%。与之相对应，进口与出口贸易的增速落差从 7 月末的 1.4 个百分点逐步扩大至 12 月末的 3.6 个百分点，贸易失衡状况进一步加重。

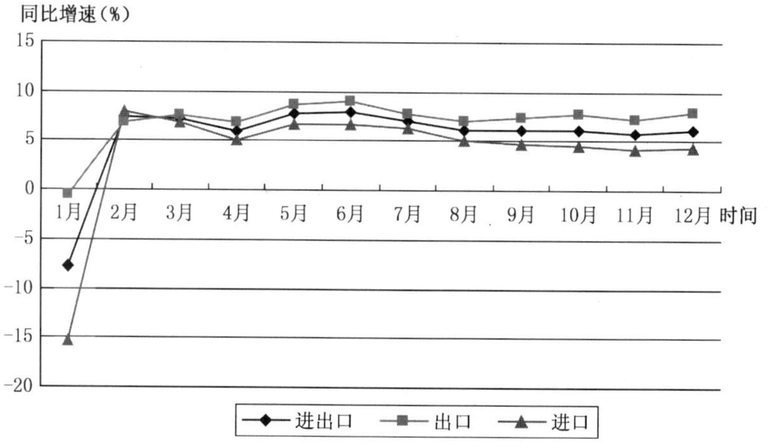

图 4-2 2012 年对外贸易额的月末累计同比增速

（2）对外贸易的商品构成继续优化，产业升级的带动作用增强。如表 4-1 所示，在 2012 年的出口商品构成中，附加值相对较高的机电产品和高新技术产品的出口占比分别高达 57.6%和 29.4%，较 2011 年提升了 0.4 个百分点和 0.5 个百分点，这说明中国出口贸易的技术含量正在稳步提升。与此同时，劳动密集型的纺织服装和鞋帽产品的出口占比稳中趋降，显示中国出口结构的优化升级并不是要放弃具有优势的传统产业，而是以渐进、有序的方式平稳过渡。高能耗、高污染的能源资源类产品出口占比虽然降幅不大，但出口规模大幅萎缩，特别是稀土出口增长势头得到有效遏制（见图 4-3）。2012 年煤和稀土出口数量的增速分别为－36.7%和－26.1%，增速较 2011 年下降 13.7 个百分点和 67.2 个百分点，较好地防范了《中国经济运行风险研究报告 2012》中提示的“战略资源流失风险”。

表 4-1

2012 年进出口贸易额中代表性商品的比重及与上年对比(%)

代表性商品	出口贸易		代表性商品	进口贸易	
	2011 年	2012 年		2011 年	2012 年
机电产品	57.2	57.6	机电产品	43.2	43.1
高新技术产品	28.9	29.4	高新技术产品	26.6	27.9
纺织服装	8.1	7.8	大米	1.9	2.3
鞋帽	2.2	2.3	生物医药	0.6	0.8
煤	0.1	0.1	煤	1.2	1.6
原油	0.1	0.1	原油	11.2	12.1
稀土	0.3	0.2	铜矿砂	0.9	0.9

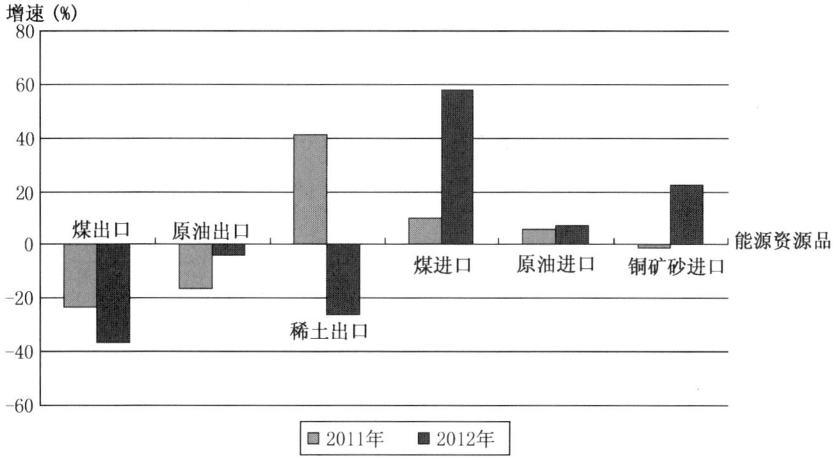

图 4-3　2012 年代表性能源资源品的进出口数量增速及与上年对比

在 2012 年的进口商品构成中,高新技术产品的进口占比较 2011 年大幅上升了 1.3 个百分点,这对于促进国内技术进步和产业升级起到了积极作用。在扩大国内消费的政策引导下,以大米为代表的农产品和以生物医药为代表的高端消费品进口增长较快,2012 年大米和生物医药的进口增速分别高达 25.1%和 23.2%,远远高出进口贸易总量的增速,带动消费品进口占比的提升。为保护国内资源和自然环境,中国加大了资源品的进口力度,2012 年煤和铜矿砂的进口数量增速分别较 2011 年上升了 47.5 个百分点和 23.4 个百分点,原油进口增速的升幅虽然不大,但进口额占比却较 2011 年上升了 0.9 个百分点,能源资源品在进口贸易中的比重上升,有力地支持了国内经济增长。

(3) 对外贸易的价格条件显著改善,突出表现在农产品和矿产品上。2012 年中国出口商品价格总体上涨了 2.2%,而进口商品价格则下跌了 0.5%,对外贸易的价格条件指数为 102.7,这就意味着出口同样数量的商品可以多换回 2.7%的进口商品。相比 2011 年的价格条件指数 96.5,中国对外贸易的经济效益显著提高(见图 4-4)。然而,价格条件的改善主要来源于农产品和矿产品的贡献,工业制成品的贸易价格条件与 2011 年相比并未有太大的改观。2012 年农产品和矿产品的贸易价格条件指数分别高达 118.1 和 112.9,较 2011 年大幅提高了 38.2%和 16.5%,而工业制成品的贸易价格条件指数只有 101.8,基本维持在 2011 年的水平。

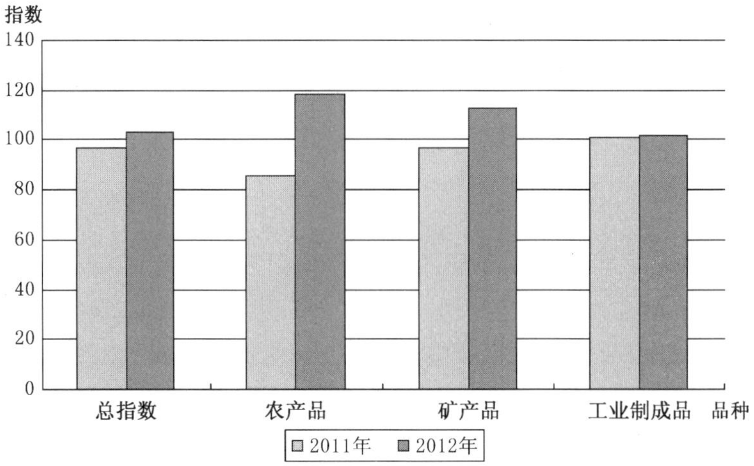

图 4-4　2012 年对外贸易的价格条件指数及与上年对比

由于农产品和矿产品价格条件的改善主要是大宗商品进口价格下跌所致，这种有利的价格条件可能不具有连续性，一旦欧美经济企稳回升，大宗商品的国际价格将会出现反弹，需要注意价格条件逆转的风险。工业制成品的价格条件变动不大，反映出中国的制造业仍然沿用价格竞争策略，不仅难以实现利润积累和长远发展，也容易激化国际贸易保护主义的抵制情绪。

(4) 对外贸易的主体结构更趋合理，贸易方式也更为灵活多样。2012 年中国外贸对外资企业的依赖性有所降低，而民营企业的重要性则显著提升。虽然外资企业仍是中国对外贸易的主导力量，但受发达经济体的负面冲击较大，对外贸易近乎原地踏步，在进出口贸易总量中的比重较 2011 年下降了 1.7 个百分点。而民营企业凭借灵活的经营策略，在不利的国内外经济环境下，仍然实现了 20%以上的高增速，在外贸主体结构中的比重上升了 3.1 个百分点，逐渐成长为中国对外贸易的支柱力量。

作为应对全球经济低迷的重要举措，中国企业灵活运用多种贸易方式来增进对外经贸合作，传统的一般贸易和加工贸易的比重均有不同程度的下降，而海关特殊监管区域贸易却成功实现了逆势增长。如表 4-2 所示，2012 年一般贸易和加工贸易在进出口贸易中的比重分别较 2011 年下滑了 2.3 个百分点和 2.1 个百分点。与此形成鲜明对比的是，海关特殊监管区域的对外贸易大幅增长了 46.8%，占进出口贸易总量的比重较 2011 年上升了 1.9 个百分点，成为 2012 年中国外贸发展的一大亮点。

表 4-2

2012 年主要贸易企业与贸易方式的比重和增速及与上年对比(%)

		占进出口贸易比重		进出口贸易增速	
		2011 年	2012 年	2011 年	2012 年
企业类型	国有企业	28.3	27.3	22.3	−1.2
	外资企业	49.6	47.9	16.2	1.8
	民营企业	19.8	22.9	39.0	22.7
贸易方式	一般贸易	54.3	52.0	29.2	4.5
	加工贸易	36.9	34.8	12.7	3.0
	海关特殊监管区	5.5	7.4	30.4	46.8

(5) 对外贸易的地区分布更加均衡，中、西部地区的表现较为活跃。尽管 2012 年东部地区在中国对外贸易的地区构成中仍然占据绝对主导地位，但外贸发展的地区差异非常明显，地区差距也在不断缩小。东部地区的北京、天津、上海、江苏、浙江、福建、山东、广东这 8 个外贸大省份在进出口贸易总量中的比重为 82.3%，较 2011 年回落了 1 个百分点。而中、西部地区的外贸占比相应提高，其中，河南、四川、重庆、广西这 4 个省份的外贸表现格外耀眼，2012 年进出口贸易的平均增速接近 50%(见表 4-3)。

地区外贸发展趋于均衡的主要原因在于：一是欧洲和日本经济持续衰退，以其为主要贸易伙伴的东部省份受到较大冲击；二是中、西部地区的外贸起点相对较低，增长空间明显大于东部地区；三是国内产业的区际转移在一定程度上削弱东部地区的生产能力，却增强了中、西部地区发展外向型经济的能力。对外贸易的地区均衡趋势不仅有助于国内经济资源的合理利用，也有助于东部地区加快产业升级步伐，促进中国对外经济发展方式的转换。

表 4-3

2012 年主要省份的进出口贸易占比和增速及与上年对比(%)

地区	省份	占进出口贸易比重(%)		进出口贸易增速(%)	
		2011 年	2012 年	2011 年	2012 年
东部地区	北京	3.5	3.3	16.4	−0.3
	天津	3.1	3.2	21.9	9.9
	上海	11.9	11.2	18.6	0.2
	江苏	16.0	15.3	16.6	1.4
	浙江	9.7	9.0	22.4	−0.9
	福建	3.7	3.8	21.7	8.6
	山东	7.8	7.7	26.5	4.4
	广东	27.6	28.8	20.7	10.8
中、西部地区	河南	1.0	1.4	78.3	52.7
	四川	1.1	1.3	52.1	28.6
	重庆	0.7	1.2	107.0	84.6
	广西	0.9	1.1	66.7	26.5

(6) 贸易伙伴多元化趋势愈发明显，新兴市场的比重进一步提升。由于发达经济体特别是欧洲和日本经济持续低迷，以及欧、美地区滥用贸易保护措施，中国与传统市场的双边贸易出现萎缩。2012 年中国与欧盟、日本的进出口贸易增速分别从 2011 年的 18.2%和 15.1%降至−3.6%和−3.9%，欧盟、美国、日本这三大贸易伙伴在中国对外贸易中的比重从 2011 年的 38.3%降至 35.2%(见图 4-5)。其中，日本在中国外贸构成中的占比已被中国香港超过，退居第五大贸易伙伴地位。欧盟虽然仍是中国第一大贸易伙伴和第一大进口来源地，但第一大出口市场的地位在 2012 年被美国所取代，对美出口占中国出口总量的比重从 2011 年的 17.1%小幅升至 17.2%，而对欧盟出口所占的比重则由 2011 年的 18.8%大幅降至 16.3%。

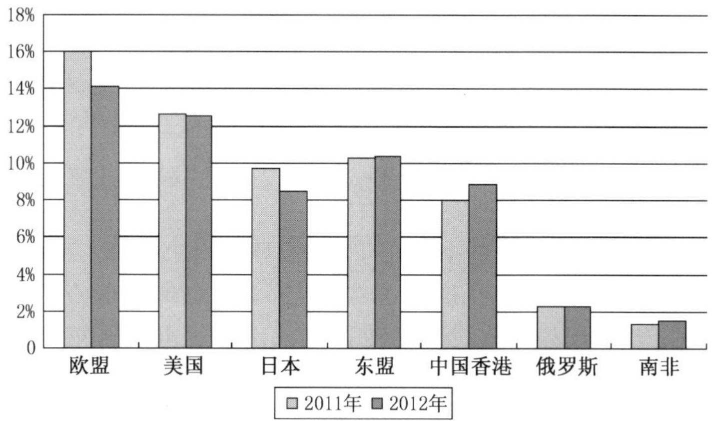

图 4-5 2012 年主要贸易伙伴在中国进出口总额中的比重及与上年对比

为抵御发达经济体经济衰退的不利影响，中国企业加大了市场拓展的力度，重点是强化与亚、非、拉地区新兴市场经济体的经贸合作。2012 年中，非双边贸易大幅增长 19.4%，非洲地区在中国对外贸易中的比重较 2011 年上升 0.4 个百分点。其中，中国与南非的双边贸易增速高达 31.9%。另外，中国与亚洲地区的东盟、中国香港，以及拉美地区的委内瑞拉、墨西哥等新兴市场的双边贸易也明显高于中国外贸的整体增速，贸易伙伴的区域构成更加趋于多元化，对于稳定中国外贸发展起到重要的缓冲作用。

二、风险因素识别

前一部分对 2012 年中国对外贸易的总体情况和主要特点进行了阐述，本部分将从出口和进口两个方面详细分析影响中国外贸增长的风险因素。

（一）出口

1. 世界经济延续低迷态势，外部需求充满变数

受欧洲债务危机、美国“财政悬崖”、日本经济衰退等因素的影响，2012 年主要经济体仍处于低迷状态。新兴经济体虽然总体表现相对较好，但发达国家经济下行的负面溢出效应日趋明显，增长势头有所放慢。2013 年世界经济增长大致维持在 2012 年的水平，外部需求难有根本性的好转，但美国货币政策、欧债危机处置等方面存在较多变数，中国出口增长的波动性可能比较大。

从主要经济体来看，欧洲经济将持续衰退。一方面，西班牙、意大利等国的债务阴影尚未消退，希腊、塞浦路斯等国又接连爆发债务危机，还有像斯洛文尼亚这样的重债国随时可能发生新的危机；另一方面，受欧洲整体形势的拖累，作为欧元区核心的德国经济也不容乐观，2012 年第 4 季度 *GDP* 环比收缩 0.5%，是金融危机以来最差的季度表现，全年 *GDP* 同比仅增长 0.7%，远低于 2010 年 4.0%和 2011 年 3.2%的增速，这显示德国经济增长明显放缓，甚至有陷入衰退的可能。此外，欧洲的就业问题严重挫伤消费者信心，财政紧缩进一步限制经济复苏动力，经济下行风险依然高企。日本经济前途难料，2012 年第 2 季度和第 3 季度 *GDP* 连续萎缩，12 月经季节调整后的日本制造业 *PMI* 为 45.0%，连续 7 个月低于 50%，创 2011 年 5 月以来的新低。为刺激经济复苏，日本内阁批准了 10.3 万亿日元支出刺激计划，还制订了 13.1

万亿日元的补充预算计划，并强力推行极度宽松的货币政策。这种积极政策虽然会有助于经济增长，但由此引发的债务过快增长和进口成本上升的风险值得警惕，实际的政策效果有待观望。令人欣慰的是，美国经济展现出较强韧性，在 2012 年下半年开始稳步复苏，前 3 季度 *GDP* 环比折年率分别增长 2%、1.3%和 2.7%，12 月新房开工量同比增长 36.9%，增幅创 4 年来的新高。2013 年前 2 个月美国经济基础继续好转，特别是楼市回暖将会支撑更为坚实的消费增长，有力提振中国对美出口。

从新兴经济体来看，金砖国家经济表现不佳。巴西和俄罗斯作为资源出口国因全球经济不景气遭受重创，2012 年第 3 季度巴西 *GDP* 同比增长大幅下滑至 0.9%，俄罗斯前三季度 *GDP* 增长 3.7%，较 2011 年同期下降 0.6 个百分点，工业生产更是大幅下降 2 个百分点。印度由于通胀居高不下，财政赤字规模巨大和政治僵局的影响，投资和消费需求都较弱，2012 年前 3 季度 *GDP* 增速均在 6%以下，第 1 季度 5.3%的增速甚至创下近 3 年的最低水平。由于金砖国家经济前景存在较多变数，联合国报告将主要发展中国家经济增长放缓与欧元区经济、美国财政问题同列为 2013 年全球经济复苏的不确定因素①。然而，在新兴经济体增速集体放缓的大背景下，印尼、菲律宾、墨西哥等国经济增长强劲，成为金砖国家之后又一批快速增长的经济体。印尼和菲律宾在旺盛内需的支持下，经济发展取得出乎意料的增长，2012 年印尼第 3 季度 *GDP* 增长了 6.17%，连续第 8 个季度高于 6%；菲律宾第 3 季度 *GDP* 更是增速达到 7.1%，增速在东盟国家中排名第 1。墨西哥受益于美国企业的回流，制造业回升带动经济稳定增长，2012 年墨西哥前 3 个季度 *GDP* 平均增长 4.2%，成为拉美国家最具活力的经济体。此外，非洲撒哈拉以南地区也在快速增长，在全球 10 个增长最快的国家中，有 4 个位于非洲②。

2. 生产成本持续增加，不断削弱出口竞争优势

在外需不足的同时，出口企业还承受着人力、原料等生产成本增加的巨大压力。调研结果显示，2012 年企业面临的最大出口压力来自外需不足、人工成本和原材料成本，分别占 33.7%、16.8%和 15.8%③。成本上升压缩了出口企业的利润空间，一些传统产业的国际竞争优势也因此被削弱。

随着人口红利的持续削减，中国的劳动力成本正在不断上涨。2012 年上半年全国共有 16 个省份调整了最低工资标准，平均调增幅度为 19.7%。目前月最低工资标准最高的是深圳市 1 500 元，小时最低工资标准最高的是北京市 14 元，而东南亚等国每个工人月平均工资才 800 元。长三角、珠三角地区都相继出现过用工荒和人员流动性大的问题，不仅妨碍了出口企业的正常运营，而且导致部分劳动密集型出口产品份额被周边国家挤占。另外，部分原材料价格的快速上升也对相关行业的出口竞争力形成较大冲击，突出表现在以棉花为主要原料的纺织业。2012 年国内棉花的收储价格为 20 400 元/吨，而国际市场价格仅为 13 000 元/吨，高得没谱的棉花价格严重影响了中国棉纺产业链的国际竞争力，全年纺织品服装出口总额达到 2 625.6 亿美元，同比增长 3.3%，较往年相比增速明显放缓④。

---

① 莫莉. 全球新兴经济体前景积极乐观和三大不利因素值得关注[N]. 金融时报，2013-01-19.

② 吴海珊. 新兴市场发力[N]. 经济观察报，2013-01-04.

③ 叶碧华，周素莹. 外贸低稳增长和中国制造逆境生长[N]. 21 世纪经济报道，2013-01-03.

④ 季春红. 中国国内高棉价倒逼化纤原料替换放量增长[N]. 中国贸易报，2013-02-26.

人民币升值引发的出口成本上升问题一直未能缓解。2012 年主要经济体在量化宽松货币政策的作用下，美元、欧元和日元大幅贬值，使得中国和其他新兴市场国家的本币被动升值，出口企业的货币成本显著增加。由于中国外贸企业的利润率都很低，货币成本的持续上升往往意味着企业在出口订单上将无钱可赚，甚至会遭遇大幅亏损。自 2012 年 9 月下旬以来，日元兑人民币汇率开始快速贬值，中间价已经从 100 日元兑换 8 元人民币左右，跌至 2013 年 2 月兑换 6.7 元人民币，对日出口企业本来就不高的利润被进一步吞噬。从日本目前的经济状况来看，日元贬值的势头在 2013 年还会延续，对日出口企业的货币成本压力有增无减。而美元和欧元的走势尚难确定，但波动性将继续增加，中国出口企业的货币风险依然很高，汇率对冲措施又不可避免地增加企业出口成本。

3. 贸易保护主义盛行，市场拓展面临巨大阻力

全球经济持续低迷使得贸易保护主义泛滥成灾，中国作为世界第二大贸易强国，受贸易保护主义的影响最为深远。2012 年前 3 个季度，中国出口产品遭遇国外贸易救济调查 55 起，增长 38%，涉案金额 243 亿美元，增长近 8 倍，严重阻碍中国出口企业的市场拓展。

由于欧盟市场持续低迷及对涂层板进行反倾销调查等原因，2012 年向欧盟出口钢材比 2011 年下降 23.59%。进入 2013 年以来，欧盟、美国、澳大利亚、加拿大等国分别就中国出口的无缝钢管和热轧钢产品发起反倾销和反补贴调查，意味着中国钢铁行业依然会是贸易保护的重灾区，出口难度继续加大。值得注意的是，以前在欧、美市场遭受贸易保护的多为一些低附加值工业品和农产品，如今高端产业也深受其害。受美、欧相继启动对华光伏产品反倾销、反补贴调查的影响，2012 年中国太阳能光伏产品对欧洲出口额同比下降 45.1%，仅为 111.9 亿美元。本来国内光伏厂商在 2012 年年底至 2013 年 2 月间获得了不少欧洲的订单，但欧盟又宣布自 2013 年 3 月 6 日起对产自中国的光伏产品实施进口登记，加上欧盟对华接连提起的对光伏电池及光伏玻璃的反倾销调查，国内光伏行业刚出现的一丝转机再被扼杀①。

不仅欧、美发达国家的贸易保护手段花样翻新，一些新兴市场国家的贸易壁垒也层出不穷。2012 年 5～10 月，巴西、阿根廷、泰国、印度等发展中国家的涉华贸易救济案例已超过 30 起，成为发起对华贸易壁垒调查的主力军。2013 年 1～3 月，中国纺织服装产品共遭遇 8 起贸易救济新立案件，较 2012 年 3 起新立案件总量提高了 167%，立案国别主要是俄罗斯、埃及、东南亚及南美等新兴市场。由于新兴市场在产业结构上的同质性和竞争性较强，当经济增速放缓时，外贸政策就容易转向保护国内市场和抵制外来产品的竞争，而中国正是首要的抵制目标。同时，新兴市场对华贸易救济更容易产生辐射、扩散效应，中国与这些地区的贸易摩擦升级，将显著抑制中国对外贸易的增长空间。

4. 发达国家推行经贸集团化，WTO 趋于边缘化

近年来，以美国、欧洲为代表的发达国家为抵御危机冲击，强调通过出口增长来带动经济复苏。然而，由于包括中国在内的新兴经济体的国际竞争力显著增强，发达国家出口扩张的努力并未起到预期的效果。为此，美国在 2012 年加强了双边和区域自由贸易协定的谈判力度，在发达国家之间推行经贸集团化，重新制定有利于自身利益的贸易规则，以此摆脱 WTO 的束缚，提高针对新兴经济体尤其是中国的贸易壁垒，潜在的负面影响不容忽视。

美国对外经贸政策的战略重点是跨大西洋贸易和投资伙伴协定（TTIP）谈判及跨太平洋

---

① 于南. 欧盟对中国光伏产品强制进口登记扼杀贸易回暖[N]. 证券日报，2013-03-11.

战略经济伙伴关系协定(TPP)谈判,前者是亚太区域的经贸合作协定,后者是欧美之间的双边自由贸易协定。一方面,受困于金融危机的巨大压力,欧美国家只有相互抱团,才能夺回正在日益失去和稳固在全球的领导地位,如欧美在清洁能源、生物技术、网络通讯技术等产业领域,以及金融监管、会计准则等服务领域具有领先优势,通过制定集团内部的环境标准、知识产权标准、劳工标准等,很容易限制发展中国家的贸易竞争力。另一方面,亚太区域经贸合作发展迅速,美国和日本自然不愿错过这一良机,希望通过设置一定规则主导亚太地区政治、经济格局的变化,同时将中国排除在 TPP 协定之外,削弱中国在该地区的影响力。

尽管历史渊源、利益博弈等因素的障碍较大,美国主导的 TTIP 谈判和 TPP 谈判在 2012 年并未取得太大进展。但发达国家之间的共同利益决定了经贸集团化只是一个时间问题,WTO 被边缘化的可能性较大。进入 2013 年,两大谈判均取得了较大突破。欧盟于 2013 年 3 月 12 日宣布通过启动 TTIP 谈判的授权书,并历数欧美自贸协定在经济增长和拉动就业上的诸多好处,乐观地认为这个自贸协定最快在 2014 年年中就能完成全部谈判。日本则于 2013 年 3 月 15 日正式宣布加入 TPP 谈判,并预期这一谈判将在 2013 年 10 月取得重大成果。此外,日本和欧盟还在 2013 年 3 月 25 日发表联合声明,并已于 4 月展开自由贸易谈判,增强欧日之间的贸易投资关系。可以预见,发达国家主导的自由贸易协定一旦成功建立,势必改写亚太地区乃至世界经济贸易的游戏规则,中国将会处于被动接受新规则的不利地位,国内有关行业将会受到严重冲击。

(二) 进口

1. 国内经济的企稳基础尚不牢固,进口需求扩张的动力不足

2012 年中国经济延续了 2011 年的回落态势,全年 *GDP* 增长 7.8%,较 2011 年下降 1.5 个百分点,创造了新世纪以来的最低值,前 3 个季度 *GDP* 同比增速分别为 8.1%、7.6%和 7.4%,在“稳增长”的政策推动下,第 4 季度 *GDP* 增速才回升到 7.9%的水平。国内经济的持续减速直接导致投资、消费减弱,导致进口需求大幅萎缩。据商务部统计,如果剔除价格因素的影响,2012 年中国实际进口的货物量仅增长了 5.7%,较 2011 年回落 5.9 个百分点。

中国经济下滑的主要原因是房地产投资减速和需求疲软。受国内严厉的房地产调控政策影响,2012 年房地产开发投资同比增长 16.2%,增速较 2011 年大幅回落 11.9%。尽管基建投资回升部分对冲了房地产投资下滑的影响,但全年城镇固定资产投资增速仍比 2011 年回落 3.4%。与此同时,由于房地产市场低迷,与之相关的建材、家具、电器等家用产品消费也有所下降,而汽车市场不景气则进一步抑制了消费增长,2012 年汽车类商品零售额仅增长7.3%,增速比上年回落 7.3 个百分点。2012 年社会消费名义增速较 2011 年回落 2.8%,国内需求对经济增长的贡献率回落 0.8 个百分点。

自 2012 年 5 月以来,党中央、国务院相继出台了一系列稳增长的政策措施,货币政策也开始明显放松,经济形势开始逐渐好转。从 2011 年年底开始的去库存过程在 2012 年第 4 季度已进入尾声,2012 年第 4 季度同比增速为 7.9%,结束了此前连续 7 个季度的回落态势,出现企稳回升的迹象。2013 年随着企业进入新一轮补库存周期,未来社会生产需求将恢复性升温,从而拉动经济增长。但经济企稳回升的基础并不牢固,如中共十八大之后,高级烟、高级酒、高级宾馆以及花卉消费都受到较大冲击,此类政府性消费在 2013 年将会继续下降;在家电下乡和家电以旧换新政策退出的影响下,家电消费在 2013 年将回归正常增长区间。另外,钢铁、电解铝、水泥、平板玻璃、船舶等行业存在严重的产能过剩现象。地方政府存在巨大的财

政收入压力和政府债务风险，环境治理和经济结构调整也不可避免地要付出经济减速的代价，对于 2013 年初期经济显露出的好转迹象不应过于乐观。

2. 国际商品市场不确定性因素较多，进口价格有反弹可能

2012 年中国进口增速回落的主要原因是价格因素，进口价格总体下跌了 0.7%，而商品进口量较 2011 年实际上是有所增加的。然而，受多种不确定因素影响，2013 年的国际商品市场将会出现震荡格局，部分跌价商品的进口价格可能出现反弹，部分商品的价格涨幅还会进一步扩大。

虽然全球量化宽松的货币政策给了国际商品市场流动性支撑，但世界经济在危机后萎靡不振拖累了大宗商品需求。2012 年大宗商品的价格走势延续 2011 年的下跌势头，全年大宗商品价格的平均跌幅达到 1.82%。在大宗商品数据商生意社重点跟踪的 58 种现货大宗商品价格中，价格环比上涨的品种为 21 种，而下跌的商品多达 37 种，占比超过 60%，能源产品跌幅居前，这些似乎预示着大宗商品市场此前持续 10 年的超级牛市行情或真正走向终结①。从进口商品看，铁矿石、铜、铝的进口价格明显下跌，中国利用这些商品价格大幅下跌的市场机遇，及时加大了此类能源资源品的进口增长规模，在节约国内资源成本的同时，有力地支持了国内经济建设。2012 年中国铁矿砂进口均价下跌 21.6%，但进口量增加 8.4%，煤进口均价下跌 7.4%，但进口量也增加 29.8%。

然而，大宗商品价格跌势是否在以后更长时期内得以持续，目前尚难以确认。从引发价格下跌的因素来看，未来世界经济的中低速增长意味着大宗商品的市场需求难有起色，美国“财政悬崖”悬而未决，欧债危机仍有可能蔓延，而中国经济的再平衡任务艰巨，大宗商品价格缺乏国际需求的基本面支撑。在供给方面，“页岩气革命”带动北美原油产量将会继续大幅增长，美国能源署预测 2013 年该国原油产量将增长 5%，2020 年将成为世界第一大产油国，供应增长将会有效抑制油价上涨。从刺激价格上涨的因素来看，在全球范围内宽松货币政策的带动下，2013 年世界经济有望迎来小幅回升，需求的短时回升可能引发部分大宗商品的价格反弹。随着中国推进城镇化建设步伐的加快，庞大的“中国需求”将再次对有色金属价格构成支撑，此前降幅较大的铅、锌价格止跌回升的可能性较大。另外，如果地缘政治危机加重和自然灾害事件增多，供给短缺也会增加原油和农产品价格的上涨概率。

3. 部分农产品的进口贸易过快增长，粮食安全存在隐患

海关数据显示，2012 年中国进口谷物类农产品达到了 1 398 万吨，进口规模同比飙升 156%，小麦、大米和玉米这三种粮食的进口突破 1 000 万吨的重要关口。其中，大豆总进口量增长 11.2%，达到创纪录的 5 838 万吨，食用油进口增长 29%，达到创纪录的 845 万吨。

长期以来，中国粮食生产一直坚持基本自给的方针，确保国内粮食的供应安全。“十一五”以来，中国政府强调粮食自给率要达到 95%，其中谷物自给率 100%。但随着国内城镇化的加速，粮食自给率逐渐下降，2002 年以来中国已成为粮食净进口国，且进口量逐年增加，对外依存度不断提高，广义的粮食进口依存度已经超过 1/3，在不久的将来，还将很快接近或超过一半②。尽管粮食进口对调节国内需求、增加供给、稳定物价等方面具有积极意义，但进口过快增长引发的安全问题也应得到重视。由于全球粮食产地主要集中于美国、巴西、阿根廷等地

---

① 陈云富. 2012 年平均下跌 1.82%，大宗商品超级牛市或已结束[N]. 中国证券报，2013-01-11.

② 吴雨宸. 全球粮食贸易集中度超石油，中国粮食安全形势严峻[N]. 每日经济新闻，2013-03-01.

区，集中度甚至超过石油主产地。一旦国际政治、军事和安全环境发生重大变化，尤其是一些霸权主义国家有意遏制，这部分粮食的进口通道被切断，中国将立即面临严峻的粮食安全问题。

以玉米为例，由于中国玉米深加工产品和畜牧业需求上升，从2008年起年度进口玉米量连续4年出现增长，2013年进口规模或将达到800万吨。美国是全球最大的玉米种植国，同时也是全球最大的玉米出口国，其产量占全球40%以上，出口量占全球市场的60%以上，有着巨大潜力的中国市场正是美国的主要目标之一。有分析人士称，美国正试图在中国玉米市场复制"大豆战争"的翻版①。美国在对华玉米出口中，延续了与大豆出口同样的战略，一方面是美国政府对玉米的巨额补贴，另一方面是美国公司通过大量控股、参股中国的玉米加工企业，逐渐控制玉米货源渠道。面对粮食产业的安全威胁，应早做准备，把握好国内生产与外部进口之间的平衡关系，避免重蹈大豆的覆辙。

三、风险度量

(一) 资本品进口与经济增长的关系

《中国经济运行风险研究报告2012》对进出口商品构成与经济增长的关系进行了多角度的实证研究，这部分我们将研究视角深入具体的资本品，并着眼于进口贸易，衡量资本品进口与中国经济增长之间的关系，为中国"扩进口、稳出口"的贸易政策提供依据。

1. 资本品进口与经济增长关系的理论分析

在国际经济学的研究领域中，贸易开放对长期经济增长的积极作用已经得到公认，但经济增长究竟是源于进口贸易还是源于出口贸易？进出口贸易对经济增长的具体作用机制如何？在这些问题上还存在较多争议。

从经济增长理论来看，贸易开放对经济增长的影响更多的是经由进口贸易来体现的，尤其是对于资本品的进口贸易而言更是如此。有别于一般的原材料和消费品进口，资本品进口不仅是有形商品的输入，更重要的是蕴含于其中的无形技术的引入。由于简单的资本累积存在规模报酬递减效应，只有不断提升生产率才能予以抵消，实现长期的可持续经济增长。通常情况下，发展中国家在劳动密集型和低技术产品上具有比较优势，而发达国家在资本密集型和高技术产品上具有比较优势，发展中国家进口资本品是促进国内有效资本积累和提高生产效率，进而带动经济增长的重要途径。Acemoglu等人(2006)建议，在发展中国家的早期成长阶段，政府应当采用投资驱动型的增长策略，通过进口国外高技术含量的资本品，在短期内扩大国内投资规模和促进技术进步，将会更容易实现经济增长的发展目标。

然而，20世纪60年代东亚地区"出口导向战略"的巨大成功，使得理论界更多地关注出口贸易对于经济增长的积极作用，大量的实证文献也支持了这一论断(Baldwin，2003；Greenaway和Kneller，2007)，认为出口贸易可以通过动员国内要素和提高生产率水平，实现长期的经济增长。受此影响，越来越多的发展中国家倾向于采用出口促进贸易自由化策略，强调通过降低出口关税、提供出口补贴等措施来扩大出口，同时设立各种关税和非关税壁垒来抑制进口贸易。

许多学者对出口导向战略的实际效果表示了质疑。Lawrence和Weinstein(2001)对日本

---

① 陈冉. 美国对华玉米大战或上演大豆翻版. 和讯网，2012-12-12.

的实证研究结果并不支持出口导向的增长理论，经济增长的真正源泉很可能是进口贸易。Thangavelu 和 Rajaguru(2004)对日本、印尼、泰国、中国香港和中国台湾的研究也表明，出口贸易与生产率之间不存在显著的因果联系。Rodrik(1995)认为，东亚“四小龙”在 20 世纪所经历的经济奇迹，更多的应当归因于国内投资的快速累积，出口贸易扩张是投资膨胀和经济增长的结果而非原因。其原因在于，东亚地区在经济起飞时期尚处于发展中阶段，在资本和技术密集型产品上存在比较劣势，国内投资膨胀所需的大量资本品必须依赖外部进口，在当时外汇来源不足的情况下，只能通过大量出口劳动密集型产品或者低技术产品来换取必要的外汇。Mody 和 Yilmaz(2002)、Busse 和 Groizard(2008)进一步指出，即便是那些高度依赖出口的发展中国家，仍然需要进口技术含量相对较高的产品，以此提高本国的技术水平，促进生产率增长和强化出口的国际竞争力，从而支撑长期经济增长。

针对中国经济增长的研究也主要集中于出口贸易方面，着重检验出口导向型增长模式是否在中国同样适用。近年来，随着中国对外贸易的重点从以往过于强调出口转向稳步扩大进口，研究进口贸易与经济增长之间关系的文献也明显增多，但作为资本要素和技术要素重要来源的资本品进口贸易的影响在文献中却较少涉及。高伟生和赵昕东(2009)的实证研究表明，以进口设备数据来衡量的资本品进口与中国的经济增长显著正相关，其对经济增长的积极作用受到人力资本因素的影响。谭祖谊(2012)的研究发现，中国的进口贸易具有明显的投资性质，并且这种投资型进口贸易具有显著的经济增长效应。然而，国内已有的相关文献均采用线性回归的计量方法，既忽视了时间序列的滞后效应，也没有研究资本品进口影响经济增长的作用机制。本研究在归纳分析中国资本品进口贸易基本特征的基础上，借助向量自回归(VAR)模型实证检验资本品进口对经济增长的影响，以及具体的作用机制。

2. 我国资本品进口贸易的特征分析

在资本品贸易的数据统计上，联合国按宽泛经济类别(Broad Economic Categories)划分的国际贸易分类体系是较为权威的统计标准。然而，中国按此标准统计的贸易数据年份较短，只有 1998 年以来的年度进出口贸易数据，既不足以反映资本品进口的长期特征，也难以满足计量模型的样本容量需求。此处，我们沿用 Lee(1995)的方法，以机器设备的进口贸易额来衡量资本品进口规模，根据 Source OECD 的统计数据，从历史演变、进口来源地以及资本品构成三个方面，对 1992 年以来中国资本品进口贸易的基本特征进行分析。

一是资本品进口的历史演变特征。在 20 年的观察期间内，中国的资本品进口呈现稳步增长的态势(国际金融危机恶化的 2009 年除外)，进口规模从 1992 年的 265 亿美元持续上升到 2011 年的 6 349 亿美元(见图 4-6)。1999 年以前，资本品进口占中国进口贸易总量的比重在 30%以上。随着工业化进程的深入，1999 年以后，这一比重已长期维持在 40%以上的水平(2011 年除外)，少数年份已经接近 50%，反映出中国经济发展对于资本品进口具有较高的依存度。

二是资本品进口的来源地特征。中国高端资本品的进口主要来自发达国家和地区，这与比较优势理论相一致。其中，OECD 国家在进口来源地中所占比重一直在 50%以上，2000 年以前这一比重更是经常位于 70%以上，如果考虑到早期香港地区的转口贸易，来自发达国家和地区的资本品进口占比则更高。在中国对外开放和国际产业转移过程中，中国的资本品进口来源地发生了显著的变化(见表 4-4)，从早期集中于日本、美国、德国、意大利等少数发达国家和地区，逐步转向韩国、中国台湾、马来西亚、泰国等东亚地区，来源地构成也更趋分散化，前十大资本品的进口来源地占比从 1992 年的 90.9%降至 2011 年的 72.7%。

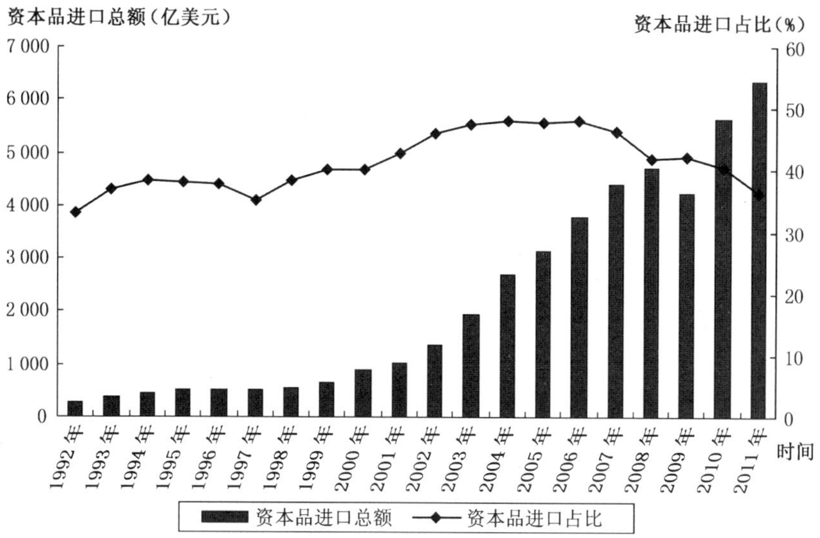

图 4-6 中国资本品进口的历史演变情况

表 4-4

中国资本品进口前十大来源地的分布情况

1992 年						2011 年					
位次	来源地	占比(%)	位次	来源地	占比(%)	位次	来源地	占比(%)	位次	来源地	占比(%)
1	中国香港	28.3	6	意大利	4.6	1	日本	16.9	6	美国	5.5
2	日本	23.2	7	法国	2.6	2	韩国	15.0	7	泰国	3.0
3	美国	9.7	8	英国	1.9	3	中国台湾	13.4	8	菲律宾	2.1
4	中国台湾	9.3	9	韩国	1.7	4	德国	7.1	9	新加坡	2.0
5	德国	7.9	10	俄罗斯	1.7	5	马来西亚	6.3	10	意大利	1.4
前十大来源地占比合计:90.9%						前十大来源地占比合计:72.7%					

三是资本品进口的结构特征。从产品构成来看，机器设备既包含作为最终产品的资本品(如数控机床、针织机、发电机等)，也包含作为中间投入品的资本品零配件(如内燃机零件、纺织机零件、电阻器零件等)，还包含少量家用消费型资本品。1992 年以来，资本品进口贸易中的产成品与中间品占比呈此消彼长之势，产成品进口占资本品进口总额的比重从 55.8%降至 34.2%，而中间品进口所占比重则由 41.2%升至 60.9%(见图 4-7)。一般而言，在机器设备的产品价值链中，零部件中间品的技术含量较产成品更高，由此可以推断，观察期内中国资本品进口的技术内涵得到显著改善。

3. 资本品进口对经济增长影响的计量研究

基于前述资本品进口特征的分析，此处参考 Herrerias 和 Orts(2011)的做法，在 Cobb-Douglas 生产函数的理论框架下，采用 VAR 模型和格兰杰因果检验法(Granger Causality)来验证资本品进口对中国经济增长是否具有显著的积极作用，探讨资本品进口的作用机制。假设生产过程只依赖于三种要素投入，即资本要素 K、劳动要素 L 和技术要素 A，生产函数为：

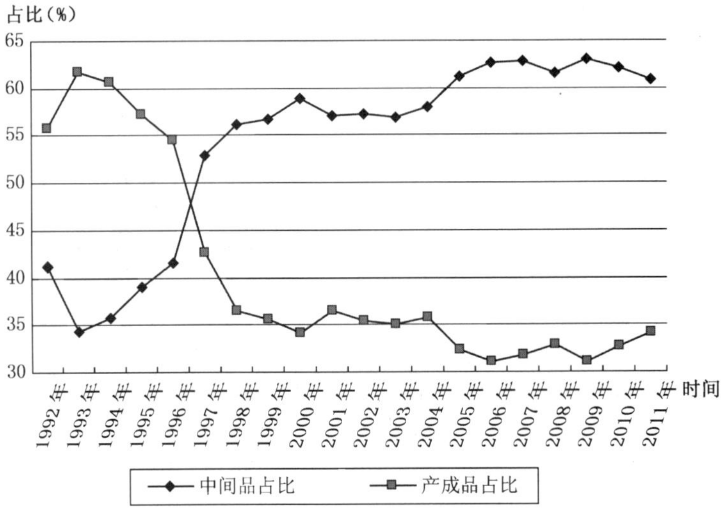

图 4-7　我国资本品进口的产品构成

$$Y = AK^{\alpha}L^{\beta}$$

其中　K ——由进口资本品 IC 和国内资本品 DC 组成，即 $K = IC + DC$；

A ——进口资本品 IC、国内资本品 DC 以及研发投入等因素的函数。

考虑到生产过程的配套性，国内资本品投入可能依靠进口资本品（尤其是资本品零部件）才能实现，并且还要视经济增长和利率水平等因素而定；资本品进口实际上也是一个内生变量，要受到国内资本品投入和经济增长的需求因素，以及汇率水平等因素的影响；至于劳动要素的投入 L，则要取决于经济增长和资本投入的拉动效应，以及工资水平等因素。由基本的经济理论可以得出理论假说：

(1) 进口资本品不仅直接增加资本要素积累，而且通过带动本土资本要素投入，间接增加资本要素积累，从而支持投资驱动型的经济增长。

(2) 进口资本品蕴含的先进技术促进了国内技术进步，有利于实现可持续的经济增长。

由于这些时间序列变量之间存在时滞效应，对其内生的相互反馈作用适合于在向量自回归系统中进行计量研究。受样本数据的限制，我们在 (Y, IC, DC, A, L) 的五变量 VAR 模型中对上述理论假说予以检验，而将研发投入、利率、汇率、工资等因素作为模型的回归误差项。其中，Y 以国内生产总值来表示；IC 以机器设备的中间品与产成品进口额（以美元对人民币的年均汇率换算成人民币计价）之和来表示；DC 以全社会固定资产投资总额减去 IC 的值来表示；A 以工业部门的劳动生产率（工业增加值/工业部门从业人员数）来表示；L 以社会从业人员数来表示。所有变量均为扣除价格因素后的实际值，价格指数分别为国内生产总值平减指数、固定资产投资价格指数以及工业品出厂价格指数，基期为 2000 年，样本区间为 1992—2011 年。为消除时间序列的异方差扰动，所有变量均取自然对数。除资本品进口数据以外，其他变量的原始数据都来自中经网，计量软件为 Stata11.0。

Augmented Dickey-Fuller 和 Phillips-Perron 的单位根检验结果显示，VAR 模型中各变量均为 1 阶单整变量。再根据最终预报误差(FPE)最小化的判别方法，我们确定 VAR 模型的滞后阶数为 2 阶，所有方程的拟合优度指标 R^2 都在 0.99 以上，具有极高的解释能力。以下给出了 VAR 模型中各方程的回归结果。为节约篇幅,方程中仅列出通过 10%显著性检验的解释变量,下标表示变量的滞后阶数。

$$Y = 0.379Y_{-2} + 0.141IC_{-2} + 0.185DC_{-2} - 3.356L_{-1} + 8.162L_{-2} + 0.286A_{-1} + 56.778$$
$$IC = 4.737Y_{-1} - 2.804Y_{-2} + 1.041IC_{-1} + 66.501$$
$$DC = 0.853Y_{-2} - 0.378IC_{-1} + 0.412IC_{-2} + 0.759DC_{-1} - 0.564A_{-1} + 0.609A_{-2}$$
$$L = -0.036Y_{-1} + 0.046Y_{-2} + 0.004IC_{-1} - 0.011DC_{-1} + 0.012DC_{-2} + 0.829L_{-1} + 0.009A_{-2} + 2.402$$
$$A = 0.066IC_{-1} + 0.413DC_{-2} + 0.164A_{-1} - 63.361$$

尽管从进入最终方程的变量系数来看,各方程中解释变量的作用性质基本符合理论预期。但是,由于样本容量较小和共线性扰动等原因,部分解释变量未能通过显著性检验,不能单纯根据回归结果来判断变量间是否存在相互作用。为更准确地反映变量之间的因果关系,表 4-5列示了 VAR 模型中各变量相互作用的格兰杰因果关系检验结果。

表 4-5

VAR 模型中的格兰杰因果关系检验结果

	Y	IC	DC	L	A
Y	—	√(+)	√(+)	√(+)	×
IC	√(+)	—	√(+)	√(+)	√(+)
DC	√(+)	×	—	√(+)	√(+)
L	√(+)	×	×	—	×
A	√(+)	×	√(+)	√(+)	—

注:表中行变量为原因,列变量为结果。若因果作用通过了 10%的显著性检验,则以"√"表示,若未通过显著性检验,则以"×"表示。括号内符号表示因果作用的性质,若是正向作用,即为"+",若为负向作用,即为"—"。

Johansen 协整检验的结果表明,VAR 模型中的变量间存在多重协整关系,此处仅给出与生产函数相符的长期协整关系式:

$$Y = 0.129IC + 0.164DC + 3.251L + 0.187A + 43.008 \quad (4\text{-}1)$$
$$(13.6^{***}) \quad (34.2^{***}) \quad (8.4^{***}) \quad (5.2^{***})$$

注:上式括号内数字为解释变量系数的 Z 检验值,*** 表示系数通过了 1%的显著性检验。

基于 VAR 模型的回归结果、格兰杰因果关系检验的结果以及协整方程的结果,前述的两个理论假说均得到证实,同时,我们可以得出以下几点结论:

一是进口资本和本土资本要素、劳动要素以及技术要素的积累是经济增长的决定因素,对经济增长都具有正向的积极作用;

二是进口资本品不仅通过增加资本积累直接带动经济增长,而且通过拉动关联性本土资本投入和配套劳动力投入以及促进技术进步的渠道间接推动经济增长;

三是资本品进口仅受经济增长的需求拉动和自身进口的惯性作用影响,本土资本品投入对进口资本品的拉动作用很弱,甚至表现出一定的负相关性(由于负向联系没有通过显著性检验,因而未在方程中列出)。

为比较各类要素对经济增长的贡献度,我们对 VAR 模型作了进一步的方差分解研究,根据 Cholesky 的分解方法,表 4-6 列出了 8 年内经济增长变量 Y 的方差分解模拟结果。

表 4-6

VAR 模型中经济增长变量的方差分解结果

模拟年份	*IC*	*DC*	*L*	*A*
2	0.001	0.421	0.008	0.145
4	0.119	0.419	0.073	0.064
6	0.107	0.535	0.059	0.051
8	0.112	0.519	0.057	0.049

从表 4-6 中可以看出，中国的经济增长主要依赖于资本要素的投入，呈现出鲜明的投资驱动型增长特征，劳动要素和技术要素的贡献相对较低。在 8 年的模拟期间内，资本要素积累解释了 60%以上的经济增长，其中，本土资本投入贡献了 51.9%，进口资本品贡献了 11.2%。与此同时，劳动要素和技术要素的贡献率分别只有 5.7%和 4.9%，并且技术要素的贡献率呈递减态势。

根据计量研究的结果，我们认为，自 20 世纪 90 年代以来，中国依靠资本要素的大量积累实现了国民经济的快速、持续增长，在此过程中，尽管内源性的本土资本积累主导了经济增长的总体走势，但来自发达(或者相对中国而言更为发达)国家和地区的高端资本品进口也起到了非常重要的积极作用。然而，由于本土资本和进口资本的内含技术存在显著差距，本土资本积累对经济增长的贡献主要体现在规模扩张的数量方面，而进口资本积累的贡献更多地体现在技术进步的质量方面，对于可持续增长的意义更为突出。为促进经济发展模式从粗放型增长向集约型增长转变，今后应当重视高端资本品的进口贸易，通过降低关税、简化手续等途径引进国内急需的先进设备及零部件，更好地发挥进口贸易对于经济增长的促进作用。当然，出于经济发展自主导向的长远考虑，资本品也不能过于依赖外部进口，而要在进口、模仿、学习、改进的过程中，逐步提高本土资本品的生产能力和技术含量。从目前来看，中国在资本品的产成品上已经形成了较强的自主生产能力，对外部产品具有一定的替代性，但技术含量更高的核心零部件还需要大量进口，鼓励此类产品的进口贸易并着力吸收其中的技术内涵，进而形成根植于本土的技术要素，应当作为未来的政策重点。

（二）对外贸易风险的度量

1. 总体评价

与往年中国经济运行风险研究报告所采用的风险评级方法一样，我们根据进口与出口年度增长率对其长期趋势(也即潜在的进口增速与出口增速)的偏离度来评定对外贸易的风险等级。在估算进口与出口增长率的长期趋势时，以 1979—2012 年间进口和出口增长率的算术平均数作为长期趋势值，测算长期趋势值时没有纳入 2009 年的数据，以避免金融危机这类偶然性事件对长期趋势的扭曲，更真实地反映潜在贸易水平。进出口贸易的偏离程度与风险级别的定义遵循以往报告的规则，此处不再重复。

从图 4-8 中进口和出口历年的风险等级可以看出，2012 年进出口风险等级均上调一个级别，从 2011 年的无风险状态双双升至贸易萎缩的低风险状态。进出口贸易增速于 2011 年恢复至常态水平之后，在 2012 年大幅降至一位数的低水平，进出口增速与长期趋势值的差距分别达到 13.9 个百分点和 10.8 个百分点，这一结果也符合我们在《中国经济运行风险研究报告 2012》中“欧债危机的负面影响在 2012 年将继续扩散，对中国的进出口贸易产生较大的不利影响，风险等级存在上调的可能性”的预测。尽管 2012 年美国经济已经显露出稳步复苏的迹象，但债务危机阴影笼罩下的欧洲经济始终在底部徘徊，限制中国对外贸易的增长空间，再加上中国主动调整经济结构的政策影响，内外部因素的重叠作用使得中国的进出口贸易增速降至近10年来的最低水平。然而，考虑到部分重债国家的财政紧缩政策已经初见成效，欧债危机在2013年有望趋于缓和，其负面影响可能随之减弱。与此同时，在新一届地方政府的投资推动下，中国经济也将于2013年进入扩张周期，这些因素都会对中国的进出口贸易产生积极影响，对外贸易的风险等级有望下调至无风险状态，甚至存在类似于2010年过度反弹的可能性。当前的政策重点应密切关注对外贸易的速度与构成，视国内外经济的恢复程度适当调整外贸政策，一方面是避免出口过快增长引发贸易争端，确保对外贸易和国民经济的平稳增长；另一方面也要引导进出口商品的结构升级，努力提高对外贸易的经济效益。

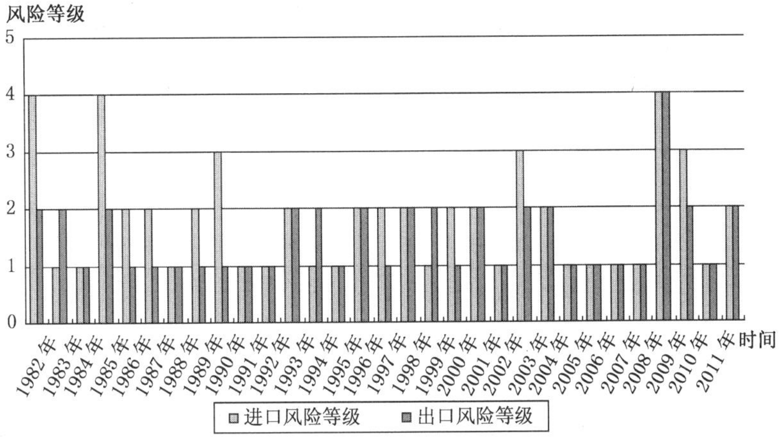

图4-8 进出口风险等级评价

2. 我国铁矿石进口风险的量化评估

20世纪90年代以来，尽管中国的经济增长和工业化进程取得了举世瞩目的成就，但依靠要素投入的粗放型发展模式消耗了大量的能源、矿产等战略资源，其中，作为"工业血液"的铁矿石资源消耗尤为突出。工业化狂飙突进所衍生出的铁矿石需求远远超过了中国自身的资源禀赋，不得不大量依赖外部进口来满足。1992—2011年间，中国铁矿石进口量的年均增速接近20%，进口额增速更是高达35%，2003年超越日本成为世界最大的铁矿石进口国。然而，受制于国际铁矿石交易的特定市场结构，中国并没有获得与其买方地位相对称的话语权，很多时候只能被动接受卖方制定的垄断价格，高企的外部依存度使得中国的铁矿石贸易面临巨大的进口风险，甚至威胁到整个工业部门的可持续发展。尽管中国也有意识地试图以进口多元化策略来分散风险，但其实际效果仍不得而知。因此，有必要对中国铁矿石的进口风险和进口多元化策略的成效进行科学的量化评估，制定可行的风险缓冲策略。以下是我们为此所作的研究尝试。

文献回顾 已有文献多是以原油、天然气、煤炭等能源品作为研究对象，就能源进口风险和能源安全问题进行量化评估。Lesbirel(2004)根据资产组合理论的基本原理，设计出一种能够衡量能源进口风险的数理模型，并以此评估日本能源进口的系统性风险(systematic risks)和特定风险(specific risks)，发现进口来源地的多元化策略显著降低了能源进口的特定风险。Li(2005)也认为多元化策略是确保能源安全的一种有效途径。然而，Wu et al.(2005)的研究结果却表明，进口多元化策略与原油进口风险之间并不存在必然的联系。基于风险指数模型，

Wu et al.(2007)实证研究了 1996—2004 年间中国的原油进口风险,发现观察期内的进口风险指数呈上升态势,进口多元化策略并未起到应有的风险缓冲作用。Amusa et al.(2008)对于南非原油进口风险的研究也得出类似的结论。此外,Gupta(2008)、Cohen et al.(2011)等学者也分别采用不同的方法实证研究了能源进口风险,篇幅所限,不再赘述。

相比之下,研究铁矿石进口风险的文献则要少得多,采用严谨、科学的量化分析方法来评估铁矿石进口风险的学术文献更是寥寥无几。Hou 和 Yang(2010)利用模糊神经网络模型构建了铁矿石进口风险的预警指标,但该方法只能用于预测风险水平,却难以找出具体的风险点,也无法提出针对性的风险缓冲方案,政策意义相对欠缺。杨娟(2010)从供需安全的视角考察了中国的铁矿石进口风险,将进口风险细分为进口来源地风险、进口价格风险、进口运输风险等 7 种类型,并利用模糊层次分析法对源自澳大利亚的铁矿石进口风险进行量化评估和分解。该方法虽然能够对铁矿石进口风险及其构成进行较为全面的评估,但只适用于特定来源地的进口风险评估,难以衡量中国铁矿石进口风险的整体水平,其静态分析思路也不能满足动态角度的研究需要,无法对进口多元化策略的成效进行客观评价。我们力求以简洁、明了的方式,给出铁矿石进口风险及风险缓冲策略的量化评估结果,为中国的铁矿石进口贸易管理提供决策参考。

我们考察了 1992 年以来中国的进口数据,从数量和价格两方面进行统计分析,归纳出铁矿石进口贸易的潜在风险,为进口风险的量化评估提供依据。分析结果显示,中国铁矿石的进口贸易主要有以下几方面的潜在风险:

一是工业化发展拉动进口高速增长,占世界进口总量的比重和进口依存度持续上升。比较图 4-9 中历年进口数量同比增速的变动情况可以看出,中国的铁矿石进口贸易在 2000 年前后经历了两个不同的发展阶段。1992—1999 年,受紧缩宏观调控和亚洲金融危机的影响,铁矿石进口增速从 1992 年的 36%降至 1999 年的 6.8%,这一时期的年均进口增速只有 15.4%。随着中国在 2000 年进入国民经济高速增长和工业部门迅猛扩张的新阶段,铁矿石进口贸易得到快速发展,2000 年的进口增速跳升了 20 个百分点,并且长期维持较高的增长速度,2004 年的最高点曾达到 40.5%,2000—2009 年的年均进口增速升至 27.8%。

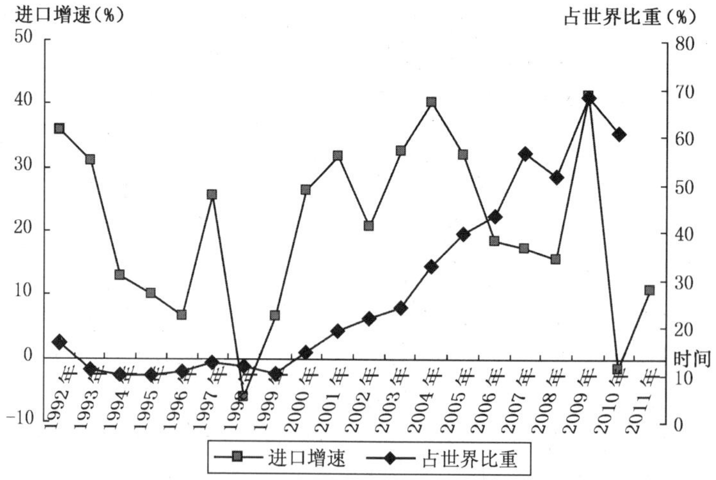

图 4-9 中国铁矿石进口数量的同比增速及占世界进口总量的比重

数据来源:UN Comtrade,并经作者计算而得。

与进口增速的走势相类似，中国占世界铁矿石进口总量的比重在2000年前后也经历了两个迥异的演变阶段。1992—1999年，中国占世界铁矿石进口份额的比重基本稳定在10%左右的水平。2000年以后，在高速增长的进口贸易带动下，中国占世界铁矿石进口份额的比重持续攀升，不仅在2003年成为世界第一大进口国，而且自2007年至今，中国每年进口的铁矿石数量都超过世界进口总量的一半以上，2009年这一比重甚至达到68.2%。与此同时，中国所需的铁矿石资源越来越多地依靠外部供应，2000—2009年间中国铁矿石的进口依存度从不到40%持续升至70%以上①。中国占世界铁矿石进口的过高比重，以及铁矿石供应上过高的进口依存度，意味着国际铁矿石市场的波动很容易传导至国内经济体系中，不仅潜藏巨大的进口价格风险，而且难以保证稳定的进口供应能力。

二是进口来源地的集中程度趋于下降，但对于主要供应方的依赖性却有所强化。早期中国的铁矿石进口量并不高，仅靠澳大利亚、巴西、印度、南非、秘鲁等少数国家和地区的供应便能满足需求，进口来源地的集中度相对较高。随着中国铁矿石需求的快速膨胀，为尽可能地获取更多、更合意的货源，以及防范进口来源地过于集中所隐藏的各种风险，国内企业加快了铁矿石进口多元化的步伐，外部供应方的覆盖范围逐渐扩大，进口来源地的国家（地区）数量从1992年的19个拓展到2004年的40个，之后又进一步上升到2011年的68个。为更准确地刻画铁矿石进口集中度的演变情况，我们以文献中常用的指标——*HHI*指数来衡量中国铁矿石进口来源地的集中程度②，图4-10中的HHI指数由1997年的最高值0.359稳步降至2011年的0.247，反映出铁矿石的进口集中度状况有了较为明显的改善，进口多元化策略取得初步成效。

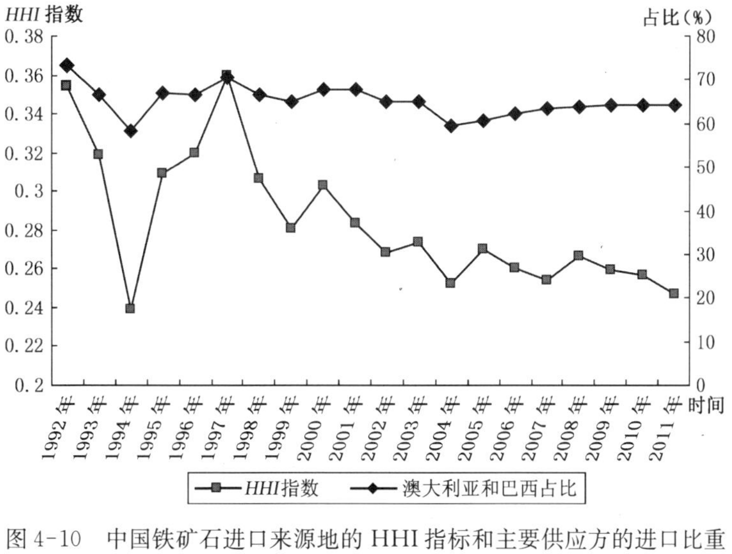

图4-10　中国铁矿石进口来源地的HHI指标和主要供应方的进口比重

数据来源：UN Comtrade，并经作者计算而得。

---

① 数据来源于中国钢铁工业协会。

② *HHI*是*Hirschman Herfindahl Index*的简写，计算公式为：$HHI_1=\sum_{i=1}^{N}\left(\frac{TP_{i,t}}{TOTAL_1}\right)^2$。式中*TP*为中国自该国或地区进口的铁矿石数量，*TOTAL*为中国的铁矿石进口总量，*i*代表贸易伙伴国或地区，*N*为贸易伙伴的数量，*t*为年份。*HHI*数值越大，说明进口来源地的集中度越高；反之，则表明集中度越低。

无论是从进口来源地的覆盖范围，还是从 *HHI* 指数的统计结果来看，似乎铁矿石进口来源地过于集中的风险明显降低。然而，中国对澳大利亚和巴西这两个最主要供应方的进口依赖性却有所强化，进口风险并没有得到根本性的缓解。澳、巴两国在中国铁矿石进口总量中所占的比重自 2004 年的 59.7%升至 2011 年的 64%。由于澳大利亚和巴西垄断了全球大部分的铁矿石供应①，三大矿业巨头（澳大利亚的必和必拓、力拓和巴西的淡水河谷）在很大程度上左右了铁矿石贸易的国际价格。因此，尽管表面上中国企业的多元化举措降低了进口集中度，但国际垄断势力对中国铁矿石进口的控制力反而趋于强化，进口贸易的潜在风险不降反增。

三是进口价格的平均水平趋于上升，且价格波动性呈现明显的阶段性增强态势。由于缺少不同品质的铁矿石进口数据，此处只能以进口金额与进口数量的比值作为进口价格平均水平的替代指标。由图 4-11 中铁矿石进口价格的历史走势可以看出，1992—2002 年，铁矿石进口的平均价格为 27.9 美元/吨。自 2003 年以来，全球经济的持续增长刺激铁矿石需求扩张，特别是在“中国需求”的带动下，铁矿石进口价格呈现出高速上涨的态势，从 2003 年的 32.8 美元/吨快速上涨至 2011 年的 164 美元/吨，在此期间内的平均价格升至 91.4 美元/吨，年均涨幅高达 29.3%。即便是 2008 年至今的全球金融危机也仅仅暂时性地缓和了铁矿石价格的涨势，中国经济的稳定增长为高企的铁矿石价格提供了有力支持。进口价格的持续攀升迫使中国企业不得不付出高昂的进口成本，这也成为铁矿石进口风险的主要诱因。

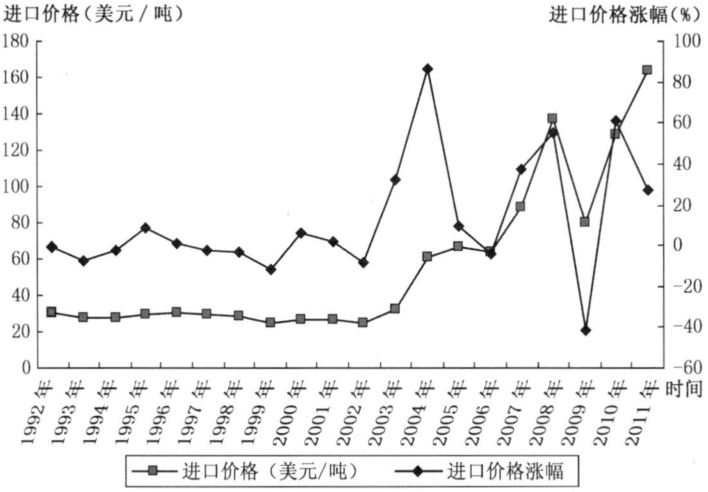

图 4-11 中国铁矿石进口的平均价格及其涨幅

数据来源：UN Comtrade，并经作者计算而得。

与铁矿石进口价格阶段性上涨相伴而生的是价格波动性的阶段性增强。同样是以 2003 年为分界点，1992—2002 年中国的进口价格基本稳定在 24～31 美元/吨的狭窄区间内，而 2003—2011 年，受国内宏观调控、国际金融危机、定价机制调整等因素的影响，铁矿石进口价格虽然总体处于上涨通道，但在特殊时期内的价格起伏较大，近几年表现得尤为明显。衡量价格波动性的变异系数（即数据序列的标准偏差与算术平均值的比值）计算结果表明，2003 年前

① 2010 年两国占全球铁矿石出口总量的比重达到 64.2%。

后的变异系数值分别为 0.069 和 0.467，后一阶段进口价格的波动性要高得多。我们进一步比较了 2002—2006 年与 2007—2011 年间月度进口价格的变异系数，发现 2007 年以来年内价格的平均波动性增加了将近 1 倍。由于价格大幅波动不仅会增加额外的进口成本，还会威胁到国内企业正常的生产经营活动，这是引发进口风险的重要因素。近年来进口价格的波动性增强反映出中国的铁矿石进口风险可能趋于上升。

风险指数模型和数据说明　基于前文有关潜在风险的分析，我们借助风险指数模型(risk index model)，测算中国铁矿石进口的系统风险指数和特定风险指数，并据此评价进口多元化策略的成效。通过改进传统的资产组合模型，Wu et al.(2007)开发出原理清晰、计算简便且更符合经济实际的风险指数模型，该模型将资本市场的风险分析思路应用于商品市场的进口贸易，能够对一国在某种商品上的进口风险进行较为全面的动态评估。模型的基本原理在于：沿用资产组合理论对投资风险的区分标准，将商品进口风险分解为系统性风险和特定风险两种类型，在资产组合风险的研究框架下，计算出各个时期的系统风险指数和特定风险指数。

其中，系统性风险是商品市场中所有进口方共同面对的风险，如世界需求急速增加导致短期内国际铁矿石市场出现供求失衡，或者主要矿产国垄断定价等，引发全球性的进口价格上涨风险，进口国很难采取有效措施化解此类风险。特定风险是商品市场中个别进口方所要面对的局部风险，如某个矿产国由于政局动荡、自然灾害等原因，该国铁矿石出口价格大幅上涨，而其他矿产国乃至整个国际市场的铁矿石价格并未受到影响，其结果只是引发与之有供求关系的进口商的局部风险，合理分散铁矿石进口来源地的进口多元化策略是缓解此类风险的主要措施。以下简要介绍进口风险指数的计算方法。

首先，利用单指数模型(single index model)估算系统性风险系数和特定风险系数，即通过拟合中国铁矿石进口价格与国际铁矿石价格的回归方程，明确两者之间的数量关系，回归方程为：

$$P_C = \alpha + \beta P_W + \varepsilon \tag{4-2}$$

其中　P_C ——中国的铁矿石进口价格；

P_W ——国际市场的铁矿石价格；

α ——截距项；

β ——国际铁矿石价格走势对中国铁矿石进口价格的影响程度，也就是有待估计的系统性风险系数；

ε ——误差项，反映中国铁矿石进口价格变动中未被国际价格所解释的部分，可将其称为特定风险参数。

然后，根据资产组合风险模型(portfolio risk model)估算历年中国铁矿石进口组合的系统性风险 σ_{PSt}^2 和特定风险 $\sigma_{P\varepsilon t}^2$，两类进口风险的表达式分别为：

$$\sigma_{PSt}^2 = \sum_{i=1}^{n}\sum_{j=1}^{m}\sigma_{Wt}^2 X_{ijt}^2 \beta^2 \tag{4-3}$$

$$\sigma_{P\varepsilon t}^2 = \sum_{j=1}^{m} X_{jt}^2 \sigma_{\varepsilon t}^2 \tag{4-4}$$

其中　σ_{Wt}^2 ——第 t 年国际铁矿石月度价格的方差；

$\sigma_{\varepsilon t}^2$ ——(4-2)式误差项 ε 的方差；

X ——中国进口铁矿石的数量，下标 i 和 j 分别表示月份和进口来源地；

n、m ——第 t 年有进口记录的月份个数和进口来源地的个数；

X_{ijt} ——中国在第 t 年的第 i 月从 j 国进口的铁矿石数量。很明显，第 t 年中国进口铁矿石的风险总水平 $\sigma_{PRt}^2 = \sigma_{PSt}^2 + \sigma_{P\varepsilon t}^2$。

(4-3)式对于特定风险的计算隐含了进口来源地具有同质性的假定条件，而这一假定明显与事实不吻合。Wu et al.(2005)和 Amusa et al.(2008)根据进口来源地的区域特征，采用层次分析法估算了各个区域的风险系数，以此校正特定风险的计算结果，但这种静态的风险系数显然不符合客观实际。很难想象，在一个较长的时段范围内，所有来源地的风险状况均保持不变。为解决这一问题，我们根据欧洲货币(Euromoney)发布的国家风险指数设计风险调整系数 k ①，对(4-4)式的结果予以修正，其优点在于，不仅将风险特征的观察范围从区域层面深入到国家层面，而且能够随着时间推移不断动态更新，准确反映各国风险状况的演变情况。

最后，将进口数量指标调整为进口份额指标，建立风险指数模型并计算系统风险指数 I_{PSt} 和特定风险指数 $I_{P\varepsilon t}$，两个风险指数的表达式分别为：

$$I_{PSt} = \sqrt{\sum_{i=1}^{n}\sum_{j=1}^{m}\sigma_{Wt}^2 S_{ijt}^2 \beta^2} \tag{4-5}$$

$$I_{P\varepsilon t} = \sqrt{\sum_{j=1}^{m} k_{jt} S_{jt}^2 \sigma_{\varepsilon t}^2} \tag{4-6}$$

其中　S ——不同来源地在中国铁矿石进口总量中所占的份额；

k ——国家风险指数。

作出这种调整的原因在于，中国的铁矿石进口自 2000 年以来经历了持续高速增长的过程，进口数量的快速增加会导致 σ_{PSt}^2 和 $\sigma_{P\varepsilon t}^2$ 的计算结果明显偏大，难以反映 σ_{Wt}^2、$\sigma_{\varepsilon t}^2$、β 等价格因素对进口风险的影响。以进口份额来替代进口数量较好地克服了这一难题，使得 I_{PSt} 和 $I_{P\varepsilon t}$ 能够综合反映进口结构、国际价格波动、特定来源地风险等因素对于进口风险的影响，计算结果也更具动态可比性。

本章的样本数据为 2002 年 1 月至 2011 年 12 月的月度数据，中国每月的铁矿石进口价格 P_C 以当月进口金额与进口数量的比值来衡量，单位为美元/吨，样本期间内中国铁矿石的进口总数以及从各个来源地的进口数据来源于中国经济信息网、国务院发展研究中心信息网、香港环亚经济数据有限公司。需要特别说明的是铁矿石国际价格指标 P_W 的计算方法。由于国际铁矿石市场并不存在一个统一的现货价格指标，此处仅以澳大利亚和巴西两国铁矿石月度出口价格的加权平均数作为国际价格指标，这种处理的依据在于，澳大利亚和巴西两国是全球铁矿石的主要供应方，三大矿业巨头更是主导了铁矿石市场的定价机制，其出口价格在很大程度上左右了国际市场价格，是全球铁矿石交易的定价基准，两国出口价格的加权平均指标基本上能够反映国际市场的现货价格水平。澳大利亚和巴西的铁矿石出口数据来源于 Datastream。

进口风险指标的测算结果　由于价格波动通常会具有滞后性，月度数据更是如此，这就导

---

① 风险调整系数 $k_{jt} = (100 - R_{jt}) \Big/ \sum_{j=1}^{m}(100 - R_{jt})$，其中，$R$ 为国家风险指数，指数值在 0 ～ 100 之间，指数值越大表明该国风险越低，j 为进口来源地，m 为第 t 年进口来源地的个数。

致(4-2)式中的误差项存在自相关问题,影响方程参数计量结果的准确性。Wu et al.(2007)将(4-2)式调整为一阶自回归方程(4-7),并利用 Cochrane-Orcutt 方法来消除误差自相关因素的扰动。

$$P'_C = \alpha(1-\rho) + \beta P'_W + \varepsilon \tag{4-7}$$

(4-7)式中 $P'_C = P_{Ct} - \rho P_{Ct-1}$,$P'_W = P_{Wt} - \rho P_{Wt-1}$。然而,Judge et al.(1985)认为,在一阶自回归方程中,Cochrane-Orcutt 的迭代算法损失了观察值,而基于广义最小二乘算法的 Prais-Winsten 方法则不存在这种问题,对于小样本数据而言具有显著优势。因此,我们采用 Prais-Winsten 方法估计(4-7)式中的各个参数,回归结果如下所示:

$$\begin{aligned} &P_{Ct} - 0.976P_{Ct-1} = 51.918 + 0.579(P_{Wt} - 0.976P_{Wt-1}) + \varepsilon \\ &\quad (52.401^{***}) \qquad (2.702^{***}) \quad (5.302^{***}) \\ &R^2 = 0.9874 \quad Adj\ R^2 = 0.9871 \quad DW = 1.740 \quad AIC = 6.284 \quad SC = 6.354 \end{aligned} \tag{4-8}$$

注:(4-8)式下方括号中的数字为对应参数的 t-统计值,*** 表示参数通过了 1%的显著性检验。

(4-8)式的拟合结果和检验指标说明,模型的拟合程度相当好,在很大程度上也解决了误差自相关问题,参数估计具有较高的可靠性,将这些参数值代入(4-3)式、(4-4)式、(4-5)式、(4-6)式各式,便可得出样本期内中国铁矿石进口的风险指标,具体数据详见表 4-7。

表 4-7

样本期内中国铁矿石进口风险的测算结果

年份	系统性风险 (σ^2_{PSt})	特定风险 ($\sigma^2_{P\varepsilon t}$)	风险总水平 ($\sigma^2_{PSt}+\sigma^2_{P\varepsilon t}$)	国际价格波动 (σ^2_{Wt})	误差波动 ($\sigma^2_{\varepsilon t}$)	系统风险指数 (I_{PSt})	特定风险指数 ($I_{P\varepsilon t}$)
2002	10.999	15.815	26.814	1.197	0.749	1.115	0.450
2003	23.942	49.955	73.897	3.331	4.156	1.936	1.066
2004	28.367	205.143	233.51	2.526	38.581	1.614	3.118
2005	134.533	132.224	266.757	30.968	8.544	5.854	1.519
2006	58.540	112.207	170.747	4.325	4.534	2.141	1.087
2007	26.116	311.576	337.692	0.633	25.905	0.812	2.568
2008	658.839	801.685	1 460.524	285.273	122.204	17.784	5.708
2009	358.599	375.369	733.968	43.179	13.781	6.798	1.892
2010	1 537.495	502.068	2 039.563	835.660	25.579	29.739	2.565
2011	674.373	649.276	1 323.649	135.484	36.179	11.685	2.989

表 4-7 中系统性风险 σ^2_{PSt} 和特定风险 $\sigma^2_{P\varepsilon t}$ 的测算结果显示,虽然中国的铁矿石进口风险起伏较大,但随着铁矿石进口量的快速增长,总体而言呈现出上行态势,进口风险总水平从 2002 年的 26.8 大幅升至 2011 年的 1 323.6。其中,系统性风险在 2008 年出现跃升,从 26 骤然升至 658,而特定风险则是在 2007 年出现跃升,从 112 升至 311。此后,两类风险均维持在较高水平(2009 年除外),中国的铁矿石进口贸易进入一个风险高企的新阶段。然而,正如前文所言,受进口规模的影响,σ^2_{PSt} 和 $\sigma^2_{P\varepsilon t}$ 的历史可比性较差,我们主要根据系统风险指数 I_{PSt} 和特定风险指数 $I_{P\varepsilon t}$ 来评估中国铁矿石进口风险的动态演变情况。

从表 4-7 中最后两列的数据来看，系统风险指数和特定风险指数均趋于上行，进一步证实了中国的铁矿石进口风险在不断积累，特别是系统性风险的快速上升尤为突出，短短 10 年间系统风险指数便增加了 10 倍。相比之下，特定风险指数的升幅较为缓和，但也增加了 6 倍左右。其中，2008 年和 2010 年铁矿石国际价格大幅波动所引致的系统风险指数急速上升值得关注。由于美元实际有效汇率指数从 2007 年的 95.07 降至 2008 年的 91.46，同时世界铁矿石进口增速从 2007 年的－10.2%骤然升至 2008 年的 27.2%，美元贬值和世界需求扩张两大因素共同导致当年铁矿石的国际价格大幅上涨，从 2008 年年初的 39.24 美元/吨快速涨至年末的 71.52 美元/吨，带动系统风险指数从 0.812 飙升至 17.784。2010 年的系统风险上升则主要是由于铁矿石定价机制改变所引起的，国际铁矿石价格看涨的行情诱使三大矿业巨头在 2010 年推动定价机制的调整，从以往年度协议价格的长期定价模式转向现货价格、指数定价或季度定价的短期定价模式，价格波动的空间随之迅速扩大，当年国际价格便从年初的 45.64 美元/吨快速涨至年末的 110 美元/吨，导致系统风险指数从 6.798 急速升至 29.739。

进口多元化策略的效果评价　为验证进口多元化策略的成效，即分散进口来源地的策略是否降低了铁矿石进口的特定风险，我们在图 4-12 中比较了进口集中度指数 *HHI* 与特定风险指数 $I_{P\varepsilon t}$ 的演变情况。不难看出，两个指数呈现反向走势，在进口多元化稳步推进的过程中，特定风险指数却趋于上升。统计结果表明，*HHI* 与 $I_{P\varepsilon t}$ 的 *Pearson* 相关系数为－0.281，但不具有显著性，这说明进口多元化策略不仅没有起到预期的风险缓冲效果，反而有可能加重进口风险。之所以会出现这种情况，主要是因为进口来源地的选择或多元化的拓展方向出现问题，要么增加了来自高风险地区的进口，要么增加了来自高价格水平或高价格波动性的地区的进口，此处以 2009—2011 年的情况为例进行说明。

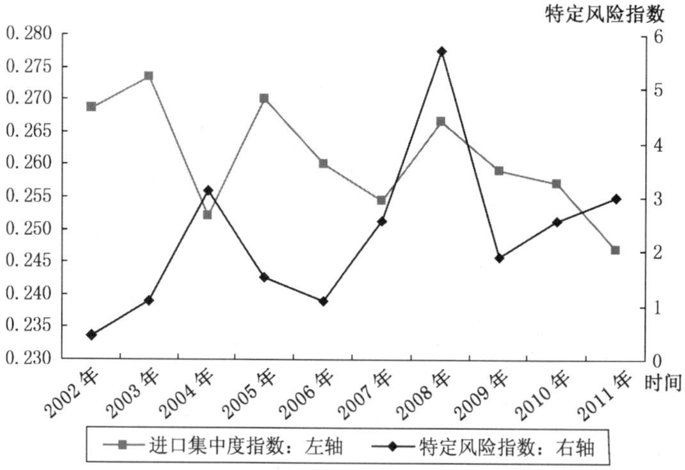

图 4-12　中国铁矿石进口多元化指数与特定风险指数的走势对比

前一个问题的典型代表是伊朗。作为进口多元化的重要选项，近几年中国明显加大了从伊朗进口铁矿石的力度，伊朗的进口份额从 2009 年的 1.1%上升到 2010 年的 2.3%，2011 年进一步上升到 2.4%。然而，处于国际政治争端、经济制裁、战争威胁漩涡中的伊朗，国家风险水平始终居高不下，以国家风险指数衡量的风险程度较国际平均水平高出 70%。与之相类似，巴基斯坦、阿根廷等高风险国家的铁矿石进口份额也有了比较明显的上升。由于风险调整系数的作用,“偏向风险”的多元化路径导致特定风险指数趋于上行。

后一个问题的典型代表是巴林和澳大利亚。2010 年和 2011 年,中国从巴林进口铁矿石的增速分别为 130%和 119%,同期中国进口总量的增速仅为－1.5%和 10.8%,巴林的进口份额很快便从 2009 年的 2‰升至 2011 年的 12‰。然而,该国的铁矿石价格却明显高于国际水平,2009—2011 年中国从巴林进口的铁矿石价格比平均进口价格高出将近 50%,中国与加拿大、智利、挪威等国的进口贸易也存在类似问题。相比之下,进口自澳大利亚的铁矿石价格虽然不算太高,但价格波动性过强,2010 年澳大利亚的进口份额较 2009 年上升了 1.2 个百分点,以方差衡量的进口价格波动性却骤然增加 16 倍。“漠视价格”的多元化路径提高了进口价格的绝对水平与波动性,不仅增加了进口成本,也不利于对冲特定风险。

铁矿石进口风险的缓冲策略模拟　由风险指数的表达式(4-5)式和(4-6)式可知,缓冲铁矿石进口风险的策略主要有以下三种:一是降低系统性风险系数 β 的数值,即减少国际市场价格对中国进口价格的影响;二是降低国际市场价格的方差 σ_{Wt}^2 ,即减少铁矿石国际价格的波动性;三是降低风险调整系数 k 、进口份额 S 以及误差波动指标 $\sigma_{\varepsilon t}^2$ 的乘积,即通过进口来源地的结构优化来减少特定风险。然而,从中国企业在国际铁矿石市场上的弱势地位来看,前两种旨在缓冲系统风险的策略可操作性不强,政策重心宜落脚于第三种策略。为此,我们根据价格、风险等标准选择潜在的多元化对象,通过模拟和比较多元化策略的政策效果,为中国的铁矿石进口贸易提供多元化路径的可行方案。

具体的研究思路为:基于 2011 年的进口数据,根据进口价格、国家风险、价格波动性筛选多元化的潜在对象。首先,以 2011 年的进口平均价格作为分界线,选择进口价格低于分界线的国家作为考察对象;其次,以 2011 年各个考察对象国家风险指数的平均值作为分界线,从中选择风险状况低于平均水平的国家作为潜在的进口来源地;最后,再以 2011 年月度进口价格波动性的中位数作为分界线,将波动性低于分界线的潜在来源地作为主要突破口,其余的潜在来源地作为备选对象。

2011 年中国铁矿石进口的平均价格为 164 美元/吨,低于这一分界线的包括伊朗、缅甸、巴基斯坦等共计 19 个国家,这些考察对象的国家风险指数平均值为 47.65,据此分界线进一步筛选出印度、印度尼西亚、秘鲁等 12 个低风险国家作为潜在的进口来源地,具体指标详见表 4-8。最后以这 12 个潜在来源地进口价格波动性的中位数为界,从中确定印度、印度尼西亚、马来西亚、哈萨克斯坦、墨西哥、葡萄牙这 6 个价格波动性相对较低的国家(表 4-8 中阴影部分)作为铁矿石进口多元化的主要突破口,其余 6 个国家作为备选对象,以满足不时之需。需要指出的是,受篇幅和数据所限,此处对潜在进口来源地的筛选过程还比较粗略,更严格的筛选方法还应考虑各国铁矿石产能、铁矿石品质、出口管制政策等多方面的因素,通过多指标综合评价体系来确定进口多元化的拓展对象。

表 4-8

进口多元化的潜在来源地筛选结果

	进口份额	进口价格(元)	国家风险指数	价格方差	价格变异系数
印度	10.657%	132.291	53.29	175.764	0.098
印度尼西亚	1.728%	90.634	52	35.749	0.067
秘鲁	1.410%	151.915	56.98	318.705	0.119

（续表）

	进口份额	进口价格(元)	国家风险指数	价格方差	价格变异系数
马来西亚	0.790%	113.101	61.92	132.836	0.101
哈萨克斯坦	0.700%	159.169	48.29	127.227	0.071
墨西哥	0.639%	134.151	57.87	129.156	0.085
美国	0.420%	155.630	75.7	713.440	0.184
菲律宾	0.158%	116.069	49.4	327.632	0.161
新西兰	0.102%	95.879	80.69	387.584	0.198
泰国	0.097%	118.795	57	1 000.743	0.250
葡萄牙	0.027%	118.555	49.99	110.659	0.089
土耳其	0.021%	158.229	55	429.344	0.130
分界线	—	**164.010**	**47.65**	**247.235**	**0.110**

前文第二部分有关潜在风险的分析表明，中国铁矿石进口的主要问题在于对澳大利亚和巴西两国的依赖性过高，以至于进口多元化策略未能取得应有的成效，合理的多元化路径应当逐步减少澳、巴两国的进口份额，增加低价格、低风险地区的进口。根据表4-8的筛选结果，我们设计了铁矿石进口的三种多元化策略，策略1：澳、巴两国进口份额各自减少5%，平均分配给其他进口来源地；策略2：澳、巴两国进口份额各自减少5%，平均分配给12个潜在来源地；策略3：澳、巴两国进口份额各自减少5%，平均分配给6个主要突破口。基于第三部分方程参数的计量结果和2011年的样本数据，测算各种策略下模拟的特定风险指数，通过与2011年实际特定风险指数的比较，客观评价三种多元化策略的风险缓冲效果。另外，我们还比较了多元化策略的价格效应，即假定各个进口来源地的价格保持不变，按照三种多元化策略完成数量份额的跨国转移之后，铁矿石的平均进口价格会发生怎样的变化，是否有利于提高进口的经济效益。表4-9列出了2011年实际的特定风险指数和进口平均价格，以及模拟结果相对于实际数据的变动幅度。

表4-9中的风险指数对比显示，三种多元化策略均有效降低了铁矿石进口的特定风险，在假定多元化操作不影响国际价格的情况下，特定风险指数分别降低了4.6%、5.8%、7.1%，这说明中国铁矿石进口的来源地构成还有进一步优化的潜力，只要措施得当，进口风险有望明显缓解。从价格模拟结果来看，策略1的进口价格将比实际价格上升6.5%，而策略2和策略3的进口价格则分别下降2.8%和4.1%。比较三种策略的风险和价格模拟结果可以发现：综合考虑价格水平、国家风险以及价格波动性的策略3的风险缓冲效果最优，且能获得最佳的经济效益；策略2次之；单纯平均化的策略1因为忽视了价格风险和国家风险，不仅弱化了风险缓冲效果，反而增加了进口成本，这也证实了本章对于进口来源地的筛选方法是行之有效的，可以作为中国开展铁矿石进口贸易的决策依据。

表 4-9

多元化策略的进口风险和进口价格模拟结果

	特定风险指数	风险指数变动幅度	进口平均价格(元)	进口价格变动幅度
2011 年实际的指标数据	2.989	—	164.010	—
多元化策略的模拟结果				
策略 1:平均分配给其他来源地	2.856	−4.6%	175.366	6.5%
策略 2:平均分配给 12 个潜在来源地	2.825	−5.8%	159.482	−2.8%
策略 3:平均分配给 6 个主要突破口	2.791	−7.1%	157.539	−4.1%

政策建议　第一,着力推动进口来源地的多元化与合理化。实证研究表明,就目前的情况而言,印度、印度尼西亚、马来西亚、哈萨克斯坦、墨西哥、葡萄牙可以作为优化进口来源地结构的主要突破口,尤其是前四个近邻国家更是进口多元化的重中之重。中国企业应当注意收集这些国家的矿企信息并与之建立稳定的业务联系,将其作为铁矿石进口贸易的优先选择。考虑到一些东道国矿企的产能或许不能满足中国企业的进口需求,国内企业可以通过参股方式提供资金,帮助其扩大产能。中国的贸易管理部门应当大力开展经济外交,与东道国矿业、贸易等管理部门合作,定期组织国内进口企业与国外矿业企业进行商贸洽谈会之类的活动,促进铁矿石双边贸易的便利化,为国内企业拓展进口渠道的多元化营造良好的环境。第二,充分利用澳大利亚和巴西的矿业资源。由于铁矿石的品质不具有替代性,进口多元化也远非短期内所能实现,这就决定了在中国的进口来源地构成中,澳大利亚和巴西这两大供应方仍然要占据相当高的份额,充分利用澳、巴两国的矿业资源,有效降低双边进口风险也应当值得重视。一方面是以直接投资替代外部进口,通过合资或独资方式加大对当地矿业资源的投资和控制,增强中国企业在贸易谈判中的筹码,或者以股东分红的收益冲抵进口价格上涨的成本,甚至将双边贸易变为中国企业的公司内贸易,完全锁定进口价格;另一方面是在当地建立钢厂就地取材,即在当地直接投资建立钢厂,充分利用当地的高品位矿石资源生产钢材就地销售,或者对其他地区出口。日本的很多企业就是通过这种方式规避价格风险和节约运输成本,这一思路对于距离相对较远、运费相对较高的巴西尤为适用。第三,努力降低国际市场波动的外部影响。尽管中国的单方面行动不足以规避国际市场波动的系统性风险,但可以采取适当措施尽量降低其负面影响,如建立健全中国的铁矿石期货市场,争夺铁矿石市场的定价话语权,并为企业对冲价格风险提供有效工具;合理利用海运运费衍生工具——远期货运协议(FFA),对冲海运运费波动对铁矿石进口价格的影响。2011 年,中国从澳大利亚进口铁矿石的运费成本占进口价格的比重接近 15%,且运费波动性是进口价格波动性的 3 倍,防范运费价格波动的系统性风险已经非常迫切;加快铁矿石战略资源储备的建设,渠道之一是在国际市场价格处于低位时大量购入,渠道之二是加大国内矿产资源的勘探力度和国外矿产基地的投资力度,通过战略资源的储备积累,应对国际市场供求的异常变动,确保国内铁矿石的价格稳定与供应安全。

(三) 对外贸易风险与经济增长风险:综合评价

基于前面关于对外贸易的风险评价,本部分结合经济增长的风险等级,综合评价进出口贸易风险与经济增长风险之间的联系。与以往研究报告的评价方法一致,在评定经济增长风险等级时，根据实际 GDP 增长率与长期趋势值相偏离的程度予以判定，以 1979—2012 年实际 GDP 增长率的算术平均值作为长期趋势。为便于观察，图 4-13 中绘出了 1998 年以来对外贸易风险与经济增长风险的等级评定情况。

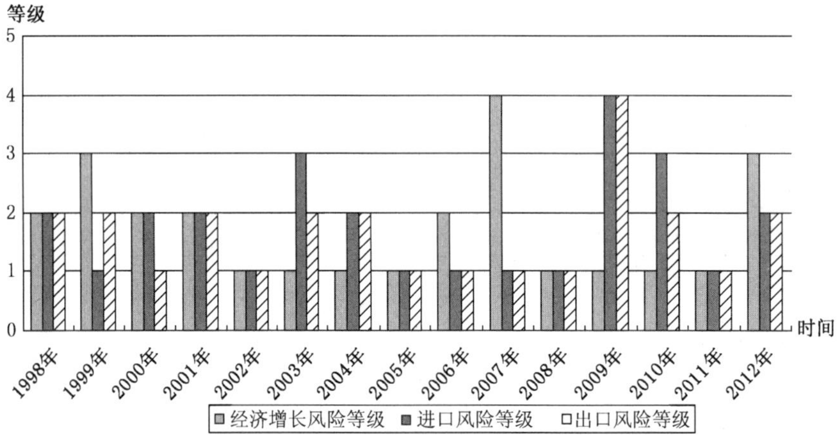

图 4-13 对外贸易风险与经济增长风险的等级评定

自次贷危机爆发以来，尽管国际金融体系和国际经贸形势一直处于动荡不定的状态，中国的对外贸易也因此出现了相当大的起伏，但在中央政府及时有效的政策应对下，近几年国内经济运行维持了稳定增长势头，国内生产总值增速保持在 9%～10%的较高水平，基本围绕长期趋势值小幅波动，连续数年保持在无风险状态。然而，中国的对外贸易和经济增长风险在 2012 年发生了一些变化，与进出口贸易上调一个风险等级相伴而生的是，经济增长上调了两个风险等级，国内生产总值增速较长期趋势值低了 2 个百分点，经济增速在亚洲金融危机之后首次出现如此大的降幅。当然，我们可以将此理解为经济发展方式转变过程中必然要付出的代价。但是，从经济增长的内部构成来看，预期的转型目的似乎并未达到。2011 年消费、投资、净出口在经济增长中所占的比重分别为 55.5%、48.8%、−4.3%，到 2012 年这一比重分别为51.8%、50.4%、−2.2%，消费对经济增长的贡献率不升反降，投资驱动型增长模式依然延续，虽然净出口的贡献率仍然为负，对外贸易的萎缩风险在上升，但贸易顺差却在扩大，外部失衡状况又回到了危机前的水平。由此可见，2012 年对外贸易与经济增长的风险不仅在于简单的增长速度下降问题，更大的风险还在于深层次的结构调整滞后问题。

在《中国经济运行风险研究报告 2012》中，我们曾预测“在扩进口、稳出口的指导思想下，2012 年的贸易顺差较 2011 年进一步收窄”，但事实却与此相反，很可能也有悖于许多分析人士的预期，这也充分证明了经济转型与结构调整之难，尤其是在全球经济复苏乏力的总体环境下，为确保社会就业的基本稳定，经济发展方式转变和对外贸易结构升级的步伐不得不暂缓。鉴于 2013 年中央经济工作会议已明确表示，不再追求国内生产总值和对外贸易的增长速度，而是致力于调整经济结构和推进体制改革，结合外部经济的好转迹象和国内投资的高涨热情，预计 2013 年经济增速可能趋于上升甚至会有较大反弹，进出口贸易则会在增速提高的同时趋向于顺差收窄。然而，考虑到地方政府仍然热衷于基建投资，消费和进口增长还存在很多限制，这就要求中央政府严格审批地方政府的投资项目，避免再回到高能耗、高污染、低效益的粗放型增长路径，同时着力推动收入分配、社会保障、财税外贸等领域的改革，尽可能消除不利于经济发展方式转变的制度障碍。

四、风险预测与管理

（一）对外贸易风险预测

自2012年第4季度以来，抑制全球经济活动的不利因素有消退迹象，多数贸易伙伴的经济回暖态势愈加明显，中国外贸发展的国际市场环境有望逐步改善。其中，美国在宽松货币政策和楼市回暖的带动下，经济基本面继续好转，消费增长也会得到有力支撑。但欧洲经济受累于债务危机和财政紧缩，短期内仍难以走出负增长的困境。新兴经济体虽然仍将引领世界经济增长，但不同国家的增长前景会出现分化。预计2013年全球经济增速将小幅上扬，但不确定性和不稳定性依然较大，对中国外贸形势的判断不宜过于乐观。

美国经济在近期依然保持了强劲的复苏势头，楼市、就业、生产等关键指标均有明显好转。2013年1月，美国20个大都会地区房价指数同比跳升8.1％，不仅是2006年6月以来最大升幅，也是自2006年3月以来20个大都会地区房价首次全部同比上升。2月，美国非农就业岗位增加23.6万个，失业率为7.7％，低于1月份的7.9％，创4年来最低，就业形势好于预期。因对交通运输设备的需求反弹，2月份美国耐用品订单大增5.7％，扭转了1月份下跌3.8％的趋势，并轻松超越市场预期。然而，尽管政府、企业以及消费者信心已经显著增强，但失业率依然偏高、财政问题远未解决等不利因素决定了美国经济增速在2013年只会有小幅提升，却很难出现根本性的好转。

欧元区是全球经济最大的风险因素，经济前景存在较大的不确定性。尽管欧债危机整体上维持在可控水平，但不排除个别重债国债务危机的恶化，由此产生的政治分歧很可能引发新一轮的政治、社会问题，从而拖累整个欧元区经济，并对世界经济产生负面影响。2012年12月，欧元区和德国制造业采购经理人指数（PMI）创下近5个月来的新低，2013年2月，欧元区制造业PMI仍然停滞在萎缩区间，法国、西班牙和意大利都陷入更深的萎缩当中，甚至连德国也表现出经济减速的迹象，这些都表明欧洲经济复苏前途坎坷。国际货币基金组织明确表示，欧债危机爆发的可能性并未完全消除，预测欧元区经济在2013年仍为负增长，如果不能保持改革动力，欧元区经济有可能出现长期停滞①。

新兴经济体仍然处在上升期，但也面临不少挑战。相对于发达国家，新兴经济体在诸多发展要素的提高上都具有明显的比较优势，并且财政赤字率相对较低，财政政策也有一定的余地，发展前景依然看好。国际货币基金组织预测，新兴经济体2013年的增长率仍能维持在5.5％的较高水平。但在欧债危机悬而未决、发达国家经济疲软的大背景下，新兴经济体很难独善其身，加上自身存在的风险因素，处理得不好可能产生严重的负面影响。例如，巴西在2013年可能面临电力短缺和通胀风险；俄罗斯在2013年面临着人口危机，老龄人口的增加将给退休金及基建体系带来巨大的挑战；印度自2012年年底以来的银行坏账已经对金融体系构成了巨大风险。

中国宏观经济增长仍将保持平稳态势，外贸发展的内部环境有望改善。2012年第4季度中国房地产投资、消费都呈现企稳回升态势，企业去库存力度也明显减弱。2013年1月，中国制造业PMI数据为50.4，连续第4个月处在荣枯线上方。2013年中国经济将是一个企稳复

---

① 吴庆才. IMF下调2013—2014年全球经济增长预期. 中国新闻网，2013-01-24.

苏的过程，随着一系列扩内需、稳外需政策措施逐步落实到位并发挥成效，经济增速将有小幅回升，这对于稳定国内市场需求、促进进口增长、保持适度出口规模具有积极意义。与此同时，经济体系中还有一些潜在隐患值得重视。例如，制造业投资和民间投资仍然疲弱，部分行业产能过剩较为突出，企业生产经营面临较多困难，国内消费的增长空间有限，这些迹象都表明经济企稳的基础还不稳固，外贸发展的压力仍然较大。

综上所述，在全球经济总体向好的大环境下，中国外贸形势有望好转，进出口增速可能好于2012年。但外需不足的矛盾尚未根本缓解，贸易摩擦的影响持续加大，生产成本的压力不断增加，转变对外经济发展方式的任务更加紧迫等，这些制约因素的存在，决定了中国2013年的外贸发展形势仍不容乐观，除非美国经济超预期反弹、欧债危机有效化解、中日关系及时修复等重大利好事件发生，否则进出口贸易难以重回20%的高增长轨道，更可能延续10%左右的低速增长态势。2013年欧美发达国家在“去杠杆”和“制造业回归”的过程中，将会伴随贸易逆差的纠正，加上中国自身促进贸易平衡的努力，预计2013年贸易顺差将趋于减少。但考虑到外贸政策对出口贸易的支持力度大于进口贸易，贸易顺差仍将维持在较高水平，顺差收窄的幅度可能相当有限。此外，基于新兴经济体的增长前景和国内经济的地区差异，预计2013年中国与发展中国家的双边贸易将进一步提速，中、西部地区的外贸增长将继续快于东部地区，贸易结构总体上趋于优化。

（二）对外贸易引致经济增长风险的管理对策

就目前情况来看，中国外贸回升趋势并不稳定，2013年的外部经济形势依然充满复杂性和不确定性。因此，为留有余地、避免过于追求速度引发出口高估等不良反应，建议2013年适当下调外贸增长预期目标，把政策着力点放在“促转型”和培育新优势方面。具体的管理对策包括以下几方面。

1. 外贸发展应关注结构和份额“质”的变化，而非总量和增速“量”的变化

中国现已成为全球第二大经济体和第二大贸易国，庞大的基数决定了外贸增速不可能长期维持在两位数的高水平，否则会让世界市场产生严重的“消化不良”，在当前全球需求疲软的情况下更是如此。未来中国的外贸发展应从“提速度”转为“保份额”和“调结构”，外贸增速的目标设定不宜局限于自身条件，而要与世界贸易的总体增速相适应，只要市场份额稳中有升，贸易结构逐步优化，即便量的增速并不高，仍然是一个比较合理的发展水平。政府部门对外贸的评判更应看其对经济的综合影响，关注产品结构、主体结构、技术结构的微观变化，着眼于对外贸易长远的可持续发展，而不是一味关注总量和增速。中央和地方在制定外贸发展计划时，应适度调低增长目标，为结构调整预留必要的余地，政策重心在于优化产业和产品结构、提升企业竞争力、鼓励技术创新等方面，以“量”的稳定换取“质”的飞跃，这对于东部发达地区而言尤为迫切。

2. 推动外贸转型升级与结构优化，同时赋予劳动密集型产业必要的发展空间

在当前国际贸易低迷和贸易摩擦不断的状况下，依靠外贸转型升级来稳定市场份额和提高贸易利益，是中国对外贸易发展的必由之路。可以通过财政、税收、金融、服务等政策为贸易结构的优化升级提供支持，目标是提高出口产品的附加价值，帮助企业建立国际销售渠道和开拓新兴市场，逐步提升中国在全球分工体系中的地位。然而，外贸转型升级和结构优化并不意味着忽视甚至放弃劳动密集型产业部门或生产环节。实际上，尽管中国机电产品和高新技术产品出口占比相当高，但大部分是一些劳动密集型的加工组装环节。现阶段的比较优势仍然

体现为劳动要素，劳动密集型产品出口约占出口总额的近7成①。考虑到中国就业压力依然较大，并且劳动者的专业技能尚不足以支持高技术产业发展，劳动密集型产业部门和生产环节仍有存在和发展的必要性，更何况服装、鞋帽、玩具等部门本身就有高附加值环节可以挖掘。因此，要改变以往歧视劳动密集型产业的政策导向，赋予其自由发展的生存空间，依靠市场之手优胜劣汰，促进劳动密集型产业内部的技术进步，实现外贸升级的平稳过渡。

3. 抓住当前有利时机，更好地发挥进口贸易对于经济可持续发展的积极作用

在全球经济不景气的现在，持有巨额外汇储备的中国面临着扩大进口的机遇，应当根据中国经济社会发展的需要，依靠进口贸易促进经济转型。在政策和服务方面，应加快进口贸易体制的改革，减少对国内市场的过分保护，进一步降低进口关税，提高进口效率，简化进口审批和通关程序，提供更便利的进口条件。在进口商品结构方面，要加强与发达国家政府的沟通和协商，争取放松对华出口管制，扩大高新技术产品的进口规模。同时抓住发达国家部分高端设备及零部件生产向外转移的机遇，积极吸引高科技外资企业来华投资，以国内生产替代进口。加大短缺资源性产品的进口力度，在一定程度上起到限制该类产品在国内生产、防止环境污染、推动节能减排的作用，积极有效地应对"低碳经济"带来的新挑战。应鼓励企业与外方建立经济技术合作，签订长期供货合同，降低进口不确定性风险。同时，对于中国企业在海外投资开发的重点资源和能源产品，应采取各种方式将这些短缺资源性产品运销国内。

4. 确立主要农产品自产为主、进口为辅的方针，维护国家粮食安全

国内大豆产品的经历已经充分表明，过高的外部依存度容易威胁到粮食自给能力，而2012年以来玉米、小麦、稻米等主要农产品的进口增长势头再次提示了这一潜在风险。作为13亿人口的大国，必须牢牢确立主要粮食品种自力更生为主、国际进口为辅的方针，未雨绸缪，大力发展自己的农业生产，合理确定稻米等粮食自给率标准，在大米等粮食进口时把握好进口量这个度，并分散粮食进口来源国，防范进口贸易的价格陷阱，避免重蹈大豆的覆辙，把粮食进口的"利"放到最大，把"弊"缩到最小。此外，还可充分利用世贸组织的规定，对中国农民粮食种植加大补贴力度，以确保在现有土地、资源有限的大背景下，尽可能稳定粮食的自给率，增加农民的种粮收入，并以此作为解决"三农"问题的重要突破口。

5. 加强与新兴经济体之间的国际合作，积极推动全球多边贸易体系建设

面对欧、美、日等发达国家经济集团化的挑战，中国应加强与其他新兴经济体之间的立场协调，并以自身市场容量的优势为筹码，积极参与国际经贸规则的制定，共同推动美、欧、日之间的自贸区谈判朝公开、透明的方向发展，防止发达国家集团化战略给新兴经济体带来不利影响。中国还需要加快实施区域经济一体化战略，在主要领域进行实质性合作。世界上约有200多个各种层面的贸易协定，而中国目前只参与了7个，在经贸协定的参与方面依然有很大的空间，要在现已谈成的中国-东盟、中-新等自贸协定基础上，积极商谈中澳、中韩等双边自贸协定，营造自己的双边自由贸易体系。此外，WTO多边贸易机制有被一些发达国家刻意边缘化的趋势，中国也应与其他发展中国家一起，努力推动现行WTO框架下的多哈回合谈判，促成全球多边贸易体系的继续发展。

---

① 张莉. 中国外贸转型升级不宜轻视劳动密集型产业[N]. 证券日报，2013-01-31.

五、结论及政策建议

在对外贸易与经济增长风险这部分内容中,我们首先回顾了2012年中国对外贸易的主要特征,揭示了进出口贸易中的一些风险因素。中国的对外贸易延续了上一年的下滑态势,增长速度明显低于各界预期。世界经济延续低迷态势、外部需求充满变数是中国出口面临的主要风险,国内经济的企稳基础尚不牢固、进口需求扩张动力不足是进口面临的主要风险。

然后,我们实证研究了资本品进口贸易与经济增长之间的联系,并就中国的铁矿石进口风险进行了量化评估。研究表明,自20世纪90年代以来,中国依靠资本要素的大量积累实现了国民经济的快速、持续增长,在此过程中,尽管内源性的本土资本积累主导了经济增长的总体走势,但高端资本品进口也起到了非常重要的积极作用。然而,由于本土资本和进口资本的内含技术存在显著差距,本土资本积累对经济增长的贡献主要体现在规模扩张的数量方面,而进口资本积累的贡献更多地体现在技术进步的质量方面,对于可持续增长的意义更为突出。受外贸增速超预期下滑的影响,2012年进出口风险等级均上调一个级别,从2011年的无风险状态双双升至贸易萎缩的低风险状态。考虑到2013年国际经贸形势会有所好转,当前的政策重点应密切关注对外贸易的速度与构成,视国内外经济的恢复程度适当调整外贸政策:一方面是避免出口反弹过快引发贸易争端,确保对外贸易和国民经济的平稳增长;另一方面也要引导进出口商品的结构升级,努力提高对外贸易的经济效益。对于中国铁矿石进口风险的评估结果显示,2002—2011年铁矿石进口风险在不断积累,特别是国际价格大幅波动所引致的系统风险指数急速上升值得关注。由于进口来源地的拓展方向存在问题,进口多元化策略不仅没有起到预期的风险缓冲效果,反而有可能加重了进口风险。模拟结果显示,根据进口价格、国家风险、价格波动性指标合理选择多元化对象,将会有效降低进口贸易的特定风险,意味着中国铁矿石进口的来源地构成还有进一步优化的潜力。

最后,我们预测了2013年的对外贸易风险,并就如何管理外贸风险提出了几点对策。在全球经济总体向好的大环境下,中国外贸形势有望好转,进出口增速可能好于2012年。但由于国内外经贸环境仍然存在较多不确定性,预计2013年中国外贸增长延续10%左右的低速增长态势。在主要经济体贸易逆差逐渐修正的情况下,考虑到中国外贸政策对出口贸易的支持力度大于进口贸易,预计2013年中国贸易顺差将趋于减少,但仍处于较高水平,顺差收窄的幅度可能相当有限。为减少外贸引致经济增长的风险,2013年中国应适度调低外贸增长目标,为结构调整预留必要的余地,推动外贸转型升级与结构优化,但要赋予劳动密集型产业必要的发展空间,实现外贸升级的平稳过渡。抓住当前有利时机,通过政策和服务的有力支持,依靠进口商品结构的改善促进经济可持续发展。对于主要农产品,应确立自产为主、进口为辅的方针,维护国家粮食安全。加强与新兴经济体之间的国际合作,积极推动全球多边贸易体系建设,防止发达国家集团化战略带来的不利影响。

参 考 文 献

[1] 高伟生,赵昕东.进口设备、人力资本与内生经济增长[J].山西财经大学学报,2009(3).

[2] 谭祖谊.中国投资型进口贸易的经济增长效应[J].国际商务研究,2012(5).

[3] 杨娟.基于供需安全的铁矿石进口风险分析与评价[D].中国矿业大学博士学位论文,2010。

[4] ACEMOGLU D, AGHION P, ZILIBOTTI F. Distance to frontier, selection, and economic growth[J]. Journal of the European Economic Association, 2006(4).

[5] AMUSA H, WABIRI N, CHETTY K. Application of a multi-criteria integrated portfolio model for quantifying South Africa's crude oil import risk[R]. South Africa Financial and Fiscal Commission Working Paper, No. 108, 2008.

[6] BALDWIN R E. Openness and growth: what's the empirical relationship? [R]. NBER Working Paper, No. 9578, 2003.

[7] BUSSE M. GROIZARD J L. Technology trade in economic development[J]. World Economy, 2008(31).

[8] COHEN G, JOUTZ F, LOUNGANI P. Measuring energy security: trends in the diversification of oil and natural gas supplies[R]. IMF Working Paper, No. 39, 2011.

[9] GREENAWAY D, KNELLER R. Firm heterogeneity, exporting and foreign direct investment[J]. Economic Journal, 2007(117).

[10] GUPTA E. Oil vulnerability index of oil-importing countries[J]. Energy Policy, 2008(36).

[11] HERRERIAS M J, ORTS V. Capital goods imports and long-run growth in China [R]. University Jaime Working Paper, July, 2011.

[12] HOU Y B, YANG J. Application of rough fuzzy neural network in iron ore import risk early-warning[J]. Lecture Notes in Computer Science, 2010(6064).

[13] JUDGE G G, GRIFFITHS W E, HILL R C, LUTKEPOHL H, LEE T C. The theory and practice of econometrics[M]. 2nd Edition. New York: Wiley, 1985.

[14] LAWRENCE R Z, WEINSTEIN D E. Trade and growth: import-led or export-led: evidence from Japan and Korea [M]//STIGLITZ J E, YUSUF S. Rethinking the East Asia Miracle. Oxford University Press, 2001.

[15] LEE J W. Capital goods imports and long-run growth[J]. Journal of Development Economics, 1995(48).

[17] LESBIREL S H. Diversification and energy security risks: the Japanese case[J]. Japanese Journal of Political Science, 2004(5).

[18] LI X G. Diversification and localization of energy systems for sustainable development and energy security[J]. Energy Policy, 2005(33).

[19] MODY A, YILMAZ K. Imported machinery for export competitiveness[J]. The World Bank Economic Review, 2002(16).

[20] RODRIK D. Getting interventions right: how South Korea and Taiwan grew rich [J]. Economic Policy, 1995(10).

[21] THANGAVELU S M, RAJAGURU G. Is there an export or import-led productivity growth in rapidly developing Asian countries? a multivariate var analysis[J]. Applied Economics, 2004(36).

[22] WU G, WEI Y M, FAN Y, LIU L C. Oil import risk analysis of main importers in the world: based on HHA approach[R]. In: Proceedings of 2005 Cross-Straits Energy-Economics Conference, Taipei, China.

[23] WU G, WEI Y M, FAN Y, LIU L C. An empirical analysis of the risk of crude oil imports in China using improved portfolio approach[J]. Energy Policy, 2007(35).

第五章　通货膨胀风险

一、绪论

物价稳定是宏观经济健康运行的重要表现和内在要求，平抑物价水平的波动则是各国宏观调控所要实现的重要目标之一。在已经实行了通货膨胀目标制（inflation targeting）的国家，将通货膨胀率控制在一个事先公布的波动范围内，则是货币政策调控所追求的首要甚至是唯一目标。近年来，伴随着宏观经济的快速增长，中国物价水平呈现出较为频繁的波动。

改革开放 30 多年来，若以居民消费价格指数（CPI）作为物价水平的衡量指标，中国已经先后出现了 7 轮明显的通货膨胀。频繁出现的通货膨胀一方面会导致社会福利损失①和民生问题，另一方面也会造成宏观调控成本上升和政府公信度下降问题。由此可见，通货膨胀无疑是困扰中国宏观经济健康运行的重大风险问题。然而，如果能够事先对可能出现的通货膨胀风险进行预测，将有助于政策当局进行前瞻性的宏观调控操作，从而有效平抑通货膨胀的波动幅度并减少由此造成的负面影响。基于此，探讨中国通货膨胀风险的引致原因并在此基础上进行通货膨胀风险预测方法的研究，将具有重大的理论和现实意义。

通货膨胀风险如果按照涉及对象（或经济层面）可有宏观角度与微观角度之分。其中，宏观层面的通货膨胀风险，是指由于物价变动的不确定性给宏观经济目标实现所造成的可能影响；微观层面的通货膨胀风险，是指由于物价变动的不确定性给微观经济主体造成的损失的可能性。基于宏观视角的通货膨胀风险，广义上是指由于物价变动的不确定性所造成的宏观经济方面的福利损失，强调的是通货膨胀导致的经济后果；狭义上是指宏观经济未来所面临的通货膨胀变动的不确定性，主要强调了宏观经济所面临的通货膨胀波动压力。

本章在研究和预测中国的通货膨胀风险时，将暂不考虑通货膨胀所导致的经济后果，而仅将视角集中于宏观经济未来面临的通货膨胀的可能变动。基于此，本章将对所要讨论的通货膨胀风险作如下界定：即未来通货膨胀相比较其适度区间的可能偏差。假定经济持续稳定运行所需要的通货膨胀适度区间为$[\pi_{\min}, \pi_{\max}]$，则当未来的通货膨胀预测值 π_{pre} 高于适度区间的上限$\pi_{\max}$或低于适度区间的下限 $\pi_{\min}$时，则认为经济运行过程中会出现通货膨胀（或紧缩）风险。并且，如果未来通货膨胀率偏离适度区间越大（后面会给出本章所界定的中国通货膨胀的适度区间），则意味着风险越高。

2013 年以来，随着国内经济增长有所放缓和稳健的货币政策效果进一步显现，中国主要价格指标延续了回落走势。根据中国国家统计局 2013 年已经发布的宏观经济运行数据，2013 年 1～4 月份全国居民消费价格总水平同比上涨 2％、3.2％、2.1％和 2.4％；全国 1～4 月份

---

① 陈彦斌和马莉莉（2007）运用消费者剩余方法和新古典宏观经济学一般均衡模型对中国通货膨胀的福利成本进行了计算和比较。实证结果说明，在中国高通货膨胀会带来较高的福利损失，因此将通胀率保持在较低的水平对提高中国的经济福利水平是有利的。

工业生产者出厂价格同比下降 1.6%、1.6%、1.9%和 2.6%。从历史数据来看,中国国内的 CPI 自 2011 年下半年开始逐步回落,并且经济主体普遍预期中国的 GDP 增幅会有进一步减缓,来自供求方面的压力将有所减轻,有利于减缓物价上涨的压力。尽管 2013 年中国出现较大通货膨胀风险的可能性进一步减小,但是,如果考虑到食品价格波动和宽松流动性的影响,2013 年及之后的一段时间内,中国仍面临着潜在的通货膨胀上涨压力。

由于中国仍然处于经济转型阶段,结构调整带来的物价上涨压力将长期存在,并且,劳动力成本的上升、资源土地等要素的供求矛盾是总体价格水平上升的长期内在因素,前面所提到的食品价格波动和流动性宽松是未来一段时间内引致通货膨胀风险的主要因素。基于此,下面将对 2013 年以来中国经济运行中的通货膨胀风险的潜在引致因素进行分析,然后测度通货膨胀风险的大小,最后提出预控和管理通货膨胀风险的政策建议。

二、风险因素识别

(一) 风险表现特征

中国国内物价总水平自 2011 年第 2 季度开始逐步回落,2012 年 7 月 CPI 更是降至近几年来的新低为 1.8%,并在此之后围绕 2%的水平上下波动。其中,2013 年 2 月,由于春节期间的节假日效应,CPI 一度反弹至 3.2%,随后又开始稳步回落。虽然近 1 年多来中国的物价水平持续保持在低位,但仍然需要引起我们关注的是,在一段时间的整体回落之后,考虑到国内食品价格的上涨风险仍然存在,汽柴油零售价格仍在高位徘徊。不仅如此,中国国内各地开始纷纷酝酿调整水价、电价和天然气价,居民通货膨胀预期开始出现反复,再考虑到国内外市场上的流动性整体偏松的大背景,中国的居民消费价格指数仍有反复的可能。

1. 居民消费价格指数仍有反弹可能

如图 5-1 所示,自 2011 年 8 月份开始,中国居民消费价格指数开始出现回落,并在 2012 年第 3 季度降至 2%左右的较低水平,这一趋势一直保持到 2012 年第 4 季度。但进入 2013 年

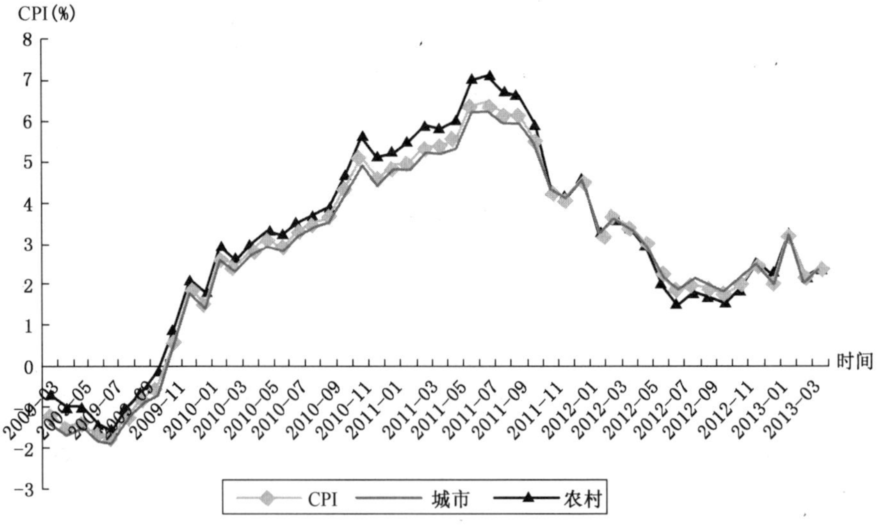

图 5-1 中国居民消费价格指数变化①

① 数据来源为 Wind 宏观经济专题数据库,下同。

后，中国国内的CPI开始有所反弹，其中，2013年2月份CPI一度反弹至3.2%，虽然这很有可能是因为春节期间消费集中释放所引致的价格上涨，但在随后的已公布统计数据的3月份和4月份，CPI也出现了超出预期的波动。尽管国内外许多研究机构认为，中国国内的物价水平将总体处于较稳定的水平，但本研究认为，中国国内的食品价格仍存在季节性上涨的压力，再考虑到货币供给整体偏松的大背景，2013年下半年及之后的一段时间内，中国CPI出现反弹的可能性会逐步增大。

2. 食品价格仍有上涨压力

表5-1

居民消费价格分类指数(2013年3月)①

项目名称	上年同月=100			上年同期=100		
	全国	城市	农村	全国	城市	农村
居民消费价格指数	102.1	102.0	102.2	102.4	102.4	102.6
一、食品	102.7	102.5	103.2	103.8	103.7	104.2
粮食	105.2	105.1	105.4	105.0	104.9	105.2
肉禽及其制品	102.9	103.2	102.2	103.2	103.3	102.8
蛋	113.9	113.7	114.3	114.8	114.5	115.3
水产品	101.6	101.0	103.9	103.9	103.3	106.3
鲜菜	89.7	89.2	91.5	100.5	100.0	102.2
鲜果	105.0	104.9	105.4	100.7	100.6	100.9
二、烟酒及用品	101.0	100.7	101.5	101.2	100.9	101.7
三、衣着	102.3	102.2	102.7	102.3	102.2	102.6
四、家庭设备用品及服务	101.6	101.7	101.2	101.6	101.7	101.2
五、医疗保健及个人用品	101.7	101.6	102.0	101.7	101.7	101.9
六、交通和通信	99.7	99.6	100.3	99.9	99.7	100.4
七、娱乐教育文化用品及服务	101.7	101.7	101.7	101.4	101.4	101.5
八、居住	102.9	103.2	102.2	102.9	103.1	102.2

从表5-1的中国居民消费分类价格指数月同比数据可以看出，2013年3月份，在构成居民消费价格指数的8大类商品中，食品的价格指数仍然处于较高水平；其中，蛋价相比较2012年同期出现了两位数的上涨，粮食和鲜果的价格也表现出了显著的上升势头，而到了4月份，鲜菜的价格则出现了两位数的上涨。因此，正如图5-2所示，中国国内的食品价格仍在较高水平上反复波动，并在未来一段时间内有持续上涨的压力。

3. 汽柴油价格高位徘徊

近几年来，中国国内的成品油零售价格出现了较高幅度的上涨，如图5-3和图5-4所示，伴随着国际原油价格的震荡，中国国内的汽(柴)油零售价格也得以持续地在高位震荡。由于燃料费用是大多数工业品和几乎所有消费品价格的重要构成，因此汽柴油价格的持续上涨势必会推高商品流通环节中的运输成本，进而推动消费品价格上涨。

① 数据来源：中国国家统计局网站，http://www.stats.gov.cn/。

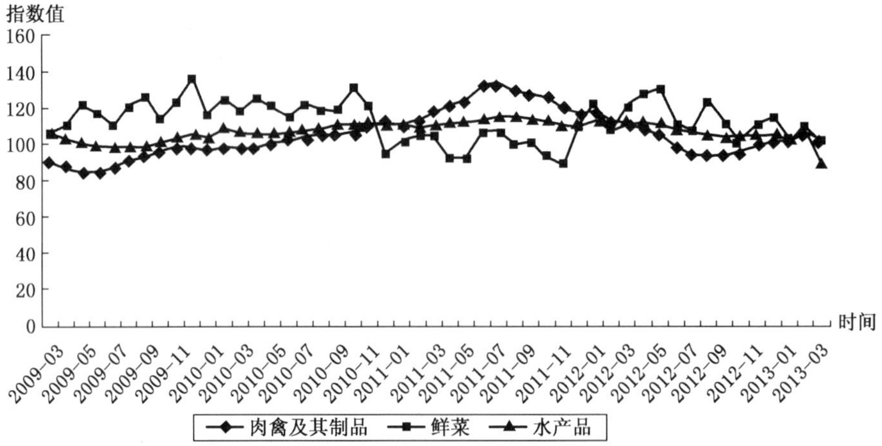

图 5-2　中国食品消费价格分类指数变化

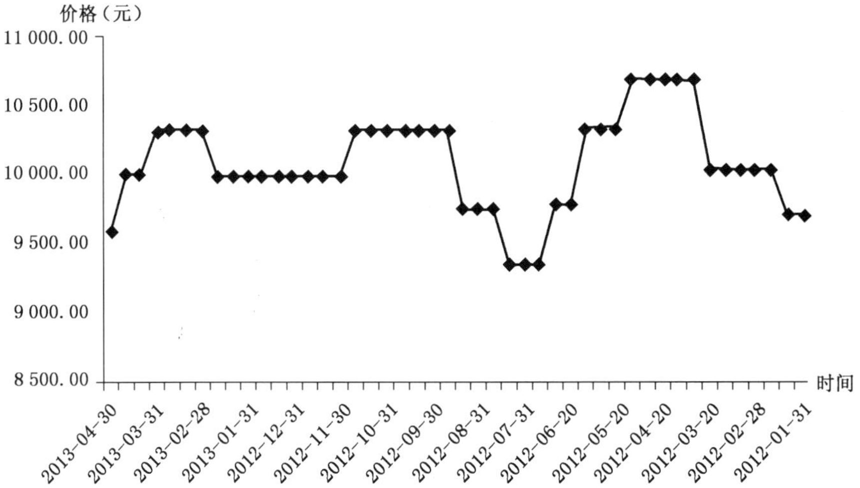

图 5-3　中国 93 号汽油平均零售价格变化

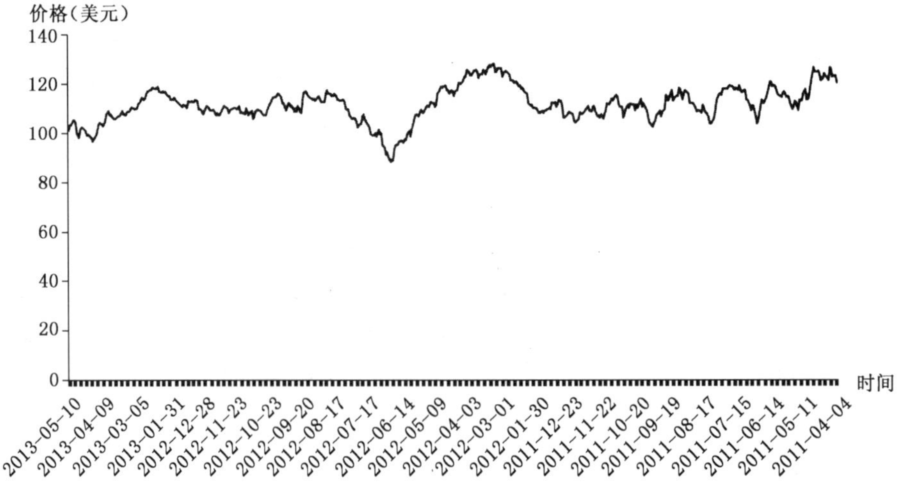

图 5-4　国际原油现货价格变化

4. 居民通货膨胀预期仍有反复

从 2012 年第 1 季度以来，国内成品油价格的持续波动、气候多变造成鲜菜价格大幅波动以及公用水、电和燃气开始调整价格等因素，都促使居民形成了未来通货膨胀会反弹的预期。因为，成品油涨价首先会通过 PPI 传导到非食品 CPI，其次柴油涨价会直接影响农资价格，从而间接地导致粮食作物成本上升，同时也会提高粮食、蔬菜等商品的流通成本。考虑到食品价格对居民消费价格指数的影响权重相对较大，因此如图 5-5 所示，经济主体的通货膨胀预期有所反复也就在所难免。

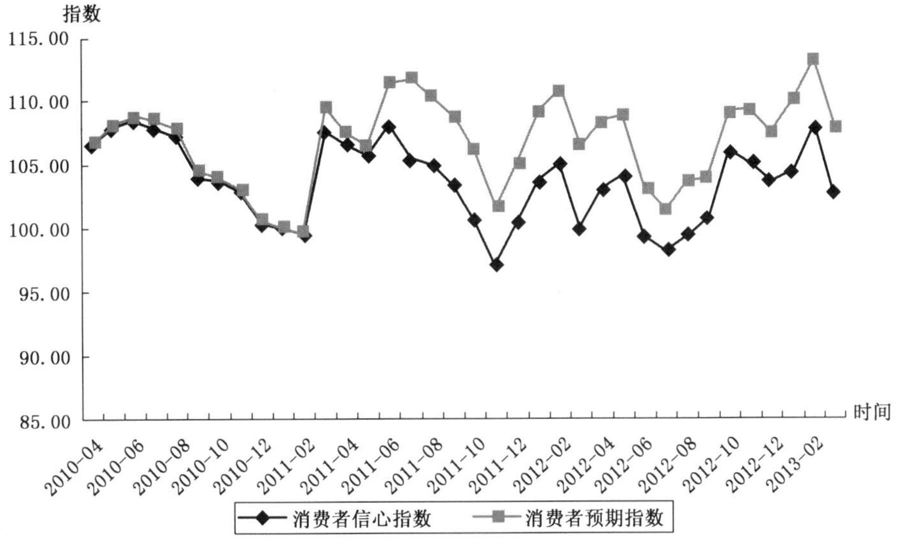

图 5-5 中国居民预期指数变化

（二）风险引致因素

2013 年及未来较长一段时间内，货币供应增长过快仍将是中国通货膨胀风险的主要引致因素；除此之外，固定资产投资增速较高、通货膨胀预期的可能上升、国际通货膨胀的输入以及人民币升值预期下的热钱流入等因素，也仍将有可能成为引致通货膨胀风险的重要原因。

1. 货币供应增长

虽然中国的货币供应增长速度相比较 2009 年前后有所下降，但总体来看，经济运行中仍存在着结构性的流动性宽松现象，货币存量及信贷规模也相对较大。如图 5-6 所示，中国的 *M*2 供应增长率仍处在较高水平。2012 年全年中国新增人民币贷款共计 8.2 万亿元。截至 2013 年 3 月底，中国广义货币供应量 *M*2 余额约为 103.6 万亿元，狭义货币供应量 *M*1 余额约为 31.1 万亿元，流通中的现金 *M*0 约为 5.55 万亿元。除此之外，如图 5-7 所示，中国金融机构各期限的贷款余额呈现稳步上升态势。截至 2013 年 3 月底，中国金融机构各项存款余额为 97.9 万亿元，金融机构各项贷款余额为 65.8 万亿元，外汇储备余额已经超过了 3.44 万亿美元。因此可以看出，经济运行中流动性宽松的迹象会越发明显，这势必会成为推动物价上涨的潜在因素。

2. 固定资产投资

固定资产投资增长过快会导致能源或原材料的需求上升，从而引致或加剧通货膨胀压力。如图 5-8 所示，虽然相比较 2009 年 35%左右的固定资产投资增长速度，2012 年以来这一增长

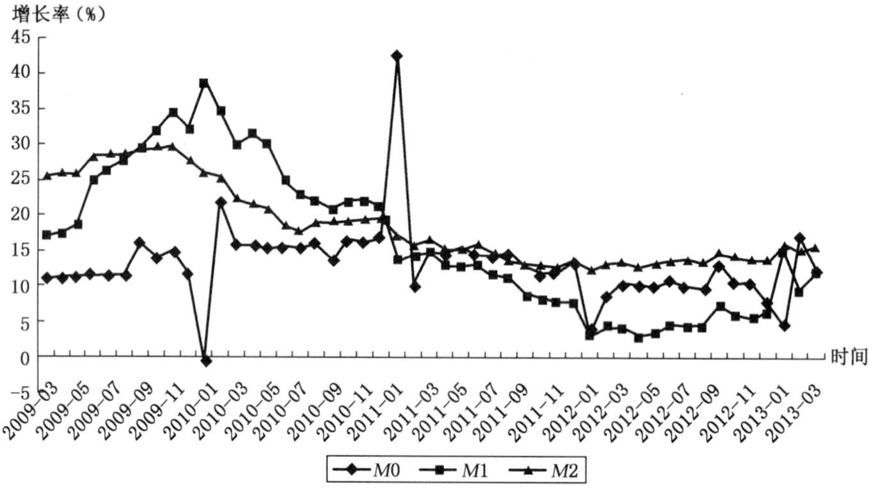

图 5-6　中国不同层次的货币供应量同比增长率

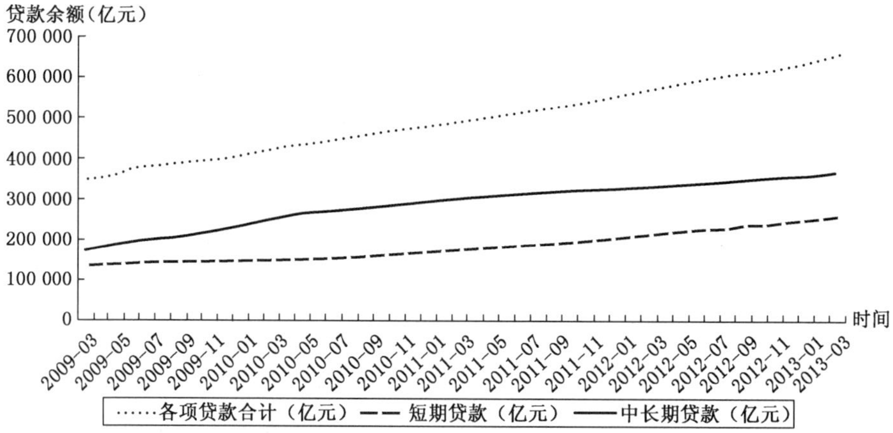

图 5-7　中国金融机构人民币贷款余额变动

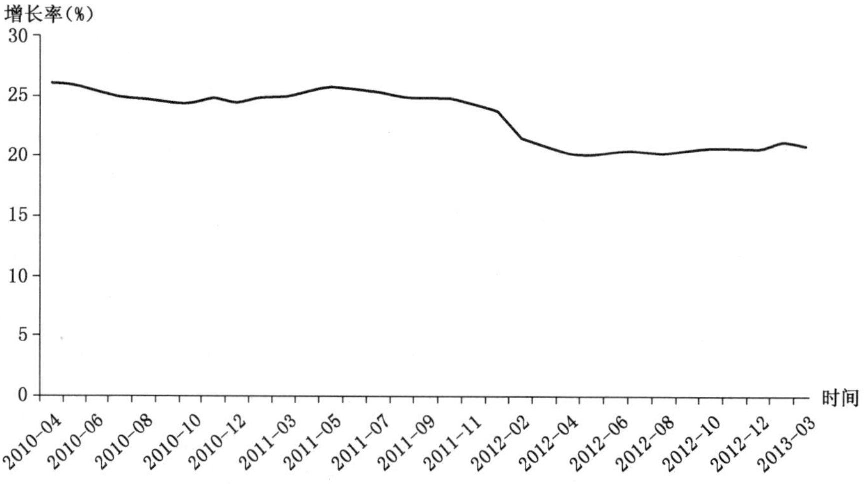

图 5-8　中国固定资产投资同比增长率变动

率已经回落至20%左右，但相比较消费及出口增长而言，中国的固定资产投资增长速度仍然较快，并且考虑到固定资产投资的长期性，前期开工的项目仍需要后续几年的持续投资。因此，在未来较长一段时间内，中国的固定资产投资增长速度仍将维持在较高水平。

3. 通货膨胀预期

通货膨胀预期是指公众对后一段时期内可能发生的通货膨胀及其幅度大小的事前估计。预期行为本身具有主观性，但人们进行预期所依据的却是客观事实，中国国内居民通货膨胀预期的强化，直接体现为投资或消费行为的变化，由此会推动通货膨胀进一步上升。

进入2013年以来，中国各地自然灾害频发，由此引起农副产品价格上涨；并且上半年走低的生猪价格，将有可能在下半年开始进入回升周期；除此之外，粮食价格也由于生产成本、自然灾害以及国家提高最低收购价而稳中趋升，这些因素都将可能成为推高CPI的动力，并无疑会在引起物价上涨之前首先影响到居民的通货膨胀预期，而一旦消费者和投资者形成强烈的通货膨胀预期，就会改变其消费和投资行为，从而加剧通货膨胀，并可能造成通货膨胀螺旋式上升。

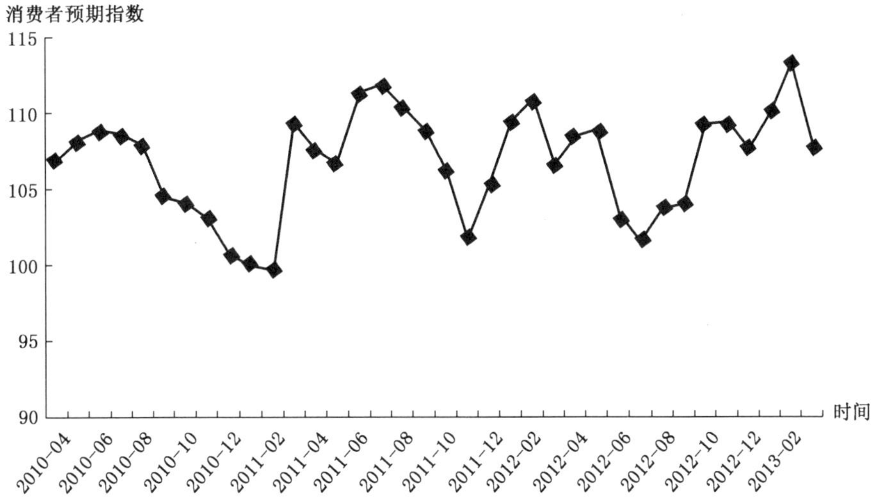

图5-9　中国消费者预期指数变动

如图5-9所示，中国消费者预期指数在2012年第2季度有所下降，但由于指数调查相对滞后，因此2012年以来的成品油价格的上涨、公用事业费用上涨以及食品价格的波动，都有可能在接下来一段时间内影响到消费者的通货膨胀预期；不仅如此，如图5-10所示，2012年以

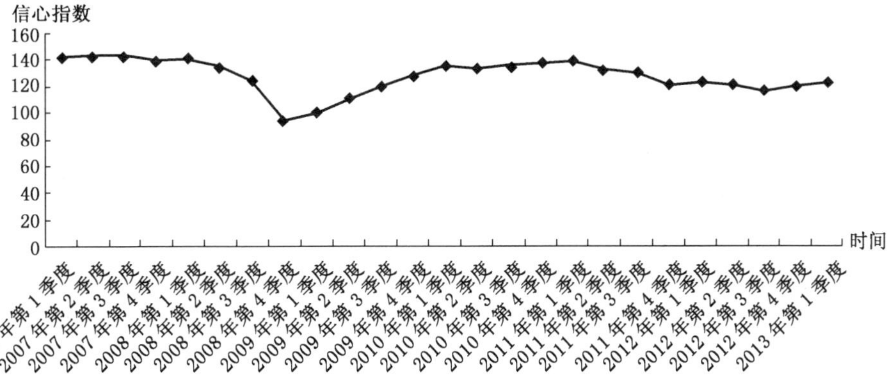

图5-10　中国企业家信心指数变动

来，中国企业家信心指数也开始有所温和上扬，这表现出微观经济主体对经济景气度有着较乐观的预期，由此引发的投资行为改变会最终反映到物价水平的波动上。

4. 输入型通货膨胀压力仍然存在

中国作为最大的新兴经济体，在经济成长阶段，对原油等大宗商品却有着强烈的需求。随着经济持续高速增长，中国在大宗原材料上的对外依存度不断增加。以原油为例，自从1993年中国首度成为石油净进口国以来，其原油对外依存度由当年的6%一路攀升至2012年的约59%。如图5-11所示，自2009年以来，中国成品油的进口数量出现了大幅波动，并总体上一直保持在较高水平上。2012年中国原油进口量约为2.71亿吨，同比增长6.8%。因此，如果国际原油等大宗商品的价格出现上涨，势必会推动中国国内的通货膨胀压力上升。

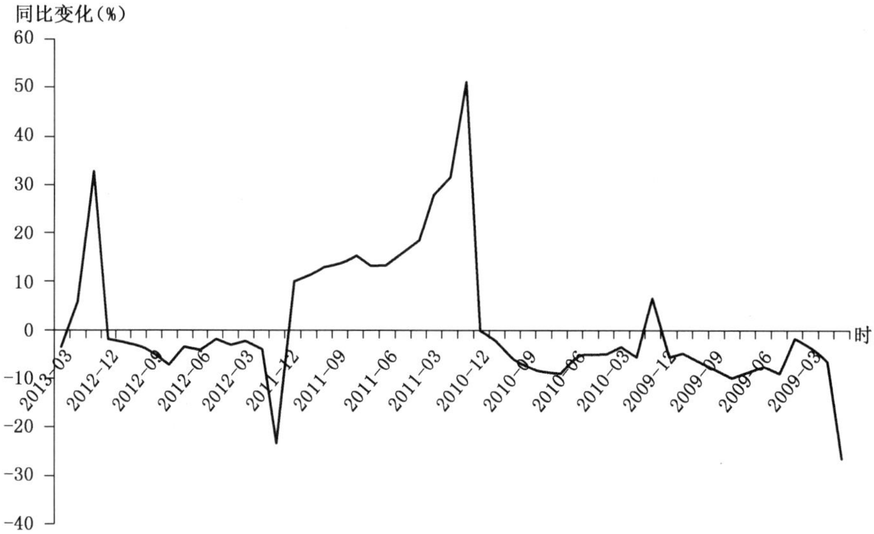

图5-11　中国成品油进口数量同比变化

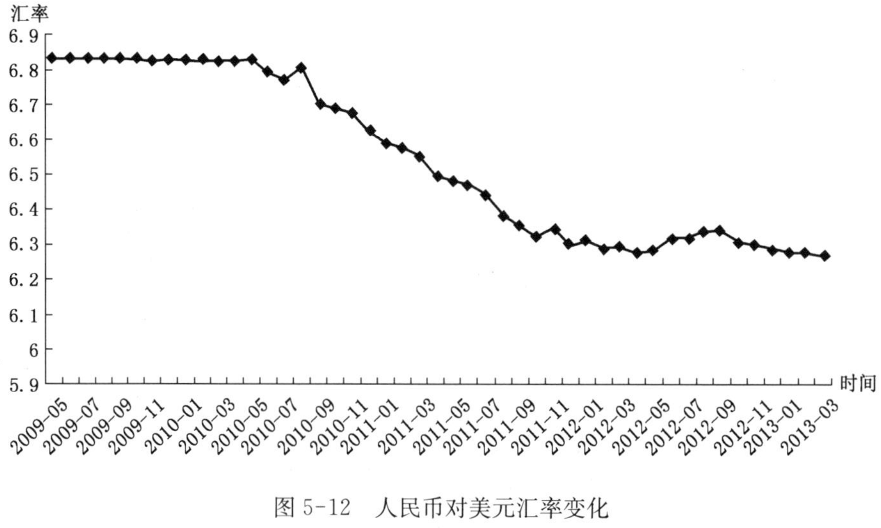

图5-12　人民币对美元汇率变化

5. 人民币升值预期下的热钱流入持续

中国国内相对于发达国家的较高利率水平，以及汇率形成机制改革以来国际金融市场上的人民币升值预期强烈，导致国际投机资本(即热钱)的大量流入，这些热钱在赌人民币升值的同时，也会在房地产市场、债券市场、股票市场以及其他市场不断寻找套利机会，从而进一步加大中国的通货膨胀压力。

如图 5-12 所示，虽然人民币对美元的升值速度相比较之前而有所放缓，但进入 2013 年以来，其升值趋势并未发生趋势性改变。截至 2013 年 5 月中旬，人民币相比较主要贸易国家的货币，均出现了较明显的升值；不仅如此，人民币对美元的汇率甚至创出了 2005 年汇率制度改革以来的新高，逼近 1∶6 的水平。因此，人民币升值预期的进一步强化，将不可避免地引致国外热钱的持续流入，而大量热钱流入中国，势必会对通货膨胀压力的形成或上升产生重要影响。

三、风险度量

(一) 通货膨胀风险指数界定

基于前面对通货膨胀风险内涵的界定，下面将划分通货膨胀风险等级，并在此基础上，针对未来通货膨胀率所属的风险等级来定义通货膨胀风险指数。一般经济学理论中，通货膨胀可以按严重程度作不同的划分①。由于这种划分比较粗，界定的区间过大，因此并不适用于本研究所需要的通货膨胀风险等级划分。

目前学术界基本形成共识的经济学含义较明确的通货膨胀区间概念有两个：一个是通货膨胀目标制国家所锚定的最优通货膨胀目标区间；另一个是我国学者陈东琪(1998)最早提出的通货膨胀的“可容忍区间”。最优通货膨胀目标区间是指理论上对宏观经济福利影响不为负的通货膨胀率的上下波动范围，目前市场经济发展较成熟(或采用通货膨胀目标制)的西方国家，一般把这一通货膨胀目标区间设定为 1%～3%，殷波(2011)基于长期社会经济福利考虑，利用动态随机一般均衡(DSGE)模型计算出中国的最优通货膨胀目标区间为 0.5%～3%②；白仲林和赵亮(2011)的研究则表明中国通货膨胀的最优目标区间为 0～3.2%。但是，与发达经济体有所区别的是，对于发展中或新兴市场经济体而言，追求经济增长在较长时期内仍是货币政策调控的重要目标之一，因此目前乃至未来较长的一段时间内，最优通货膨胀目标区间设定并不完全适用于中国的现实情况。

通货膨胀的可容忍区间，是指对应于某个国家经济发展的特定阶段，一个相对可接受的通货膨胀变动范围。在此范围内，不仅社会公众能够承受通货膨胀率波动带来的购买力变化，而且政府在不明显变动宏观调控政策时，也能保证国民经济的持续健康运行。考虑到可容忍区间的内涵解释较符合中国转型经济的客观事实，本研究将主要据此来划分通货膨胀风险等级对应的区间。通货膨胀的可容忍区间是一个动态概念，即理论上同一国家不同经济发展时段的可容忍区间应当有所不同。

---

① 爬行的通货膨胀(0～3%)，温和的通货膨胀(3%～9%)，严重的通货膨胀(10%～99%)和恶性通货膨胀(100%及以上)。

② 殷波(2011)估算了在各种不同的货币政策规则下，中国经济所应选择的最优通胀目标。研究结果表明从短期看 3%左右的通胀目标是最优的，而从中长期看低通胀目标(0.5%～1%)是最优的。

表 5-2 先给出国内学者不同时期的相关研究结论，然后借鉴国家统计局课题组（2005）的方法另行计算中国通货膨胀的可容忍区间。

表 5-2

不同学者计算的通货膨胀可容忍区间比较①

学　　者	可容忍区间	研究所用数据的时间范围
陈东琪（1998）	3.0%～9.0%	1978—1997 年
潘石（2001）	−3.0%～8.0%	1978—1997 年
杨志伟（2004）	2.1%～8.7%	1978—2001 年
国家统计局课题组（2005）	1.0%～5.0%	1978—2003 年
石柱鲜（2008）	2.2%～6.6%	1981—2005 年
张悦（2011）	0.9%～5.1%	1999—2009 年

下面计算所用的数据范围为 1991—2010 年，根据是否剔除 1993、1994、1995 年的高通货膨胀率数据，表 5-3 的计算结果分为调整前（不剔除）和调整后（剔除）两种情况。其中，理论标准值为中国 CPI 年同比增长率的几何平均数，调整范围为理论标准值可容忍的上下波动区间，±2%为大多数通货膨胀目标制国家的通货膨胀率参考调整范围。相比之下，较宽的±3%则为处于经济转型期的中国通货膨胀率的可容忍调整范围。

表 5-3

中国通货膨胀的可容忍区间

调整前			调整后		
理论标准值	调整范围	可容忍区间	理论标准值	调整范围	可容忍区间
2.76%	±2%	0.76%～4.76%	1.97%	±2%	−0.03%～3.97%
	±3%	−0.24%～5.76%		±3%	−1.03%～4.97%

根据表 5-2 其他学者的研究结果和表 5-3 的理论计算结果，并结合 1991—2012 年期间中国通货膨胀率的实际波动状况以及政策当局的通货膨胀调控实践，可以得知，中国当前的通货膨胀可容忍上限为 5%左右，下限则为−1%左右，而最优的通货膨胀波动范围上限为 3%左右，下限则为 0。基于此，本研究拟将中国通货膨胀的可容忍区间界定为−0.9%～5.0%②，而把在此范围之外的通货膨胀波动区间界定为不可容忍或风险区间。

① 表中除潘石（2001）的研究外，其他学者的计算均没有考虑通货膨胀率为负（或通货紧缩）的情况，本研究在划分通货膨胀风险等级区间时，将充分考虑通货膨胀率为负的情况。

② 为保持和国家统计局公布的 CPI 数据格式的一致性，此处及之后的通货膨胀率将取小数点后 1 位，在划分通货膨胀风险等级时也将保持数据区间的连续性，当然，本研究所涉及的风险区间划分无法做到十分精确，所以，此处在不影响研究的情况下给出的仅是一个可接受的结果。

表 5-4

中国通货膨胀风险衡量指数

风险等级	无风险	风险关注	有风险	高风险	很高风险
通货膨胀率	0～3.0% 0	3.1%～5.0% −0.1%～−0.9%	5.1%～7.0% −1.0%～−2.9%	7.1%～9.9% −3.0%～−4.9%	10%及以上 −5.0%及以下
风险指数	1	2	3	4	5

对不同的通货膨胀率波动区间，相应调整为对应的风险指数(指数分为 1、2、3、4、5 等五级)。指数数值越小，代表风险程度越低；反之，代表风险程度越高。具体的指数化结果可见表5-4。其中："无风险"等级表示此范围内的通货膨胀水平对经济运行而言是良性的，抑或有利于经济长期的健康发展；"风险关注"等级表示此范围内的通货膨胀水平不会对经济运行产生明显的负面影响，但需要引起政策当局的密切关注；"有风险"等级表示此范围内的通货膨胀水平会对经济运行产生明显的负面影响，并造成较明显的社会福利损失，政策当局需要实施相应的调控操作以将通货膨胀控制在适宜范围内；"高风险"等级表示此范围内的通货膨胀水平不但会对经济运行产生十分显著的负面影响，并且会造成显著的社会福利损失，政府需将政策调控目标完全集中于通货膨胀抑制上；"很高风险"等级表示此范围内通货膨胀水平会严重影响经济运行，政府必须采取强有力的措施加以整治，否则会引发严重的社会经济危机。

（二）通货膨胀风险预测

1. 模型建立

由于货币供应和产出增长是引致中国通货膨胀风险的主要因素，并且由于通货膨胀存在惯性，因此历史通货膨胀水平也会影响未来通货膨胀水平的变化，据此可以建立通货膨胀、产出增长和货币供应之间的数学关系式，所建立的模型如下所示。

$$\pi_t = \sum_{k=1}^{p}\alpha_k y_{tk} \sum_{k=1}^{p}\beta_k m_{t-k} + \sum_{k=1}^{p}\gamma_k \pi_{t-k} + \varepsilon_t \tag{5-1}$$

其中　π_t ——t 时期的通货膨胀率；

y_t ——t 时期的产出增长缺口；

m_t ——t 时期的货币供应增长率；

ε_t ——扰动项。

(5-1)式的经济学含义为，当期的通货膨胀水平受过去的通货膨胀水平、产出增长缺口及货币供应增长率的影响，即产出水平和货币供应增长水平是影响通货膨胀水平的重要因素，除此之外，由于经济主体的预期及价格黏性等因素，通货膨胀还具有惯性特征。对于(5-1)式，可以通过滞后项阶数的选择，以区分不同经济条件下产出的水平、货币供应增长和通货膨胀对下一期通胀施加影响的惯性效应。

2. 数据选取及计量分析

计量分析时，模型中的通货膨胀率、产出增长缺口和货币供应增长率分别用 CPI、实际 *GDP* 增长率缺口(经 HP 滤波得到)和广义货币供应量 *M*2 增长率作为替代变量，所用的 CPI、*GDP* 和 *M*2 数据均为季度数据，数据来源为 Wind 宏观经济专题数据库。为避免伪回归，首先对通货膨胀率 CPI、*GDP* 增长率缺口和 *M*2 增长率的时间序列分别进行单位根检验，结果发现三个序列均为一阶差分平稳变量，方程中的滞后阶选择遵循 AIC 和 SC 取值最小原则，最后 CPI 和 *GDP* 增长率缺口取二阶滞后项，*M*2 增长率取四阶滞后项。最后使用最小二乘法(OLS)进行回归分析，结果如式(5-2)所示。

$$\pi_t = 1.2379\pi_{t-1} - 0.4305\pi_{t-2} + 0.167y_{t-1} + 0.2862y_{t-2} + 0.178m_{t-1} - 0.0619m_{t-2} + 0.0711m_{t-3} - 0.0308m_{t-4} - 2.3576 \quad (5-2)$$

利用式(5-2)对中国 2013 年第 2 季度的通货膨胀率进行预测，结果可参见表 5-5；在此基础上，通过趋势平滑对 GDP 增长率及货币供应增长率指标进行预测，并利用式(5-2)得到 2013 年第 3 季度至 2014 年第 1 季度的通货膨胀率预测值，结果如表 5-5 所示。

表 5-5

中国通货膨胀风险预测

时　间	2013 年第 2 季度	2013 年第 3 季度	2013 年第 4 季度	2014 年第 1 季度
通货膨胀率预测值	2.62%	2.85%	3.15%	3.53%
通货膨胀风险指数	1	1	2	2

从表 5-5 的预测数据可以看出，在前期政府调控通货膨胀的各种政策措施的作用下，2012 年以来，中国的通货膨胀上涨趋势得到了很好的控制，CPI 整体出现低位震荡的趋势，2013 年全年的通货膨胀率都有望稳定在 3%左右；而根据前面按通货膨胀容忍度划分的风险指数来判断，中国 2013 年第 4 季度至 2014 年第 1 季度的通货膨胀风险都将可能在较安全的“风险关注”区间。

从上面的预测结果可以看出，虽然中国国内的食品价格仍存在较大幅度的波动，并且在成品油价格及公用事业费等均出现上调的背景下，居民的通货膨胀预期仍然存在，这些都是潜在的引致通货膨胀风险的重要因素；但考虑到受全球金融危机和欧洲部分国家的主权债务危机的后续影响，与中国有密切经济往来的其他经济体的全面复苏步伐仍旧迟缓，并且中国经济正处在关键的结构转型期，房地产价格调控仍是政府的工作重点，固定资产投资规模再次大幅上升的可能性较小，因此综合考虑上述因素，我们可作如下判断：在可预期的一段时间内(2013 年下半年至 2014 年上半年)，中国出现新一轮全面通货膨胀的可能性不大，但以食品为主导的结构性物价上涨压力仍将持续存在。

四、结论及政策建议

到此为止，本研究对中国 2013 年前后可能出现的通货膨胀风险的表现特征及风险引致因素进行了总结和分析，并利用计量模型对 2013 年第 2 季度至 2014 年第 1 季度的通货膨胀风险进行了预测。

可以看出，中国国内物价总水平自 2011 年第 2 季度开始逐步回落，2012 年 7 月 CPI 更是降至近几年来的新低为 1.8%，并在此之后围绕 2%的水平上下波动。其中在 2013 年 2 月，由于春节期间的节假日效应，CPI 一度反弹至 3.2%，随后又开始稳步回落。虽然近 1 年多来中国的物价水平持续保持在低位，但仍然需要引起关注的是，在一段时间的整体回落之后，考虑到国内食品价格的上涨风险仍然存在，汽柴油零售价格仍在高位徘徊；不仅如此，中国国内各地开始纷纷酝酿调整水价、电价和天然气价，居民通货膨胀预期开始出现反复，再考虑到国内外市场上的流动性整体偏松的大背景，中国的居民消费价格指数仍有反复的可能。

考虑到中国经济运行的实际状况，本研究认为，2013 年及未来较长一段时间内，货币供应增长过快仍将是中国通货膨胀风险的主要引致因素；除此之外，固定资产投资增速较高、通货膨胀预期的可能上升、国际通货膨胀的输入以及人民币升值预期下的热钱流入等因素，也仍将有可能成为引致通货膨胀风险的重要原因。

基于计量模型的通货膨胀风险预测结果表明，在前期政府调控通货膨胀的各种政策措施的作用下，2012 年以来，中国的通货膨胀上涨趋势得到了很好的控制，CPI 整体出现低位震荡的趋势，2013 年全年的通货膨胀率都有望稳定在 3%左右；而根据前面按通货膨胀容忍度划分的风险指数来判断，中国 2013 年第 4 季度至 2014 年第 1 季度的通货膨胀风险都将可能处于较安全的“风险关注”区间。综合而言，在可预期的一段时间内（2013 年下半年至 2014 年上半年），中国出现新一轮全面通货膨胀的可能性不大，但以食品为主导的结构性物价上涨压力仍将持续存在。

基于上述研究结论，本研究认为，中国政策当局需要继续加强流动性管理，控制银行信贷的投放速度和货币供应量的过快增长，主动引导固定资产的投资方向，以避免应对经济下滑的政策措施成为未来通货膨胀高涨的原因；另外，政策当局需要把货币信贷和流动性管理的总量调节与强化宏观审慎管理结合起来，根据宏观形势变化及银行体系稳健性状况等进行适度调整，继续实施好差别准备金动态调整措施，引导并激励金融机构自我保持稳健和调整信贷投放，从而在管理通货膨胀风险的同时能够提升金融机构风险防范能力；除此之外，为抑制热钱流入所引致的通货膨胀压力上升，进一步推进利率市场化改革和人民币汇率形成机制改革，仍将是中国政策当局在中长期内需要努力的方向。

参考文献

[1] 白仲林，赵亮. 我国通货膨胀率的最优目标区间几何[J]. 统计研究，2011(6).

[2] 陈东琪. 通货膨胀和通货紧缩交互换位时代的政策操作——兼论中央银行如何用微调方式稳定经济增长[J]. 财贸经济，1998(8).

[3] 国家统计局课题组. 我国现阶段通货膨胀可容忍区间探讨[J]. 统计研究，2005(5).

[4] 潘石. 通货膨胀与通货紧缩的“可容忍区间”及“交替性”分析[J]. 经济学动态，2001(5).

[5] 石柱鲜，孙皓，宋平平. 中国通货膨胀的适度区间与非对称性——基于自然失业率的实证分析[J]. 当代财经，2008(8).

[6] 杨志伟. 中国通货膨胀与通货紧缩的目标区间[J]. 上海金融，2003(6).

[7] 殷波. 中国经济的最优通货膨胀[J]. 经济学(季刊)，2001(3).

[8] 张悦，赵洁、王立勇. 中国物价波动适度区间研究与物价走势预测[J]. 兰州商学院学报，2011(1).

第六章　就 业 风 险

一、绪论

据国家统计局《2012 年国民经济和社会发展统计公报》、人力资源和社会保障部相关数据，2012 年中国就业形势相对较好：截至年末全国就业人员 76 704 万人，其中城镇就业人员 37 102 万人，城镇失业人员再就业 552 万人，就业困难人员实现就业 182 万人；全年城镇新增就业 1 266 万人，较上年 1 221 万人略有增长，完成全年 900 万人目标的 137%；年末城镇登记失业率为 4.1%，与上年年末持平；全国农民工总量为 26 261 万人，比上年增长 3.9%。

统计数据同时显示，中国人口构成和劳动力供给开始发生变化，劳动年龄人口开始持续减少，意味着中国人口红利的逐渐消失。截至 2012 年年底，0～14 岁（含不满 15 周岁）人口 22 287万人，占比为 16.5%，比上年年末提高 0.01%；60 周岁及以上人口 19 390 万人，占比为 14.3%，比上年年末提高 0.59%；15～59 岁（含不满 60 周岁）年龄段劳动人口 93 727 万人，比上年年末减少 345 万人，占比为 69.2%，比上年年末下降 0.60%。

尽管如此，基于以下判断，最近两三年里，中国城镇就业压力依然巨大：

第一，需就业劳动力总量依然庞大。尽管劳动力供给有减缓趋势，表现为人口抚养比进一步提高，劳动参与率持续下降，适龄劳动力人口也于 2012 年首次出现下降，但鉴于从达到就业年龄到初次进入劳动力市场存在 4～5 年的时滞，未来一段时间内就业压力依然存在。

第二，以高校毕业生和农村转移劳动力为主体的就业人口持续攀升。2013 年中国高校毕业生将达到 699 万人，创历史新高，再加上往届已经毕业没有就业的人员，这一数字更为庞大。此外，2012 年年底中国城镇人口为 71 182 万人，占比为 52.6%，比上年年末提高了 1.3%，而加快新型城镇化建设的国策会进一步加大城镇就业压力。据人力资源和社会保障部初步估计，2013 年中国城镇需要就业人数将高达 2 500 万人。

第三，经济增长趋缓和经济结构调整为城镇就业带来的压力会持续存在。2012 年，中国的 GDP 增速经初步核算只有 7.8%，经济增速的放缓导致吸纳就业、创造就业的能力有所减弱。而加快经济结构的转型升级，供求双方的“错配”带来的就业结构性矛盾将更为突出。

第十二届全国人民代表大会政府工作报告指出，2013 年中国将继续坚持实施就业优先战略和更加积极的就业政策，统筹做好以高校毕业生为重点的青年就业工作和农村转移劳动力、城镇困难人员等群体就业工作，努力完成城镇新增就业 900 万人以上、失业人员再就业 500 万人、就业困难人员就业 120 万人、城镇登记失业率控制在 4.6%以内的目标任务。

鉴于上述原因，研究就业风险具有重要的现实意义。由于就业风险直观上表现为失业率上升，而中国农村劳动力“蓄水池”的自动平衡机理能稳定就业，因而本报告有关就业风险的研究仍继续关注城镇失业状况。与此同时，考虑到劳动力作为生产要素表现为经济发展的“引致性需求”，因此需要通过分析经济运行状况来辨别就业风险因素，进而度量就业风险。

后继安排如下：首先分析近期国内外就业状况，然后识别就业风险因素，并运用 Kalman

滤波分离长短期就业风险，通过主成分方法合成影响就业的宏观经济因子（以尽量保全信息量），最后用排序 Probit/Logit 模型进行风险度量与预测。

二、近期国内外就业状况分析

本部分将对近期国内外就业情况进行简要分析，主要包括：根据中国城市公共就业服务机构所提供的就业供求调查信息，分析近期国内就业状况；基于国际货币基金组织（IMF）、国际劳工组织（ILO）、美国劳工部/商务部（U. S. Department of Labor/Commerce）、经合组织（OECD）及日本总务省统计局的相关数据，分析全球及重点区域的就业和经济发展状况。

（一）中国城镇就业状况分析

中国人力资源市场信息监测中心的数据显示，近期中国劳动力市场的求人倍率高达 1.1，创历史新高。相对需求较大的群体和部门主要为：商业和服务业人员、农林牧渔水利生产人员、生产运输设备操作工等职业类别，25～44 岁的青壮年劳动力，高中、职高、技校、中专等学历人员，初级工、中级工、技术员，第二产业、第三产业，制造业、批发和零售业，住宿和餐饮业，股份、联营、有限责任公司、私营企业、个体、其他企业。而新成长失业青年（特别是应届高校毕业生）、就业转失业人员、其他失业人员就业相对困难，占据了求职市场的较大比重。

1. 求人倍率分析

首先分析 2012 年和 2013 年第 1 季度中国城镇就业情况。图 6-1 列示了 2001 年以来中国 100 余座监测城市的"求人倍率"（即"岗位空缺与求职人数的比率"）状况，可见：自 2010 年以来，该指标数值均在 1.0 以上，2012 年 4 个季度分别为 1.08、1.05、1.05 和 1.08，2013 年第 1 季度更是达到最高点 1.1。这说明近期中国城市劳动力市场呈现"供不应求"的趋势。

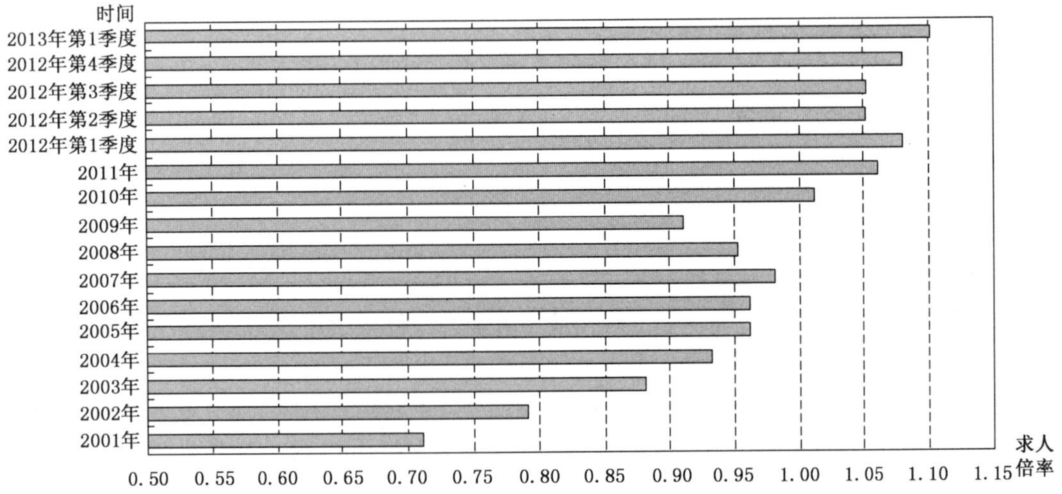

图 6-1 2001—2013 年第 1 季度监测城市的求人倍率变动趋势

数据来源：中国人力资源市场信息监测中心；表 6-1 至表 6-4 同。

表 6-1 为 2013 年第 1 季度 101 个监测城市劳动力市场按职业类别和人口特征统计的求人倍率及其变动情况，结合劳动力供需比例数据，主要特征包括：

（1）从职业类别来看，生产运输设备操作工、商业和服务业人员、专业技术人员、办事人员和有关人员等职业的劳动力需求和供给所占比例仍比较大，以上职业用人需求占比分别为

36.9%、29.2%、13.5%和 11.6%，劳动力供给占比分别为 32.0%、24.4%、14.3%和 14.3%。

(2) 从职业类别的求人倍率来看，商业和服务业人员、农林牧渔水利生产人员、生产运输设备操作工等职业用人需求大于供给，求人倍率分别为 1.23、1.19 和 1.19，且与上季度和 2012 年同期相比，均呈现上升趋势；单位负责人、办事人员和有关人员的求人倍率尽管较上季度和 2012 年同期有所增加，但数值仅分别为 0.97 和 0.85；此外，专业技术人员的求人倍率为 0.99，且较上季度和 2012 年同期分别减少 0.07 和 0.09。

(3) 从性别特征来看，男女人口的需求比例分别为 36.7%、13.8%，另有 31.5%的岗位对性别没有要求；从劳动力供给来看，男女劳动力占比分别为 54.4%和 45.6%；就求人倍率而言，男女劳动力分别为 1.09 和 1.11，分别比上季度上升 0.03 和 0.01，与 2012 年同期相比，分别上升 0.03 和持平。总的来说，男性劳动力仍为市场供需主体，且均呈现供不应求的趋势。

(4) 从劳动力年龄特征来看，16～24 岁、25～34 岁、35～44 岁、45 岁以上的劳动力需求占比分别为 27.5%、33.8%、19.2%和 6.1%（无年龄需求占比为 13.4%），对应劳动力供给占比分别为 35.1%、35.1%、20.7%和 9.1%，说明 25～44 岁青壮年劳动力仍为市场需求主体（将无年龄需求平分到各年龄段）；就求人倍率而言，上述 4 个年龄段人口分别为 1.01、1.21、1.17 和 0.88，同样说明青壮年劳动力“供不应求”，而年龄偏大的劳动力则需求不足。

表 6-1

2013 年第 1 季度监测城市求人倍率变动(按职业类别、人口特征)

职业类型	求人倍率	与上季度相比	与 2012 年同期相比	人口特征	求人倍率	与上季度相比	与 2012 年同期相比
单位负责人	0.97	0.1	0.06	男	1.09	0.03	0.03
专业技术人员	0.99	−0.07	−0.09	女	1.11	0.01	0
办事人员和有关人员	0.85	0.16	0.11	16～24 岁	1.01	0.01	−0.03
商业和服务业人员	1.23	0.00	0.01	25～34 岁	1.21	0.02	0.05
农林牧渔水利生产人员	1.19	0.13	0.16	35～44 岁	1.17	0.03	0.07
生产运输设备操作工	1.19	0.06	0.05	45 岁以上	0.88	0.08	0.03

表 6-2 为 2013 年第 1 季度 101 个监测城市劳动力市场按学历、职业资格和职称等级分类的劳动力供需比例和求人倍率情况，主要表现为以下几个特点：

(1) 就学历结构而言：需求（供给）占比表明，职高、技校、中专需求占比高达 58.9%(58.5%)，高中需求占比 37.4%(40.8%)，随后为初中及以下以及大专和大学，占比分别为 19.2%(22.4%)、18.5%(23.4%)和 10.4%(12.9%)，而硕士以上需求占比仅为 1.3%(0.5%)。

(2) 从各学历结构的求人倍率来看，硕士以上为 3.03，分别较上季度和 2012 年同期增加 0.79 和 2.00；职高、技校、中专的求人倍率为 1.37，分别较上季度和 2012 年同期增加 0.1 和 0.02；高中的求人倍率为 1.15，分别较上季度和 2012 年同期增加 0.03 和 0.01；而初中及以下、大学和大专的求人倍率在总体水平之下，分别为 1.09、1.03 和 1.02。

(3) 对劳动力技术等级或职称的分析表明：无技术等级或职称要求的用人需求（供给）占

比为42.2%(44.3%);初级工、中级工、高级工、技师、高级技师的用人需求占比分别为21.8%、12.7%、4.3%、2.0%和0.8%,劳动力供给占比分别为23.2%、11.0%、2.9%、1.2%和0.4%;技术员、工程师、高级工程师的需求占比为9.8%、5.3%和1.1%、供给占比为11.5%、4.7%和0.8%。

(4) 初级工、中级工、高级工、技师、高级技师的求人倍率分别为1.5、1.73、2.1、2.31和2.72,技术员、工程师、高级工程师的求人倍率分别为1.4、1.69和2.13;除技师、技术员、高级工程师用人倍率较上季度和2012年同期有所减少外,其余技术或职称等级的求人倍率均有上升趋势。

以上分析表明,高中和职业教育人才是市场主体且需求较旺,硕士以上高学历尽管占劳动力市场比例很低但近期供给不足;劳动力需求或供给的占比随技术(职称)等级而递减,但求人倍率则呈现相反趋势,说明尽管高等级人才需求较少,但呈现供不应求的局面。

表6-2

2013年第1季度监测城市求人倍率变动(按学历、职业资格、职称等级)

学历、职业资格、职称等级		需求占比(%)	与上季度相比(%)	与2012年同期相比(%)	供给占比(%)	与上季度相比(%)	与2012年同期相比(%)	求人倍率	与上季度相比	与2012年同期相比
按学历	初中及以下	19.2	−2.1	−4.9	22.4	−1.1	−4.8	1.09	−0.01	0.00
	高中	37.4	−1.5	−1.1	40.8	−1.6	−0.2	1.15	0.03	0.01
	职高、技校、中专	58.9	3.4	−1.2	58.5	1.8	−0.5	1.37	0.1	0.02
	大专	18.5	0.1	1.6	23.4	1.0	2.7	1.02	0.01	0.01
	大学	10.4	2.0	2.2	12.9	1.7	2.2	1.03	0.1	0.07
	硕士以上	1.3	0.3	1.0	0.5	0.0	0.1	3.03	0.79	2.00
按职业资格等级	初级工(职业资格五级)	21.8	−1.8	1.0	23.2	−0.8	0.6	1.5	0.02	0.03
	中级工(职业资格四级)	12.7	1.3	2.4	11.0	−0.9	1.5	1.73	0.28	0.08
	高级工(职业资格三级)	4.3	0.0	0.3	2.9	−0.6	−0.3	2.1	0.35	0.29
	技师(职业资格二级)	2.0	−0.5	−0.4	1.2	−0.1	−0.2	2.31	−0.18	−0.01
	高级技师(职业资格一级)	0.8	0.0	−0.2	0.4	0.0	−0.2	2.72	0.06	0.54
按职称等级	技术员(初级职称)	9.8	−1.1	−0.7	11.5	0.2	0.2	1.4	−0.05	−0.08
	工程师(中级职称)	5.3	−0.6	−0.4	4.7	−0.5	−0.8	1.69	0.05	0.08
	高级工程师(高级职称)	1.1	−0.2	−0.1	0.8	0.1	0.2	2.13	−0.24	−0.46

2. 劳动力市场的需求与供给分析

表6-3为2013年第1季度监测城市用人需求分产业、行业和不同企业的概况:

(1) 从产业来看,第二产业、第三产业仍为用人需求的主体,占比分别为43.4%和54.8%,与上季度相比分别上升和下降2.6%、2.8%,与2012年同期相比分别下降和上升0.1%、0.2%。

(2) 从行业来看,制造业、批发和零售业、住宿和餐饮业、居民服务和其他服务业、租赁和商务服务业用人需求占比均在5%以上,分别为36.5%、14.5%、11.1%、9.6%和6.8%;与上季度相比，除制造业用人需求占比上涨 2.5%之外，其他行业均有所下降；与 2012 年同期相比，制造业、住宿和餐饮业占比有所下降，而另外 3 个行业有所上升。

(3) 从不同企业用人需求来看，股份、联营、有限责任公司占比为 46.0%，私营企业、个体、其他企业占比为 35.2%，港澳台、外资企业占比为 15.0%，而国有和集体企业占比仅为 3.7%；与上季度相比，变化幅度分别为 4.4%、−1.5%、2.8%和 0.2%；与 2012 年同期相比，变化幅度分别为 0.6%、0.1%、−1.0%和 0.1%。

表 6-3

2013 年第 1 季度监测城市产业、行业和企业的用人需求状况

行业/产业/企业		需求人数(人)	所占比重(%)	与上季度相比的需求变化(%)	与 2012 年同期相比的需求变化(%)
三次产业	第一产业	108 589	1.8	0.2	−0.1
	第二产业	2 653 562	43.4	2.6	−0.1
	第三产业	3 352 702	54.8	−2.8	0.2
主要行业	制造业	2 233 628	36.5	2.5	−0.1
	批发和零售业	886 517	14.5	−0.2	0.2
	住宿和餐饮业	681 214	11.1	−0.8	−1.8
	居民服务和其他服务业	589 359	9.6	−0.5	0.7
	租赁和商务服务业	413 055	6.8	−0.5	1.1
各类企业	国有和集体	217 228	3.7	−0.2	0.1
	股份、联营、有限责任公司	2 736 995	46.0	4.4	0.6
	私营企业、个体、其他企业	2 094 965	35.2	−1.5	0.1
	港澳台、外资	893 130	15.0	−2.8	−1.0

表 6-4 为 2013 年第 1 季度监测城市的求职人员类别概况：

(1) 从失业人员求职情况来看：新成长失业青年、就业转失业人员、其他失业人员仍为主体，这 3 类人员求职占比分别为 23.9%、15.7%和 11.0%，与上季度相比变化分别为−0.4%、−1.5%和 1.7%，与 2012 年同期相比变化分别为 0.8%、1.3%和−1.1%。

(2) 在新增失业青年中，应届高校毕业生求职高达 595 557 人，占比为 44.7%，较上季度和 2012 年同期分别下降 1.7%和上升 3.7%。

(3) 其他主要的求职人员中，本市农村人员、外埠人员占比分别为 19.4%，较上季度变化分别为 2.1%和−1.2%，较 2012 年同期变化分别为 0.1%和−0.4%。

表 6-4

2013 年第 1 季度监测城市的求职人员类别变化

求职人员类别	求职人数(人)	所占比重(%)	与上季度相比求职变化(%)	与 2012 年同期相比求职变化(%)
新成长失业青年	1 330 928	23.9	−0.4	0.8

（续表）

求职人员类别	求职人数（人）	所占比重（%）	与上季度相比求职变化（%）	与 2012 年同期相比求职变化（%）
其中：应届高校毕业生	595 557	44.7	−1.7	3.7
就业转失业人员	874 193	15.7	−1.5	1.3
其他失业人员	610 677	11.0	1.7	−1.1
本市农村人员	1 077 685	19.4	2.1	0.1
外埠人员	1 076 776	19.4	−1.2	−0.4

（二）国外就业状况分析

本部分将集中分析近期全球及重点区域（美国、欧盟和日本）的就业状况。

1. 全球就业与经济发展概况

IMF 于 2013 年年初发布的"全球经济展望更新"（World Economic Outlook Update）认为，全球经济发展仍具有不确定性：一方面，尽管 2011 年第 3 季度后经济掉头，但 2012 年第 3 季度开始全球经济有上扬态势，而且新兴经济体呈现"中度"增长；但另一方面，欧债危机、日本经济衰退、近期美国的财政整顿等因素又带来了更大的不确定性。因此，IMF 预测 2013 年全球经济将出现缓慢增长（Gradual Upturn in Global Growth During 2013），如图 6-2 所示。

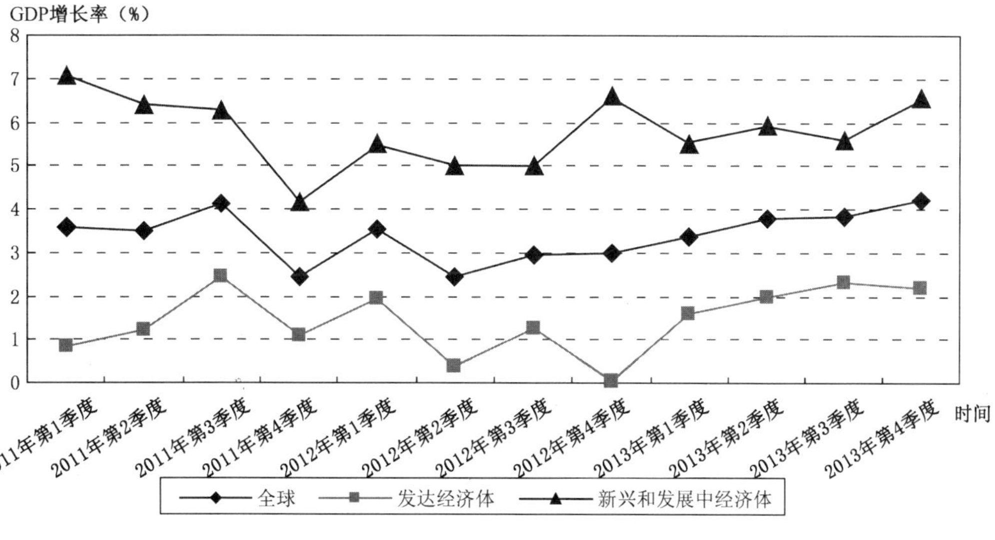

图 6-2　近期全球 *GDP* 增长趋势

数据来源：IMF，2013 年 1 月。

然而，IMF 于 2013 年 4 月出版的全球经济展望中对全球经济作出了普遍下调的预测，表 6-5为对 2013 年和 2014 年全球发达经济体和新兴经济体及对应主要国家（G7 和"金砖四国"）的 *GDP* 增长预测，从表 6-5 数据可见：

(1) 2013 年和 2014 年全球 *GDP* 增速预计分别为 3.3%和 4%，较 2013 年 1 月预测值下调 0.2%和 0.1%，较 2012 年 10 月预测值下调 0.3%和 0.2%；发达经济体的 *GDP* 增速分别为 1.2%和 2.2%，较 2013 年 1 月预测值下调 0.2%和持平，较 2012 年 10 月预测值下调0.4%

和 0.1%；新兴和发展中经济体的 *GDP* 增速分别为 5.3%和 5.7%，较 2013 年 1 月预测值各下调 0.2%，较 2012 年 10 月预测值下调 0.3%和 0.2%。

(2) G7 国家中，美国、加拿大和日本预测会出现正增长，2013 年和 2014 年美国 *GDP* 增速预计为 1.9%和 3%，加拿大为 1.5%和 2.4%，均高出发达经济体的平均水平；日本的 *GDP* 增速预测值分别为 1.6%和 1.4%。欧元区预计在 2013 年仍为负增长(−0.3%)，2014 年则为1.1%；其中，英国和德国保持正增长，但法国和意大利则呈现“先负后正”的态势。

(3) 2013 年和 2014 年，预测“金砖四国”均表现为正增长，预计巴西的 *GDP* 增速分别为 3%和 4%、俄罗斯为 3.4%和 3.8%，均低于新兴和发展中经济体的平均水平；印度和中国的 *GDP* 增速高于新兴和发展中经济体的平均水平，分别为 5.7%和 6.2%、8%和 8.2%。

表 6-5

“全球经济展望(WEO)”有关全球 *GDP* 增长的预测(%)

区 域	2011 年	2012 年	预测值		较 2013 年 1 月预测		较 2012 年 10 月预测	
			2013 年	2014 年	2013 年	2014 年	2013 年	2014 年
全球	**4.0**	**3.2**	**3.3**	**4.0**	**−0.2**	**−0.1**	**−0.3**	**−0.2**
发达经济体	**1.6**	**1.2**	**1.2**	**2.2**	**−0.2**	**0.0**	**−0.4**	**−0.1**
美国	1.8	2.2	1.9	3.0	−0.1	0.0	−0.2	0.1
加拿大	2.6	1.8	1.5	2.4	−0.3	0.1	−0.5	0.0
欧元区	1.4	−0.6	−0.3	1.1	−0.1	0.1	−0.4	0.0
英国	0.9	0.2	0.7	1.5	−0.3	−0.4	−0.4	−0.7
德国	3.1	0.9	0.6	1.5	0.0	0.1	−0.3	0.2
法国	1.7	0.0	−0.1	0.9	−0.4	0.0	−0.5	−0.2
意大利	0.4	−2.4	−1.5	0.5	−0.5	0.0	−0.8	0.0
日本	−0.6	2.0	1.6	1.4	0.4	0.7	0.4	0.3
新兴和发展中经济体	**6.4**	**5.1**	**5.3**	**5.7**	**−0.2**	**−0.2**	**−0.3**	**−0.2**
巴西	2.7	0.9	3.0	4.0	−0.5	0.0	−0.9	−0.2
俄罗斯	4.3	3.4	3.4	3.8	−0.3	0.0	−0.5	−0.1
印度	7.7	4.0	5.7	6.2	−0.2	−0.2	−0.3	−0.2
中国	9.3	7.8	8.0	8.2	−0.2	−0.3	−0.2	−0.3

数据来源：IMF，2013 年 4 月。

与近期 IMF 下调未来两年经济增速一致，ILO 对全球 2013 年和 2014 年的就业形势也较为悲观，2013 年年初发布的全球就业趋势展望(Global Employment Trends 2013)题为“从二次就业低谷中恢复”(Recovering from a second jobs dip)。表 6-6 为近年全球就业增长率趋势：

表 6-6

全球年度就业增长率(%)

区 域	2007 年	2008 年	2009 年	2010 年	2011 年	2012 年		
						置信下界	估计值	置信上界
全球	1.7	1.1	0.4	1.4	1.5	1.2	1.3	1.5
发达经济体与欧盟	1.5	0.6	−2.2	−0.2	0.4	0.2	0.3	0.4
中欧、东南欧(非欧盟)与独联体	2.1	1.2	−1.1	1.5	1.7	0.8	1.0	1.2
东亚	1.2	0.0	0.6	1.0	0.6	0.4	0.5	0.7
东南亚与太平洋地区	2.4	2.1	1.7	2.3	2.1	1.5	1.6	1.7
南亚	0.9	0.7	0.5	1.0	2.1	1.9	2.0	2.0
拉丁美洲与加勒比地区	2.3	2.6	0.6	3.2	2.0	1.6	1.8	2.0
中东	3.8	1.7	3.4	3.2	3.4	2.2	3.0	3.7
北非	3.7	3.0	2.2	2.5	1.1	1.6	2.0	2.3
撒哈拉沙漠以南非洲	2.8	2.9	2.7	2.8	2.9	2.8	2.9	3.0

资料来源:ILO,2013 年 1 月。

从表 6-6 数据可见:次贷危机以来全球就业增长率下降,到 2009 年跌至 0.4%,随后上升,2011 年达到 1.5%,但 2012 年估计将下跌为 1.3%;发达经济体和欧盟地区的就业增长率与全球趋势一致,2009 年和 2010 年分别为负增长(−2.2%和−0.2%)、2011 年和 2012 年分别为 0.4%和 0.3%。此外,近期东亚地区就业增长相对全球偏低,其他区域接近或超出全球平均水平。

表 6-7 为近期及 2013、2014 年全球失业人口预测情况,大致有如下特征:

(1) 全球失业人口从 2009 年的 1.984 亿人下降到 1.931 亿人,但 2012 年上升到 1.973 亿人;正常预测情形下,2013 年和 2014 年将进一步增加到 2.025 亿人和 2.053 亿人;若结合近期 IMF 经济展望下调,则 2013 年和 2014 年的失业人口预测值会进一步上升为 2.06 亿人和 2.122 亿人。

(2) 中欧、东南欧(非欧盟)与独联体的失业人口自 2009 年以来预计会延续下降趋势,而中东、北非、撒哈拉沙漠以南非洲地区则刚好相反,失业人口预计会持续上升。

(3) 其他区域的失业人口走势大致与全球一致。其中,发达经济体与欧盟的失业人口预计到 2013 年和 2014 年会达到 4 480 万人和 4 440 万人(经济下行情形下分别为 4 720 万人和 4 920万人),东亚地区 2013 年和 2014 年失业人口预计为 3 960 万人和 4 020 万人(经济下行情形下分别为 4 050 万人和 4 140 万人)。

表 6-7

全球失业人口预测

单位:百万人

区 域	2009 年	2010 年	2011 年	2012 年*	正常预测		经济下行预测	
					2013 年*	2014 年*	2013 年*	2014 年*
全 球	198.4	194.6	193.1	197.3	202.5	205.3	206.0	212.2
发达经济体与欧盟	42.6	44.7	43.1	43.9	44.8	44.4	47.2	49.2

（续表）

区域	2009 年	2010 年	2011 年	2012 年*	正常预测		经济下行预测	
					2013 年*	2014 年*	2013 年*	2014 年*
中欧、东南欧(非欧盟)与独联体	17.9	16.8	15.6	14.9	14.9	14.7	15.0	14.9
东亚	37.7	36.1	37.3	38.6	39.6	40.2	40.5	41.4
东南亚与太平洋地区	15.5	14.4	13.6	13.9	14.4	14.7	14.3	15.1
南亚	26.1	24.9	24.5	25.4	26.4	27.2	26.3	27.3
拉丁美洲与加勒比地区	21.3	19.2	18.7	19.1	19.8	20.3	19.9	20.4
中东	7.0	7.6	7.7	8.0	8.2	8.4	8.3	8.5
北非	6.2	6.2	7.2	7.5	7.7	7.8	7.7	7.8
撒哈拉沙漠以南非洲	24.2	24.8	25.4	26.1	26.8	27.5	26.8	27.6

数据来源：ILO，2013 年 1 月，表 6-8 同；2012 年为预估值，2013 年和 2014 年为预测值，均用 * 号标识。

表 6-8 进一步给出了近年来及 2013、2014 年全球失业率预测数据，大致情况为：

（1）全球失业率从 2009 年的 6.2%下降到 2011 年和 2012 年的 5.9%，2013 年和 2014 年预计将达到 6%，若考虑经济下行，则失业率分别为 6.1%和 6.2%。东亚、东南亚与太平洋地区、南亚等区域的失业率在全球平均水平之下，情形相对较好。

（2）东亚、东南亚与太平洋地区、南亚等区域的失业率在全球平均水平之下，情形相对较好；由于时局动荡，中东和北非将持续高失业率，预计 2013 年和 2014 年将分别在 11.1%和 10.3%左右；发达经济体与欧盟、拉丁美洲与加勒比地区的失业率趋势与全球一致，前者在 2013 年和 2014 年的失业率预计为 8.7%和 8.6%（经济恶化时为 9.2%和 9.5%），后者在 2013 年和 2014 年的失业率预计为 8.7%和 8.6%（经济恶化情形下不变）。

（3）中欧、东南欧（非欧盟）与独联体的失业率基本呈现下降趋势，2013 年和 2014 年失业率预计分别为 8.2%和 8.1%（经济恶化时预计分别为 8.3%和 8.2%）；而撒哈拉沙漠以南非洲的失业率则相对稳定，在 7.5%左右。

表 6-8

全球失业率概况预测(%)

区域	2009 年	2010 年	2011 年	2012 年*	正常预测		经济下行预测	
					2013 年*	2014 年*	2013 年*	2014 年*
全 球	6.2	6.0	5.9	5.9	6.0	6.0	6.1	6.2
发达经济体与欧盟	8.4	8.8	8.4	8.6	8.7	8.6	9.2	9.5
中欧、东南欧(非欧盟)与独联体	10.1	9.4	8.7	8.2	8.2	8.1	8.3	8.2
东亚	4.4	4.2	4.3	4.4	4.5	4.6	4.6	4.7
东南亚与太平洋地区	5.2	4.7	4.4	4.4	4.5	4.5	4.5	4.6
南亚	4.1	3.9	3.8	3.8	3.9	3.9	3.9	3.9
拉丁美洲与加勒比地区	7.8	6.8	6.5	6.6	6.7	6.8	6.7	6.8

（续表）

区 域	2009 年	2010 年	2011 年	2012 年*	正常预测		经济下行预测	
					2013 年*	2014 年*	2013 年*	2014 年*
中东	10.7	11.2	11.1	11.1	11.1	11.1	11.2	11.2
北非	9.1	8.9	10.0	10.3	10.3	10.2	10.3	10.3
撒哈拉沙漠以南非洲	7.6	7.6	7.6	7.5	7.5	7.5	7.5	7.5

在全球经济形势下滑的情形下，青年为重点失业人群。据图 6-3 所示：20 世纪 90 年代初期以来全球青年失业人口和失业率均出现上升趋势，2005 年达到 7 780 万人和 12.8%，随后下滑并于 2007 年开始回升，2009 年分别为 7 560 万人和 12.7%，这个数字尽管至 2011 年有所下降，但预计 2013 年会提升到 7 340 万人和 12.6%。

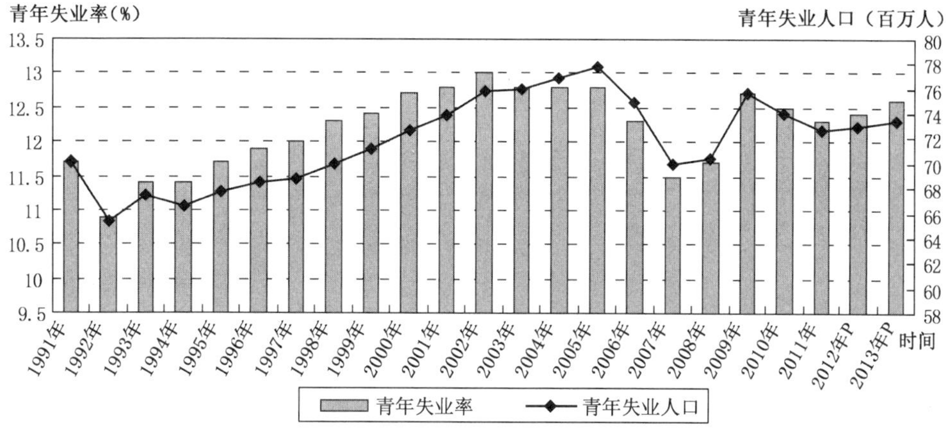

图 6-3 全球青年失业状况

数据来源：ILO，2013 年 5 月；2012 年 P、2013 年 P 均表示年度预测值。

2. 美国近期就业与经济发展概况

图 6-4 为 2005 年 1 月以来美国“非农就业人口”(Total Nonfarm Payrolls: All Employees)的月度数据及其环比增长率走势，以及非农就业增长率趋势。

由图 6-4 可知：①从 2005 年 1 月开始，美国非农就业人口逐渐上升，2008 年 1 月高达 1 380.56万人；随后因次贷危机而深度下调，2010 年 2 月下降为 1 293.20 万人；其后开始回升，2013 年 3 月和 4 月分别为 1 353.09 万人和 1 354.74 万人。②从非农就业人口环比增长率来看，2005 年以来逐步下降，2008 年 1 月以后开始长期负增长，2008 年 2 月为 −0.06%，2009 年 3 月跌至 −0.62%；随后开始强劲“复苏”，至 2010 年 3 月、5 月分别达到 0.12%和 0.4%；但紧接着又出现“断崖式”探底，2010 年 6 月为 −0.1%；随后开始缓慢回升，2013 年 3 月和 4 月分别为 0.10%和 0.12%，低于同期潜在水平(趋势线对应数据分别为 0.18%和 0.19%)。

图 6-5 为近期美国经季节调整的“周总工时指数”(Indexes of Aggregate Weekly Hours of All Employees: Total Private)和“国内失业率”(Civilian Unemployment Rate)的走势：

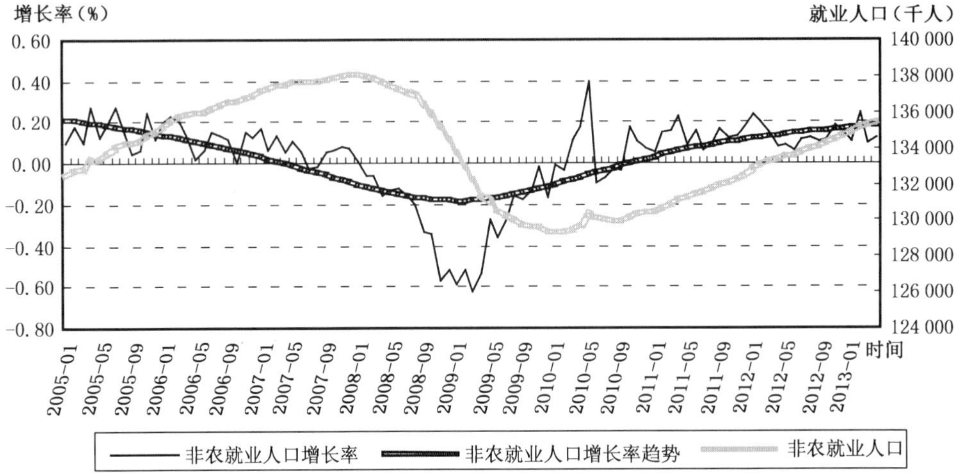

图 6-4 美国非农就业人口及其同比增长率走势

数据来源:U. S. Department of Labor 的企业调查,图 6-5 同;数据经季节调整,趋势线为 HP 滤波所得。

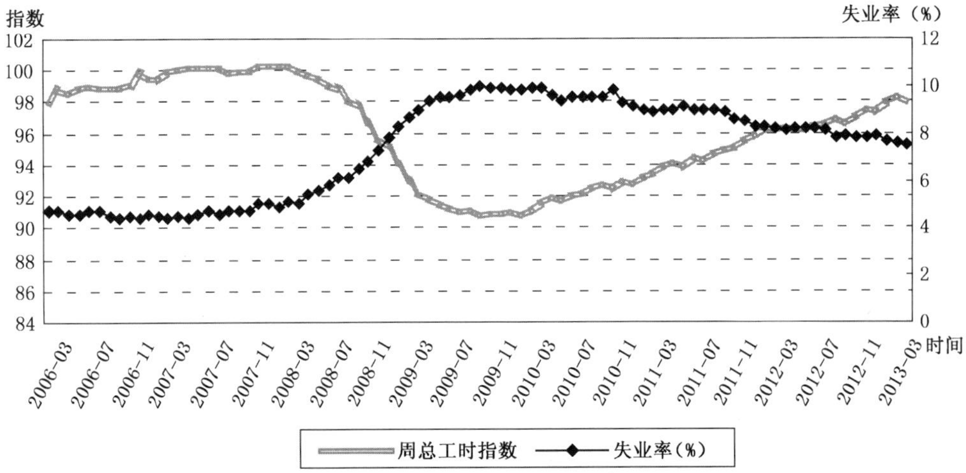

图 6-5 近期美国周总工时指数和国内失业率走势

注:对私人部门所有雇员的统计,经季节调整,周总工时指数 2007=100。

由图 6-5 可见:和上述非农就业人口走势基本一致,2010 年年底以来周总工时指数开始缓慢上升,2013 年 1~4 月分别为 97.4、97.9、98.3 和 97.9,但仍低于基准值 100。从失业率来看,基本呈现和周总工时指数相反的走势。自 2009 年 10 月达到近期 10%的顶点之后开始下落,2011 年 10 月之后回调至 9%以下(当月为 8.9%),2012 年 9 月之后则进一步下降到 8%以下(当月为 7.8%),2013 年 1~4 月分别为 7.9%、7.7%、7.6%和 7.5%。

图 6-6 为近期美国真实 *GDP* 及其增长走势:从真实 *GDP* 走势来看,受次贷危机影响,该指标从 2008 年第 2 季度开始下滑,直至 1 年后方止稳上升。从真实 *GDP* 年化增长率来看,该指标在 2008 年第 3 季度至 2009 年第 2 季度表现为负增长(2008 年第 4 季度为近期最低谷-8.9%),随后 *GDP* 重新回归正增长,近期有较大反复,尽管 2011 年第 4 季度的年化增长率高达 4.1%,但

随后下降,2012 年第 4 季度、2013 年第 1 季度的真实 *GDP* 增长率分别为 0.4%和 2.5%。

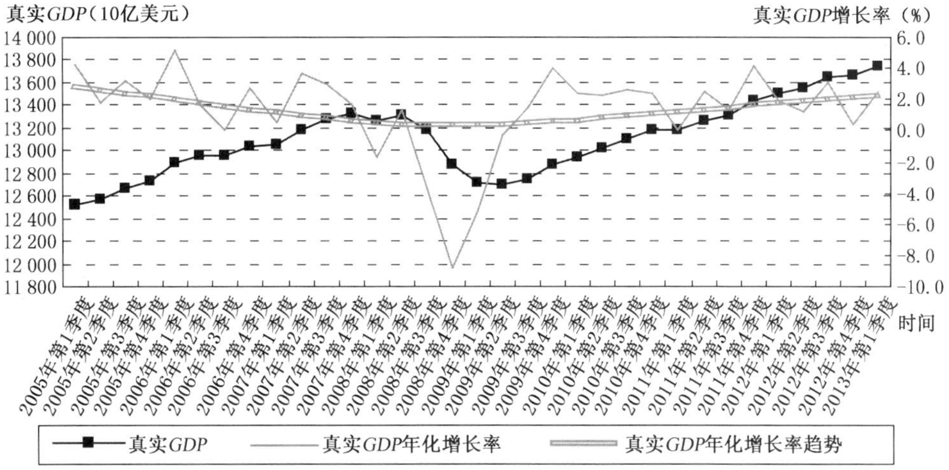

图 6-6 近期美国真实 *GDP* 及其增长走势

数据来源:U. S. Department of Commerce,经季节调整的年化值,真实 *GDP* 增长率趋势由 HP 滤波得到。

3. 欧洲就业与经济发展概况

图 6-7 给出了深陷主权债务危机的欧洲 5 国,即葡萄牙、爱尔兰、意大利、希腊和西班牙等国家的"修正失业率"(Harmonied Unemployment Rates)走势:

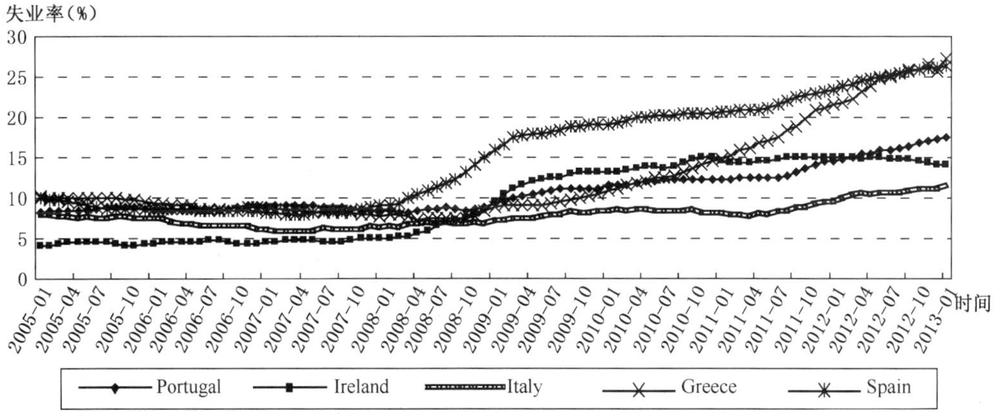

图 6-7 深陷主权债务危机的欧洲 5 国之失业率状况

数据来源:OECD,为经季节调整值,其中失业率为"修正失业率",图 6-8 至图 6-10 同。

如图 6-7 所示:5 个主权债务危机国家的"修正失业率"均维持在高位,且除了爱尔兰近期略有下降外,其他 4 个国家基本上都延续了失业率持续攀升的态势。2013 年 1 月,葡萄牙、爱尔兰、意大利、希腊和西班牙的失业率分别为 17.5%、14.1%、11.7%、27.2%和 26.4%,尤其是西班牙和希腊的失业率节节攀高,为欧元区经济发展带来了高度不确定性。

与高失业率对应,上述 5 国的 *GDP* 增长率在经历了 2009 年探底之后,尽管于 2010 年有所回升并偶有正增长,但随后又于 2011 年重新回归衰退并步入负增长趋势。其中,希腊经济增长最为糟糕，一路延续“跌跌不休”和持续负增长（OECD 公布的该国 *GDP* 增长的最新数据为 2011 年第 1 季度 *GDP* 增长率为－5.45％）；而爱尔兰的情形相对较好，2011 年和 2012 年各季度多维持正增长。2012 年第 4 季度葡萄牙、爱尔兰、意大利和西班牙的 *GDP* 增长率分别为－3.78％、－0.02％、－2.77％和－1.94％。上述欧洲 5 国的 *GDP* 增长状况如图 6-8 所示。

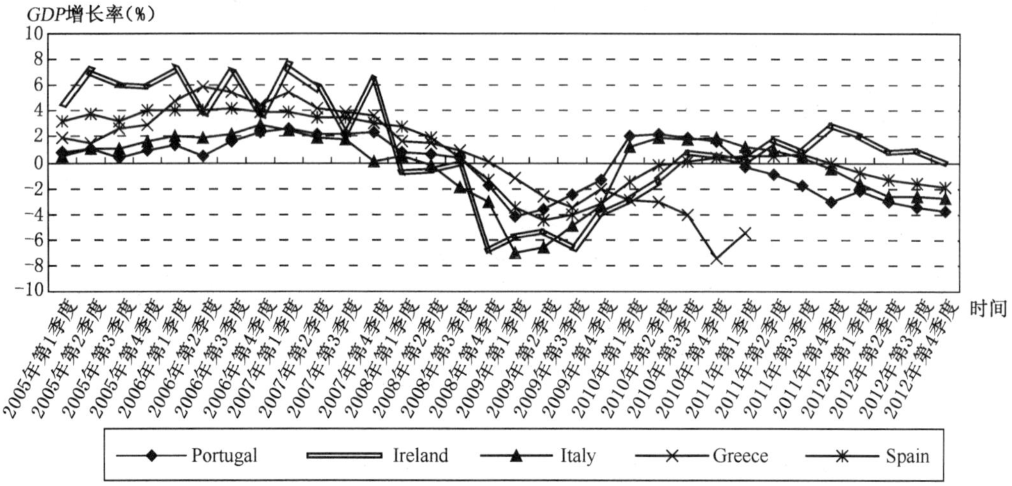

图 6-8 深陷主权债务危机的欧洲 5 国之 *GDP* 增长状况

图 6-9 为欧盟主要经济体德国、英国和法国近期的失业率和经济增长情况。

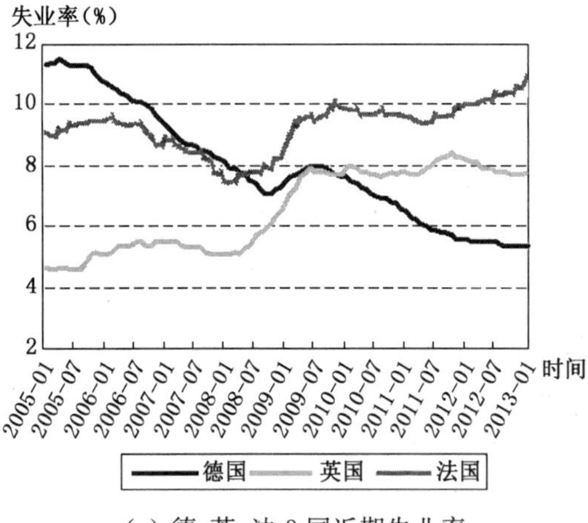

(a) 德、英、法 3 国近期失业率

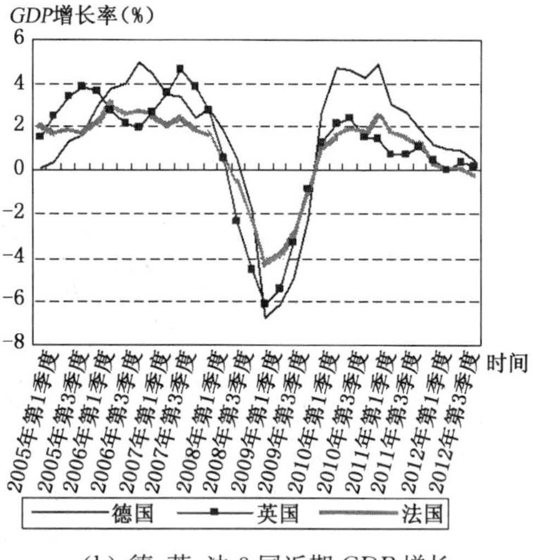

(b) 德、英、法 3 国近期 *GDP* 增长

图 6-9 德、英、法 3 国近期失业率与 *GDP* 增长状况

如图 6-9 所示：自 2005 年以来，德国的失业率持续下降，英国的失业率则基本上持续上升，法国的失业率在短暂下降后持续攀升、且处于相对高位；2013 年 1 月，上述 3 国的失业率分别为 5.4％、7.8％和 10.8％。从 3 国同期 *GDP* 增长来看，趋势表现基本相同，即受次贷危机影响，在 2009 年第 1 季度前后表现为深 V 态势；尽管在 2010 年 *GDP* 增长较快，但随后开始回落；2012 年第 4 季度，德国、英国和法国的 *GDP* 增长率分别为 0.41％、0.20％和－0.30％。

图 6-10 为近期欧元区 17 国和美国、加拿大的 *GDP* 增长及失业率对比。

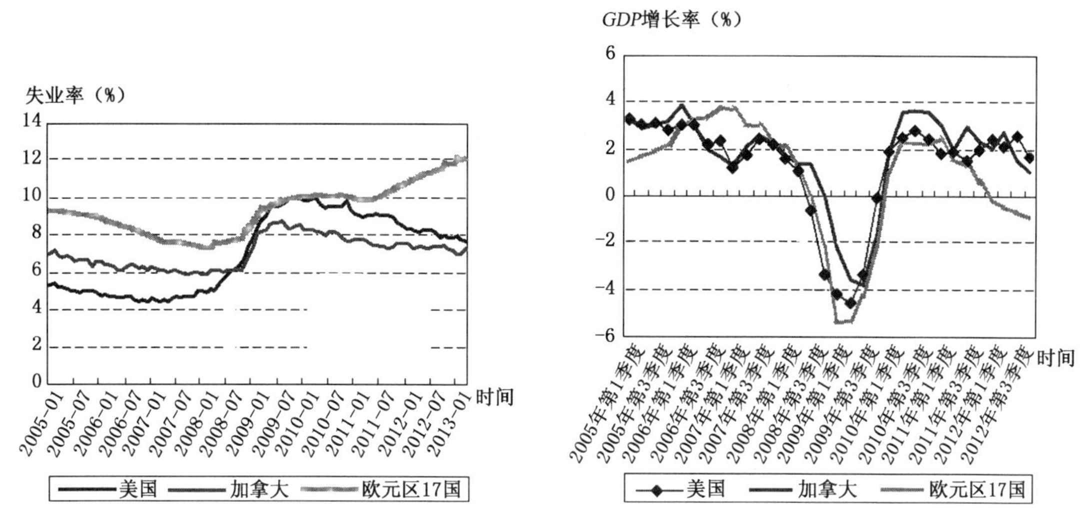

（a）美国、加拿大和欧元区近期失业率　　（b）美国、加拿大和欧元区近期 *GDP* 增长

图 6-10　近期欧元区与美国、加拿大的 *GDP* 增长及失业率对比

注："修正失业率"所得美国失业率的数据与美国劳工部提供的数据可能存在不一致。

如图 6-10 所示，美国和加拿大的情况类似，和欧元区 17 国有所区别：从失业率来看，尽管受次贷危机影响，美国、加拿大和欧元区的失业率均在 2008 年年底开始攀升，且于 2009 年年底处于相对高位，但美国和加拿大的失业率自此开始缓慢下降，而欧元区 17 国失业率则继续攀升；2013 年 3 月，美国和加拿大的失业率分别为 7.6% 和 7.2%，而欧元区 17 国则为 12.1%。从 *GDP* 增长来看，这 3 个国家或区域均在 2009 年年底表现为深 V 态势，但美国和加拿大在 2010 年之后恢复较好，而欧元区 17 国则在 2010 年出现短暂较高正增长之后迅速掉头；2012 年第 4 季度，美国、加拿大和欧元区 17 国的 *GDP* 增长率分别为 1.67%、1.1% 和 −0.91%。

4. 日本就业与经济发展概况

图 6-11 为近期日本的失业人口和失业率走势。

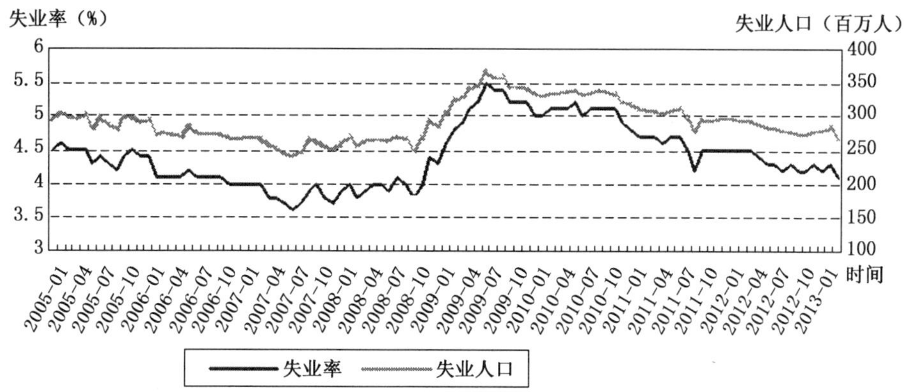

图 6-11　近期日本的失业率和失业人口走势

数据来源：日本统计局，经季节调整；图 6-12、图 6-13 的数据来源同。

如图 6-11 所示：受次贷危机影响，失业率和失业人口于 2008 年年底开始上升，到 2009 年 7 月，失业率和失业人口分别为 5.5%和 364 万人；但随后失业状况逐步改善，2013 年 1～3 月的失业率分别为 4.2%、4.3%和 4.1%，失业人口分别为 279 万人、284 万人和 267 万人。

与失业状况对应，日本的真实 *GDP*（未经季度调整）走势也在 2008 年之后突然下降，但从 2009 年开始逐步恢复上升态势，2012 年第 4 季度为 132.543 万亿日元（如图 6-12 所示）。

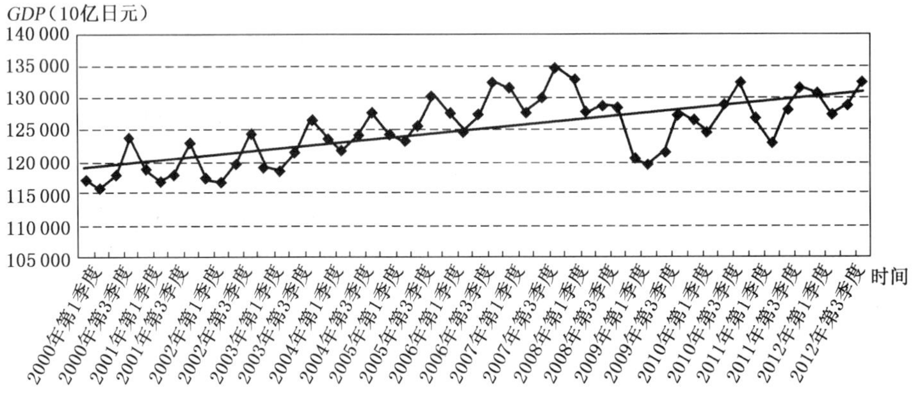

图 6-12　2000 年以来日本的真实 *GDP* 走势及其线性趋势

注：数据未经季节调整。

而真实 *GDP* 增长率走势也体现了日本经济在次贷危机之后的深度调整尚未结束，如图 6-13所示：无论是真实 *GDP* 的同比增长还是环比增长趋势，均表现为在 2008 年年底之前较为平稳（处于低位但多数季度为正增长）。在经历 2009 年调整之后，2010 年以来有所恢复，但处于低位动荡盘整阶段，2012 年第 4 季度的 *GDP* 增长率分别为 0.5%（上年同比）和零增长（上季度环比）。

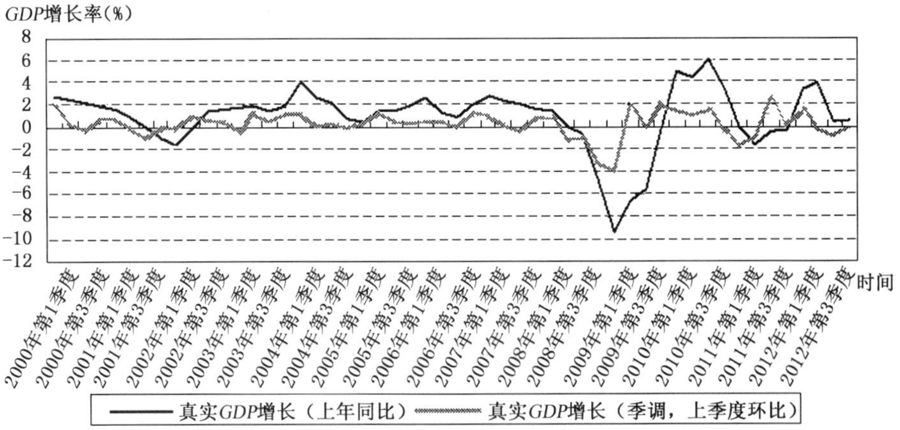

图 6-13　2000 年以来日本的真实 *GDP* 增长率

三、风险因素识别

劳动力表现为经济增长的引致性需求，本部分首先结合近期文献阐明经济发展对就业的影响机制；随后结合近期数据，分析劳动力供给和劳动力需求对就业的影响。

(一) 经济发展对就业的影响机制

城镇就业的影响因素可归结为劳动力供给与需求两方面，而劳动力市场的“供大于求”即表现为失业(唐海燕,2009)。结合近期文献，简要概述如下。

1. 从劳动力供给角度分析

从劳动力供给角度看，多数研究认为城镇化、城乡收入差距导致的农村劳动力转移对城镇失业有显著影响；就次贷危机的影响而言，其直接冲击及随后的产业结构调整对大学生和农民工就业的影响最大；随着人口红利时代的即将结束，劳动力有效供给将逐步减少。

2. 从劳动力需求角度分析

从劳动力需求角度看，经济发展对城镇就业(失业)的影响，一般认为有以下几个方面。

(1) 作为产出投入要素，投资增加(资本与人的结合)有利于拉动就业，但资本有机构成和技术进步对劳动力具有替代作用。杨晶等(2012)基于2007年的投入产出表发现，增加投资对扩大就业起到一定的促进作用:2009年出口下滑导致的非农就业岗位减少806.8万人，而同年增加投资20 908.96亿元可扩大就业岗位505.1万人。此外，谢建国、吴春燕(2012)认为，技术水平提升抑制就业增长；牛蕊(2012)认为，资本和技术密集型产业贸易结构的变化对就业的影响逐年增强并产生了负面影响；而方建国、尹丽波(2012)以福建省为例，分析发现尽管产业内部存在技术毁灭就业的情况，但从长期和总量上来看并不显著。

(2) 产出弹性下降表明奥肯定律在中国不适用，产业结构对就业也有重要影响。就经济增长对就业的影响而言，刘习平(2012)认为，尽管出口贸易、经济增长与就业之间存在长期的稳定关系，但经济增长不是就业格兰杰原因；石昶、宋德勇(2012)也认为，中国经济增长的就业带动能力弱，就业弹性暂时提高源于隐性失业者真正失业后能很快再就业。

就产业结构而言，李文星(2012)认为，第二、第三产业产值占*GDP*的比重分别与就业总量之间存在显著的负相关和正相关关系；樊秀峰等(2013)认为，第一产业拉动就业不足且存在大量的隐性失业，第二产业吸纳就业能力在减弱，第三产业拉动就业能力较强；此外，闫文娟等(2012)也认为提高第三产业比重可强化环境规制对就业的正面影响。

(3) FDI、人民币贬值、出口退税和对外贸易增加会有效促进就业。如，谢建国、吴春燕(2012)证实了出口退税、FDI和人民币贬值能显著促进就业；刘宏、李述晟(2013)验证了FDI对我国经济增长和就业具有明显的促进作用。但段玉婉等(2012)发现，出口对就业的拉动效率在不断下降；陈昊、谢超峰(2012)认为，出口规模扩大对就业产生正向冲击，但外贸顺差(即同时考虑进出口)的就业效应却呈现出先促进后抑制的效应。

(4) 积极的财政和货币政策能促进就业，但必须注意财政资金投向和货币政策扩张带来的通胀压力影响。如，董万好、刘兰娟(2012)采用CGE模拟分析认为，城镇化过程中财政科教投入对就业尤其是第三产业就业具有显著正向促进作用；张德荣、杨慧(2012)使用世界银行2005年对中国120个城市的调查数据，证实了减税能够明显降低促进就业的政策代价，且认为减少企业的各种非税负担是比减税更加有效的就业促进手段。

(二) 劳动力供给变化及其对就业的影响

图6-14为2001年以来全国就业人数，以及失业人口(增长)的季度走势。

(1) 从就业人数来看，尽管其在2001年第1季度至2003年第2季度表现为下降趋势，但随后基本上逐步上升，2012年第4季度、2013年第1季度分别为1.48亿人和1.49亿人。

(2) 全国登记失业人口不断攀升，2001 年第 1 季度、第 3 季度分别为 608 万人和 830 万人，2009 年第 1 季度高达 915 万人，2012 年第 4 季度、2013 年第 1 季度分别为 917 万人和 926 万人。

(3) 从登记失业人口的同比增长来看，期初快速上升，2002 年第 1 季度为 18.61%，随后趋于下降，在 2009 年第 1 季度到第 3 季度再次达到高峰(分别为 10.91%、8.5%和 10.24%)；进入 2010 年以后稳定为较低水平，2012 年第 4 季度、2013 年第 1 季度分别为 −0.54%和 2.9%。

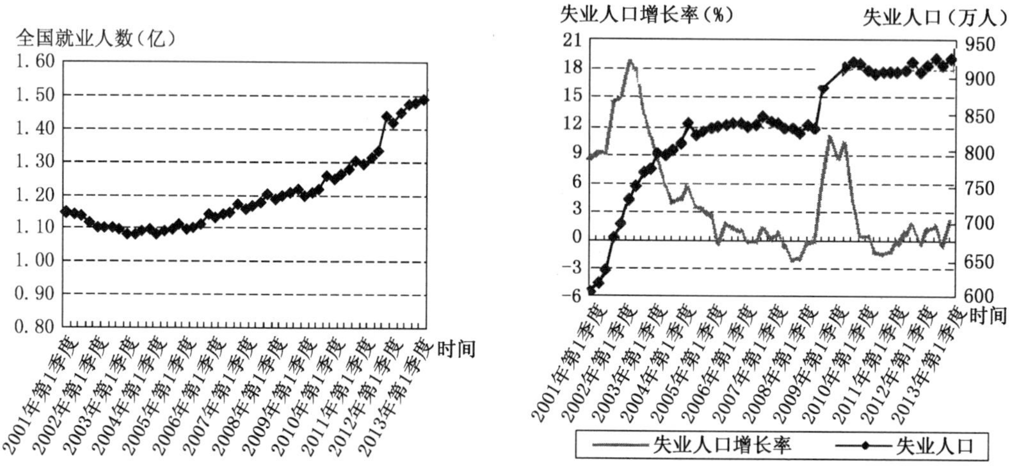

(a) 全国就业人数走势

(b) 失业人口及其同比增长走势

图 6-14 2001 年以来中国就业人口、失业人口及其上年同比变化的季度趋势

数据来源：中诚信咨询。

图 6-15 为 1978 年以来中国城镇化率、城乡收入比和城乡基尼系数走势。

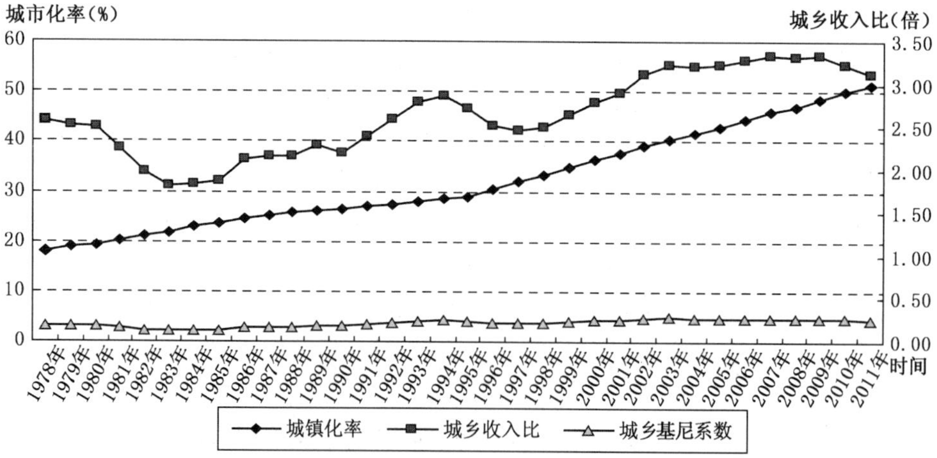

图 6-15 城镇化率、城乡收入比与城乡基尼系数走势

数据来源：依据《中国统计年鉴》各年度数据整理；基尼系数的计算参考了陈建东等(2009)提出的方法。

由图 6-15 可见，中国城镇化率自改革开放以来呈现稳步上升，2011 年达到 51.27%，2012 年则进一步上升为 52.6%；城乡收入比和城乡基尼系数的趋势较为一致，基本上呈现振荡增长趋势，但近年来有微弱下降，2009—2011 年城乡收入比分别为 3.33、3.23 倍和 3.13 倍，城乡基尼系数分别为 0.273 8、0.263 6 和 0.254 1。

图 6-16 为 1978 年以来“非农产业—农业”劳动生产率比、非农业劳动生产率（自然对数）的走势：“非农产业—农业”劳动生产率比稳步上升，2011 年该指标的自然对数为 11.68；“非农产业—农业”劳动生产率比的趋势与上述城乡收入比和城乡基尼系数的趋势比较吻合，呈振荡上行且近年下降，2009—2011 年分别为 11.07、10.63 倍和 10.10 倍。

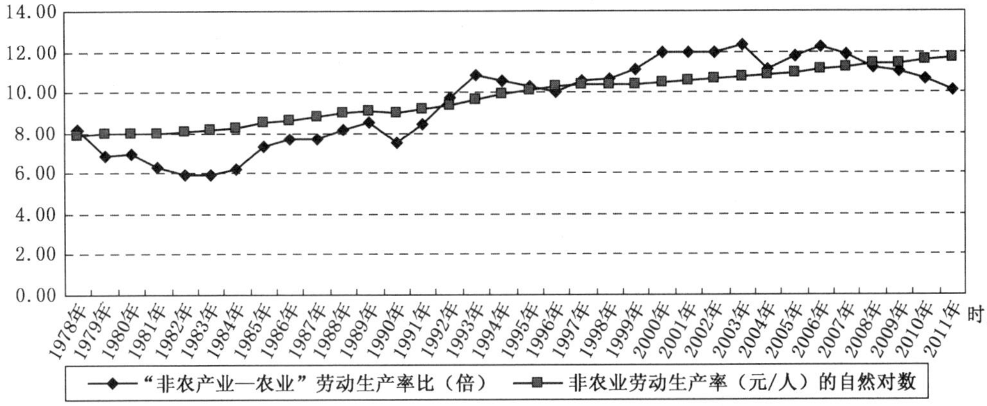

图 6-16 “非农产业—农业”劳动生产率比、非农业劳动生产率走势

数据来源：依据《中国统计年鉴》各年度数据整理。

结合上述 5 个影响城镇劳动力供给的指标来看：城镇化率、“非农产业—农业”劳动生产率比的攀升为城镇就业带来挑战；尽管“非农产业—农业”劳动生产率比、城乡收入比和城乡基尼系数近年来有所下降，但其绝对数字仍较大，农村劳动力向城镇转移仍将持续。

（三）经济增长与结构变化及其对就业的影响

1. 经济增长与产业结构对就业的影响

图 6-17 为 2000 年以来中国 *GDP* 及各产业增加值的同比增长速度走势。

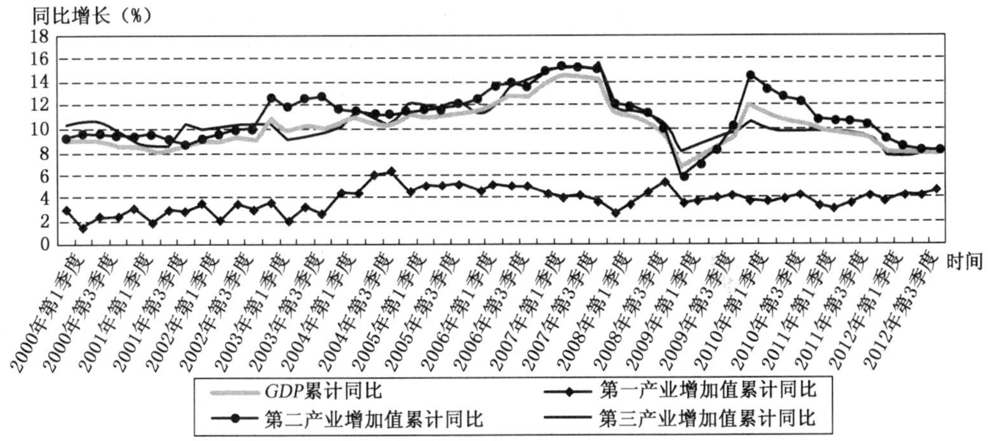

图 6-17 2000 年以来我国 *GDP* 及各产业增加值的同比增长速度走势

数据来源：中诚信咨询，图 6-18 至图 6-26 同。

如图 6-17 所示：①2000 年第 1 季度到 2008 年年初，中国 GDP 增长基本呈现上升趋势；

随后趋于下降，在 2009 年年初前后形成深 V 形调整态势（和前述美国、欧元区和日本近期的 *GDP* 增长走势基本一致），2008 年第 3 季度至 2010 年第 1 季度的同比增长率分别为 10.6％、9.6％、6.6％、7.5％、8.2％、9.2％和 12.1％；随后 *GDP* 增长重新进入下行通道，并于 2012 年开始跌破 9％的增长率，2012 年第 1 至第 4 季度增比率分别为 8.1％、7.8％、7.7％和7.8％。②分产业来看，第二、第三产业和总体 *GDP* 的增长趋势基本一致，第一产业增长则相对平稳，2012 年第 4 季度三种产业的增加值增长率分别为 4.5％、8.1％和 8.1％。③由于劳动力作为要素投入表现为引致性需求，而城镇就业主要集中在第二、第三产业，综合上述经济与产业增加值增长走势，近期经济增长趋于下降的局面不利于就业增长。

图 6-18 为近年来各类景气指数和铁路货运总发送量累积增长走势。

如图 6-18 所示：①3 类主要景气指数均在 2009 年开始经历了突然下降、而后有所回升的趋势；宏观经济预警指数和 *GDP* 增长率的走势较为一致，2013 年 1 月、2 月分别为 90.7 和 93.3；消费者信心指数近期在 100 的数值水平上下呈现较大波动，2013 年 1 月、2 月分别为 104.5 和 108.2；制造业采购经理指数近期相对平稳且趋于缓慢下降，2013 年 1 月、2 月分别为 50.4 和50.1。②从铁路货运总发送量累积增长走势来看，2007 年之后有明显下降，到 2009 年 1 月累积增长率仅为－7％，随后快速攀升，到 2010 年 2 月达到 18.5％，但其后步入下行通道，2013 年 1 月、2 月累积增长率分别为 1.6％和 0。

总的来说，上述经济走势分析说明，近期经济增长仍充满不确定性，增加了就业风险。

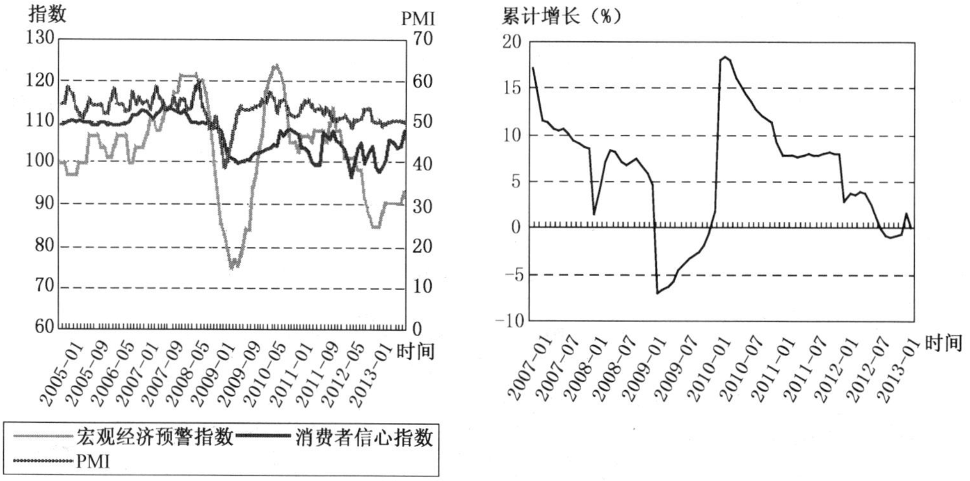

（a）各类景气指数走势　　（b）铁路货运总发送量累积增长

图 6-18　近年来各类景气指数和铁路货运总发送量累积增长走势

以下进一步分析就业弹性与就业结构偏差，表 6-9 为 2005—2011 年数据：①就总的就业弹性而言，2005 年以来逐步降低，到 2009 年变为负值，随后上升为较低水平的正值，2011 年为 0.04，说明经济增长对就业拉动不明显。②分产业来看就业弹性，第一产业一直为较高水平的负值，表明第一产业产值增长反而不利于该行业就业；第二、第三产业就业弹性基本和总的就业弹性趋势一致，2011 年分别为 0.31 和 0.38，说明第二、第三产业作为城镇就业主要产业，就业促进效果比较明显。③从就业结构偏差来看，第一产业为负，第二、第三产业尽管为正但逐年递减，说明第一产业产出相对就业人数偏低，而第二、第三产业则相反，但第二、第三产业吸纳就业的能力趋于下降。④从产业结构的 Moor 值来看(王庆丰、党耀国,2010),近年来其基本上呈现“下降—上升—下降”的走势,说明产业结构调整波动较大;而就业结构的 Moor 值走势则呈现“下降—上升”态势,说明近期各产业就业结构变化较大。

表 6-9

就业弹性与就业结构偏差(2005—2011 年)

就业弹性与结构偏差 \ 年份	2005	2006	2007	2008	2009	2010	2011
总的就业弹性	0.07	0.06	0.05	0.07	−0.23	0.03	0.04
第一产业就业弹性	−0.70	−0.83	−0.92	−0.47	−1.38	−0.78	−1.13
第二产业就业弹性	0.57	0.47	0.48	0.24	−0.01	0.30	0.31
第三产业就业弹性	0.27	0.25	0.08	0.31	0.06	0.19	0.38
第一产业就业结构偏差	−0.73	−0.74	−0.74	−0.73	−0.73	−0.72	−0.71
第二产业就业结构偏差	0.99	0.91	0.77	0.74	0.66	0.63	0.58
第三产业就业结构偏差	0.29	0.27	0.29	0.26	0.27	0.25	0.21
产业结构 Moor 值	4.49	3.18	3.31	0.37	5.72	1.41	0.38
就业结构 Moor 值	7.54	7.95	7.26	4.84	5.56	5.35	7.25

数据来源:根据《中国统计年鉴》相关数据测算,计算方法参阅唐海燕(2012)。

2. 消费、投资和进出口对就业的影响

据国家统计局统计公报数据,2012 年中国社会消费品零售总额 210 307 亿元,比上年增长 14.3%,扣除价格因素,实际增长 12.1%。2008—2012 年全社会消费品零售比上年增长分别为 22.7%、15.5%、18.3%、17.1%和 14.3%。图 6-19 为 2005 年以来社会消费品零售总额及其同比增长的月度数据走势,表明后危机时代社会消费品零售增长仍处于较低水平。

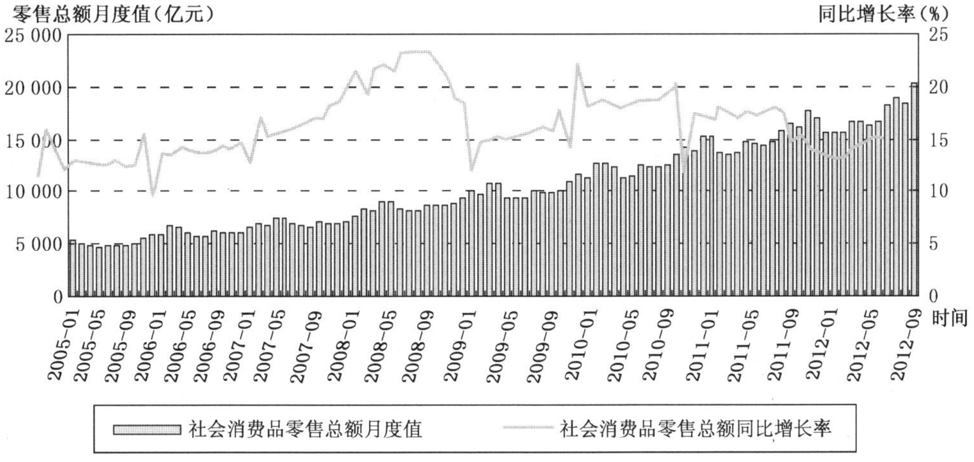

图 6-19 2005 年以来社会消费品零售总额及其同比增长走势

图 6-20 给出了 2005 年以来固定资产投资增长的走势：

（1）固定资产投资累计同比增长在 2009 年 6 月为 33.6%，处于较高水平；在此之前该指标在 25%左右，在此之后趋于下降，2012 年基本上略高于 20%，2013 年 2 月达到了 21.2%。

（2）从新增固定资产投资累计同比增长来看，2006 年和 2009 年相对较高，如 2006 年 2～4 月分别为 97.7%、65.1%和 52.1%，2009 年 8～10 月分别为 70.3%、73.9%和 72.2%；2010 和 2011 年各月份该指标也在 30%以上，2012 年则下降到 20%～30%，2013 年 2 月为 28.9%。

（3）从固定资产投资新开工项目相对上年同期增加的个数来看，2009 年同样有大幅增长，2010 年和 2011 年则出现负增长，2012 年之后重新回归正增长水平，2012 年 12 月和 2013 年 2 月分别新增项目 28 948 个和 2 663 个。

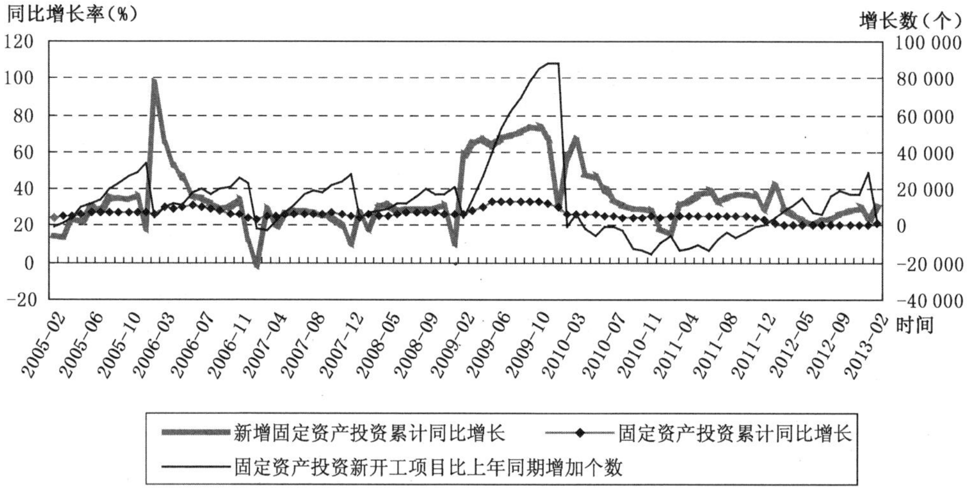

图 6-20　2005 年以来固定资产投资相对走势

另据统计公报，2008—2012 年全社会固定资产投资比上年增长分别为 25.9%、30%、23.8%、23.8%和 20.3%，和图 6-20 所示的固定资产投资累计同比增长月度数据走势是一致的。

图 6-21 为 2005 年以来经常项目国际收支差额和外国在华直接投资的季度走势，由图可见：经常项目的国际收支差额在 2008 年年底之前基本保持增长趋势，2008 年第 4 季度为 1 330.85亿美元，但随后下滑，近期处于振荡走势，2012 年第 4 季度为 451.12 亿美元。

外国在华直接投资在 2008 年年底之后趋于下行，2009 年第 2 季度下降为 197.73 亿美元，随后呈现上升趋势，2012 年第 4 季度为 832.47 亿美元。

进一步考察出口货物退税、外汇储备和人民币汇率走势，如图 6-22 所示：①货物出口退增值税和消费税基本上呈现递增趋势，其中 2009 年下半年出口退税有所下降，而后重新上升，2013 年 3 月高达 1 072.9 亿元。②从美元对人民币平均汇率走势来看，人民币升值趋势非常明显，2012 年 12 月为 6.29、2013 年 3 月为 6.27；与此对应，外汇储备则随之攀升，2012 年 12 月为 33 115.89 亿美元。

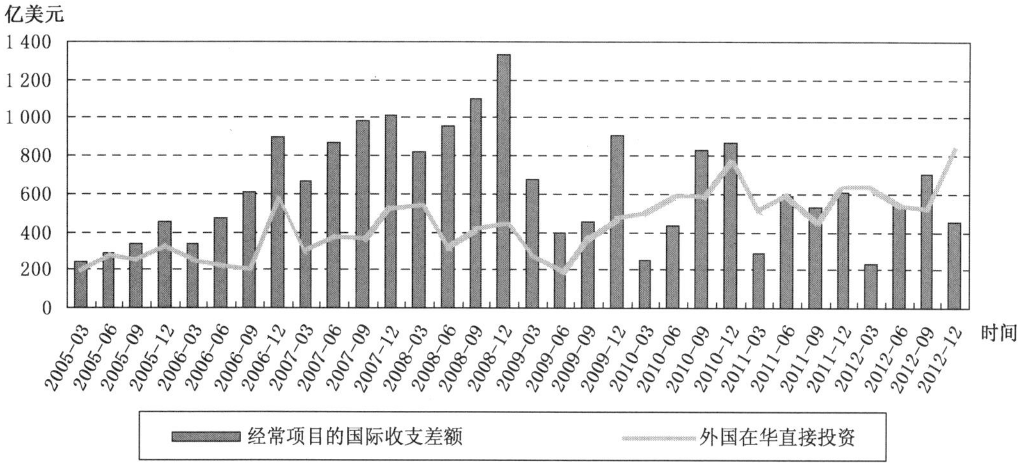

图 6-21　经常项目国际收支差额和外国在华直接投资状况

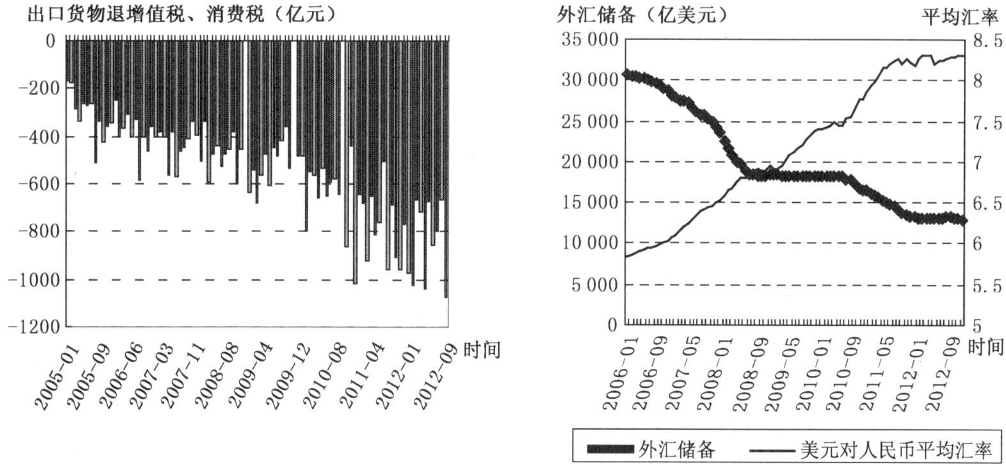

图 6-22　出口货物退税、外汇储备和美元对人民币汇率走势

上述社会消费、固定资产投资和对外经济发展状况对就业的影响：投资增长高于同期消费增长，但消费和投资增速双双趋缓，不利于就业；外贸出口放慢且波动较大、人民币持续升值也加剧了就业压力，但出口退税、外国在华投资的增长对就业有一定的促进作用。

3. 财政货币政策的就业效应分析

稳定物价是宏观经济政策的又一关注焦点，图 6-23 给出了 2005 年以来 CPI 和工业生产者出厂价格指数走势：在 2009 年两个物价指数处于“洼地”，2009 年 7 月分别为 98.2 和 91.8；随后两指数趋于增长，2010 年和 2011 年处于较高水平，但 2012 年以后趋于下降，近期有微弱回升，2013 年 3 月分别为 102.1 和 98.1。

如图 6-24 所示：与物价指数所表征的通胀状况对应，金融机构人民币各项贷款和存款同比增长在 2009 年中出现了快速增长，各项贷款同比增长在 2009 年 11 月高达 33.86%，各项存款同比增长在 2009 年 6 月也达到了 29%。随后由于通胀压力凸显，各项存贷款同比增长较为重合且均趋于下降，但 2011 年年底至 2012 年贷款同比增长快于存款同比增长，而近期两者相差不大，2013 年 3 月金融机构存贷款同比增长分别为 15.63%和 14.87%。

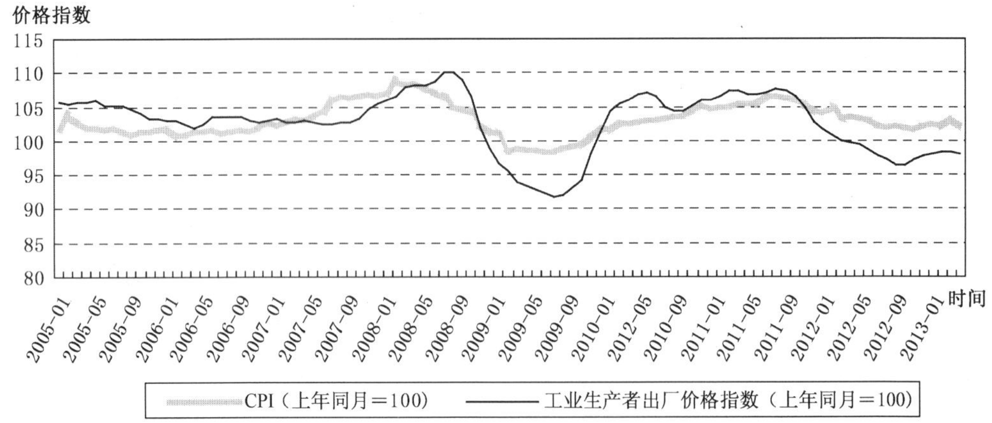

图 6-23　2005 年以来 CPI 和工业生产者出厂价格指数走势

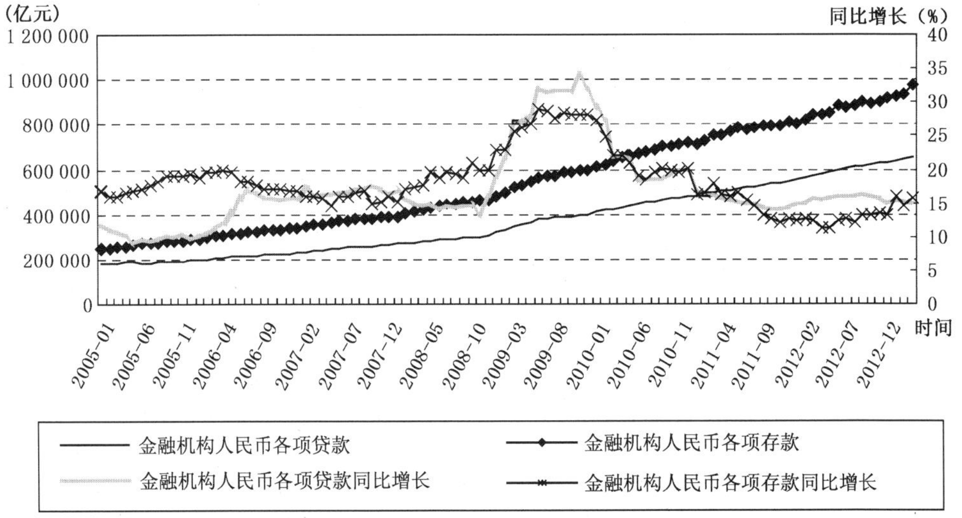

图 6-24　金融机构人民币存贷款及其同比增长情况

次贷危机以来(特别是 2009 年)金融机构贷款的快速增长带来了其资产规模的不断攀升。据银监会公布的数据:截至 2013 年第 1 季度末,中国银行业资产规模为 138 万亿元,是 2012 年 *GDP* 总量的 260%;2008—2012 年银行业资产规模增幅约为 70 万亿元,其中占比最高的是新增贷款,规模大约为 35 万亿元。

如图 6-25 所示:①与金融机构新增贷款走势比较一致,M2 同比增长在 2009 年中也出现了快速攀高(2009 年 11 月达到了 29.74%),但随后出现回落(2012 年 1 月为 12.4%),而进入 2012 年之后基本上开始回升,2013 年 1～3 月分别为 15.92%、15.16%和 15.7%。从 *M*2 总量来看,呈现不断上涨趋势,2013 年 3 月突破 100 万亿元,达到了 103.61 万亿元规模。②从社会融资走势来看,2009 年 1 月之前为温和上涨趋势,但随后出现较快增长且波动较大,2009 年 3 月和 6 月分别为 22 011 亿元和 21 067 亿元,2010 年 1 月也达到了 20 550 亿元;2013 年 1～3 月则分别为 25 354.71 亿元、10 658.97 亿元和 25 443.42 亿元。

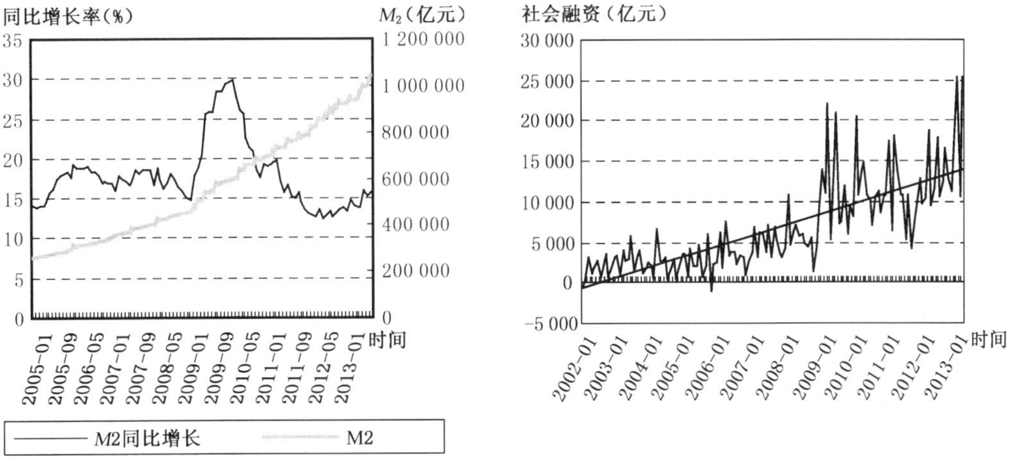

(a) *M*2 及其同比增长　　　　(b) 社会融资走势

图 6-25　*M*2 及社会融资状况

上述信贷、*M*2 和社会融资带来潜在风险，据 IMF 在 2013 年 4 月发布的《亚太地区经济展望》显示：中国信贷缺口为 1%左右，但产出缺口为−5%。这说明 *GDP* 增速仍有上行空间，而信贷规模过快也意味着很多信贷资金并没有进入实体经济，而是催生了资产泡沫。IMF 还特别提到，中国社会融资的快速扩张对长期经济的可持续发展造成了潜在威胁。

上述金融市场近期表现说明中国的货币与金融政策相对宽松，而同期财政政策也较为积极，图 6-26 为 2005 年以来国家财政预算支出及其累计同比增长的月度走势，可见财政预算支出总体上呈现上升趋势，尽管累计同比增长近期相对较低，但 2013 年 1～3 月仍分别达到了 19.1%、15.7%和 12.1%。另据财政部相关数据：2012 年全国财政收入 117 210 亿元，增长 12.8%，财政支出 125 712 亿元，增长 15.1%，赤字达 8 502 亿元。不包括政府性基金收入在内，2012 年财政收入占 *GDP* 比例为 23%，为 1994 年分税制改革以来占比最高，说明积极财政政策实施的延续性也存在一定的压力。

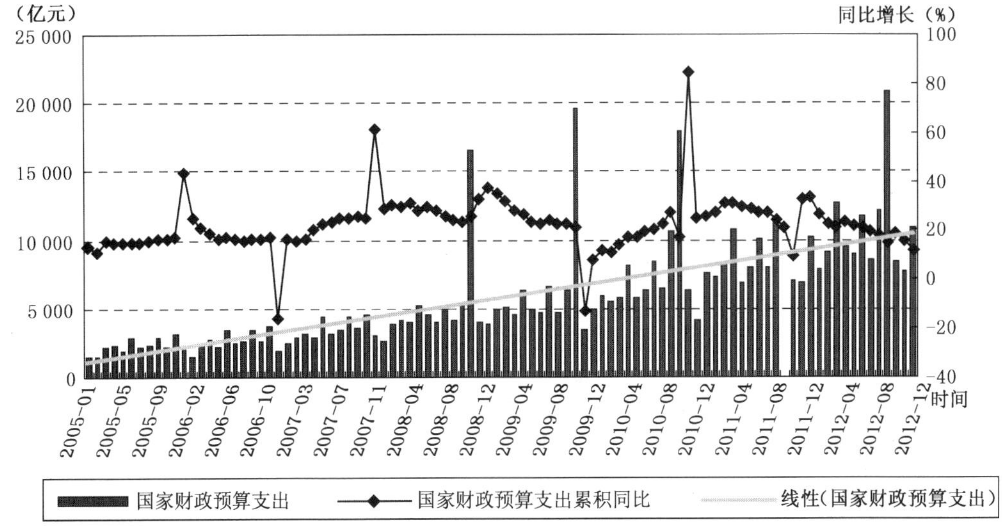

图 6-26　国家财政预算支出及其累计同比增长

为应对次贷危机的不利冲击，宽松货币政策和积极财政政策在一定程度上有利于经济增长和就业，但上述分析表明政策的持续性受到了一定的挑战，因而也增加了就业的不确定性。

四、风险度量与预测

经济结构调整带来的自然失业率攀升和内外部环境不确定性带来的周期性失业加剧在未来几年内将表现得更为明显，《中国经济运行风险研究报告 2012》利用 Kalman 滤波技术估计时变自然失业率，进而得到对应的时变性周期性失业率，用于表征长短期就业风险。

我们在研究中将延续使用该方法进行长短期城镇就业风险分离并划分长短期就业风险等级，进而选取影响就业的系列宏观经济变量并采用主成分法进行宏观经济因子合成，最后利用主成分宏观经济因子和长短期就业风险等级变量，采用排序 Logit/ Probit 模型对就业风险进行测度，并利用预测所得宏观数据对 2013、2014 年的长短期就业风险进行预测。

方法改进：在《中国经济运行风险研究报告 2012》中，我们首先利用逐步回归法得到影响长短期失业率的宏观经济变量，而后对宏观经济变量进行主成分合成，这样处理可能会损失部分影响就业的宏观经济信息。据李宏等（2012）的研究，由于失业预警系统的建模是一个小样本、高维度、非线性、存在噪音数据的复杂建模问题，因此需要进行缺失数据处理、数据归一化以及特征降维等数据预处理，为此提出用主成分分析方法并保证贡献率阈值为 95%以尽量保全信息。由此，为尽量保全影响城镇就业风险的宏观经济信息，本年度报告我们摒弃了影响就业的宏观经济变量的逐步回归，而是直接将宏观经济变量主成分合成并用于进行就业风险的估计和预测。

（一）长短期就业风险度量与预测：方法与数据

1. 利用 Kalman 滤波估计自然失业率的方法

综合考虑附加预期的菲利普斯曲线模型（假定通胀预期为前期通胀率，即 $\pi_t^e = \pi_{t-1}$）和奥肯定律模型，基于 Kalman 滤波估计自然失业率的模型选取如下形式（黄波，2012）。

量测方程：

$$\Delta\pi_t = \sum_{i=1}^{4}\alpha_i\Delta\pi_{t-i} + \beta_1(U_t - U_t^n) + \gamma\Delta z_t + \varepsilon_{1t};\ y_t - y_t^p = \beta_2(U_t - U_t^n) + \varepsilon_{2t} \tag{6-1}$$

状态方程（U_t^n 和 y_t^p 均服从随机游走）：

$$U_t^n = U_{t-1}^n + \varepsilon_{3t};\ y_t^p = y_{t-1}^p + \varepsilon_{4t} \tag{6-2}$$

指标说明：$\Delta\pi_t$、U_t、U_t^n、Δz_t、y_t、y_t^p 分别为第 t 期的通胀率差分形式（通胀率分别基于 CPI 和 *GDP* 平减指数度量）、城镇调查失业率、城镇自然失业率、短暂供给冲击变量（选取固定资产投资总额对数值差分）、实际 *GDP* 增长、实际 *GDP* 的潜在增长。

对 $\Delta\pi_t$ 滞后项的进一步说明：根据既有研究，前 4 阶滞后项中仅滞后 2、滞后 4 阶显著；因样本较少，为降低估计信息损失，量测方程中 $\Delta\pi_t$ 滞后项仅选取 $\Delta\pi_{t-2}$ 和 $\Delta\pi_{t-4}$。

2. 排序 Logit、Probit 模型简介

排序 Logit 模型设定如下（排序 Probit 模型的设定仅表现为累积概率分布不同）：

令因变量取值为等级 1，2，…，$J(J \geqslant 3)$，y_i 为第 i 个观测值，定义累积概率：

$$P_{ij} = \Pr(y_i \leqslant j),\ j = 1 \sim J \tag{6-3}$$

记解释变量向量为：$\vec{X}' = (x_1, x_2, \cdots, x_T)$，并假定可以将累积概率表示为解释变量的

函数形式，当函数设定为 Logit 分布时有：

$$P_{ij}=F(\alpha_j+\vec{X}'_i\vec{\beta})=\frac{\exp(\alpha_j+\vec{X}'_i\vec{\beta})}{1+\exp(\alpha_j+\vec{X}'_i\vec{\beta})}\quad j=1,2,\cdots,J-1 \tag{6-4}$$

其中　$F(\cdot)$ ——累积分布函数；

α_j、$\vec{\beta}$ ——待估参数。

因为 $P_{i,j-1}\leqslant P_{ij}$，故常数 α_j 随着 j 增加而增加。

定义 $C_j(\vec{X}'_i)=\log\left[\frac{\Pr(y_i\leqslant j\mid\vec{X}'_i)}{\Pr(y_i>j\mid\vec{X}'_i)}\right]$ 为优势比，则可知：

$$C_j(\vec{X}'_i)=\alpha_j+\vec{X}'_i\vec{\beta} \tag{6-5}$$

如果用极大似然估计方法得到优势比模型右端的系数，则可按照优势比模型得到累积概率 P_{ij}，且已知 $\vec{X}'$ 时求解 $y_i=j$ 的概率为：

$$\Pr(y_i=j\mid\vec{X}')=\begin{cases}P_{i1} & j=1\\ P_{ij}-P_{i,j-1} & 1\leqslant j\leqslant J-1\\ 1-P_{i,J-1} & j=J\end{cases} \tag{6-6}$$

3. 城镇长短期就业风险度量与预测的步骤与数据

1）步骤简介

首先利用 Kalman 滤波技术估计时变自然失业率，进而基于“调查失业率＝自然失业率＋周期性失业率”测算对应期间的周期性失业率，并用于长短期就业风险分级；然后选取影响城镇就业风险的宏观经济变量，通过主成分合成得到宏观经济因子；最后利用排序 Logit/ Probit 模型，分别选取长短期就业风险等级为自变量、宏观经济因子为因变量，对长短期就业风险进行测度与预测。

2）指标与数据

有关城镇自然失业率分离以及长短期就业风险估计与预测的计量指标如表 6-10 所示：由于我国城镇调查失业率数据尚未公布，而登记失业率囿于统计口径有限，故本研究仍借鉴蔡昉等(2004)的方法计算中国城镇调查失业率。对于影响城镇就业的宏观经济指标而言，依据既有文献选取 14 个指标，分别用于表述城镇劳动力供给对就业的影响、产出及产业结构对就业的影响、经济结构对就业的影响、财政和货币政策对就业的影响。

表 6-10

指标选取情况

利用 Kalman 滤波分离长短期失业率的主要指标			
代码	指标说明	代码	指标说明
U_t	城镇调查失业率	Δz_t	固定资产投资总额对数值差分
$\Delta\pi_t$	分别基于 *CPI* 和 *GDP* 平减指数得到的通胀率差分	y_t	真实 *GDP* 增长率
N_unemp	长期就业风险等级	*Secind_GDP*	第二产业比重
C_unemp	短期就业风险等级	*Thirdind_GDP*	第三产业比重

（续表）

影响就业风险的宏观经济指标（用于主成分合成）			
代码	指标说明	代码	指标说明
Urb_R	城市化率	*Cap_GDP*	资本形成率（按支出法核算 *GDP*）
Inc_UR	城乡收入比	*Cons_GDP*	最终消费率（按支出法核算 *GDP*）
Gini_UR	城乡基尼系数	*Export_GDP*	出口占 *GDP* 比重
Prod_UR	“非农业—农业”劳动生产率对比	*Lnexch_R*	人民币对美元汇率（对数值）
Prod_Urb	城镇劳动生产率	*Fics_GDP*	国家财政支出占 *GDP* 比例
Gr_GDP	*GDP* 增长率	*M2_GDP*	*M2* 占 *GDP* 比例

相关指标数据区间为1980—2011年度，主要源于《中国统计年鉴》，城乡基尼系数按照陈建东（2009）方法测算。自然失业率分离的数据处理运用Eviews 5.0来实现，主成分合成和排序Logit/ Probit模型的数据处理运用Stata10来实现。

（二）长短期就业风险的估计与预测结果

1. 利用Kalman滤波技术估计时变自然失业率和周期性失业率

在采用Kalman滤波估计时变自然失业率时，超参数初始值的选取与唐海燕（2012）的研究相同；同时选取唐海燕（2012）研究所得1980—2010年的自然失业率和潜在真实GDP增长率序列，以两者的均值和协方差为初始状态向量和初始协方差矩阵赋值。

表6-11给出了基于CPI所得通胀率的估计结果（基于GDP平减指数所得通胀率相近）。

表6-11

基于CPI所得通胀率的估计结果

估计方程		系数	标准差	*Z*值	*P*值
$\Delta\pi_t$的量测方程	$\Delta\pi_{t-2}$	−0.58	0.18	−3.28	0.00
	$\Delta\pi_{t-4}$	−0.45	0.22	−2.00	0.05
	$U_t-U_t^n$	−0.97	0.60	−1.61	0.11
	Δz_t	0.08	0.08	0.95	0.34
	$\ln[Var(\varepsilon_{1t})]$	2.57	0.37	6.89	0.00
y_t的量测方程	$U_t-U_t^n$	−1.25	0.47	−2.67	0.01
	$\ln[Var(\varepsilon_{2t})]$	0.65	0.64	1.02	0.31
2011年（最终状态）		状态向量	Root MSE	*Z*值	*P*值
自然失业率（NAIRU）		3.56	2.03	1.75	0.08
潜在产出增长		12.36	1.66	7.46	0.00

由表6-11中数据，对$\Delta\pi_t$的量测方程估计结果显示周期性失业率和通胀率变化之间

存在“此消彼长”的关系，满足菲利普斯曲线理论假设；对 y_t 的量测方程估计结果显示周期性失业率和真实 *GDP* 增长也存在反向关系，说明奥肯定律也是成立的。1980—2011 年中国城镇自然失业率与登记失业率、调查失业率走势如图 6-27 所示。

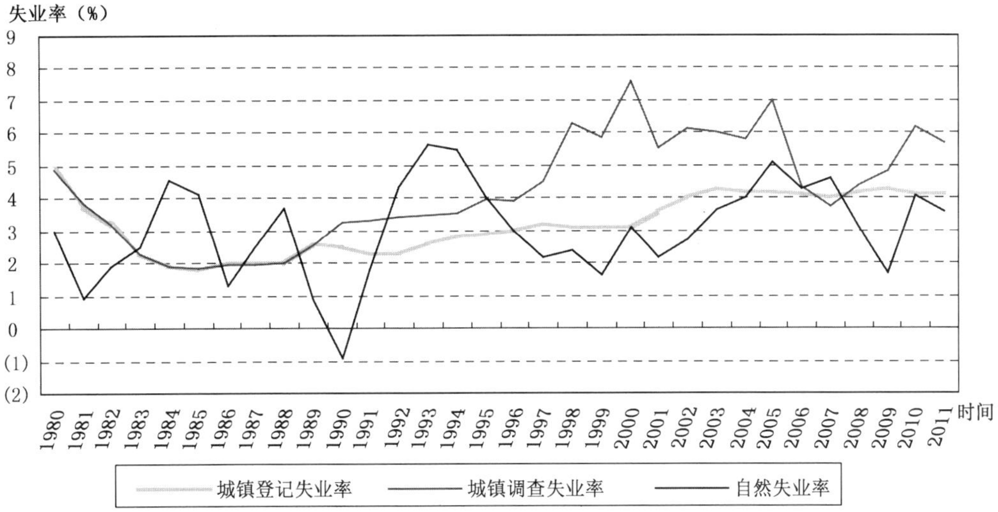

图 6-27　城镇登记失业率、调查失业率和自然失业率的走势

如图 6-27 所示：①1990 年之前，中国城镇登记失业率和调查失业率基本重合，但随后登记失业率趋于缓慢上升，同期调查失业率则在 1990—2005 年处于上升、随后下降且在 2007 年前后处于 V 形态势；②1990 年以来，自然失业率的高峰基本与经济结构调整带来的劳动力市场结构变化对应，且就业结构调整具有滞后性，阶段性的高峰分别出现在 1993 年、2005 年和 2010 年、2010 年和 2011 年的自然失业率分别为 4.04％和 3.56％。

2. 影响就业的宏观经济因子的主成分合成

将所选取的 14 个影响就业的宏观经济变量采取主成分方法合成，如表 6-12 所示，以累计贡献率达到 90％为标准，需要选取 3 个主成分。

表 6-12

主成分选取情况

主成分	特征值	特征值差异	方差贡献率	累计贡献率
*F*1(主成分 1)	10.00	8.52	0.71	0.71
*F*2(主成分 2)	1.48	0.43	0.11	0.82
*F*3(主成分 3)	1.05	0.30	0.07	0.90

表 6-13 给出了 3 个主成分对应的载荷因子，以及是否适合作主成分因子合成的 *KMO* 检验和 *SMC* 检验结果：一般 *KMO*＞0.7 时作主成分分析较为合适，本部分总体 *KMO* 值为 0.744 8；除个别变量外，其余各变量 *SMC* 值均大于 0.9，因此选用主成分合成是合理和必要的。

表 6-13

主成分的因子载荷及 *KMO* 和 *SMC* 指标值

变　量	*F*1	*F*2	*F*3	*KMO*	*SMC*
Urb_RS	0.298 6	0.191 6	−0.120 1	0.753 9	0.998 9
Inc_URS	0.301 5	0.098 5	−0.052 3	0.723 4	0.999 2
Gini_URS	0.304 4	−0.083	−0.056	0.736 3	0.999 4
Prod_URS	0.293 4	−0.228	0.016	0.842 2	0.991 1
Prod_UrbS	0.311 4	−0.01	−0.062 6	0.735 7	0.998 9
Gr_GDPS	0.048 8	0.108 6	0.932 9	0.303 9	0.568 1
Secind_GDPS	0.187 1	0.162 8	0.162 4	0.496 8	0.978 9
Thirdind_G~S	0.302 1	−0.063	−0.109 9	0.787	0.997 6
Cap_GDPS	0.258	0.283 4	0.119 6	0.823 2	0.927 7
Cons_GDPS	−0.291 5	−0.23	−0.040 6	0.844 9	0.988 7
Export_GDPS	0.297 3	0.027 4	0.043	0.775	0.977 8
Lnexch_RS	0.273 3	−0.392	0.028 1	0.681 7	0.995 3
Fics_GDPS	−0.086	0.749 7	−0.180 7	0.293 5	0.975 9
M2_GDPS	0.305 8	0.049	−0.124 1	0.882 8	0.991

3. 长短期就业风险计量模型的度量与预测

选取 1980—2011 年周期性失业率和自然失业率数值作为划分短期和长期失业风险的标准，按 5 分位数得到城镇长短期就业风险 5 分类等级标准如表 6-14 所示。

表 6-14

1980—2011 年间长短期就业风险分类

安全等级	高度安全	安全	值得关注	危险	高度危险
风险等级	1	2	3	4	5
长期就业风险(基于城镇自然失业率 5 分位数，%)	1.73 以下	1.73～2.56	2.56～3.62	3.62～4.32	4.32 以上
短期就业风险(基于周期性失业率绝对值 5 分位数，%)	0.89 以下	0.89～1.70	1.70～2.13	2.13～3.23	3.23 以上
短期(周期性)失业率分级	1	2	3	4	5
周期性失业率 5 分位数(%)	−0.89 以下	−0.89～0.99	0.99～1.89	1.89～3.23	3.23 以上

以表 6-14 所确定的等级获得各年度长短期就业风险等级，以此为因变量，上述 3 个主成分因子为自变量，分别采用排序 Logit/Probit 模型进行参数估计，结果分别如表 6-15、表 6-16 所示，似然比检验表明模型总体估计效果较好，从各参数的显著性来看，至少在 10%的检验水平下显著，因此“先主成分合成宏观经济因子以尽量保全信息”的做法还是比较合理的。

表 6-15

依据排序 Logit、Probit 模型估计城镇自然失业率等级的参数结果

	排序 Logit 模型估计				排序 Probit 模型估计			
变量	系数	标准差	*Z* 值	*P* 值	系数	标准差	*Z* 值	*P* 值
*F*1	0.454	0.150	3.030	0.002	0.257	0.081	3.170	0.002
*F*2	0.321	0.308	1.671	0.097	0.166	0.173	1.729	0.086
*F*3	3.312	0.746	4.440	0.000	1.979	0.406	4.870	0.000
断点 1	−3.217	0.787	模型估计效果：似然函数值（*LL*）=−29.96；似然比（*LR*）=42.89，对应 *P* 值=0.00；伪 R^2=0.417		−1.824	0.412	模型估计效果：似然函数值（*LL*）=−29.58；似然比（*LR*）=43.66，对应 *P* 值=0.00；伪 R^2=0.425	
断点 2	−0.988	0.570			−0.556	0.313		
断点 3	0.896	0.585			0.526	0.341		
断点 4	3.739	0.950			2.220	0.529		

表 6-16

依据排序 Logit、Probit 模型估计城镇周期性失业率等级的参数结果

	排序 Logit 模型估计				排序 Probit 模型估计			
变量	系数	标准差	*Z* 值	*P* 值	系数	标准差	*Z* 值	*P* 值
*F*1	0.336	0.134	2.510	0.012	0.197	0.073	2.710	0.007
*F*2	−0.761	0.369	−2.060	0.039	−0.331	0.196	−1.690	0.092
*F*3	−3.926	0.882	−4.450	0.000	−1.934	0.371	−5.210	0.000
断点 1	−4.372	1.100	模型估计效果：似然函数值（*LL*）=−28.09；似然比（*LR*）=46.65，对应 *P* 值=0.00；伪 R^2=0.454		−2.248	0.529	模型估计效果：似然函数值（*LL*）=−29.12；似然比（*LR*）=44.59，对应 *P* 值=0.00；伪 R^2=0.434	
断点 2	−0.837	0.674			−0.380	0.364		
断点 3	1.483	0.675			0.874	0.359		
断点 4	3.814	0.892			2.060	0.436		

以近 3 年移动平均方法估计主成分因子的预测值，对 2013—2014 年中国城镇长短期就业风险进行预测，所得结果由表 6-17 给出。

表 6-17

2013—2014 年中国城镇长短期就业风险预测

长期风险等级			1	2	3	4	5
对应自然失业率（%）			1.73 以下	1.73～2.56	2.56～3.62	3.62～4.32	4.32 以上
长期就业风险预测（基于自然失业率 5 分位数分类）	排序 Logit	2013 年	1.91	13.43	39.05	40.95	4.66
		2014 年	2.50	16.76	41.82	35.34	3.58
	排序 Probit	2013 年	1.61	17.48	39.15	38.90	2.86
		2014 年	2.39	21.47	40.63	33.56	1.95

（续表）

短期风险等级			1	2	3	4	5
对应周期性失业率			−0.89%以下	−0.89%～0.99%	0.99%～1.89%	1.89%～3.23%	3.23以上
短期就业风险预测（基于周期性失业率5分位数分类）	排序Logit	2013年	0.10	3.13	22.12	52.40	22.25
		2014年	0.07	2.36	17.81	52.07	27.69
	排序Probit	2013年	0.01	3.00	23.55	44.66	0.01
		2014年	0.00	2.15	19.93	44.07	0.00

由表6-16数据：①排序Logit、Probit模型分别预测2013年城镇自然失业率在“3.62%～4.32%”和“2.56%～3.62%”的概率最大，综合而言，2013年城镇自然失业率在3.62%左右的概率最大；②两种模型均认为2014年中国城镇自然失业率在“2.56%～3.62%”的概率最大；③2013年和2014年，周期性失业率在“1.89%～3.23%”的概率最大。

五、结论及政策建议

结构转型和内外部经济发展不确定性带来的就业压力仍然巨大，近期及未来1～2年内的就业风险状况可总结如下：

（1）从劳动力市场监测数据来看，近期求人倍率高达1.1，表明劳动力需求旺盛。其中：青壮年、中等学历劳动力，以及初、中级工、技术员备受欢迎；第二、第三产业，制造业、批发和零售业等仍为劳动力需求主体；应届高校毕业生、各类失业人员的就业则较为困难。

（2）从全球范围来看，欧债危机持续、日本经济衰退、美国财政整顿、中国等发展中国家经济放缓等不利因素为全球就业和经济增长带来了巨大压力。IMF在2013年以来两次下调全球经济增长率，ILO预计全球2013年和2014年失业率在经济进一步恶化情形下会分别高达6.1%和6.2%，并寄希望于“从二次就业低谷中恢复”。

（3）国内的就业和经济增长情形与全球趋势比较一致：尽管全国就业人口不断增长，但失业人口在2008年年底开始大幅攀升且维持在相对高位；城镇化的快速推进、城乡收入仍存在较大差距等因素为城镇就业带来压力；由于劳动力表现为经济增长的引致性需求，而近年来GDP增速不断放缓不利于就业；但由于第二、第三产业（特别是第三产业）就业弹性为正，因而其相对GDP的占比上升有利于就业；投资增长趋于放缓、消费增长相对偏低、经常项目国际收支降低和波动加大、人民币升值等均不利于经济增长和就业，而FDI回流、出口退税增加等有利于就业；财政收支占GDP比重创新高、M2突破100万亿元、次贷危机后金融机构信贷和社会融资不断攀升等表明旨在拉动经济增长和就业的积极财政政策和宽松货币政策能发挥的余地不断缩小。总体而言，近期国内形势整体上不利于就业。

（4）为尽量保全影响就业（风险）的经济信息，首先对宏观经济变量进行主成分合成以得到宏观经济因子，结合Kalman滤波分解所得自然失业率和周期性失业率并确定长短期风险等级，采用排序Logit/Probit模型对就业风险进行估计和预测。结果认为：2013年城镇自然失业率在3.62%左右的概率最大，处于“值得关注”和“危险”等级之间；2014年城镇自然失业率在2.56%～3.62%的概率最大，处于“值得关注”范围；2013年和2014年，周期性失业率在

1.89%～3.23%的概率最大，大致处于“危险”等级。

结合上述分析，对因经济下滑带来的短期就业风险的防范应该成为未来1～2年的政策重点，而对与结构调整对应的长期就业风险也应予以一定的关注。

参考文献

[1] 蔡昉，都阳，高文书. 就业弹性、自然失业和宏观经济政策——为什么经济增长没有带来显性就业[J]. 经济研究，2004(9).

[2] 陈昊，谢超峰. 外贸顺差、贸易筛选与就业关系研究——基于月度数据的再检验[J]. 经济评论，2012(2).

[3] 陈建东，侯文轩，邹高禄. 1978—2008年我国城乡居民之间收入基尼系数的演化趋势[Z]. 西南财经大学工作论文，2009.

[4] 董万好，刘兰娟. 财政科教支出对就业及产业结构调整的影响——基于CGE模拟分析[J]. 上海经济研究，2012(2).

[5] 段玉婉，蒋雪梅，祝坤福，陈锡康，杨翠红. 出口对中国就业的影响分析——欧美日对比分析[J]. 数学的实践与认识，2012(8).

[6] 樊秀峰，周文博，成静. 我国产业结构与就业吸纳能力的实证分析[J]. 审计与经济研究，2012(3).

[7] 方建国，尹丽波. 技术创新对就业的影响：创造还是毁灭工作岗位——以福建省为例[J]. 中国人口科学，2012(6).

[8] 黄波. 后危机时代我国城镇长短期就业风险的度量与预测[J]. 中国人口科学，2012(5).

[9] 李宏，李建武，莫荣，宋玉龙. 基于回归分析的失业预警建模实证研究[J]. 中国软科学，2012(5).

[10] 李文星. 产业结构优化与就业增长[J]. 当代财经，2012(3).

[11] 刘宏，李述晟. FDI对我国经济增长、就业影响研究——基于VAR模型[J]. 国际贸易问题，2013(4).

[12] 刘习平. 中国出口贸易、经济增长与就业关系的实证研究——基于中国1978—2010年数据的实证检验[J]. 国际贸易问题，2012(11).

[13] 牛蕊. 贸易结构调整与劳动力就业：中国工业部门的研究[J]. 财经论丛，2012(3).

[14] 石昶，宋德勇. 隐性失业影响中国就业增长与经济增长的关系吗[J]. 经济学家，2012(5).

[15] 唐海燕，贾德奎，等. 中国经济运行风险研究报告2009[M]. 上海：立信会计出版社，2009.

[16] 唐海燕，贾德奎，等. 中国经济运行风险研究报告2012[M]. 上海：立信会计出版社，2012.

[17] 王庆丰，党耀国. 基于Moore值的中国就业结构滞后时间测算[J]. 管理评论，2010(7).

[18] 谢建国，吴春燕. 出口退税与就业增进——基于我国数据的协整研究[J]. 国际贸易问题，2012(2).

[19] 闫文娟,郭树龙,史亚东. 环境规制、产业结构升级与就业效应:线性还是非线性[J]. 经济科学,2012(6).

[20] 杨晶,石敏俊,王妍. 我国应对金融危机增加投资对就业拉动效果评价[J]. 管理评论,2012(5).

[21] 张德荣,杨慧. 增加就业的政策选择:扩大政府支出还是为企业减负[J]. 系统工程理论与实践,2012(12).

[22] ILO. Global employment trends 2013: recovering from a second jobs dip [M]. Geneva: ILO, January, 2013.

[23] ILO. Global employment trends for youth 2013: a generation at risk [M]. Geneva: ILO, May, 2013.

[24] IMF. Regional economic outlook (Asia and Pacific): shifting risks, new foundations for growth [EB/OL]. http://www.imf.org/external/pubs/ft/reo/2013/apd/eng/areo0413.pdf.

[25] IMF. World Economic Outlook (WEO): gradual upturn in global growth during 2013 [EB/OL]. http://www.imf.org/external/pubs/ft/weo/2013/update/01/pdf/0113.pdf.

[26] IMF. World Economic Outlook (WEO): hopes, realities, risks [EB/OL]. http://www.imf.org/ external/pubs/ft/weo/2013/01/pdf/text.pdf.

第七章　国际收支失衡风险

一、绪论

(一) 2012 年中国国际收支运行状况分析

1. 2012 年中国国际收支运行的国际国内环境

2012 年，面对始于 2007 年的、充满波折起伏的全球金融危机，世界经济在遭遇了 2011 年年底的重大顿挫之后，国际经济运行环境依旧复杂多变，影响全球经济复苏增长的各种不确定成分依然飘忽不定，难以掌控，各国政要们为经济走出困境和低迷施展各种拳脚，宽流动性、低利率和贸易保护等手段竞相辉映，世界各国在为恢复金融稳定和经济可持续增长而积极努力。

2012 年全球金融稳定仍面临严峻风险，银行收紧了贷款标准，更广范围内的金融状况出现了恶化，债券市场仍显脆弱且波动不断。美国的经济活动有所增强，大多数新兴经济体和低收入国家保持稳健增长(见图 7-1)，但欧元区反复出现的困境不时造成严重的市场压力和震荡，因而仍是全球经济脆弱性的一个主要来源。大多数先进经济体的增长预计仍将乏力，其阻碍因素在于人们对公共赤字和债务、持续的金融去杠杆化进程以及居高不下的失业率的担忧。新兴和发展中经济体有望保持稳健增长，但对下行风险的管理仍存在难度，某些国家还因强劲的信贷增长而面临经济过热压力。至 2013 年年初，风险明显呈下行趋势，政策制定者们由此面临着保持平衡的难题。

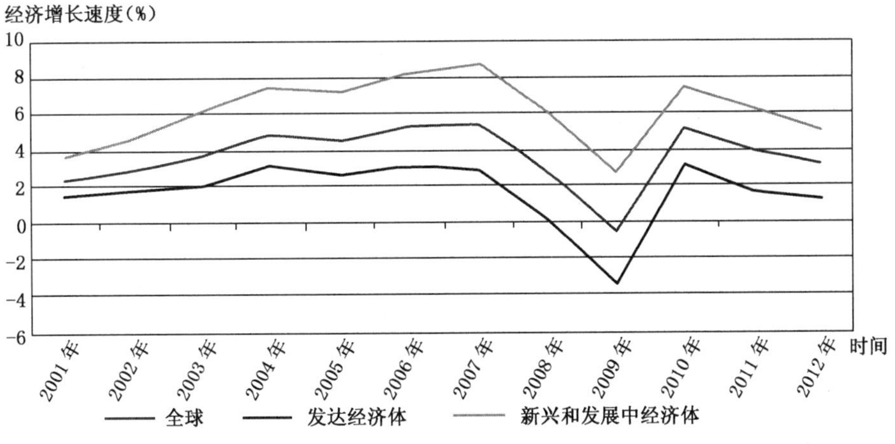

图 7-1　全球经济体经济增长速度(2001—2012)

数据来源：国际货币基金组织。

2012 年，面对复杂严峻的国际经济形势和艰巨繁重的国内改革发展稳定任务，全国各族人民在党中央、国务院的正确领导下，坚持以科学发展为主题，以加快转变经济发展方式为主线，按照稳中求进的工作总基调，认真贯彻落实加强和改善宏观调控的各项政策措施，国民经济运行总体平稳，各项社会事业取得新进步，为全面建成小康社会奠定了良好基础①。

2012年中国经济缓中趋稳，经济增长的内生性、自主性虽有所增强但依然脆弱，经济增长方式转变依然艰难和碎步迟缓。受全球性宽松货币政策的影响，新兴市场资本流动明显，人民币汇率虽趋向合理均衡水平，但短期升值趋势和压力依然较大。2012年，中国克服国内外不稳定、不确定因素的影响，经济增速继续回落，国内生产总值 为51.93万亿元，按可比价格计算，比上年增长7.8%。相对于2011年的国内生产总值47万亿元和年增长9.2%的*GDP*增速，2012年*GDP*增速明显趋缓(见图7-2)。

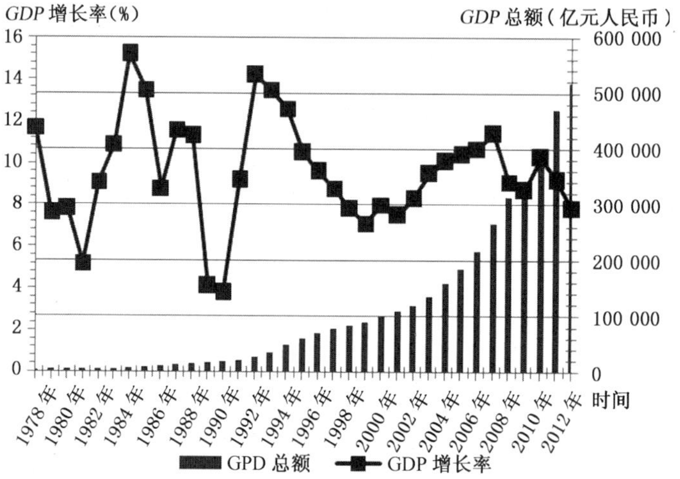

图7-2 中国GDP总额与GDP增长速度(2001—2012)

数据来源：中国国家统计局。

2012年通货膨胀得到初步控制，物价涨幅得到初步抑制，全年消费价格涨幅为2.6%。2012年度全国公共财政收入117 210亿元，比上年增加13 335亿元，增长12.8%；其中税收收入100 601亿元，增加10 862亿元，增长12.1%。2012年年末，中国国家外汇储备33 116亿美元，比上年年末增加1 304亿美元；年末人民币汇率为1美元兑6.285 5元人民币，比上年年末升值0.25%。

2. 2012年中国国际收支主要特征

2012年，中国涉外经济平稳发展，国际收支交易总规模较2011年增长6%。国际收支状况继续改善，初步形成"经常项目顺差、资本和金融项目逆差"的国际收支平衡新格局。其中，经常项目顺差与*GDP*之比为2.3%，仍保持在国际认可的合理范围之内；资本和金融项目逆差168亿美元，主要是非直接投资项目逆差较大，反映了境内主体境外资产运用的增加和对外负债的减少。外汇储备增长明显放缓，至2012年年底，中国外汇储备总额达到3.32万亿美元，比上年年末增加1 304亿美元。跨境资本流向变化明显，资本和金融项目在第1季度呈现顺差，第2、第3季度转为逆差，第4季度又重现顺差。2012年年末人民币汇率为1美元兑6.285 5元人民币，比上年年末升值0.25%。

---

① 《中国国民经济和社会发展统计公报》，国家统计局，2012年。

(1) 国际收支继续保持“双顺差”。2012 年，国际收支交易总规模为 7.5 万亿美元，较 2011 年增长 6%；与同期 *GDP* 之比为 91%，较 2011 年略降 6 个百分点（见图 7-3）。其中，国际收支口径的货物和服务贸易总规模较 2011 年增长 7%，跨国直接投资（包括外国来华直接投资和中国对外直接投资）交易总规模减少 2%。

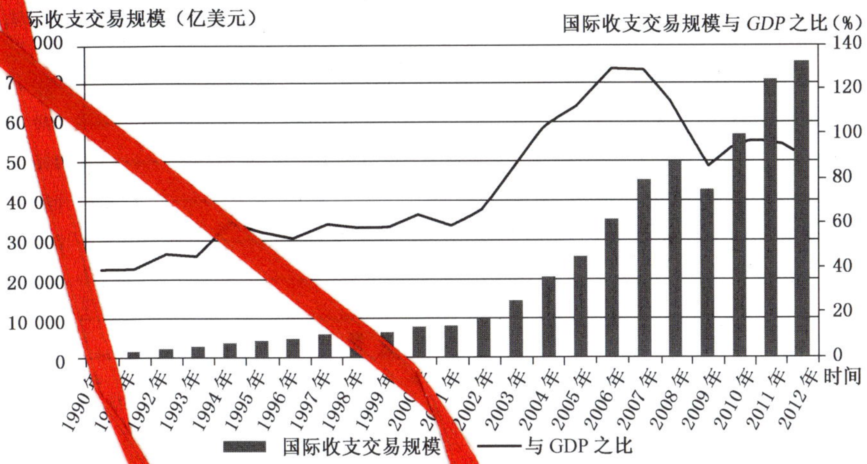

图 7-3　国际收支交易规模及其与 *GDP* 之比（1990—2012）

数据来源：中国国家外汇管理局。

国际收支平衡新格局初步形成。2012 年，中国国际收支从 1999 年以来的持续“双顺差”转为“经常项目顺差、资本和金融项目逆差”，显示出中国国际收支逐渐趋向自主调节、自我平衡。但这与市场主体根据境内外利差、汇差等市场环境变化调整财务运作，由以往的“资产本币化、负债外币化”转向“资产外币化、负债本币化”的顺周期变化密切相关，国际收支自我平衡的基础还不牢固。

国际收支总顺差大幅下降。2012 年，经常项目顺差 1 931 亿美元，较 2011 年增长 42%；资本和金融项目逆差 168 亿美元，为亚洲金融危机以来首次逆差，上年为顺差 2 655 亿美元；国际收支总顺差 1 763 亿美元，下降 56%，大大低于 2007—2011 年年均顺差 4 552 亿美元的规模（见表 7-1）。

表 7-1

国际收支顺差结构（2006—2012）

单位：亿美元

项　　目	2006 年	2007 年	2008 年	2009 年	2010 年	2011 年	2012 年
国际收支总差额	2 811	4 474	4 607	4 417	5 247	4 016	1 763
经常项目差额	2 318	3 532	4 206	2 433	2 378	1 361	1 931
占国际收支总差额比重	82%	79%	91%	55%	45%	34%	110%
与 *GDP* 之比	8.5%	10.1%	9.3%	4.9%	4.0%	1.9%	2.3%
资本和金融项目差额	493	942	401	1 985	2 869	2 655	−168
占国际收支总差额比重	18%	21%	9%	45%	55%	66%	−10%
与 *GDP* 之比	1.8%	2.7%	0.9%	4.0%	4.8%	3.6%	−0.2%

数据来源：中国国家外汇管理局，中国国家统计局。

(2) 货物贸易保持较快增长。2012 年从货物贸易看中国外贸依存度继续下降。2012 年，进出口总额较 2011 年增长 6%，较上年回落 16 个百分点。出口、进口及进出口总额与同期 *GDP* 之比分别为 24.9%、22.1%和 47.0%，较上年分别回落 1.0、1.7 个百分点和 2.7 个百分点。这显示出中国外贸依存度自 2006 年以后见顶回落，经济发展的内生性进一步增强。进口疲软导致外贸顺差反弹。2012 年，出口较 2011 年增长 8%，较上年下降 12 个百分点；进口增长 4%，下降 21 个百分点；进出口顺差 2 311 亿美元，增长 49%；顺差与同期 *GDP* 之比为 2.8%，较上年提高 0.7 个百分点(见表 7-2)。进口增速回落较快的原因主要是中国经济增长放缓，以及国际大宗商品价格回落。

表 7-2

2012 年货物进出口总额及其增长速度

单位:亿美元

指　　标	绝对数	比上年增长(%)
货物进出口总额	38 668	6.2
货物出口额	20 489	7.9
其中：一般贸易	9 880	7.7
加工贸易	8 628	3.3
其中：机电产品	11 794	8.7
高新技术产品	6 012	9.6
其中：国有企业	2 563	−4.1
外商投资企业	10 227	2.8
其他企业	7 699	21.1
货物进口额	18 178	4.3
其中：一般贸易	10 218	1.4
加工贸易	4 812	2.4
其中：机电产品	7 824	3.8
高新技术产品	5 068	9.5
其中：国有企业	4 954	0.3
外商投资企业	8 712	0.8
其他企业	4 512	17.2
进出口差额(出口额减进口额)	2 311	—

数据来源:中华人民共和国商务部。

(3) 服务贸易规模保持稳定增长，服务贸易逆差进一步扩大。2012 年，服务贸易收入 1 914 亿美元，较 2011 年增长 3%；支出 2 812 亿美元，增长 14%；逆差 897 亿美元，扩大 46%。全年，货物与服务贸易顺差合计为 2 318 亿美元，增长 27%，与 *GDP* 之比为 2.8%，仍处历史较低水平。

从国际收支口径看，2012 年，服务贸易总额 4 726 亿美元，较上年增长 9%，增速较货物贸易高 3 个百分点，相当于货物贸易总额的 12%，占比与上年基本持平。中国逐步确立服务贸易大国地位。按国际收支口径，2012 年服务贸易总额 4 726 亿美元，是 2001 年的 6.5 倍。据世界贸易组织统计，2011 年中国服务贸易总额占全球服务贸易总额的 5.2%，比 2001 年提高了 2.8 个百分点；全球排名从 2001 年的第 11 位上升为第 4 位。

2012 年，服务贸易逆差继续扩大，服务贸易逆差 897 亿美元，较上年增长 46%。其中，旅游项目首次超过运输项目成为逆差的最大来源，2012 年达 519 亿美元，较上年增长 1.2 倍，相当于服务贸易总逆差的 58%。自 1995 年起，中国服务贸易连年逆差，2012 年服务贸易逆差是

2008 年的 7.6 倍，2001 年的 15.2 倍（见图 7-4）。

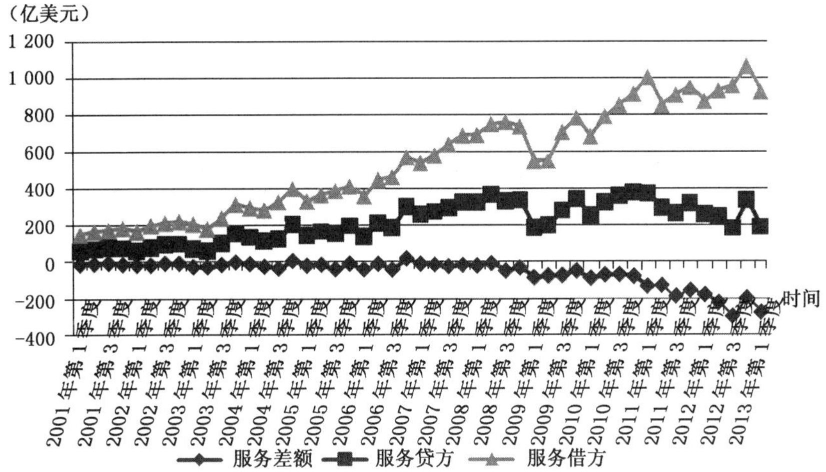

图 7-4　中国服务贸易差额及贷方余额与借方余额（2001 年第 1 季度至 2013 年第 1 季度）

数据来源：中国国家外汇管理局。

（4）收益项目逆差有所收窄。2012 年，收益项目收入 1 604 亿美元，较 2011 年增长 11%；支出 2 026 亿美元，下降 6%；逆差 421 亿美元，下降 40%。其中，投资收益逆差 574 亿美元，下降 33%，主要是因为外商投资企业外方投资收益较上年有所下降；职工报酬净流入 153 亿美元，较 2011 年增加 2%。

（5）外国在华直接投资和中国在外直接投资。2012 年，中国资本和金融项目呈现逆差，但直接投资保持较大顺差，直接投资顺差 1 911 亿美元，全年直接投资流入 3 079 亿美元，流出 1 168亿美元，净流入 1 911 亿美元，较上年下降 17%。来华直接投资流入及净流入均有所下降，2012 年，来华直接投资净流入 2 535 亿美元，较上年下降 9%；其中，流入 2 845 亿美元，流出 311 亿美元，降幅均为 9%。对外直接投资净流出大幅增长，2012 年，中国对外直接投资净流出 624 亿美元，较上年增长 29%（见图 7-5）。

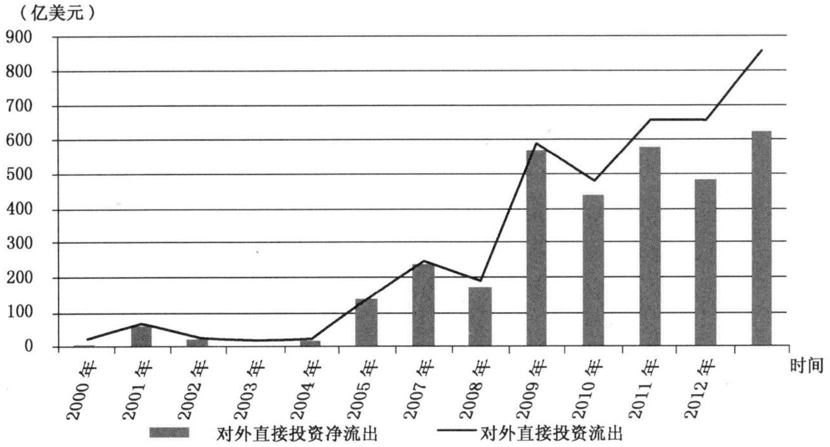

图 7-5　中国对外直接投资情况（2000—2012）

数据来源：中国国家外汇管理局。

其中：流出 857 亿美元，增长 30%；流入 234 亿美元，增长 34%。对外直接投资资本金跨境流动规模大幅增长是带动总流出与流入上升的直接原因。2012 年，投资资本金流出较上年增长 40%，资本金撤资回流增长 91%。从资金流向来看，中国香港、日本、美国、德国、英属维尔京及开曼群岛和法国依然是来中国直接投资的主要国家或地区（见表 7-3）。

表 7-3

2012 年来中国直接投资主要国家或地区情况

国家或地区	2012 年变动率	2011 年流入占比	2012 年流入占比
中国香港	−7%	60%	59%
日本	11%	7%	8%
美国	−1%	4%	5%
德国	65%	1%	2%
英属维尔京及开曼群岛	−33%	4%	3%
法国	21%	1%	1%

数据来源：中国国家外汇管理局。

（6）证券投资净流入较快下降，其他投资由净流入转为大额净流出，对外净资产大幅增长。2012 年，中国证券投资项下净流入 478 亿美元，较上年增长 1.4 倍。顺差增长主要是由于境外对中国证券投资大幅增长。2012 年，中国对外证券投资净流出 64 亿美元，上年为净流入 62 亿美元。中国其他投资项下净流出 2 600 亿美元，上年为净流入 87 亿美元。2012 年跨境资本流动短期变化明显，预计这一现象今后将有可能不断演变。

（7）储备资产增幅放缓。2012 年，剔除汇率、价格等非交易价值变动影响，中国新增储备资产 966 亿美元，较 2011 年下降 75%。其中：外汇储备资产增加 987 亿美元，较 2011 年少增 2 861 亿美元，截至 2012 年年末，中国外汇储备余额达 33 116 亿美元（见图 7-6）；中国在国际货币基金组织的储备头寸净减少 16 亿美元。

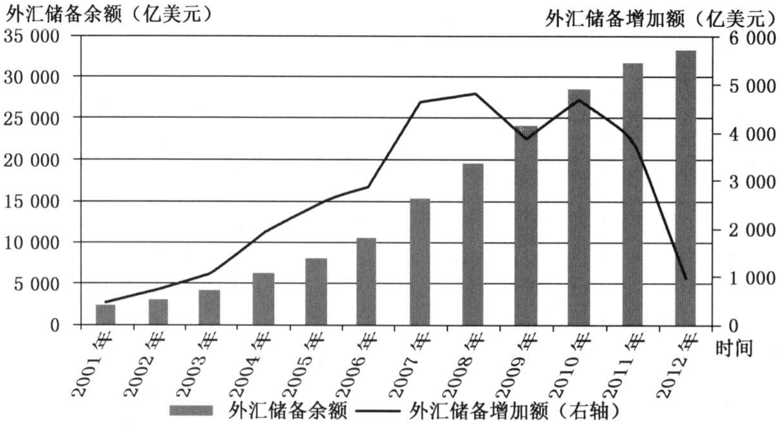

图 7-6　中国外汇储备余额变动情况（2001—2012）

数据来源：中国国家外汇管理局。

(8) 净误差与遗漏额为负。2012 年，净误差与遗漏为借方 798 亿美元(见表 7-4)，占当期国际收支口径货物贸易进出口总值的 2.1%，低于±5%的国际标准，在国际标准可接受范围内。

表 7-4

2012 年中国国际收支平衡表

单位:亿美元

项　目	行次	差额	贷 方	借 方
一、经常项目	1	1 931	24 599	22 668
A. 货物和服务	2	2 318	22 483	20 165
a. 货物	3	3 216	20 569	17 353
b. 服务	4	−897	1 914	2 812
1. 运输	5	−469	389	859
2. 旅游	6	−519	500	1 020
3. 通讯服务	7	1	18	16
4. 建筑服务	8	86	122	36
5. 保险服务	9	−173	33	206
6. 金融服务	10	0	19	19
7. 计算机和信息服务	11	106	145	38
8. 专有权利使用费和特许费	12	−167	10	177
9. 咨询	13	134	334	200
10. 广告、宣传	14	20	48	28
11. 电影、音像	15	−4	1	6
12. 其他商业服务	16	89	284	196
13. 别处未提及的政府服务	17	−1	10	10
B. 收益	18	−421	1 604	2 026
1. 职工报酬	19	153	171	18
2. 投资收益	20	−574	1 434	2 008
C. 经常转移	21	34	512	477
1. 各级政府	22	−31	9	40
2. 其他部门	23	65	503	438
二、资本和金融项目	24	−168	13 783	13 951
A. 资本项目	25	43	45	3
B. 金融项目	26	−211	13 738	13 949
1. 直接投资	27	1 911	3 079	1 168

（续表）

项　目	行次	差额	贷 方	借 方
1.1 中国在外直接投资	28	−624	234	857
1.2 外国在华直接投资	29	2 535	2 845	311
2. 证券投资	30	478	829	352
2.1 资产	31	−64	237	301
2.1.1 股本证券	32	20	120	100
2.1.2 债务证券	33	−84	117	201
2.1.2.1（中）长期债券	34	−49	110	159
2.1.2.2 货币市场工具	35	−35	7	42
2.2 负债	36	542	593	51
2.2.1 股本证券	37	299	348	49
2.2.2 债务证券	38	243	244	2
2.2.2.1（中）长期债券	39	173	175	2
2.2.2.2 货币市场工具	40	70	70	0
3. 其他投资	41	−2 600	9 829	12 429
3.1 资产	42	−2 316	1 402	3 718
3.1.1 贸易信贷	43	−618	4	622
长期	44	−12	0	12
短期	45	−606	4	610
3.1.2 贷款	46	−653	244	897
长期	47	−568	0	568
短期	48	−85	243	329
3.1.3 货币和存款	49	−1 047	1 027	2 074
3.1.4 其他资产	50	3	127	125
长期	51	−100	0	100
短期	52	103	127	25
3.2 负债	53	−284	8 428	8 712
3.2.1 贸易信贷	54	423	503	80
长期	55	7	9	1
短期	56	416	494	78
3.2.2 贷款	57	−168	6 480	6 648
长期	58	102	543	440
短期	59	−270	5 937	6 207

（续表）

项　　目	行次	差额	贷 方	借 方
3.2.3 货币和存款	60	－594	1 339	1 933
3.2.4 其他负债	61	54	106	51
长期		62　47	47	1
短期	63	8	58	50
三、储备资产	64	－966	136	1 101
3.1 货币黄金	65	0	0	0
3.2 特别提款权	66	5	7	2
3.3 在基金组织的储备头寸	67	16	16	0
3.4 外汇	68	－987	112	1 099
3.5 其他债权	69	0	0	0
四、净误差与遗漏	70	－798	0	798

资料来源：中国国家外汇管理局。

2012 年，中国继续加快转变经济发展方式，对外经济的发展方式转型也取得积极成效，涉外经济规模平稳增长，国际收支状况继续改善，国际收支平衡新格局初步形成，跨境资本流动短期变化明显和频繁。

（二）2012 年中国国际收支运行评价

（1）涉外经济规模平稳增长。2012 年全年国际收支交易总规模为 7.5 万亿美元，较 2011 年增长 6%；与同期 GDP 之比为 91%，较 2011 年增幅略降 6 个百分点。其中，国际收支口径的货物和服务贸易总规模较 2011 年增长 7%，跨国直接投资交易总规模减少 2%。

（2）国际收支状况继续改善。2012 年，国际收支总顺差 1763 亿美元，回落至 2004 年的顺差水平，较 2011 年下降 56%。经常项目顺差与 GDP 之比为 2.3%，仍保持在国际认可的合理范围之内。储备资产增幅明显放缓，与 GDP 之比为 1.2%，较 2011 年下降 4.1 个百分点(见图 7-7)。

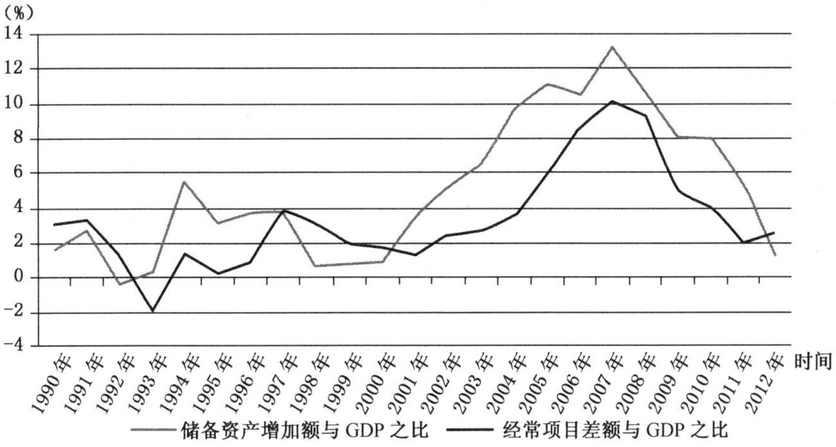

图 7-7　中国经常项目差额和储备资产增加额与 GDP 之比(1990—2012)

数据来源：中国国家外汇管理局。

(3) 国际收支平衡新格局初步形成。2012 年中国国际收支最显著的变化特征是国际收支平衡新格局初步形成。中国国际收支从 1999 年以来的持续“双顺差”转为“经常项目顺差、资本和金融项目逆差”,显示中国国际收支逐渐趋向自主调节、自我平衡。但这与市场主体根据境内外利差、汇差等市场环境变化调整财务运作,由以往的“资产本币化、负债外币化”转向“资产外币化、负债本币化”的顺周期变化密切相关,国际收支自我平衡的基础还不牢固。

(三) 2013 年第 1 季度中国国际收支状况

2013 年第 1 季度,中国经常项目顺差 476 亿美元。其中,按照国际收支统计口径计算,货物贸易顺差 675 亿美元,服务贸易逆差 275 亿美元,收益顺差 90 亿美元,经常转移逆差 15 亿美元。资本和金融项目顺差 901 亿美元,其中,直接投资净流入 319 亿美元,证券投资净流入 141 亿美元,其他投资净流入 425 亿美元。国际储备资产增加 1 570 亿美元,其中,外汇储备资产增加 1 571 亿美元,在基金组织的储备头寸减少 1 亿美元(见表 7-5)。

表 7-5

2013 年第 1 季度中国国际收支平衡简化表

单位:亿美元

项　目	行次	差 额	贷 方	借方
一、经常项目	1	476	6 234	5 758
A. 货物和服务	2	401	5 572	5 172
a. 货物	3	675	5 110	4 434
b. 服务	4	−275	463	737
B. 收益	18	90	541	451
1. 职工报酬	19	40	45	4
2. 投资收益	20	49	496	447
C. 经常转移	21	−15	121	136
1. 各级政府	22	−8	2	10
2. 其他部门	23	−7	119	125
二、资本和金融项目	24	901	4 589	3 689
A. 资本项目	25	16	16	1
B. 金融项目	26	885	4 573	3 688
1. 直接投资	27	319	679	360
1.1 中国在外直接投资	28	−213	62	275
1.2 外国在华直接投资	29	533	617	84
2. 证券投资	30	141	224	84
3. 其他投资	41	425	3 670	3 245
三、储备资产(外汇)	64	−1 570	1	1 571
四、净误差与遗漏	70	193	193	0

资料来源:根据 2013 年 6 月 18 日中国国家外汇管理局公布报表简化生成。

二、风险轨迹探析

国际收支失衡风险是指一国国际收支在失衡状态下对一国经济发展和各种经济指标和经济变量的相互作用与影响。一国国际收支失衡对外的经济影响主要是国际收支失衡造成汇率、资源配置、福利提高的困难。一国国际收支失衡对内的经济影响主要是国际收支失衡造成经济增长与经济发展的困难,即对外的失衡影响到国内经济的均衡发展。国际收支政策是一国宏观经济政策的重要组成部分,要维系好一国经济的内外均衡。根据国际收支的账户特性,以下主要从中国国际收支经常项目差额失衡情况、资本与金融项目差额失衡情况以及总差额失衡情况三个方面,探析中国国际收支在改革开放 30 多年的表现情况、运行轨迹与特征及失衡原因等。

(一)中国国际收支经常项目差额失衡轨迹探析

经常项目差额是国际收支平衡表中最重要的收支差额。在开放宏观经济中,经常项目的差额概括了一国的净债务人或债权人的地位,能够清楚地反映出一国内、外经济的紧密联系。

1. 中国国际收支经常项目交易规模状况分析

从 2001 年至 2012 年期间中国国际收支经常项目差额累计达到 22 618.6 亿美元,同期国内生产总值总计为 457 878.8.4 亿美元,经常项目顺差占 *GDP* 的比重平均为 5.0%。把时间再拉长到 1990 年至 2012 年的时间区间来看,中国国际收支经常项目差额累计达到 24 085.1 亿美元,同期国内生产总值总计为 537 846.4 亿美元,经常项目顺差占 *GDP* 的比重平均为 4.0%。在 2008 年以前,中国经常项目差额与中国 *GDP* 基本上同步增长和上升(见图 7-8),但从 2008 年开始两者之间的走向发生逆转,中国 *GDP* 增长继续向上,但经常项目差额开始下降。

结构性因素对中国经常项目收支平衡的影响越来越大 。从 2008 年起,中国经常项目顺差与国内生产总值之比总体呈下降态势,由 2007 年的 10.1%回落至 2012 年的 2.3%,降幅达 7.8 个百分点。中国随着经济结构的调整和转变,未来预计仍将保持持续下降。由此看来,未来中国经济继续依靠出口劳动的强力上升动力难以为继,中国经济必须下大力气调整经济结构和经济发展方式,走科学的可持续发展道路。

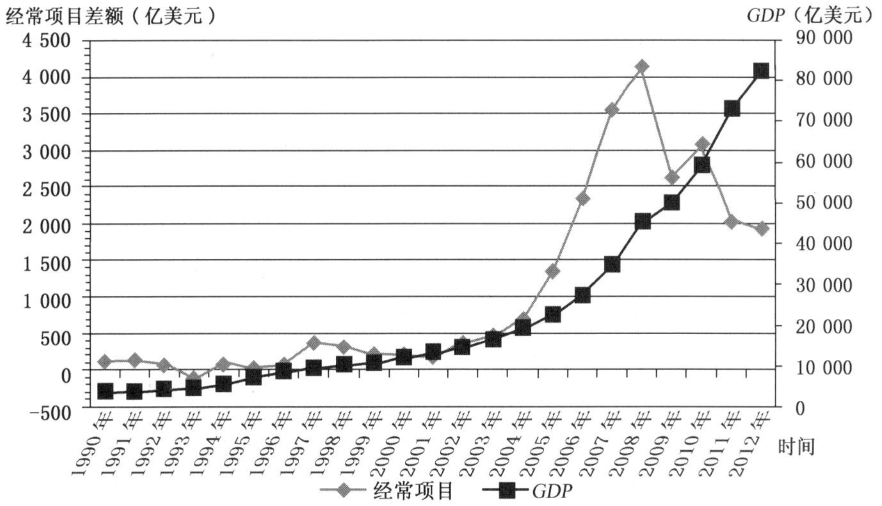

图 7-8 中国国际收支经常项目差额及其与 *GDP* 增长轨迹

数据来源:中国国家外汇管理局、中国国家统计局、国际货币基金组织。

中国国际收支经常项目差额与 *GDP* 之比由 2001 年的 1%～3%上升到 2007 年的 10.1%，但随后开始下降，到 2012 年下降到 2%，总体呈现缩小趋势，但资本与金融项目差额与 *GDP* 之比却总体呈现扩大趋势（见表 7-6）。这一方面反映了中国对外出口较快增长，另一方面也反映了各种投资和资本流入的较快增加。

表 7-6

中国国际收支经常项目及其子项目交易规模(2001—2012)

单位:亿美元

年份	经常项目	货物	服务	收益	经常转移
2001	6 184	4 981	726	379	97
2002	7 396	6 071	862	316	146
2003	9 932	8 318	1 020	400	193
2004	13 327	11 278	1 346	446	257
2005	16 731	13 908	1 582	941	300
2006	20 631	17 216	1 928	1 146	340
2007	25 818	21 246	2 523	1 582	446
2008	30 594	25 081	3 060	1 855	594
2009	27 081	21 591	2 884	2 099	515
2010	35 882	29 086	3 111	2 588	562
2011	43 719	35 641	4 209	3 011	859
2012	47 267	37 922	4 726	3 630	989

数据来源:中国国家外汇管理局。

2. 中国国际收支经常项目差额失衡的时间分布分析

中国从 1982 年正式发布国际收支报告以来的 31 年间，国际收支经常项目差额除 1984 年、1985 年、1988 年、1989 年和 1993 年 5 年外（见图 7-9），绝大部分时间保持顺差结构。

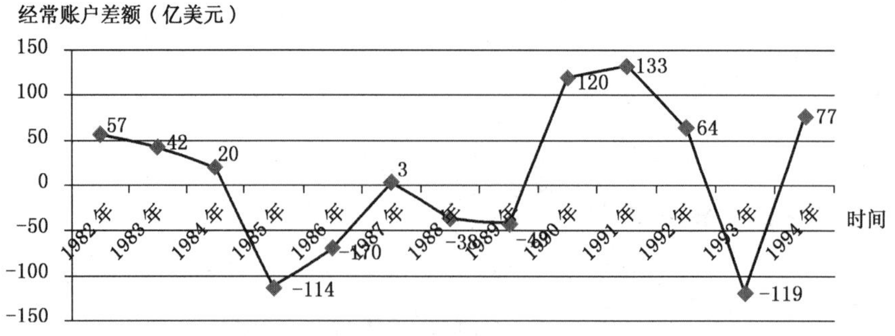

图 7-9 中国国际收支经常项目主要逆差年份分布

数据来源:中国国家外汇管理局。

1994 年以来，随着中国经济的持续改革和开放，国民经济总量和国内生产总值快速上升，至 2012 年年底，中国已经成为全球第二大经济体和第二大贸易国，中国连续 18 年保持经常项目顺差，经常项目顺差额也持续不断扩大和上升，在 2008 年中国经常项目差额达到创纪录的峰值 4 206亿美元。随着中国经济发展方式和经济结构调整的转变，经常项目差额近年来有所放缓和收窄，但仍保持着较大顺差规模，至 2012 年年底中国经常项目差额为 1 931 亿美元(见图 7-10)。

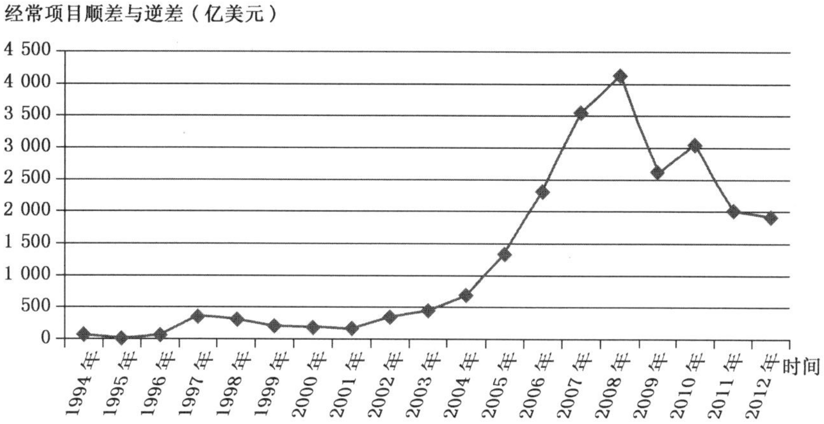

图 7-10　中国国际收支经常项目主要顺差年份分布(1994—2012)

数据来源：中国国家外汇管理局。

2010—2012 年，中国经常项目顺差占比的下降，主要体现了国内经济发展中的一些结构性变化。2010 年以来，全球经济触底后缓慢复苏，中国出口增速回升，服务贸易出口、收益和经常转移收入也重拾升势，成为拉升中国经常项目顺差占比的因素。但是由于结构性等其他因素的压低作用更明显，经常项目顺差占比总体上继续下降。

总的来看，自 1982 年以来的 32 年间，中国国际收支经常项目有 27 年保持顺差，5 年为逆差，且顺差额远远大于逆差额(见图 7-11)，这种保持多年的顺差失衡状况是中国经济改革开放的巨大成就，同时也为今后经济的更好发展埋下了隐患和风险。

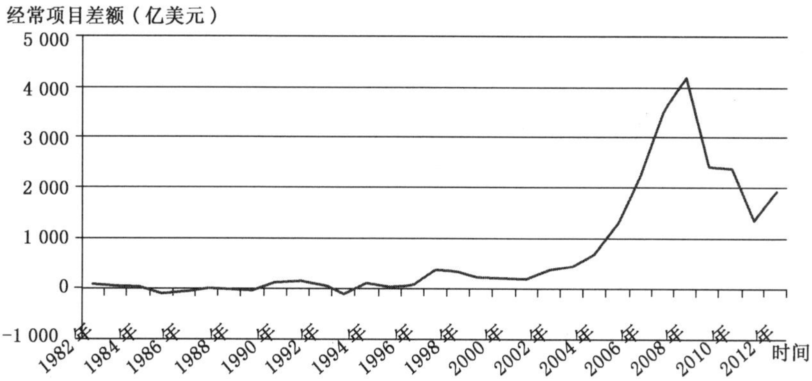

图 7-11　中国国际收支经常项目差额总体分布情况(1982—2012)

数据来源：中国国家外汇管理局。

3. 中国国际收支经常项目差额结构失衡分析

中国国际收支经常项目结构失衡主要表现在多年来中国货物项目基本上为贸易顺差且顺差差额巨大，而中国国际收支服务项目贸易多年来一直保持逆差，且逆差规模不断扩大和逆差额不断上升。

货物贸易一直是中国经济快速发展的重要引擎，2001—2012 年中国进出口货物平均增长速度保持在 20%左右，而同期中国 *GDP* 的平均增速超过 10%，货物出口高于同期 *GDP* 增长率 10 个百分点。从 1981 年至 2012 年中国进出口货物累计总额达 271 178.7 亿美元，累计出口货物达到 145 738.7 亿美元，累计进口货物 125 440 亿美元，累计实现顺差 19 414.7 亿美元（见表 7-7 和图 7-12），占中国外汇储备总额的 59%。这表明，中国多年来的巨额外汇储备累积主要依赖货物出口获得。结构性因素对中国经常项目收支平衡的影响越来越大。自 2008 年起，中国经常项目顺差与国内生产总值之比总体呈下降态势，由 2007 年的 10.1%回落至 2012 年的2.3%，降幅达 7.8 个百分点。

表 7-7

中国进出口额和贸易顺差变化情况（1981—2012）

单位：亿美元

年份	出口额	进口额	进出口额	贸易顺差
1981	220.1	220.2	440.3	−0.1
1982	223.2	192.9	416.1	30.3
1983	222.3	213.9	436.2	8.4
1984	261.4	274.1	535.5	−12.7
1985	273.5	422.5	696	−149
1986	309.4	429	738.4	−119.6
1987	394.4	432.2	826.6	−37.8
1988	475.2	552.7	1 027.9	−77.5
1989	525.4	591.4	1 116.8	−66
1990	620.9	533.5	1 154.4	87.4
1991	719.1	637.9	1 357	81.2
1992	849.4	805.9	1 655.3	43.5
1993	917.4	1 039.6	1957	−122.2
1994	1 210.1	1 156.2	2 366.3	53.9
1995	1 487.8	1 320.8	2 808.6	167
1996	1 510.5	1 388.3	2 898.8	122.2
1997	1 827.9	1 423.7	3 251.6	404.2
1998	1 837.1	1 402.4	3 239.5	434.7
1999	1 949.3	1 657	3 606.3	292.3

（续表）

年份	出口额	进口额	进出口额	贸易顺差
2000	2 492	2 250.9	4 742.9	241.1
2001	2 661	2 435.5	5 096.5	225.5
2002	3 256	2 951.7	6 207.7	304.3
2003	4 382.3	4 127.6	8 509.9	254.7
2004	5 933.6	5 613.8	11 547.4	319.8
2005	7 620	6 601.2	14 221.2	1 018.8
2006	9 690.8	7 916.1	17 606.9	1 774.7
2007	12 180.2	9 558.2	21 738.4	2 622
2008	14 285.5	11 330.9	25 616.4	2 954.6
2009	12 016.6	10 055.6	22 072.2	1 961
2010	15 779.3	13 948.3	29 727.6	1 831
2011	19 038	16 603	35 641	1 551
2012	20 569	17 353	37 922	3 216

数据来源：国家外汇管理局，世界银行 WDI 数据库。

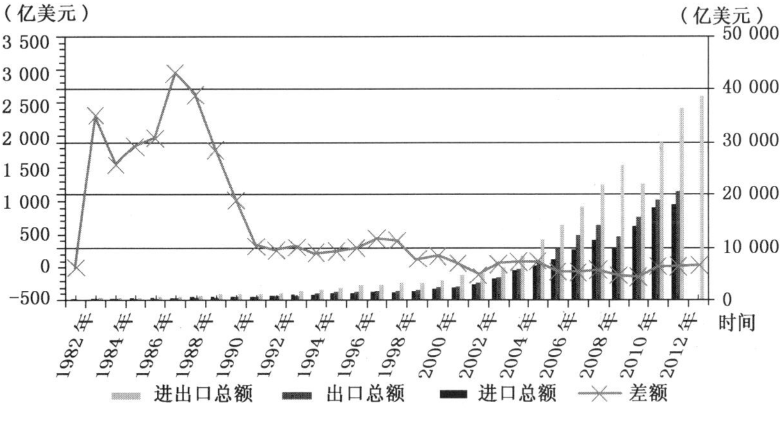

图 7-12　中国货物贸易进出口额与差额（1982—2012 年）

数据来源：中华人民共和国商务部。

在全球货物贸易额仅增长 0.2%的情况下，2012 年中国货物贸易额仍居全球第二位，占全球份额进一步提升。其中出口占全球比重为 11.2%，比上年提高 0.8 个百分点，连续 4 年居全球首位；进口占全球比重为 9.8%，比上年提高 0.3 个百分点，连续 4 年居全球第二位。中国外贸发展不仅在国内经济社会发展中发挥着重要作用，也为全球贸易增长和经济复苏作出了积极贡献。

数据显示，中国货物进出口增长除受 2008 年金融危机影响在 2009 年出现大幅下降外，其他大部分时间都大大快于经济增长速度，同时表明中国经济增长速度波动幅度远远小于外贸增长速度,这表明在经济发展中过度依赖国际经济将会对中国经济产生较为强烈和严重的影响和制约。

相对于货物贸易的持续顺差,中国国际收支服务贸易多年来持续逆差。在中国国际收支经常项目中货物贸易占全部经常项目差额过高,而服务和收益以及经常转移项目差额占经常项目差额的比例则过低。这反映了中国经常项目差额过分依赖货物贸易,服务项目绝对数在持续增长,但多年来中国服务项目一直处于逆差状况,且逆差一直呈持续不断扩大的趋势(见图 7-13)。

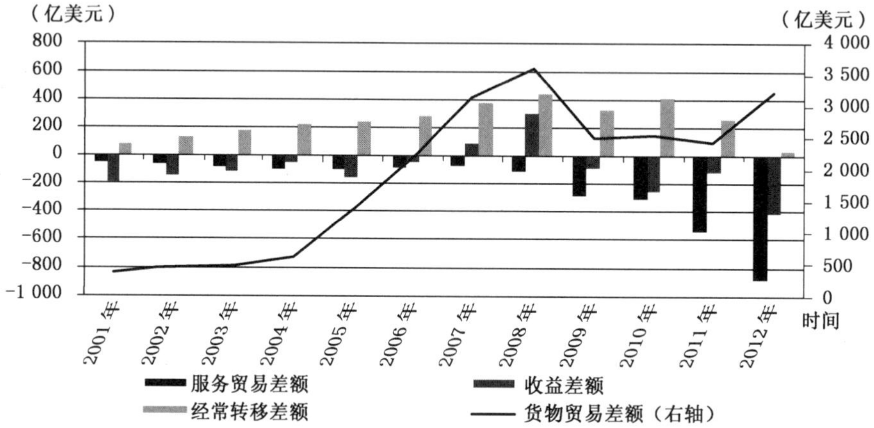

图 7-13　中国国际收支经常项目子项目差额对比(2001—2012)

数据来源:中国国家外汇管理局。

2012 年,中国服务进出口虽然延续增长态势,规模再创历史新高,进出口总额首次超过 4 700亿美元,跃居世界第三位,比上年增长 12.2%;超过世界服务进出口平均增幅 10.2 个百分点,占世界服务进出口总额的 5.6%;占中国对外贸易总额的比重为 10.8%,同比提升 0.5 个百分点。但是 2012 年中国服务贸易的逆差却创历史纪录达到 897 亿美元,其中旅游服务逆差为 519 亿美元,运输逆差为 469 亿美元。这说明了中国经济发展方式转变和文化等软实力增长还有很长的路要走,同时也警示我们对国内经济发展方式转变的迫切性。

总的来看,从 1982 年至 2012 年的绝大多数年份,中国出口增长速度远大于收入增长水平和居民消费水平,而居民对收入增长的低预期和谨慎的消费行为又导致居民储蓄规模不断扩大和上升,储蓄大于国内投资,而投资又过度依赖政府刺激,进而造成国内市场需求不足,积极出口,扩大外需等导致经常项目持续高额顺差,中国的 *GDP* 增长在过去主要依赖出口拉动和政府投资。2008 年国际金融危机爆发后,政府扩大 4 万亿元人民币投资再次成为投资拉动经济增长的发动机。中国经济过去 30 多年的发展轨迹清晰地显示了出口和投资与国内生产总值的高度关联度(图 7-14)。

(二) 中国国际收支资本与金融项目差额失衡轨迹分析

随着经济全球化和金融自由化的迅猛发展,金融作为现代经济核心的地位和功能愈加凸显和重要。作为反映国际经济和国际金融发展状况和程度的国际收支,成为反映一国对外经济交易总规模和发展水平的重要标尺和风向标。国际收支资本和金融项目全面系统地记录了一国资本与金融项目的总交易规模和平衡状况,是一国经济重要的晴雨表和预警器。

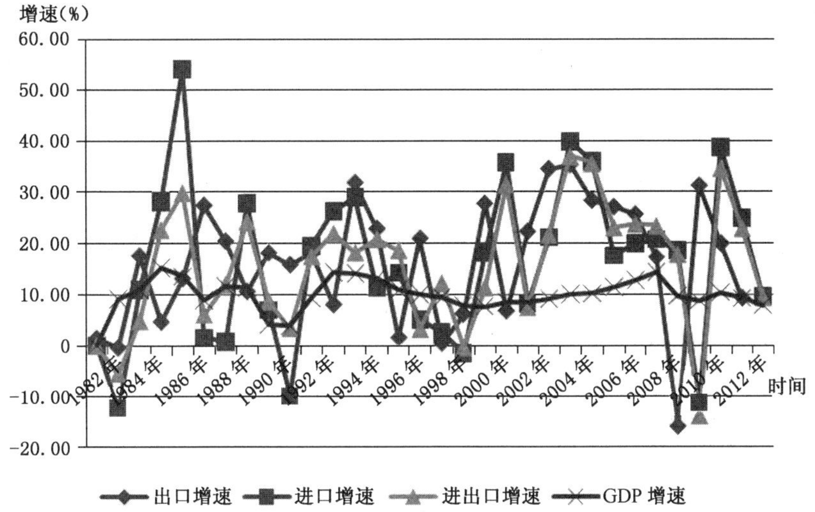

图 7-14　中国货物出口、进口和进出口增速与 GDP 增速(1982—2012)

资料来源:中华人民共和国商务部、中国国家统计局。

1. 中国国际收支资本和金融项目交易规模分析

进入 21 世纪以来中国已经基本完成了现代金融体系架构搭建,以银行为核心,证券、保险、信托和基金等为主体的金融体系结构和市场结构得以初步建立和完善,金融市场得到空前发展和壮大。经济总量和金融资产总量稳步增加,截至 2013 年第 1 季度末,中国银行业金融机构总资产为 141.3 万亿元人民币,同比增长 17.03%;总负债约为 132.2 万亿元人民币,同比增长 16.86%;中国广义货币供应量 $M2$ 达 103.61 万亿元人民币,首次突破百万亿元大关。

与中国金融市场同步发展的是中国国际收支资本和金融项目也迅速发展,由较为稳定的直接投资主导中国国际资本和金融收支结构阶段已经结束,资本和金融项目开始受到国际金融投机显著影响,表现出诸多的不稳定性和风险性。资本和金融项目交易规模由 2001 年的 1 642亿美元增加到 2012 年的 27 734 亿美元,12 年间资本与金融项目交易总规模为 155 730 亿美元,平均年交易规模为 12 977 亿美元(见图 7-15)。

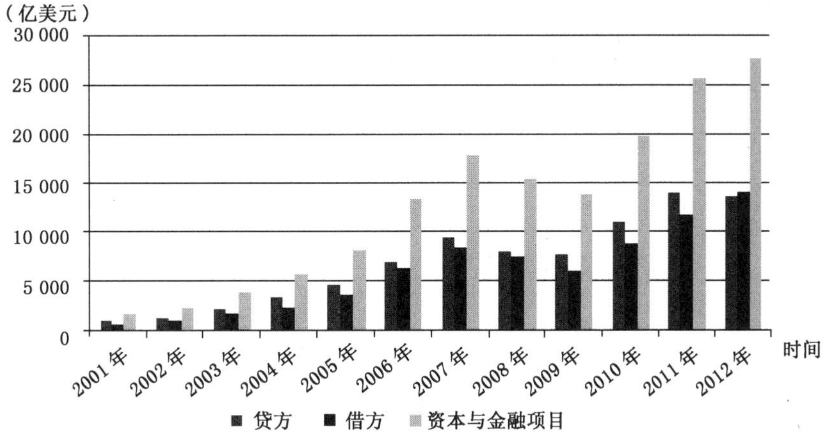

图 7-15　中国国际收支资本与金融项目交易规模(2001—2012)

数据来源:中国国家外汇管理局。

在资本和金融项目中，各个子项目交易规模在2012年均创历史新高，其中直接投资交易规模4 247亿美元，占比最大。近年来随着全球金融市场的宽松量化政策，证券投资和其他投资大量增加且波动加剧，尤其是其他投资，其在2001年至2012年的大部分年份出现较大规模的资本净流出，特别是2012年全年净流出2 600亿美元，创该项目资本流出历史新高（见表7-8）。

表7-8

中国国际收支资本和金融项目交易规模与差额(2001—2012)

单位：亿美元

年份	资本和金融项目(差额)	直接投资(差额)	证券投资(差额)	其他投资(差额)
2001	1 642(348)	567(374)	242(−194)	832(169)
2002	2 243(323)	593(468)	149(−103)	1 500(−41)
2003	3 865(527)	638(472)	132(114)	3 095(−59)
2004	5 760(1 107)	689(531)	208(197)	4 864(379)
2005	8 130(1 010)	1 425(1 059)	489(−49)	6 175(−40)
2006	13 459(526)	1 637(1 029)	1 588(−676)	10 193(133)
2007	17 921(951)	2 033(1 431)	1 093(187)	14 759(−697)
2008	15 481(463)	2 591(1 217)	927(427)	11 927(−1 211)
2009	13 841(1 808)	2 301(703)	1 575(387)	9 919(679)
2010	19 900(2 260)	3 038(1 249)	1 031(240)	15 781(724)
2011	25 754 (2 211)	2 698(1 704)	842(196)	21 125(255)
2012	27 734(−168)	4 247(1 911)	1 181(478)	22 258(−2 600)

数据来源：中国国家外汇管理局。

2. 中国国际收支资本与金融项目失衡时间分析

从1982年中国正式发布国际收支报告以来的31年间，中国国际收支资本与金融项目差额只有在1983年、1984年、1992年、1998年和2012年5年间出现逆差（见图7-16），其他年份均保持顺差，其差额基本特征是逆差额度较小，顺差额度较大。从长期分布来说，中国国际收支资本与金融项目的失衡主要表现为顺差结构较大，即资本流入较多而流出较少。

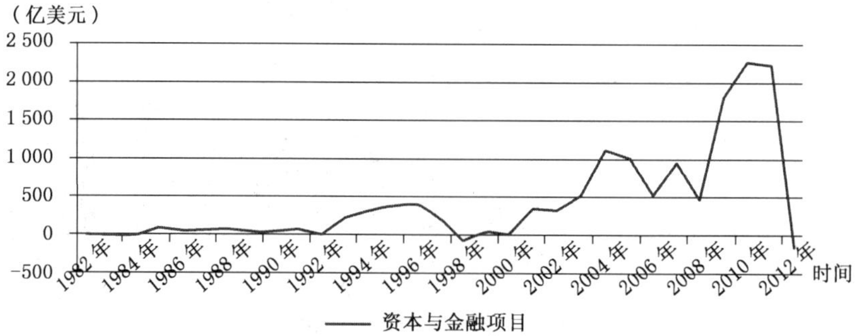

图7-16　中国国际收支资本与金融项目失衡时间分布情况

数据来源：中国国家外汇管理局。

与经常项目失衡相比，中国国际收支资本与金融项目失衡分布时间基本相同或相近，两个项目在 32 年间都出现过 5 次失衡年份，其基本特征是逆差失衡主要发生在中国国内经济紧缩调整时期和国际经济和国际金融危机时期，且受国际金融危机影响较大，特别是资本与金融项目更易受到国际金融危机的影响（见图 7-17）。

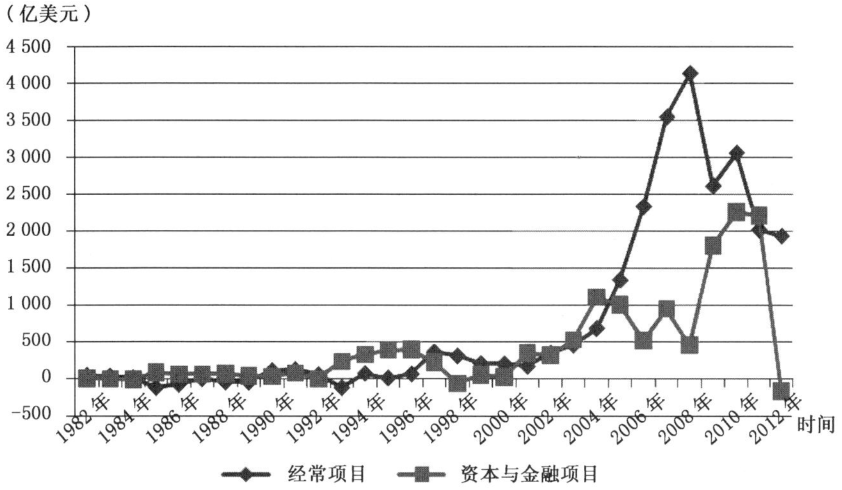

图 7-17　中国国际收支经常项目和资本与金融项目差额失衡情况

数据来源：中国国家外汇管理局。

3. 中国国际收支资本与金融项目结构失衡分析

在中国国际收支资本与金融项目中，直接投资是中国传统的顺差项目，证券投资和其他投资差额受短期跨境资本流动影响起伏较大，这种格局同样与结构性、政策性因素密切相关。

从政策结构来看，自改革开放以来，中国各级政府大力鼓励和吸引外国直接投资，1994 年以后，随着金融、财税和外贸改革的更进一步深入，大量外国资本流入中国市场，中国国际收支资本与金融项目彻底扭转了逆差并且连续多年持续顺差。当时，中国为调整产业结构，在市场换技术发展的思路下，不断改善投资环境，同时利用具有比较优势的劳动力成本和一系列优惠政策来吸引外商直接投资。中国经济的高速增长和良好的市场经营环境，使外商直接投资企业获得了丰厚的利润，在这种情况下，外商直接投资的增长是理所当然的。由于“两头在外”，加工贸易条件下的出口额必然大于进口额，贸易顺差即为加工生产带来了增加值，这必然带来国际收支经常项目顺差。反映在中国国际收支资本与金融项目方面就是中国的资本与金融项目呈现为资本净流入（见图 7-18）。

从资本流向结构来看，加入世界贸易组织后，中国的市场更加全面开放，中国国际收支资本与金融项目的交易规模更是迅速上升和扩大，中国积极参与国际要素市场资源配置，大量资本进入中国内地市场，同时，中国金融机构和企业也积极走向国际市场，资本双向流动和交易规模急剧扩大。从 1994 年至 2012 年年底，中国国际收支资本与金融项目累计实现顺差12 715.8亿美元，同期中国国际收支经常项目累计实现顺差 23 884.5 亿美元（见图 7-19）。

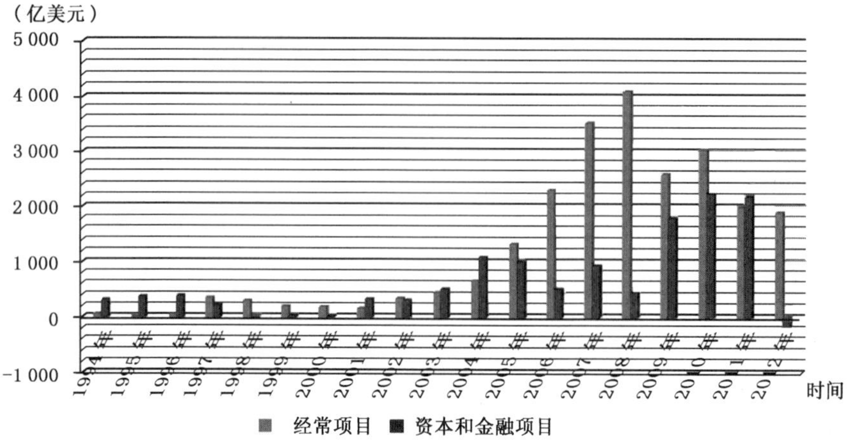

图 7-18 中国国际收支资本与金融项目与经常项目差额对比(1994—2012)

数据来源:中国国家外汇管理局。

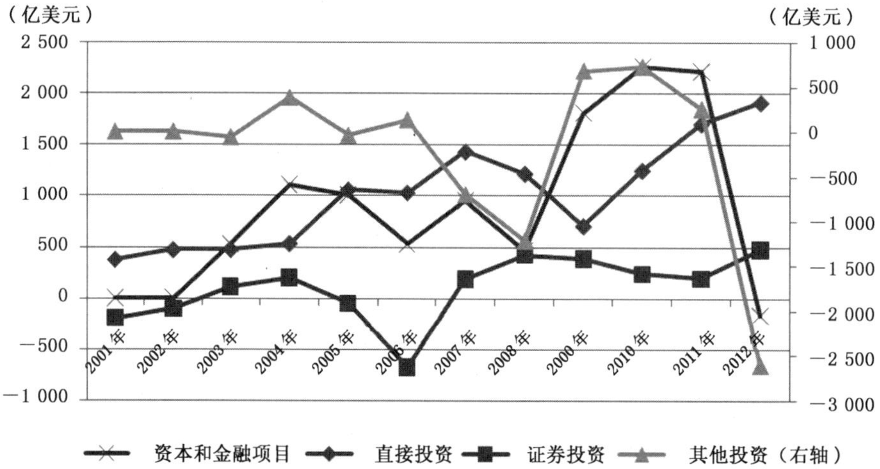

图 7-19 中国国际收支资本与金融项目及其子项目差额

数据来源:中国国家外汇管理局。

从账户表现结构来看,中国国际收支资本与金融项目跨境资本流动短期明显加剧和非直接投资资本流动呈现净流出。在跨境资本短期流动方面,2012 年第 1 季度,随着国际市场环境回暖,资本和金融项目由 2011 年第 4 季度的逆差 292 亿美元转为顺差 561 亿美元。第 2、第 3 季度,由于全球经济复苏乏力、欧债危机深化蔓延、市场避险情绪上升等因素,资本和金融项目分别为逆差 412 亿元和 517 亿美元。第 4 季度,国内外经济出现企稳迹象,加上主要发达国家推出量化的宽松货币政策,国际资本回流中国,资本和金融项目重新转为顺差 200 亿美元。在非直接投资资本净流出方面,2000—2012 年,直接投资顺差占 *GDP* 的比例基本保持在 2%～4%的区间范围内。2000—2012 年,非直接投资项目有 6 年为顺差,7 年为逆差。2012 年,非直接投资项目逆差达 2 122 亿美元,而 2011 年为顺差 284 亿美元。

（三）中国国际收支总差额失衡轨迹探析

1. 中国国际收支总差额失衡比例与规模分析

一国国际收支平衡是绝对的，而失衡则是相对的。一般来讲，一国国际收支很难做到绝对平衡，不是顺差就是逆差，只不过是顺差和逆差的程度大小而已。

从国际收支交易总规模来看，2012 年，中国国际收支交易总规模为 7.5 万亿美元，较 2011 年增长 6%；与同期 *GDP* 之比为 91%，较 2011 年略降 6 个百分点（见图 7-20）。伴随着中国经济进一步发展和开放，中国国际收支交易总规模在未来仍会保持持续扩大和上升，特别是在服务等项目的交易规模将会持续放大。中国国际收支交易规模的快速增长只是反映了中国与世界其他经济体经济交往的总量和程度，它说明了中国经济与世界其他国家的政治经济等交易往来更加密切和繁荣，相互间的依赖程度更加紧密，但并不能反映中国国际收支的失衡程度和风险。

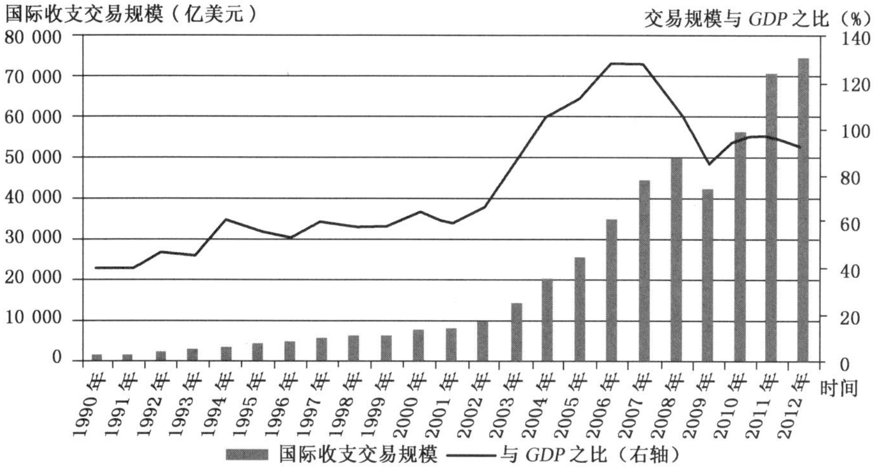

图 7-20　中国国际收支交易规模及其与 *GDP* 之比（1990—2012）

数据来源：中国国家统计局、中国国家外汇管理局。

2. 中国国际收支总差额失衡时间与结构分布分析

自 1978 年改革开放以来，大部分年份中国国际收支总差额处于顺差状况，这当中只有 1985 年、1986 年和 1989 年发生逆差，逆差额分别为 24.5 亿美元、10.9 亿美元和 6 亿美元（见图 7-21）。中国国际收支在较长时期保持了经常项目和资本与金融项目的双顺差。情况在 2012 年出现了明显转化，多年来一直处于顺差的资本与金融项目在 2012 年发生了 168 亿美元的逆差。这可能也预示着中国长期以来保持的国际收支双顺差格局就此结束，中国在今后将交替出现国际收支资本与金融项目的顺差和逆差。

1994 年，中国外汇体制改革以来，中国国际收支持续顺差，特别是 2001 年中国加入世界贸易组织以来，国际收支不但延续“双顺差”格局，而且顺差规模持续急剧扩大。2012 年，中国国际收支状况在总体上相对改善，国际收支总顺差为 1 763 亿美元（见图 7-22）。

关于净误差和遗漏　1982—2012 年间，中国国际收支净误差和遗漏呈不规则变化，从 2003 年开始中国国际收支净误差和遗漏项目上下波动幅度加剧，2003 年至 2008 年初呈现净流入状态，从 2008 年年中开始，由于美国次贷危机和欧洲债务危机的持续干扰与影响，中国国际收支净误差和遗漏项目连续出现资本净流出现象，且流出规模迅速扩大和上升，2012 年更达到最高的 798 亿美元，这被归结为统计误差、货币折算问题以及可能存在的洗钱行为(见图 7-23)。

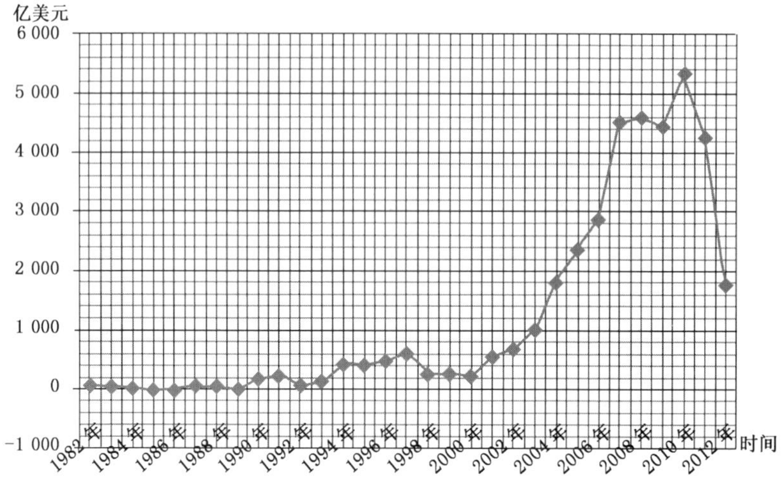

图 7-21　中国国际收支顺差和逆差状况分布图(1982—2012)

数据来源：中国国家外汇管理局。

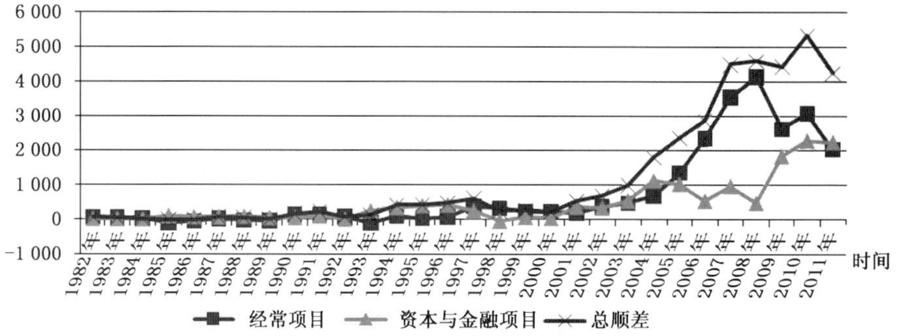

图 7-22　中国国际收支长期失衡结构分布图(1982—2011)

数据来源：中国国家外汇管理局。

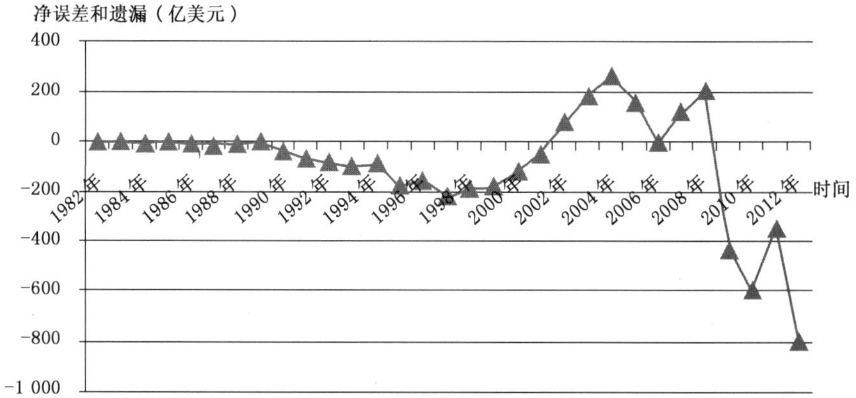

图 7-23　中国国际收支净误差和遗漏(2001—2012)

数据来源：中国国家外汇管理局。

另外,从中国国际收支净误差和遗漏项目来看,1982—2012 年间,中国国际收支净误差和遗漏呈不规则变化。从 2003 年开始,中国国际收支净误差和遗漏项目上下波动幅度加剧,2003 年至 2008 年年初呈现净流入状态。从 2008 年年中开始,由于美国次贷危机和欧洲债务危机的持续干扰与影响,中国国际收支净误差和遗漏项目连续出现资本净流出现象,且流出规模迅速扩大和上升,2012 年更达到最高的 798 亿美元,这被归结为统计误差、货币折算问题以及可能存在的洗钱行为。

从整体结构与比例来看,中国国际收支误差与遗漏项目在全部国际收支交易规模中只占非常微小的部分,并未超过国际公认的临界线(见图 7-24)。但由于中国金融监管体系还有诸多不完善之处,统计误差和漏洞也存在完善之处,所以,这一数据并非完全可以反映相关风险。

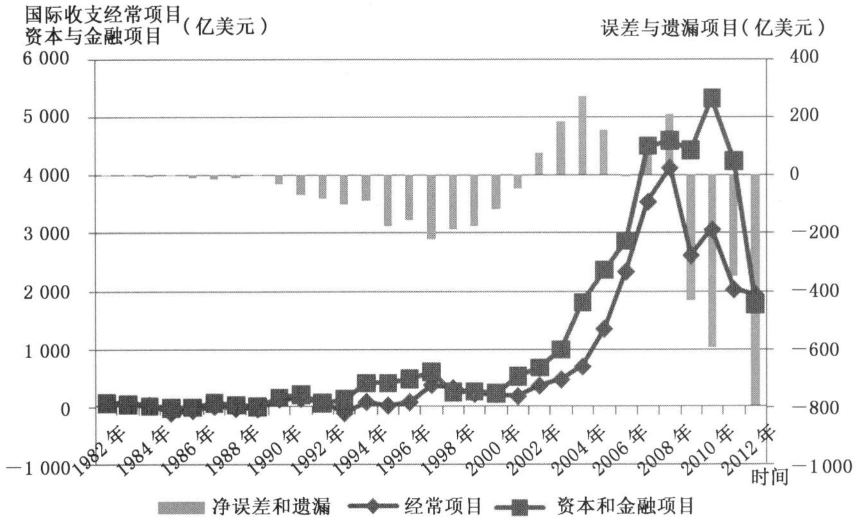

图 7-24 中国国际收支经常项目、资本与金融项目和误差与遗漏项目差额

数据来源:中国国家外汇管理局。

3. 中国国际收支失衡原因分析

中国国际收支长期顺差失衡主要是长期以来的政策导向造成的。中国经济的改革开放是经济市场化的过程,但由于长期以来受计划经济思想的影响,中国经济在市场化过程中包括了过多政府干预的思想与行为。我们长期以来过度重视与依赖投资和出口对经济的拉动作用,忽视了消费的拉动效应,扭曲了市场经济规律,扭曲了消费的真谛,恩惠外国人,苦了老百姓。如果再早 10 年左右刺激消费,平衡投资和出口,转变经济发展方式,则中国国际收支状况所反映的外部均衡就会更加健康;反过来,外部均衡更加健康的话,国内经济矛盾也会相应地大大降低。

从理论视角来看,首先,中国国际收支长期失衡是在经济全球化背景下,中国参与国际分工的必然结果,中国良好的投资环境、低廉的劳动力等生产要素价格,促使跨国公司在全球分工布局中,逐步将加工制造环节向中国转移,带动了中国外资的流入和进出口顺差的增长。其次,中国经济具有处于工业化、城镇化和国际化进程中的阶段性特征。再次,中国国际收支长期失衡是中国储蓄持续大于投资,国内需求不足的外在表现,而内在表现是政府收税太多,花钱太多，没把钱花到应该花的地方，造成居民预防性储蓄过多，影响了国内需求和消费水平提升到更高层次。最后，中国国际收支长期失衡是跨境资本追求较高投资回报的结果，特别是2012年以来中国跨境资本流动显著增加，金融市场各种价格的波动进一步加剧。

总而言之，以“双顺差”格局为特征的单边性国际收支失衡已经成为中国经济运行的突出问题和深层次矛盾之一，虽然双顺差结构今后会发生变化，但国际收支失衡造成的矛盾和问题将长期影响中国内外经济均衡发展。

三、风险度量与预测

随着中国经济转型的深入发展，中国经济与世界其他国家关系越来越紧密，经济的开放程度日益扩大，对中国宏观经济分析也应该纳入全球一体化的环境之中，突破传统经济的分析框架，以促使中国实现内部均衡与外部均衡的双重均衡。中国国际收支失衡与国际收支风险是多方面的，对中国宏观经济增长造成的潜在的不确定性风险也是多方面的。

（一）中国国际收支风险度量

1. 国际收支的贸易收支项目失衡风险度量

1）国际收支账户分析基础

国际收支是一国在一定时期内全部对外经济交易的系统的货币记录。国际收支账户是国际收支记录的基础，与此相关联的是国民收入账户。国民收入账户记录了与一个国家的收入和产出有关的全部交易。影响一国国民收入账户变化的因素主要有四个：第一，消费（C），指私人部门为满足日常的需要而用于生活的支出。第二，投资或储蓄（I 或 S），指私人部门的收入除消费外剩余部分。从供给角度看，它表现为储蓄（S）；从需求角度看，它表现为投资（I）。私人部门的投资和消费的区分是，一般将企业的购买视为投资，个人或家庭的购买归为消费。第三，政府支出（G），包括军费开支、公共福利费开支和行政事业费开支。第四，商品和劳务的进出口净额。

封闭经济的国民收入均衡，可用如下关系式表示：

$$Y = C + I + G \tag{7-1}$$

其中 Y——国民收入；

C——消费；

I——投资；

G——政府开支。

这个关系式中不涉及国际收支。

开放经济的国民收入均衡，可用如下关系式表示：

$$Y = C + I + G + X - M \tag{7-2}$$

其中 X——商品和劳务出口；

M——商品和劳务进口。

这个关系式说明在开放经济中，国际收支与国民收入有着密切的联系，商品和劳务进出口额所占的比重越大，内外经济相互作用的程度就越深。在西方发达国家的经济中，贸易总额常占国民生产总值的较高比重。

国际收支与货币供给。国际收支是国际经济社会中一种货币现象，它与一国货币供给有紧密联系。货币供给的变化对国民收入、利息率、投资等都有影响。一般地，货币供应量 M 增加→利息率(i)下降→投资(I)增加→国民收入(Y)增加；货币供应量减少→利息率上升→投资减少→国民收入减少。

在封闭经济中，货币供给基本上等于本国信贷量(D)。开放经济中的货币供给包括两部分：国内信贷量和国际货币与国内货币的交换量。后者即为国际储备(U)与汇率(E)之积。国际收支差额就意味着国际储备的变化，在汇率不变的条件下，国际储备的变化必然引起货币供给的变化，其关系式可以表示为：

$$M = D + R \cdot E \tag{7-3}$$

上述这些基本的关系式表明了国际收支与宏观经济变量投资、消费、出口以及货币政策之间的基本关系，是国际收支失衡分析的基础。

2) 贸易收支决定模型

贸易收支为出口与进口之差，影响出口的因素包括世界经济活动水平、出口价格水平和出口供给能力；影响进口的因素包括国内经济活动水平、进口价格水平和进口替代能力。因此，当我们在仅考虑汇率变动对出口价格水平和进口价格水平的影响时，从贸易收支的决定模型可知，中国贸易收支在理论上由世界总出口水平、国内产出水平、汇率水平以及出口供给能力、进口替代能力等决定。即：

$$TB = EX - IM = f(+EXW, -IGDP, +REX, +S, -K) \tag{7-4}$$

式中 EXW——世界总出口水平；

$IGDP$——本国总需求；

REX——人民币兑美元汇率水平；

S——本国对出口的供给能力；

K——本国对进口的替代能力。

中国转型经济时期所取得的一个显著成就是，通过不断实施对外开放政策，外商直接投资持续流入中国，这不但提高了进口替代能力，而且增强了出口供给能力。由于三资企业生产了大量以前需要进口的商品，使中国的进口替代能力大大提高，因此在实际估计工业制成品进口时采用累计直接投资作为反映进口替代能力的解释变量。在此，采用累计外商直接投资，KDI 同时表示出口供给能力 S 和进口替代能力 K。随着外商直接投资的增加，出口供给能力上升，意味着出口增加；进口替代能力也上升，意味着进口减少，因而贸易收支上升。引入累计外商直接投资之后，贸易收支决定模型为：

$$TB = EX - IM = f(+EXW, -IGDP, +REX, +KDI-1) \tag{7-5}$$

3) 贸易收支决定模型检验

中国贸易收支在理论上由世界总出口水平、国内产出水平、汇率水平以及出口供给能力、进口替代能力等决定，我们使用历年 RE(外汇储备余额)，GWE(世界出口总额)，GDP(国内生产总值)，ER(人民币兑美元汇率)，IP(工业制造指数)，FDI(外商直接投资)代表上述要素(见表 7-9)。

表 7-9

中国贸易收支相关变量数据分析

单位:亿美元

年份	*RE*	*GWE*	*GDP*	*ER*	*IP*	*FDI*
1990	110.93	41 039.39	3 569.37	478.32	27.26	34.870 0
1991	217.12	42 544.87	3 794.69	532.33	31.18	43.660 0
1992	194.43	47 046.93	4 226.61	551.46	37.79	110.080 0
1993	211.99	47 203.46	4 405.01	576.2	45.38	275.150 0
1994	516.2	52 753.8	5 592.25	861.87	53.96	337.670 0
1995	735.97	63 376.41	7 280.07	835.1	61.54	375.210 0
1996	1 050.29	66 817.29	8 560.85	831.42	69.24	417.260 0
1997	1 398.9	69 385.12	9 526.53	828.98	77.08	452.570 0
1998	1 449.59	68 411.74	10 194.59	827.91	83.94	454.630 0
1999	1 546.75	70 945.11	10 832.78	827.83	91.09	403.190 0
2000	1 655.74	78 991.43	11 984.8	827.84	100	407.150 0
2001	2 121.65	76 328.2	13 248.05	827.7	108.67	468.780 0
2002	2 864.07	80 048.53	14 538.28	827.7	119.50	527.430 0
2003	4 032.51	93 249.86	16 409.67	827.7	134.74	535.050 0
2004	6 099.32	113 372.39	19 316.44	827.68	150.25	606.300 0
2005	8 188.72	128 978.24	22 570.68	819.17	167.8	603.250 0
2006	10 663.44	148 580.44	27 168.69	797.18	189.5	630.210 0
2007	15 282.49	172 985.85	34 956.00	760.4	204.1	747.680 0
2008	19 460.30	198 267.07	45 218.00	694.8	211.3	923.950 0
2009	23 991.52	159 006.53	49 905.00	683.2	224.7	900.330 0
2010	28 473.38	189 563.15	59 266.00	676.95	245.1	1 057.350 0
2011	31 811.48	223 030.02	72 981.00	645.88	256.6	1 160.110 0
2012	33 115.89	224 322.87	82 301.00	631.43	266.9	1 117.160 0

数据来源：中国国家统计局、国际货币基金组织、Wind 数据库。

在此对中国贸易收支相关变量数据作图分析(见图 7-25),并利用 SPSS 软件对其进行相关性检验(见表 7-10)。

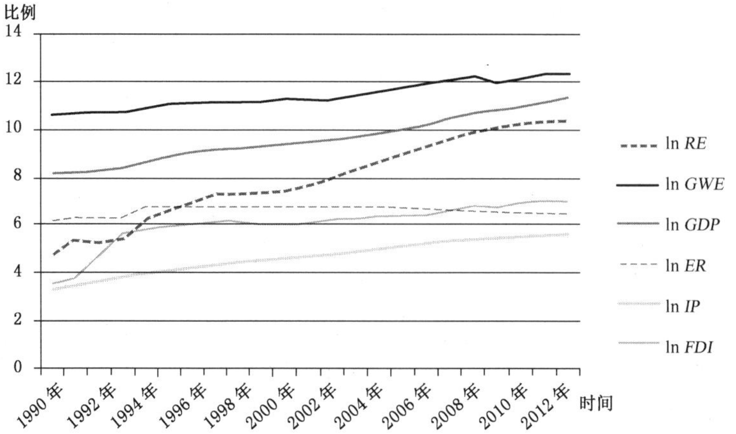

图 7-25 中国贸易收支相关变量因素关系图

表 7-10

相 关 性

		RE	*GWE*	*GDP*	*ER*	*IP*	*FDI*
RE	Pearson 相关性	1	.954**	.992**	—.240	.931**	.926**
	显著性(双侧)		.000	.000	.270	.000	.000
	N	23	23	23	23	23	23
GWE	Pearson 相关性	.954**	1	.956**	—.071	.978**	.954**
	显著性(双侧)	.000		.000	.746	.000	.000
	N	23	23	23	23	23	23
GDP	Pearson 相关性	.992**	.956**	1	—.194	.935**	.937**
	显著性(双侧)	.000	.000		.376	.000	.000
	N	23	23	23	23	23	23
ER	Pearson 相关性	—.240	—.071	—.194	1	.033	.109
	显著性(双侧)	.270	.746	.376		.881	.620
	N	23	23	23	23	23	23
IP	Pearson 相关性	.931**	.978**	.935**	.033	1	.966**
	显著性(双侧)	.000	.000	.000	.881		.000
	N	23	23	23	23	23	23
FDI	Pearson 相关性	.926**	.954**	.937**	.109	.966**	1
	显著性(双侧)	.000	.000	.000	.620	.000	
	N	23	23	23	23	23	23

**. 在 .01 水平(双侧)上显著相关。

检验表明,中国贸易收支相关变量各数据之间均存在较强的相关性,接下来我们对外汇储备与各因素之间关系作进一步分析,并对 6 组原始数据取对数并检验其平稳性(见表 7-11)。

表 7-11

中国贸易收支平稳性检验

变量	检 验 方 法	*t-Statistic*	*Prob*	平稳度
ln *RE*	Augmented Dickey - Fuller test statistic	—0.193 003	0.923 3	平稳***
ln *GWE*	Augmented Dickey - Fuller test statistic	—0.092 528	0.938 8	平稳***
ln *GDP*	Augmented Dickey - Fuller test statistic	0.466 611	0.980 8	平稳***
ln *ER*	Augmented Dickey - Fuller test statistic	—2.601 180	0.896 7	平稳**
ln *IP*	Augmented Dickey - Fuller test statistic	—1.888 297	0.656 5	平稳***
ln *FDI*	Augmented Dickey - Fuller test statistic	—0.243 321	0.84	平稳**

注:平稳*** 表示在 1% level 上可信;平稳** 表示在 5% level 上可信。

经分析可以发现，以上数据都是一阶平稳的，先来对 ln *RE* 和 ln *GWE* 进行评估，可得结果：

$$\ln RE = 1.818\,174\ \ln GWE - 0.232\,668\ \ln GWE(-1) + 1.077811\ \ln GWE(-2) - 27.648\,94C$$

(2.753 649)	(0.259 354)	(1.574 272)	(−18.989 27)
(0.660 278)	(0.897 107)	(0.684 641)	(1.456 029)

R-squared＝0.973 164

Durbin-Watson stat＝0.594 652

结果显示，1990—2012 年当年外汇储备与当年世界总出口额呈正相关，世界总出口额增加说明世界范围贸易活动增加，同样说明了国家贸易竞争力的提高使得在世界经济发展时能获得更多的出口份额，从而造成外汇储备增加。

对 ln *RE* 和 ln *GDP* 进行比较分析可得结果：

$$\ln RE = 2.771\,509\ \ln GDP - 1.189\,669\ \ln GDP(-1) - 0.096\,035\ \ln GDP(-2) - 9.064\,824C$$

(2.919 435)	(−0.751 237)	(0.173 797)	(−13.859 96)
(0.949 331)	(1.583 614)	(0.985 597)	(0.654 030)

R-squared＝0.978 071

Durbin-Watson stat＝0.399 097

结果表明，外汇储备与当期 *GDP* 呈正相关，*GDP* 上升的同时带动外汇储备增加，正表明了当前中国 *GDP* 中很大一部分是对外贸易商品，同时亦从另一方面显示了中国外向型的经济发展模式。同时从结果中可看出外汇储备与上期 *GDP* 成反比，可解释为随着 *GDP* 增长，中国的进口消费提升，贸易顺差开始逐步降低。

对 ln *RE* 和 ln *ER* 进行估计，结果如下：

$$\ln RE = -6.794\,319\ \ln ER - 0.390\,308\ \ln ER(-1) + 7.622\,510\ \ln ER(-2) + 5.421\,381\ C$$

(−1.884 621)	(−0.083 713)	(2.442 835)	(0.365 253)
(3.605 139)	(4.662 465)	(3.120 355)	(14.842 81)

R-squared＝0.815 867

Durbin-Watson stat＝1.679 757

结果显示，本期外汇储蓄与近期汇率成正比，由于此处外汇汇率为直接标价法，可解释为随着汇率的上升即本币贬值造成贸易顺差，使得外汇储备上升。同时，可看到前 2 年期的汇率对当年的外汇储备影响较大，这可理解为当年本币的贬值使得出口订单增多，但最终影响到外汇储备会有约 1 年的间隔时间。

对 ln *RE* 和 ln *IP* 进行分析，结果显示如下：

$$\ln RE = 1.136\,111\ \ln IP + 2.553\,412\ \ln IP(-1) - 1.047\,196\ \ln IP(-2) - 4.405\,393\ C$$

(0.538 916)	(0.749 507)	(−0.551 128)	(−5.423 145)
(2.108 139)	(3.406 791)	(1.900 098)	(0.812 332)

R-squared＝ 0.987 361

Durbin-Watson stat＝ 1.865 202

从中我们可以看出，外汇储备与近两期工业制造指数成正比，中国是制造业大国，出口贸易中一大部分是工业制造品，因此制造业指数的上升导致出口增加同时外汇储备上升。

对 ln *RE* 和 ln *FDI* 进行分析，结论如下：

$$\ln RE = 4.132\,279 \ln FDI - 2.724\,039 \ln FDI(-1) + 1.509\,704 \ln FDI(-2) - 10.064\,33\ C$$

(5.615 943)	(−3.032 944)	(3.164 429)	(−6.273 657)
(0.735 812)	(0.898 150)	(0.477 086)	(1.604 221)

R-squared = 0.929 479

Durbin-Watson stat = 1.844 036

外汇储备与本期 *FDI* 成强正比，外商投资并在本国生产直接导致原本需要进口商品可直接在国内制造，增加了贸易顺差并导致外汇储备增加。

2. 国际收支失衡的货币因素分析与度量

2013 年 3 月末，中国国家外汇储备余额为 3.44 万亿美元，居全球第一位，相当于德国的国民经济总量(见图 7-26)。巨额外汇储备是中国多年来改革开放和市场经济发展的显著成果，有力地支持和保证了强大的国家信用和经济发展。同时，多年来外汇储备单边增长，无休无止，的确成为中国宏观经济稳定运行的一大隐患，巨额外汇储备又成了中国的软肋，美国动辄就要进行货币超发和贬值，中国老百姓面朝黄土背朝天辛苦得来的血汗钱，就这样被人家宽松量化货币政策和乱发国债“调戏”。西方通过债务和货币贬值来赖债，巨额外汇储备本身就成为烫手的山芋和“核武器”。中国主动地减持，西方就说你破坏国际金融秩序，中国增持，西方又拿你当傻子。

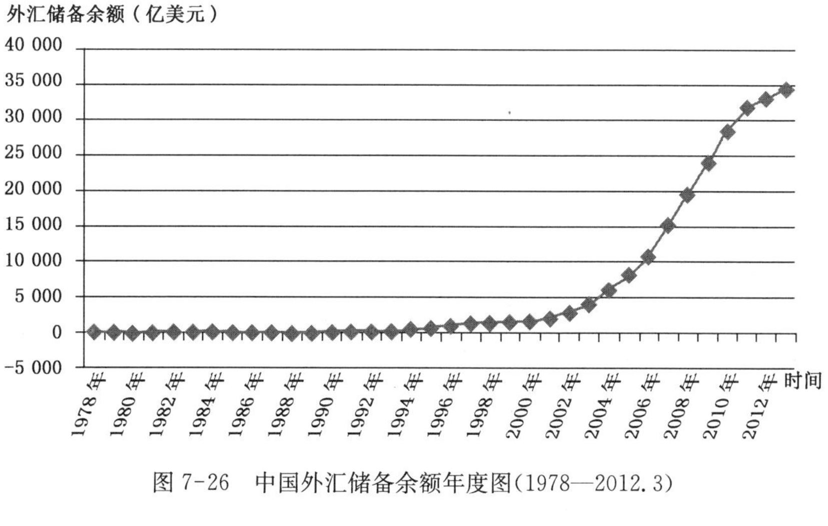

图 7-26 中国外汇储备余额年度图(1978—2012.3)

在现行人民币汇率制度和保持人民币币值稳定的货币政策目标下，中国货币当局不得不持续买入因国际收支顺差带来的外汇资产，这导致与国际储备相对应的货币当局对外净资产快速增加。货币当局的主要资产包括国外净资产 FS、对政府债权 LG、对其他存款性公司债权 LB 和对其他金融性公司债权 lnMF 等，主要负债包括基础货币 MB、政府存款 DG 和发行债券 DB 等。货币当局的国外净资产 FS 与其他各项资产和负债共同决定了基础货币，而不断增加的国外净资产主要是由持续上升的外汇储备形成的。

中国多年来实行的外汇结售汇制度和近年来的人民币升值预期是中国国际收支顺差的持续增长的主要因素，持续的国际收支顺差必然引起基础货币投放的被动增加，货币供应量也必然出现乘数倍增。2013 年 3 月末中国广义货币供应量 $M2$ 余额为 103.61 万亿元。

根据费雪交易方程式：$V=PT$ ，在一定时期内货币流通速度 V 和社会总交易量 T 稳定的情况下，货币供应量 M 的大幅度增长必然引起物价水平的上涨。2012 年中国全年居民消费价格比上年上涨 2.6%。当前中国货币政策调控面临着对内控制通货膨胀和稳定经济增长，对外实现国际收支平衡的两难困境。为此，我们从外汇储备与 $M0$，$M1$ 及 $M2$ 之间关系进行分析（见表 7-12 ）。

表 7-12

中国货币供应量

单位：亿元人民币

年份	$M0$	$M1$	$M2$
1990	2 644.4	6 950.7	15 293.40
1991	3 177.8	8 633.3	19 349.90
1992	4 336	11 731.5	25 402.20
1993	5 864.7	16 280.4	34 879.80
1994	7 288.6	20 540.7	46 923.50
1995	7 885.3	23 987.1	60 750.50
1996	8 802	28 514.8	76 094.90
1997	10 177.6	34 826.3	90 995.30
1998	11 204.2	38 953.7	104 498.50
1999	13 455.5	45 837.3	119 897.90
2000	14 652.65	53 147.15	134 610.26
2001	15 688.8	59 871.59	158 301.92
2002	17 278.03	70 881.79	185 006.97
2003	19 745.99	84 118.57	221 222.82
2004	21 468.3	95 970.82	253 207.70
2005	24 031.67	107 278.76	298 755.67
2006	27 072.62	126 035.13	345 603.59
2007	30 334.32	152 519.17	403 401.30
2008	34 218.96	166 217.13	475 166.60
2009	38 246.97	221 445.81	610 224.52
2010	44 628.17	266 621.54	725 851.79
2011	50 748.50	289 847.73	851 590.94
2012	54 659.77	308 664.23	974 148.8

数据来源：中国人民银行。

在此，把外汇储备(*RE*)，*M*0，*M*1 及 *M*2 等数据作图，结果发现其大致呈正相关，然而增长率即斜率是不同的，如图 7-27 所示。

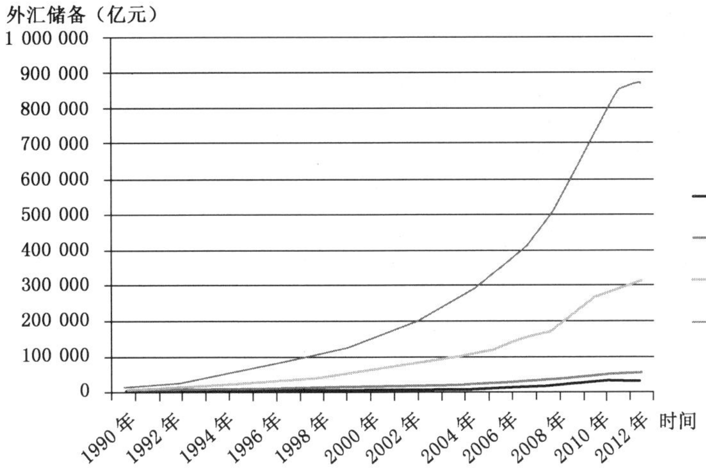

图 7-27　中国外汇储备与 *M*0、*M*1 及 *M*2 关系图(1990—2012)

对 *RE* 和 *M*0、*M*1、*M*2 进行相关性检验得出下列结论(见表 7-13)。

表 7-13

RE 和 M0/M1/M2 相关性检验

		RE	*M*0	*M*1	*M*2
RE	Pearson 相关性	1	.973**	.989**	.991**
	显著性(双侧)		.000	.000	.000
	N	23	23	23	23
*M*0	Pearson 相关性	.973**	1	.993**	.992**
	显著性(双侧)	.000		.000	.000
	N	23	23	23	23
*M*1	Pearson 相关性	.989**	.993**	1	.999**
	显著性(双侧)	.000	.000		.000
	N	23	23	23	23
*M*2	Pearson 相关性	.991**	.992**	.999**	1
	显著性(双侧)	.000	.000	.000	
	N	23	23	23	23

**. 在 .01 水平(双侧)上显著相关。

检验表明 *RE* 和 *M*0，*M*1，*M*2 各数据之间均存在较强的相关性，接下来我们对外汇储备与各因素之间关系进行进一步探讨。取对数并检验其平稳性(见表 7-14)。

表 7-14

外汇储备额与货币供给平稳性检验

变量	检 验 方 法	t-Statistic	Prob	平稳度
$\ln M0$	Augmented Dickey-Fuller test statistic	−3.465 614	0.819 3	平稳***
$\ln M1$	Augmented Dickey-Fuller test statistic	−3.163 289	0.869 3	平稳***
$\ln M2$	Augmented Dickey-Fuller test statistic	−2.453 237	0.784 6	平稳***

注：平稳*** 表示在 1% level 上可信，平稳** 表示在 5% level 上可信。

可以看出，以上数据都是一阶平稳的，先来对 $\ln M0$，$\ln M1$，$\ln M2$ 和 $\ln RE$ 进行估计并分析其关系，可得结果：

$$\ln M0 = 0.303\,051 \ln RE - 0.194\,481 \ln RE(-1) + 0.331\,624 \ln RE(-2) + 6.293\,764C$$

(3.804 302)　　(−1.784 016)　　(4.504 053)　　(70.095 07)

(0.879 660)　　(0.709 013)　　(0.773 628)　　(0.789 789)

R-squared = 0.991 883

Durbin-Watson stat = 1.167 564

$$\ln M1 = 0.376\,433 \ln RE - 0.148\,745 \ln RE(-1) + 0.366\,513 \ln RE(-2) + 6.460\,552\,C$$

(3.803 275)　　(−1.098 181)　　(4.006 433)　　(57.910 54)

(0.098 976)　　(0.135 447)　　(0.091 481)　　(0.111 561)

R-squared = 0.993 070

Durbin-Watson stat = 1.948 013

$$\ln M2 = 0.411\,997 \ln RE - 0.096\,648 \ln RE(-1) + 0.323\,257 \ln RE(-2) + 7.049\,263\,C$$

(4.219 699)　　(−0.723 340)　　(3.582 074)　　(64.054 4)

(0.097 637)　　(0.133 614)　　(0.090 243)　　(0.110 051)

R-squared = 0.994 120

Durbin-Watson stat = 1.826 102

对比上述三个关系，可以认为外汇储备变动对于货币投放有着明显的影响，然而影响程度却不同，当期 $M2$ 对于当期外汇储备最为敏感，$M1$，$M0$ 影响则会依次递减。虽然目前来看，外汇占款进入流通领域是不完全的，然而，它的影响却是长期存在的，中国人民银行近年来多次频繁调整存款准备金利率，到 2011 年 6 月 20 日存款准备金最高调整到 21.50%，其中一个重要目的就是为了冲销外汇占款问题。2011 年下半年以来，随着欧洲危机的不断蔓延升级和国内经济增速的减缓，中国人民银行又陆续开始下调存款准备金，释放流动性。因此在外汇储备持续增加的背景下，当务之急是要严格控制不断增加的资本项目顺差，以预防大的风险的产生。

3. 国际收支失衡的对外净资产风险度量

中国国家外汇管理局公布的 2012 年年末中国国际投资头寸表显示，截至 2012 年年末，中国对外金融资产存量 51 749 亿美元，较 2011 年年末增长 9.2%。从项目构成看，储备资产 33 879 亿美元，对外直接投资 5 028 亿美元，证券投资 2 406 亿美元，其他投资 10 437 亿美元。对外金融资产主要集中在货币当局，以外汇储备为主。高额的储备资产主要来源于经常项目和资本项目“双顺差”的多年累积。保持充足的外汇储备对确保国际清偿能力，维护国家经济金融安全具有重大意义。但另一方面，其他形式的外汇资金运用占比较低，也说明中国扩大对外投资渠道尚有较大潜力。数据还显示至 2012 年年底，中国持有国外证券投资比例持续增大，其中持有美国国债 12 028 亿美元，为美国国债第一大债权国(见表 7-15)。

表 7-15

中国外汇储备与中国持有美国国债数量

单位:亿美元

年份	外汇储备	美国国债
2000	1 655.74	603
2001	2 121.65	786
2002	2 864.07	1 184
2003	4 032.51	1 590
2004	6 099.32	2 229
2005	8 188.72	3 100
2006	10 663.40	3 969
2007	15 282.49	4 776
2008	19 460.3	7 274
2009	23 991.52	8 948
2010	28 473.3	11 601
2011	31 811.48	11 519
2012	33 115.89	12 028

资料来源:中国国家统计局、美国财政部。

随着中国外汇储备的日渐增加，外汇储备的保值与增值压力日益增大，因而造成国家对外投资冲动加大，这往往会造成风险的过多积累。在缺乏更好的投资手段时，对外投资的结果表现为对外净资产的增加，其中以对美国国债的购买最为明显。

截至 2012 年年末，中国大陆地区外债余额为 7 369.86 亿美元，同比增长 6.04%。其中，登记外债余额为 4 454.86 亿美元，企业间贸易信贷余额为 2 915 亿美元。按期限划分，中长期外债(剩余期限)余额为 1 960.57 亿美元，短期外债(剩余期限)余额为 5 409.29 亿美元。据初步计算，2012 年中国外债负债率(外债余额与当年国内生产总值之比)为 8.96% ，债务率(外债余额与当年国际收支统计口径的货物与服务贸易出口收入之比)为 32.78% ，偿债率(中长期外债还本付息与短期外债付息额之和与当年国际收支统计口径的货物与服务贸易出口收入之比)为 1.62%，短期外债与外汇储备的比例为 16.33%，均在国际公认的安全线之内。

从表 7-15 可以看出，外汇储备的增长伴随着美国国债持有数的增加。这说明在中国外汇储备投资选择中，美国国债一直是外汇储备投资的重要选择。虽然随着外汇储备规模的不断增加，中国购买美国国债的数量也不断增加，但美国国债占中国外汇储备的比例基本保持稳定。从 2000 年至 2012 年，中国持有美国国债占外汇储备的比重最高为 2002 年，占 41%，最低为 2007 年，占 31%，大部分年份为 35%～38%，最高持有美国国债占外汇储备的年平均比重为 37%（见图 7-28）。

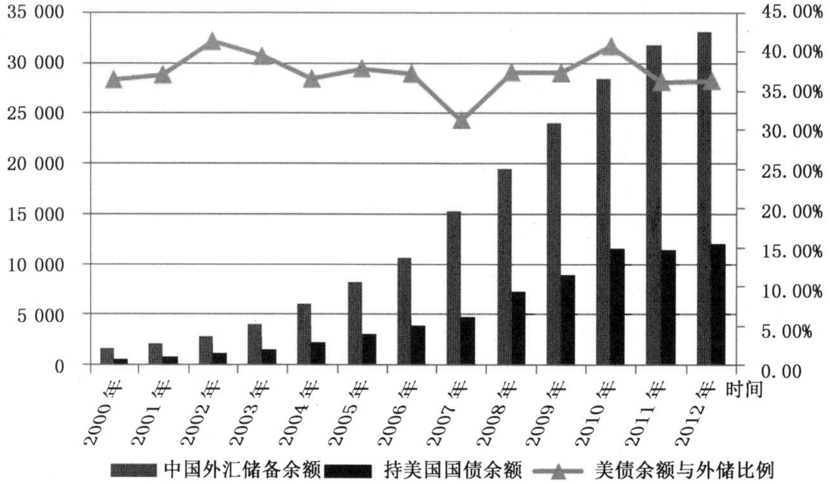

图 7-28 中国持有美国国债占外汇储备的比重（2000—2012）

对上述数据变量进行 Pairwise Granger Causality Tests，ATS（AMERICAN TREASURY SECURITIES），见表 7-16。

表 7-16

中国外汇储备与中国持有美国国债格兰杰因果检验

Pairwise Granger Causality Tests
Date：06/30/13 Time：03:15
Sample：2000 2012
Lags：2

Null Hypothesis：	Obs	F-Statistic	Probability
RE does not Granger Cause AD	11	10.021 5	0.012 23
AD does not Granger Cause RE		0.348 15	0.719 37

可以看出，在 *alpha*=0.05 的显著性水平下，外汇储备是持有美国国债的格兰杰原因，由此证实了外汇储备的增加是购买美国国债的推动力，进行回归找出其之间的关系。

$$ATS = 0.152\,276RE + 0.581\,685RE(-1) - 0.229\,66RE(-2) + 0.398\,206RE(-3) + 11.222\,82\,C$$

R-squared=0.990 540

Durbin-Watson stat=2.033 844

美国国债数量与上期外汇储备成强烈正相关关系，上期外汇储备增加将导致人们购买更多国债。

热钱流入是中国外汇收支失衡的一大影响因素，热钱由贸易顺差、直投净流入、境外投资收益、境外上市融资和外汇储备增量计算得出，2007 年以来一直持续为净流入的趋势，主要是由于人们对人民币增值的预期上升。而贸易顺差至 2001 年以来，一直保持较高速率上升，在 2009 年和 2011 年出现小幅下滑后，于 2012 年出现反弹，目前情况表明贸易顺差重回高速发展线，但外汇储蓄增量在 2012 年间突然放缓，后期外汇储备占款将继续下降。这再次凸显金融动荡时期直接投资对于中国国际收支状况的稳定作用，同时也表明国际长期投资继续看好中国。境外投资收益至 2011 年开始，保持缓和上升趋势。综上，在连续 5 年热钱净流入之后，国际热钱开始流出中国，这表明国际资金对人民币升值预期降低（见图 7-29）。

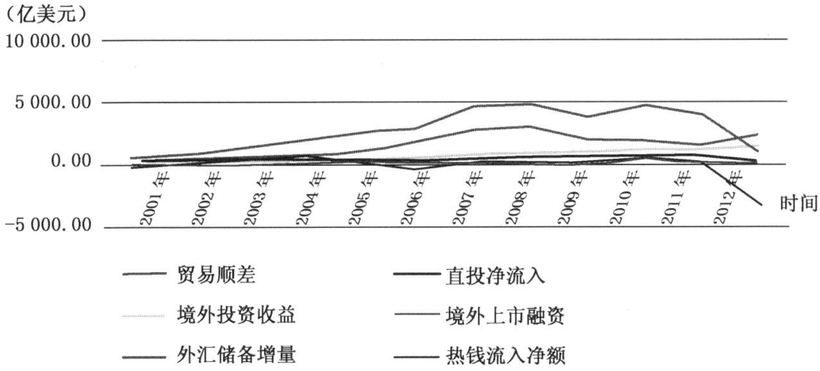

图 7-29 中国热钱流入变化状况（2001—2012）

（二）中国国际收支风险预测

国际收支风险是在国际收支状况可能恶化的情况下出现的风险，其包括国际收支自身存在的风险和可能对宏观经济运行产生的不利影响以及宏观经济失衡本身对国际收支失衡的反作用。

国际收支风险具有客观性，其伴随着国际经济活动和国际贸易与资本流动而产生，是一种常态状况。国际收支风险具有扩散性，其不是某种孤立的系统内风险，可以通过某些传导机制进行扩散。国际收支风险具有可识性，其可以通过一些国际经济金融指标被认知。尽管在实践中准确预测国际收支风险存在较大难度，但国际收支风险在一定程度上是可测的。

基于上述中国国际收支结构分析和数量分析，在发掘和论证检验中国国际收支失衡各个变量之间的相互关系和相互影响的作用机理下，以此来设计国际收支风险监测与预警指标，建立中国国际收支风险指数，对中国面临的国际收支风险进行预测。

1. 国际收支失衡风险指标的筛选

根据相关的风险监测和预警理论，国际收支风险预测最基本的要素是确定相关的国际收支风险指标，通过观测这些指标对国际收支出现的异常变动进行分析和监测，进而预测可能发生的国际收支风险及其对宏观经济运行产生的不确定性。然而，影响国际经济金融稳定的因素十分复杂，而且各种因素的相对重要性及相互作用也因一国的发展水平、开放程度、经济周期、经济结构以及政府干预程度的不同而大相径庭。

在借鉴和吸收相关风险监测和预警系统的研究成果，并基于我们对中国国际收支失衡风险的传导机制进行的理论和实证研究，我们制定了7项国际收支风险指标。其中，反映国际收支自身风险的4项指标为出口增长率、*FDI*增长率、贸易收支/*GDP*和（*FDI*＋经常收支）/*GDP*，反映国际收支对宏观经济不利影响的3项指标为对外开放度、国际储备变动/*GDP*和国际储备变动/基础货币变动。

2. 国际收支失衡风险度量指数

国际收支风险指标体系确定后，要进一步对每一个指标确定不同风险状态的临界值。确定国际收支风险指标临界值较为困难。国际上有公认标准的，临界值的确定将根据国际标准来确定，没有国际标准的，将根据中国经济不同发展阶段的特征，结合国际收支运行的特点，计算出该指标的最高、最低和平均值，并确定上下浮动比例，或者采用自回归移动平均ARMA模型，利用时间序列过去值的加权求和来建立一个平稳的时间序列模型，以确定单个指标的临界值（见表7-17）。在此根据风险指标所处安全状态的不同给出具体得分：处于安全状态的得0分；处于关注状态的得1分；处于风险状态的得2分；处于预警状态的得3分。然后，将各风险指标得分进行加总，得到国际收支风险指标体系的综合得分。

表7-17

国际收支风险指标及其临界值

风险指标(%)	风险状态			
	安全	关注	风险	预警
出口增长率	5～10	－5～5， 10～20	－15～－5， 20～30	－15以下， 30以上
*FDI*增长率	5～10	－5～5， 10～20	－15～－5， 20～30	－15以下， 30以上
贸易收支/*GDP*	－2～＋3	－3～－2， 3～6	－5～－3， 6～8	－5以下， 8以上
（*FDI*＋经常收支）/*GDP*	0～＋5	－2～0， 5～8	－3～－2， 8～10	－3以下， 10以上
对外开放度	30以下	30～50	50～70	70以上
国际储备变动/*GDP*	－1～＋3	－2～－1， 3～6	－3～－2， 6～9	－3以下， 9以上
国际储备变动/基础货币变动	25以下	25～40	40～60	60以上

基于国际收支风险指标体系的综合得分，我们对国际收支风险指数进行分级。国际收支风险共分五个等级：安全、较安全、一般、较危险和危险。其相关的国际收支风险指数为1～5，而所对应的综合得分区间根据表7-18给出。国际收支风险指数从低到高，意味着国际收支风险不断加大。

表 7-18

国际收支风险指数分级

风险等级	风险指数	综合得分	含义
安　全	1	0～4	收支适度
较安全	2	5～8	收支相对适度，不会有大的风险
一　般	3	9～12	收支有一定风险，出现各种对宏观经济不利的影响
较危险	4	13～16	须立即重视收支风险的存在，施行各种措施进行调节
危　险	5	17～21	收支风险极大，须采取紧急措施纠正

3. 2013 年中国国际收支风险指数预测

2008 年，美国次贷危机引发的国际金融危机爆发以来，中国政府全面积极应对这场危机，推出了包括 4 万亿元投资在内的一系列宽松的财政政策和积极的货币政策以及行政干预措施。这些措施的推出和实施使中国经济在遭受国际金融危机严重影响下较快恢复起来，到 2011 年年底绝大部分经济指标已经恢复或全面达到和超过危机前水平。但这一系列刺激经济的措施在复苏国内经济的同时也引起新的问题，国内通货膨胀又一次连续居高不下，2011 年全年 CPI 上涨 5.4%，2012 年 CPI 上涨速度趋缓，全年居民消费价格比上年上涨 2.6%，2013 年 1～5 月全国居民消费价格平均总水平比上年同期上涨 2.4%；经济发展方式转变困难重重，通货膨胀与经济下滑局面并存。美国宽松量化货币政策退出预期增强，欧美等主要国家经济复苏依然疲态乏力。在此国际、国内背景下，我们对 2013 年各项国际收支风险指标进行预测，给出了 2013 年各项国际收支风险指标的预测区间。

2013 年经济形势总判断　预计 2013 年全球经济继续弱复苏，国际资本流动不确定性依然较大。欧美等发达经济体复苏依然步履蹒跚。随着中国经济增速和对外需求的减缓，全球大宗商品价格仍将可能回落，美国等宽松货币政策将逐渐退出，经济增长提升空间有限。根据国际货币基金组织预计，2013 年全年全球经济增长 2.3%，较 2012 年放慢 1 个百分点。

2013 年是中国"十二五"规划启动的第三年和关键之年，中国国际收支将继续保持较大顺差格局，但顺差仍将继续缓慢下降。全球经济持续复苏之路艰难而漫长，国际贸易和投资活动受不确定因素影响将加大。2013 年中国经济整体增长趋势将继续保持增长，但增长速度预计将回落到 7.6%左右，增长速度较 2012 年将继续减缓。

根据我们可得到的最大限度的信息和数据，我们预测 2013 年中国出口增长率和 FDI 增长率为 7% ～11%和 8% ～14%。世界总出口水平和外商直接投资等正向影响因素出现下降，而中国经济增长等反向影响因素也出现回落。相对于 2012 年的 3.8%，贸易收支/*GDP* 将保持相对平稳，2013 年其预测区间为 3%～4%。由于外商直接投资稳步增长，经常收支也因贸易收支等继续保持稳步回升，相对于 2012 年的 6%，(*FDI*＋经常收支)/*GDP* 将相对平稳，2013 年其预测区间为 5%～8%。2013 年对外开放度[(出口＋进口)/*GDP*]预测区间为 46% ～53%。由于贸易收支顺差下降将导致经常收支小幅下降，而 FDI 回稳和对外投资增加而导致资本收支下降，国际储备增速将继续放缓。2013 年国际储备变动/*GDP* 将回落到 2%～3%；2013 年国际储备变动/基础货币变动也将回落到 42%～53%(见表 7-19)。

表 7-19

2013 年国际收支风险指标预测区间及其风险状态

风险指标	预测区间	风险状态	各项得分
出口增长率	8%～12%	关注	1 分
FDI 增长率	8%～14%	关注	0.5 分
贸易收支/*GDP*	3%～4%	安全	0
(*FDI*＋经常收支)/*GDP*	5%～8%	关注	1 分
对外开放度	46%～53%	关注	1 分
国际储备变动/*GDP*	2%～3%	安全	0
国际储备变动/基础货币变动	42%～53%	安全	0

根据上述预测结果，我们可以判断各项国际收支风险指标所处的风险状态及其相应得分。出口增长率于 2013 年所处的风险状态为“关注”，得 1 分；*FDI* 增长率于 2012 年所处的风险状态为“安全”到“关注”区间，得 0.5 分；贸易收支/*GDP* 于 2012 年所处的风险状态为“安全”，得 0；(*FDI*＋经常收支)/*GDP* 于 2012 年所处的风险状态为“关注”，得 1 分；对外开放度于 2012 年所处的风险状态为“关注”，得 1 分；国际储备变动/*GDP* 于 2013 年所处的风险状态为“关注”，得 0；国际储备变动/基础货币变动 2012 年所处的风险状态为“关注”到“风险”区间，得 0 分。

将上述 5 项国际收支风险指标得分进行加总，并按照表 7-16 给出的国际收支风险分级标准，我们得到 2013 年中国国际收支风险体系的综合得分区间为 3.5 分，与此相对应的国际收支风险指数等级为较安全和安全边界区，这是近年来中国国际收支失衡状况得到最好改善的 1 年。这就是说中国经济的外部失衡状况是改善了，外部失衡风险得到有效释放，但问题往往是两方面的，中国宏观经济的外部均衡风险有所释放，但由于当前国内经济仍处于去产能、转方式的结构调整阶段，内部均衡问题依然矛盾凸显，此起彼伏，物价稳定、充分就业和经济增长的冲突和均衡依然难以释放和解决。内部失衡的压力反过来又传到外部国际收支失衡方面，所以中国国际收支失衡风险的关键还是全力解决好内部均衡问题。

四、风险管理

（一）中国国际收支管理形势展望

从全球来看，2013 年世界经济前景仍主要面临下行风险。一方面，对欧元区债务危机的持续担忧不断削弱金融市场稳定，仍是世界经济风险的首要来源。危机的急剧恶化可能会引发普遍性的避险做法，这将带来极为不利的全球影响。发达经济体持续疲弱的经济活动和高额公共债务和赤字仍然构成相关风险，欧洲银行的过度去杠杆化可能会暴露出新兴市场的脆弱性，导致新一轮证券资产外流，并干扰国内金融稳定。另一方面，地缘政治的不确定性可能会大幅抬高油价，削弱世界经济增长。

就中国来看，2013 年在内外部环境错综复杂、充满变数的情况下，中国国际收支有望继续保持基本平衡，但“促平衡”的任务依然艰巨。一方面，国内外经济和金融运行充满变数，地方债务风险、影子银行风险和房地产泡沫风险依然是中国宏观经济运行面临的最主要风险。另一方面，世界经济进入深度转型调整期，经济持续低速增长、金融去杠杆化延续、贸易保护主义明显抬头等，将抑制中国扩大出口和吸引外资；中国将加快转变经济发展方式和调整经济结构，着力扩大内需，稳步增强消费对经济增长的拉动作用，进口增长有望加速；国内外经济复苏出现反复、发达国家宏观经济政策转向、主权债务问题恶化或地缘政治冲突激化等不确定、不稳定因素较多。利率倒挂，短期跨境资本流动加剧和“资产本币化、负债外币化”资本运作模式将会引起人民币币值的波动和投机风险，甚至可能引发阶段性的资本集中流出和国内金融市场波动和动荡加剧风险。

（二）中国国际收支风险管理政策取向

中央经济工作会议指出中国发展仍处于重要战略机遇期，中国所面临的机遇，不再是简单纳入全球分工体系、扩大出口、加快投资的传统机遇，而是倒逼我们扩大内需、提高创新能力，寻找促进经济发展方式转变的新机遇。

(1) 从国际视野来看，各国需持续开展政策合作，以重建信心，恢复稳定。为进一步解决全球失衡和全球需求不足，具有高储蓄率的国家需努力克服消费和投资领域中的阻碍因素，而更多地由市场来决定汇率的做法可以为此提供支持。在全世界范围内统一地实施新的金融部门监管措施，努力解决影子银行问题和跨境监督等金融系统脆弱性问题。

(2) 从中国国内宏观经济全局来看，要把稳健的货币政策坚持住、发挥好，合理保持货币总量，按照有保有压、有扶有控的原则，加大对先进制造业、战略性新兴产业、劳动密集型产业和服务业、传统产业改造升级等的信贷支持。支持调整过剩产能，对整合过剩产能的企业定向开展并购贷款，严禁对产能严重过剩行业违规建设项目提供新增授信。

(3) 从中国国际收支风险管理层面来看，要按照“扩内需、调结构、减顺差、促平衡”的思路，建立健全可持续的国际收支平衡机制：加快转变经济发展方式和调整经济结构，坚定不移地把扩大内需作为经济发展的长期战略方针，充分发挥消费的基础作用；把稳定出口和扩大进口结合起来，推动对外贸易平衡发展；把利用外资与对外投资结合起来，支持企业“走出去”，稳步推进人民币资本项目可兑换；继续完善人民币汇率形成机制，增加汇率弹性，加快外汇市场发展，进一步发挥市场在国际收支调节中的作用。

(4) 从人民币国际化改革程序方面来看，要进一步完善人民币汇率机制，化解和防范汇率风险对国际收支的不利影响。在2013年进一步扩大人民币汇率浮动幅度，更进一步增加人民币汇率弹性，按照“主动、渐进和可控”的原则进一步完善有管理的浮动汇率，实现事实上的真正的有管理的人民币浮动汇率制度，合理引导人民币升值预期。

(5)从热钱和短期跨境资本流动监管视角来看，要密切注视和监管短期跨境资本流动，不断完善跨境资金流动监管体系，充实和完善政策预案，建议设立中国政府外汇平准基金和短期资金离岸税，增加正能量，抑制投机性热钱频繁和过度流入和流出，防范跨境资本双向流动冲击，减少对中国经济的无端冲击。

经济全球化和一体化趋势在长期还会继续深化，在未来很长时期经济全球化和一体化对全球经济带来的变化和起伏波动将是剧烈和显著的。中国经济有望保持稳定增长，但增长速度相对稳步趋缓是不可改变的趋势，中国国际收支长期顺差失衡状况未来在总体上也会逐步缓解，相应风险也会逐步微微释放。国际经济运行中的各种风险和不确定性将会明显增加，国内经济也将面临一定挑战，中国国际收支形势的复杂性将会增加。随着人民币国际化进程的加快，中国国际收支的结构性风险将会更加凸显。

附表

表 1

中国国际收支年度平衡表(1982—1997)

单位:亿美元

项　　目	1982 年	1983 年	1984 年	1985 年	1986 年	1987 年	1988 年	1989 年	1990 年	1991 年	1992 年	1993 年	1994 年	1995 年	1996 年	1997 年
一、经常账户差额	57	42	20	−114	−70	3	−38	−43	120	133	64	−119	77	16	72	370
贷方	254	254	293	301	312	405	479	502	608	705	856	922	1 264	1 543	1 814	2 184
借方	197	211	273	415	382	402	518	545	488	572	792	1 041	1 188	1 526	1 741	1 815
A. 货物和服务差额	48	26	1	−125	−74	3	−41	−49	107	116	50	−118	74	120	176	428
贷方	237	233	268	283	298	392	459	478	574	659	788	866	1 189	1 472	1 717	2 072
借方	189	207	267	408	372	389	500	528	467	543	738	983	1 116	1 353	1 541	1 644
a. 货物差额	42	20	0	−131	−91	−17	−53	−56	92	87	52	−107	73	181	195	462
贷方	211	207	239	251	258	347	411	432	515	589	696	757	1 026	1 281	1 511	1 827
借方	169	187	239	382	349	364	464	488	424	502	644	863	953	1 101	1 315	1 364
b. 服务差额	6	6	0	6	18	20	13	7	15	29	−2	−11	1	−61	−20	−34
贷方	26	26	29	31	40	44	49	46	59	70	92	109	164	191	206	246
借方	20	20	29	25	23	25	36	39	44	41	94	120	163	252	226	280
B. 收益差额	4	12	15	8	0	−2	−2	2	11	8	2	−13	−10	−118	−124	−110
贷方	10	15	19	14	9	10	15	19	30	37	56	44	57	52	73	57
借方	6	3	4	5	9	12	16	17	20	29	53	57	68	170	198	167
C. 经常转移差额	5	5	4	2	4	2	4	4	3	8	12	12	13	14	21	51
贷方	7	6	6	4	5	4	6	5	4	9	12	13	18	18	24	55
借方	2	1	2	2	1	2	1	1	1	1	1	1	4	4	2	3
二、资本和金融账户差额	−17	−14	−38	85	65	27	53	64	−28	46	−3	235	326	387	400	210
贷方	36	30	45	212	213	192	203	212	204	203	302	508	618	677	710	926
借方	53	44	83	127	148	164	150	148	232	157	305	274	291	290	310	716
A. 资本账户差额	0	0	0	0	0	0	0	0	0	0	0	0	0	0	0	0

贷方	0	0	0	0	0	0	0	0	0	0	0	0	0	0	0	0
借方	0	0	0	0	0	0	0	0	0	0	0	0	0	0	0	0
B.金融账户差额	−17	−14	−38	85	65	27	53	64	−28	46	−3	235	326	387	400	210
贷方	36	30	45	212	213	192	203	212	204	203	302	508	618	677	710	926
借方	53	44	83	127	148	164	150	148	232	157	305	274	291	290	310	716
1.直接投资差额	4	8	13	13	18	17	23	26	27	35	72	231	318	338	381	417
贷方	4	9	14	20	22	23	32	34	35	44	112	275	338	377	424	454
借方	0	1	1	6	5	6	9	8	8	9	40	44	20	39	43	38
1.1 中国在外直接投资差额	0	−1	−1	−6	−5	−6	−9	−8	−8	−9	−40	−44	−20	−20	−21	−26
贷方	0	0	0	0	0	0	0	0	0	0	0	0	0	0	0	2
借方	0	1	1	6	5	6	9	8	8	9	40	44	20	20	21	27
1.2 外国在华直接投资差额	4	9	14	20	22	23	32	34	35	44	112	275	338	358	402	442
贷方	4	9	14	20	22	23	32	34	35	44	112	275	338	377	424	453
借方	0	0	0	0	0	0	0	0	0	0	0	0	0	19	22	10
2.证券投资差额	0	−6	−16	30	16	11	9	−2	−2	2	−1	31	35	8	17	69
贷方	0	2	9	30	16	12	12	1	0	6	9	50	45	18	34	92
借方	0	8	26	0	0	1	3	3	2	3	9	20	10	10	16	23
3.其他投资差额	−21	−16	−34	41	32	0	20	40	−52	9	−74	−27	−27	40	2	−276
贷方	31	20	22	162	175	157	159	177	169	154	182	183	235	282	253	380
借方	52	35	56	120	143	157	138	137	221	145	256	210	262	241	251	655
三、储备资产变动额	−42	−27	5	54	17	−17	−5	−22	−61	−111	21	−18	−305	−225	−317	−357
贷方	1	0	7	56	19	0	1	1	0	0	24	1	0	0	0	0
借方	43	27	2	2	1	17	5	23	61	111	3	18	305	225	317	357
四、净误差与遗漏	3	−2	12	−25	−12	−14	−10	1	−31	−68	−83	−98	−98	−178	−155	−223
贷方	3	0	12	0	0	0	0	1	0	0	0	0	0	0	0	0
借方	0	2	0	25	12	14	10	0	31	68	83	98	98	178	155	223

资料来源:中国国家外汇管理局。

表 2

中国国际收支年度平衡表（1998—2012）

单位:亿美元

项　　目	1998年	1999年	2000年	2001年	2002年	2003年	2004年	2005年	2006年	2007年	2008年	2009年	2010年	2011年	2012年
一、经常账户差额	315	211	205	174	354	431	689	1 324	2 318	3 532	4 206	2 433	2 378	1 361	1 931
贷方	2 177	2 347	2 990	3 179	3 875	5 196	7 032	9 039	11 478	14 684	17 462	14 842	19 355	22 897	24 599
借方	1 862	2 135	2 785	3 005	3 521	4 766	6 342	7 715	9 160	11 152	13 256	12 409	16 977	21 536	22 668
A. 货物和服务差额	438	306	289	281	374	358	512	1 246	2 089	3 080	3 488	2 201	2 230	1 819	2 318
贷方	2 074	2 210	2 796	2 994	3 654	4 850	6 583	8 369	10 617	13 423	15 818	13 333	17 436	20 898	22 483
借方	1 636	1 903	2 507	2 713	3 280	4 492	6 071	7 123	8 528	10 342	12 330	11 131	15 206	19 079	20 165
a. 货物差额	466	360	345	340	442	444	590	1 342	2 177	3 159	3 606	2 495	2 542	2 435	3 216
贷方	1 835	1 947	2 491	2 661	3 257	4 383	5 934	7 625	9 697	12 201	14 347	12 038	15 814	19 038	20 569
借方	1 369	1 587	2 147	2 321	2 815	3 939	5 344	6 283	7 519	9 041	10 741	9 543	13 272	16 603	17 353
b. 服务差额	−28	−53	−56	−59	−68	−85	−78	−96	−88	−79	−118	−294	−312	−616	−897
贷方	239	262	304	333	397	468	649	744	920	1 222	1 471	1 295	1 622	1 860	1 914
借方	267	316	360	393	465	553	727	840	1 008	1 301	1 589	1 589	1 933	2 477	2 812
B. 收益差额	−166	−145	−147	−192	−149	−102	−51	−161	−51	80	286	−85	−259	−703	−421
贷方	56	83	126	94	83	161	206	393	546	835	1 118	1 083	1 424	1 443	1 604
借方	222	228	272	286	233	263	257	554	597	754	832	1 168	1 683	2 146	2 026
C. 经常转移差额	43	49	63	85	130	174	229	239	281	371	432	317	407	245	34
贷方	47	54	69	91	138	185	243	277	316	426	526	426	495	556	512
借方	4	4	5	6	8	10	14	39	35	55	94	110	88	311	477
二、资本和金融账户差额	−63	52	19	348	323	549	1 082	953	493	942	401	1 985	2 869	2 655	−168
贷方	893	918	920	995	1 283	2 432	3 984	4 851	7 346	9 936	9 845	8 634	11 667	14 495	13 783
借方	956	866	901	648	960	1 883	2 903	3 897	6 853	8 994	9 444	6 649	8 798	11 840	13 951
A. 资本账户差额	0	0	0	−1	0	0	−1	41	40	31	31	39	46	54	43

贷方	0	0	0	0	0	0	0	42	41	33	33	42	48	56	45
借方	0	0	0	1	0	0	1	1	1	2	3	3	2	2	3
B. 金融账户差额	−63	52	20	348	323	549	1 082	912	453	911	371	1 945	2 822	2 600	−211
贷方	893	918	920	995	1 283	2 432	3 984	4 809	7 305	9 903	9 812	8 592	11 618	14 439	13 738
借方	956	865	900	647	960	1 883	2 902	3 897	6 852	8 992	9 441	6 647	8 796	11 838	13 949
1. 直接投资差额	411	370	375	374	468	494	601	904	1 001	1 391	1 148	872	1 857	2 317	1 911
贷方	456	410	421	471	531	579	681	1 112	1 333	1 694	1 868	1 671	2 730	3 316	3 079
借方	45	40	46	97	63	85	80	208	331	303	720	799	872	999	1 168
1.1 中国在外直接投资差额	−26	−18	−9	−69	−25	0	−20	−137	−239	−172	−567	−439	−580	−484	−624
贷方	4	6	13	2	3	20	3	6	7	19	22	42	76	174	234
借方	30	24	22	71	28	20	23	143	246	191	589	481	656	658	857
1.2 外国在华直接投资差额	438	388	384	442	493	495	621	1 041	1 241	1 562	1 715	1 311	2 437	2 801	2 535
贷方	455	404	408	468	527	559	678	1 106	1 326	1 675	1 846	1 629	2 654	3 142	2 845
借方	17	17	24	26	34	64	57	65	85	112	131	318	217	341	311
2. 证券投资差额	−37	−112	−40	−194	−103	114	197	−47	−684	164	349	271	240	196	478
贷方	19	18	78	91	23	173	347	261	497	771	872	1 102	636	519	829
借方	56	130	118	285	126	59	150	308	1 181	606	524	831	395	323	352
3. 其他投资差额	−437	−205	−315	169	−41	−60	283	56	136	−644	−1 126	803	724	87	−2 600
贷方	418	489	421	695	730	1 680	2 956	3 437	5 475	7 439	7 072	5 820	8 253	10 603	9 829
借方	854	695	736	526	771	1 739	2 672	3 381	5 340	8 083	8 198	5 017	7 528	10 516	12 429
三. 储备资产变动额	−64	−85	−105	−473	−755	−1 061	−1 901	−2 506	−2 848	−4 607	−4 795	−4 003	−4 717	−3 878	−966
贷方	1	13	6	0	2	3	5	19	6	5	1	1	0	10	136
借方	65	98	111	473	757	1 064	1 905	2 526	2 854	4 612	4 796	4 005	4 717	3 888	1 101
四、净误差与遗漏	−187	−178	−119	−49	78	82	130	229	36	133	188	−414	−529	−138	−798
贷方	0	0	0	0	78	82	130	229	36	133	188	0	0	0	—
借方	187	178	119	49	0	0	0	0	0	0	0	414	529	138	798

资料来源：中国国家外汇管理局。

参考文献

[1] 中国国家外汇管理局. 2012年中国国际收支报告[EB/OL]. http://www.safe.gov.cn/model_safe.

[2] 中国国家外汇管理局. 国家外汇管理局年报(2012)[EB/OL]. http://www.safe.gov.cn/model_safe.

[3] 中国国家外汇管理局. 中国跨境资金流动监测报告(2010－2012)[EB/OL]. http://www.safe.gov.cn/model_safe.

[4] 中国国家统计局. 中华人民共和国2012年国民经济和社会发展统计公报[EB/OL]. http://www.stats.gov.cn/

[5] 卢锋. 中国国际收支双顺差现象研究:对中国外汇储备突破万亿美元的理论思考[J]. 世界经济,2006(11).

[6] 余永定,覃东海. 中国的双顺差性质、根源和解决办法[J]. 世界经济,2006(3).

[7] 李治国. 货币需求弹性、有效货币供给与货币市场非均衡模型——解析"中国之谜"与长期流动性过剩[J]. 经济理论与经济管理,2007(11).

[8] 方先明,裴平,张谊浩. 外汇储备增加的通货膨胀效应和货币冲销政策的有效性——基于中国统计数据的实证检验[J]. 金融研究,2006(7).

第八章　金融系统风险

一、绪论

金融是现代经济运行的核心部门，金融运行风险是影响宏观经济运行风险的重要因素和关键因素。因此，对金融运行风险进行分析、度量和预测，是宏观经济运行风险管理不可或缺的内容。

目前，全球尚未走出2008年以来的金融危机，中国经济也面临着各种风险。其中，金融运行因为其货币存量、地方政府债务、房地产泡沫、实体经济下行和不利于中国经济稳定的外部环境等因素而存在较大风险，这些风险因素既包括金融系统本身，又与实体经济紧密联系，因此，必须予以重点关注。

金融系统运行风险是宏观经济运行风险的重要因素，同时也受宏观经济中各种冲击的影响，形成一种相互交替影响的动态效应。因此，从开放的宏观经济视角，把金融系统作为宏观经济的一部分，一方面研究源于其自身和实体经济冲击因素导致的金融运行风险，另一方面研究金融运行风险对实体经济波动的传递效应。通过其对实体经济波动的影响来度量金融运行风险的大小（对宏观经济的冲击越大、越持久，则金融运行风险就越大），通过对包括实体经济冲击等因素的分析可以对金融运行风险进行预测。研究思路如图8-1所示。

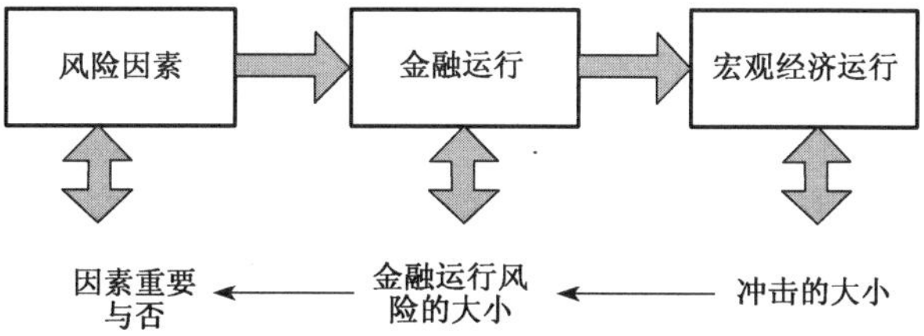

图8-1　本章的研究思路

我们采用了动态随机一般均衡模型（DSGE）方法，实证研究采用贝叶斯（Bayes）方法，实证数据则采用月度数据（对非月度的GDP等数据，采用Chow-Lin法转换成月度数据），具体如下：

理论模型包括居民、企业、政府、金融、世界经济等主要部分。其中，居民的效用函数包括消费、流动性（货币）、休闲等变量；企业分为投资品厂商、中间品厂商和最终品厂商；政府通过税收、货币发行等手段维持预算平衡；金融部门提供货币供给服务，其自身联系宏观经济的环节包括居民存款、贷款、准备金等；世界经济则考虑进出口和资本流动两个方面。本项目构建新凯恩斯模型，中间品厂商的定价策略使价格水平呈现黏性，名义工资的决定也具有相似特征。

实证研究方面，出于金融风险“短期”性质和数据规模的考虑，本项目采用月度数据。对部分数据，如 GDP，通过 Chow-Lin 法处理，转变成月度数据。对各数据进行去趋，计算其各期缺口对当期趋势的比例，用于反映对趋势的偏离程度。理论模型的有关参数采用 Bayes 方法估计。采用 MCMC 方法，估计出模型中各参数的统计分布，以及各参数间的相关性，用于甄别影响金融运行风险的主要因子。模型参数估计所需要的计算程序采用 Matlab 编写。

估计出参数以后，以金融运行对宏观经济冲击的大小来度量金融运行风险，基本逻辑是：对产出的负向冲击越大、持续时间越长，则金融运行风险越大。通过历史数据，将金融运行风险的各影响因素的分布进行区域划分，给出不同区域及其概率，利用模型（及估计参数的均值）计算各影响因素在不同情况下对产出的影响，从而对金融运行风险进行评估与预测。

金融系统作为宏观经济运行的子系统，为居民提供储蓄手段、为生产者提供资金支持、为监管部门提供调控手段的施展平台。我们关于金融运行风险的度量和预测研究，可为宏观经济运行风险的管理提供必要的技术支持和决策依据。

二、风险因素识别

（一）金融运行风险产生的基本机理

金融系统可看作是一系列跨期交易（如借贷）的总和，也就是各种融资契约的集合。金融运行风险是一个宏观概念，它从总体上评估各种金融交易的集合是否稳定，若不稳定将对宏观经济带来多大的冲击。由此，研究金融运行风险，需从金融总量结构框架出发，分析各种总量关系的稳定性和影响，如图 8-2 所示。

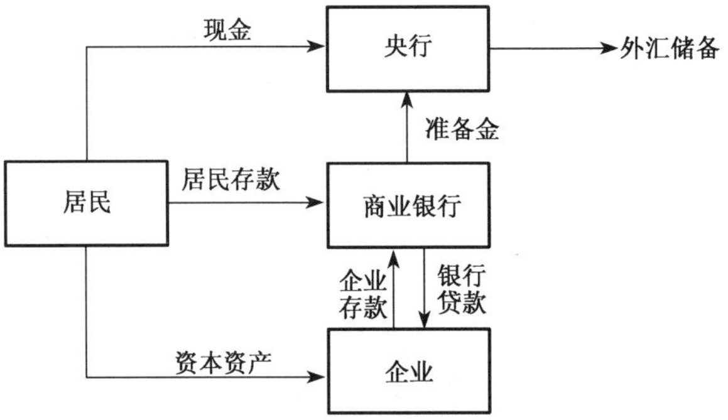

图 8-2　金融运行风险的基本机理

从图 8-1 可以看出，参与金融运行的基本主体包括居民、央行、商行、企业，联系它们之间的包括现金、居民存款、资本资产、准备金、银行贷款、企业存款、外汇储备等基本的跨期交易合约。需要说明的是，实际上，商业银行和企业都存在着国外投资者的资金支持，但相对于国内的融资规模而言比较小，故图 8-2 中未予过多考虑。

这些交易合约稳定，则金融系统相对稳定；反之，若这些交易合约中任一类发生了突然、显著的变化，则必然导致其他所有交易合约发生变化，从而金融系统不再稳定，产生金融运行风险。

例如，如果发生剧烈的资本流出，则央行的外汇储备将急剧减少，从而图 8-2 中其他金融交易规模也相应缩小，使国内的金融规模萎缩（如表现为流动性不足、资本资产价格下跌等），如果这种状况持续时间较长，则实体经济也将受到剧烈冲击。

（二）金融运行风险产生的基本因素

从金融系统的主体来看，商业银行构成的子系统处于中心地位。这是因为：一方面，中国的融资结构仍以银行贷款为代表的间接融资为主；另一方面，商业银行在货币创造过程中起到关键作用。从金融交易本身来看，所有的跨期交易（零和博弈的衍生品交易除外）都涉及资金供给与资金需求，这种交易契约的稳定性的影响因素就成为金融运行风险的来源，下面对此进行详细分析。

1. 来自资金需求方的主要风险因素

1）贷款规模与增速

图 8-3 是近年来的贷款规模状况，可以看出，贷款余额合计已近 70 万亿元人民币，接近 GDP 的 140%，其中短期贷款达到 40%，这对贷款者来说是一个必须面对的问题，在目前经济状况仍较低迷的条件下，银行面临着较大的风险。

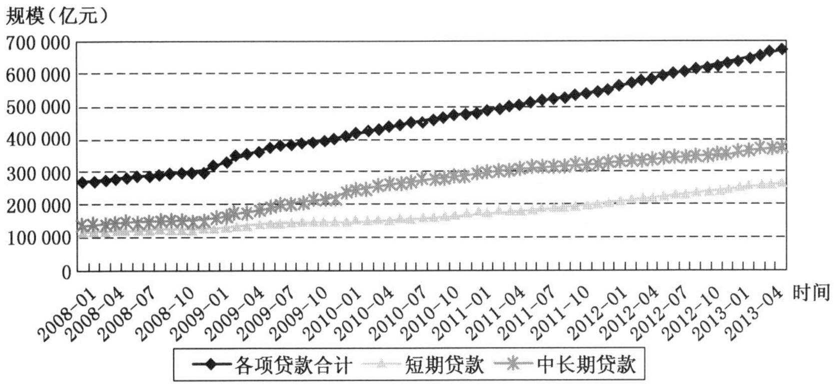

图 8-3　贷款规模

图 8-4 反映了近年来贷款余额的增速。可以看出，自 2011 年起，短期贷款余额增速远高于中长期贷款和贷款总额增速，说明自 2011 年以来，长期项目对资金的需求减弱（固定投资增速有所下降），而短期资金需求增速加快，长期积累就会由于短期贷款迅速到期而加大贷款者的还款压力。

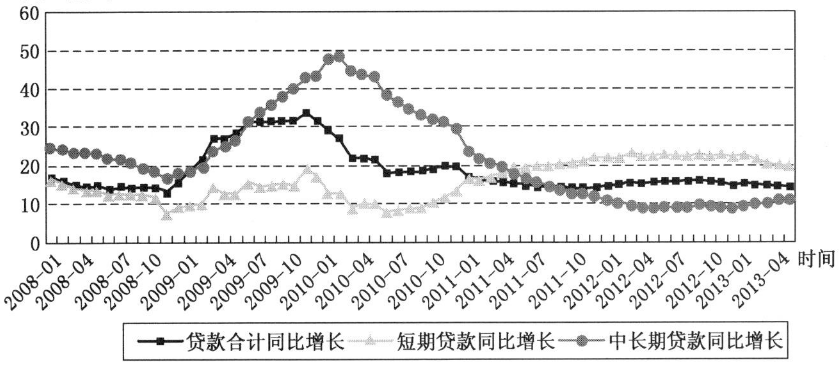

图 8-4　贷款余额增速

2）贷款流向的隐患

从贷款的具体去向来看，地方政府债务、房地产贷款和制造业贷款占据了较大比重（如图8-5所示）。需要强调的是，在近年来的贷款中，形成的地方政府债务与房地产贷款的风险值得特别关注。

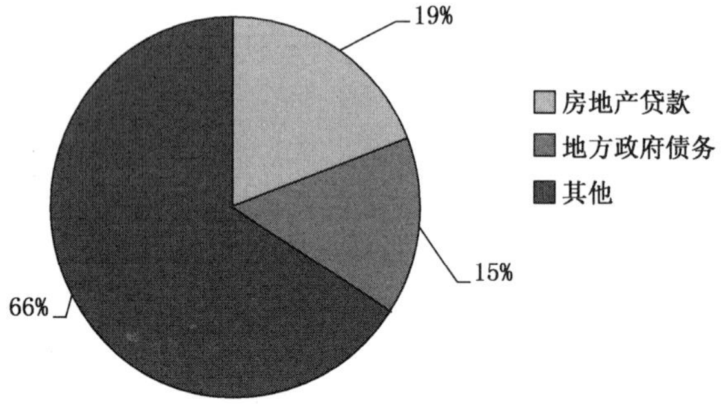

图8-5　主要贷款去向占比（2012）

特别地，近5年来，中国的房地产贷款余额增速很快，2007年年底不到5万亿元，到2012年年底已达到12.11万亿元（如图8-6所示），年均增幅超过20%，速度惊人；房地产贷款余额占贷款余额的比率合计也近20%，房地产贷款余额占GDP的比率也近20%，比例相当高。房地产贷款的规模和增速，使其成为诱发金融运行风险的重要因素：一旦房价下跌，房地产贷款违约风险就会急剧上升。尽管购房者贷款占据房地产贷款的比重较高，而且中国的购房者首付比例相对较高，但是，如果房价下跌幅度足够大，则购房者违约的概率也会很大；此外，地产商建房过程中的杠杆比率较高，房价下跌容易引起恐慌、库存加大、资金回收困难，其违约风险也会不可避免地上升。

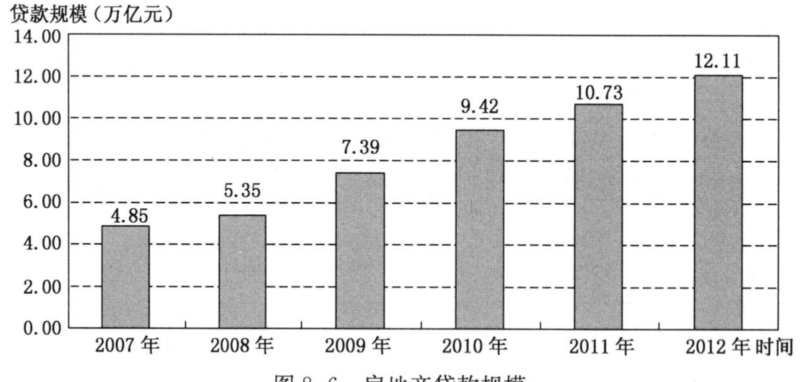

图8-6　房地产贷款规模

3）贷款者的经营环境

目前，贷款者面临的国内外环境都相对较差。从国内经济来看，如图8-7所示，自2010年以来，中国GDP增长率持续下降，从12.1%下跌到不足8%，下跌1/3。从世界经济环境来看，欧元区GDP增速从2010年以来持续下降，截至2013年第1季度，已连续4个季度出现负增长，美国的失业率状况相对有所好转，但GDP增速仍然没被看出有能够迅速回升的迹象，日本的GDP增长率亦是如此（如图8-8所示）。因此，从国内外的经济环境来看，短期内对国内的贷款者来说是不利的，这是主要的金融风险来源之一。

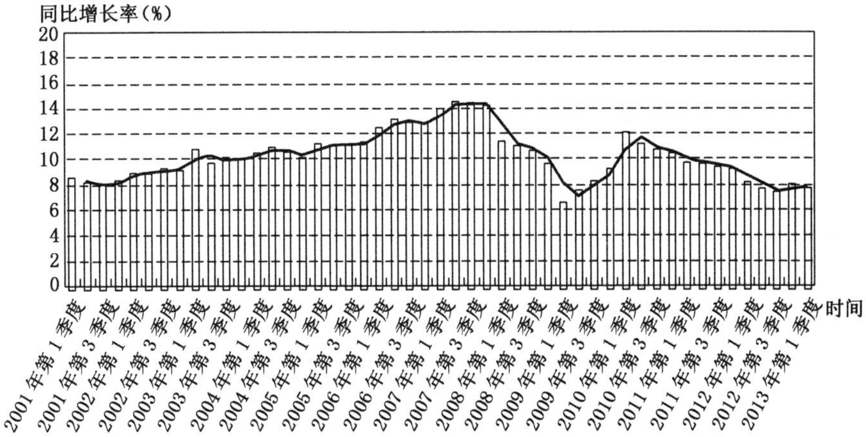

图 8-7　中国 GDP 增长率

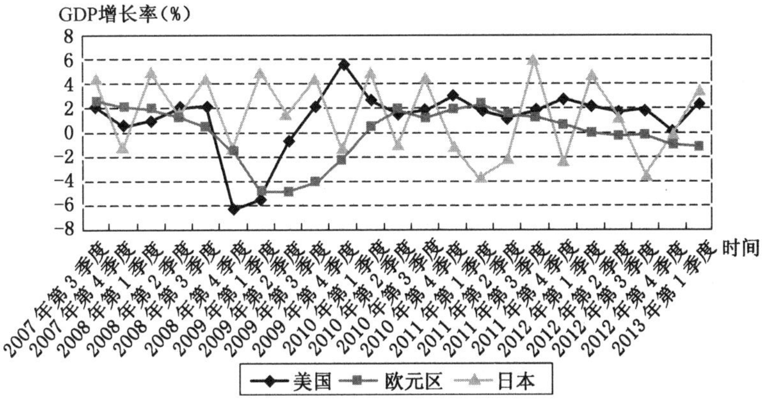

图 8-8　主要经济体 GDP 增长率

2. 来自资金供给方的主要风险因素

1) 货币供给

从货币余额增速来看,2013 年 $M2$ 同比增速比较平稳,与 2012 年相比增速有所下降;$M1$ 的同比增速则从 2012 年以来逐渐上升,如图 8-9 所示。虽然货币余额增速近年来不算太大,但从 2009 年以来持续地增加,货币规模已经比较大,如图 8-10 所示。

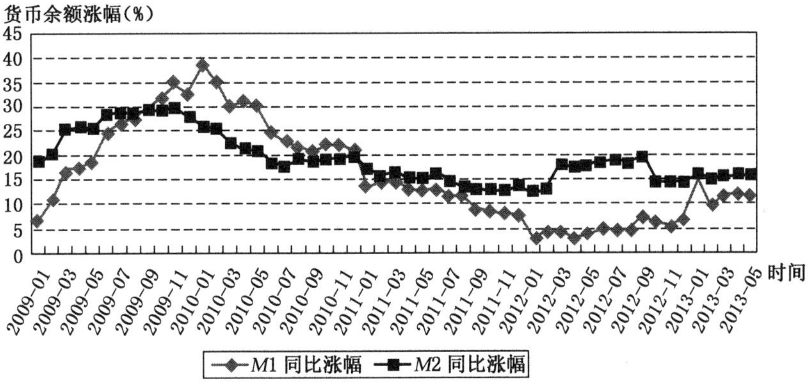

图 8-9　货币余额增速

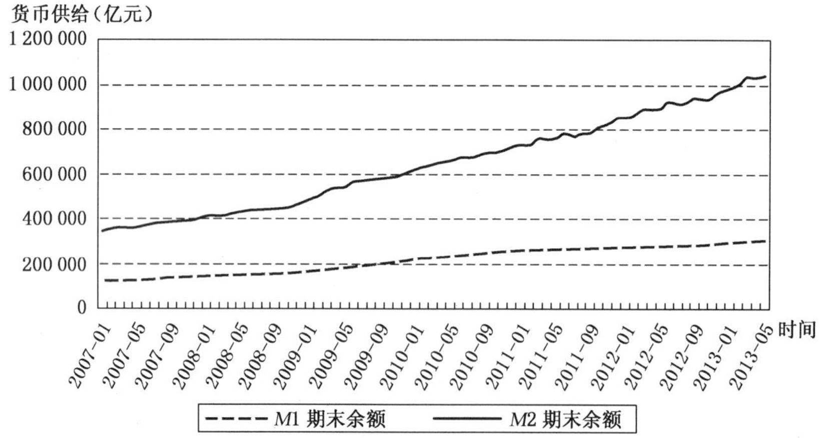

图 8-10　货币余额

2）准备金

法定准备金率对货币乘数有重要影响，上调法定准备金率说明货币调控从紧，反之，下调法定准备金率则说明货币供给有所放松。超额准备金则在一定程度上反映了金融系统中的流动性状况，如果超额准备金较大，说明流动性充裕，反之说明流动性紧缺。从图 8-11 可以看出，2010 年后，超额准备金率已经很小，说明流动性比较紧张。从 2013 年前几个月来看，甚至有超额准备金率不足的现象，这说明流动性不足的情况已经比较严重。

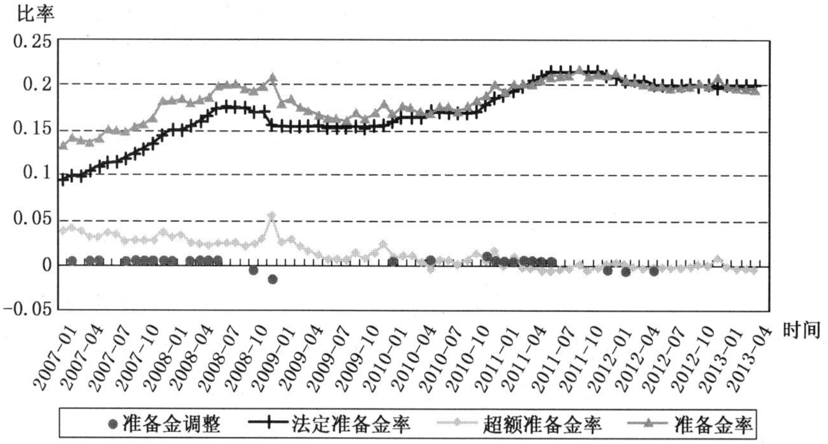

图 8-11　准备金

三、风险度量与预测

（一）基本模型

1. 居民

设代表性的居民个体的偏好是关于消费品 C_t、实际货币余额 M_t/P_t 和闲暇 $1-L_t$，其中 L_t 表示用于就业工作的时间比例。家庭最大化的对象是效用的预期贴现：

$$E\sum_{j=0}^{\infty}\beta^{j}\left[\frac{C_{t+j}^{1-\alpha}}{1-\alpha}+\frac{\gamma}{1-b}\left(\frac{M_{t+j}}{P_{t+j}^{C}}\right)^{1-b}+\chi\frac{(1-L_{t+j})^{1-\eta}}{1-\eta}\right] \tag{8-1}$$

家庭的预算约束为：

$$\frac{M_t}{P_t}+C_t+\frac{B_t}{P_t}+\frac{P_t^I}{P_t}K_t=\frac{M_{t-1}}{P_t}+\frac{B_{t-1}(1+i_{t-1})}{P_t}+(r_{t-1}-\delta)K_{t-1}+\frac{W_t}{P_t}L_t \tag{8-2}$$

我们采用三种基本产品的生产函数：中间品（如原料）、投资品（如机器设备等固定资产）、消费品。其中 W_t 表示名义工资水平，L_t 表示居民的劳动投入，K_t 表示资本存量（包括厂商发行的债券和股票），P_t 表示消费品（属于最终商品）的名义价格水平，i 表示名义利率。

家庭选择消费、货币持有量、政府债券和资本以最大化终生效用，一阶条件满足：

$$C_t^{-\alpha}=C_{t+1}^{-\alpha}\beta(1+i_t)E\left(\frac{P_t}{P_{t+1}}\right) \tag{8-3}$$

$$\frac{\gamma\left(\frac{M_t}{P_t^C}\right)^{-b}}{C_t^{-\sigma}}=\frac{i_t}{1+i_t} \tag{8-4}$$

$$C_{t+1}^{-\alpha}\beta(r_{t-1}-\delta)E\frac{P_t}{P_{t+1}}=C_t^{-\alpha} \tag{8-5}$$

此外，为了描述名义工资的黏性，我们采用 Erceg 等（2000）的方法，将居民的劳动考虑为异质而又有一定相互替代性，在每一期，一部分居民（比例为 φ^w）可以选择最优化自己的名义工资水平，另一部分则只能根据预期通胀率来调整名义工资[比例为 $(1-\varphi^w)\phi^w$]，或只能将本期名义工资保留在上期的水平[比例为 $(1-\varphi^w)(1-\phi^w)$]。因此，全社会工资水平为：

$$W_t^{1-\theta^w}=\varphi^w W_t^{*,\,1-\theta^w}+(1-\varphi^w)\phi^w(1+\pi_t^e)W_{t-1}^{1-\theta^w}+(1-\varphi^w)(1+\phi^w)W_{t-1}^{1-\theta^w} \tag{8-6}$$

其中　θ^w ——不同劳动之间的替代弹性；

　　W_t^* ——最优化的工资水平（见 Erceg 等，2000）。

2. 厂商（企业）

我们将厂商分为三类：最终品、中间品和投资品厂商。

1）最终品厂商

最终品厂商是完全竞争的，生产同质的最终商品。最终商品的生产函数为：

$$Y_t^{1-\theta}=\int_0^1 y_{jt}^{1-\theta}dj \tag{8-7}$$

其中 θ 为中间品之间的替代弹性，而中间品种类被标准化为 $j\in[0,\ 1]$。考虑进出口问题，则国内需求的最终品生产为：

$$Y_{Ht}^{1-\eta}=\rho Y_{Ht}^{d,\,1-\eta}+(1-\rho)Y_{Ft}^{f,\,1-\eta} \tag{8-8}$$

其中　η ——最终品的国际替代弹性；

　　Y_{Ht}^d ——国内最终厂商采用国内中间品生产的复合商品；

　　$Y_{Ft}^{f,\,1-\eta}$ ——进口的复合商品；

　　ρ ——国内对国内复合商品的需求比例。

2）中间品厂商

中间品厂商具有垄断竞争地位。假设在每一期都有部分厂商不能调整价格，采用 Calvo（1983）的价格黏性模型，在每一期，三种厂商分别有比例 φ 会保持原有的价格；剩余的 (1 −

$\varphi)\phi$ 的比例则会对价格按预期通胀率进行调整，$(1-\varphi)(1-\phi)$ 比例的中间厂商维持上期价格。

首先，厂商会考虑成本最小化，即在生产 $Y_t^i = F^i(K_t^i, L_t^i)$ 的前提下，使得工资支付和中间品成本最小化，转化为最优化问题。

$$\min_{L_t^i, K_t^i}\left(\frac{W_t^i}{P_t^i}L_t^i + (r_t - \delta)K_t^i + \zeta_t^i(Y_t^i - F^i(K_t^i, L_t^i))\right) \tag{8-9}$$

其中 ζ_t^i——厂商按照第 i 类商品计价的边际成本，只有当要素配置实现厂商的利润最大化时方为 1；

r_t——实际利率；

δ——折旧率。

该问题的一阶条件表明：

$$\varphi_t^i = \frac{W_t^i}{P_t^i F_L^i(K_t^i, L_t^i)} \tag{8-10}$$

$$\varphi_t^i = \frac{r_t - \delta}{F_K^i(K_t^i, L_t^i)} \tag{8-11}$$

其次，厂商的定价决策问题是选择 P_t^{*d} 和 P_t^{*f}，以最大化如下问题：

$$E\sum_{j=0}^{\infty}\Delta_{t+j}\left[\frac{P_t^{*d}}{P_{t+j}}Y_{t+j}^d + \frac{P_t^{*f}e_{t+j}}{P_{t+j}}Y_{t+j}^f - \varphi_t^i Y_{t+j}\right] \tag{8-12}$$

其中 Δ——贴现因子；

e——名义汇率。

3）投资品厂商

投资品厂商采用本国生产的最终品，以及现有的资本存量来生产投资品，投资品的生产函数为：

$$K_t = K_{t-1}(1-\delta) + I_t - CA(I_t) \tag{8-13}$$

其中 I_t——投资量；

CA——调整成本。

为了引入金融的影响，我们考虑投资品厂商、中间品厂商均通过银行信贷获得融资。这样，信贷规模就成为影响投资、产品生产的因素，由此可以分析实体经济与金融风险之间的关系。

3. 金融系统与政府部门

将金融系统主要分为央行与商业银行两个层次（固然也包括居民、厂商等的储蓄、投资与融资行为，但从货币发行角度来看，可以抽象为这两个层次）。中央银行的作用是制定货币政策，主要是指货币发行，体现在其资产负债表上。中国央行主要联系着如下基本业务：外汇资产（存量），设为 F_t；购买的国债（存量），设为 B_t^M；向商业银行发放的再贷款，设为 B_t^B；收取国债利息、再贷款利息（利率设为 i_t^B）、外汇资产收益（收益率设为 i_t^F）以及高能货币，设为 H_t；发行的央行票据，设为 B_t^C。高能货币包括发行的现金和商业银行的准备金。央行的资产负债表预算应满足：

$$(F_t - F_{t-1}) + (B_t^M - B_{t-1}^M) + (B_t^B - B_{t-1}^B)$$
$$= i_{t-1}B_{t-1}^M + i_{t-1}^B B_{t-1}^B + i_{t-1}^F F_{t-1} + (H_t - H_{t-1}) + (B_t^C - B_{t-1}^C) \tag{8-14}$$

等式左边表示央行的资产增量，右边表示负债与权益的增量。

商业银行的业务主要包括存贷款，设商业银行持有的外汇资产为 F_t^B，持有的国债为 $B_t^{M,C}$，各类贷款为 D_t，各类存款为 S_t，则其资产负债表预算应满足：

$$(F_t^B - F_{t-1}^B) + (B_t^{M,C} - B_{t-1}^{M,C}) + (D_t - D_{t-1})$$
$$= i_{t-1}^F F_{t-1}^B + i_{t-1}B_{t-1}^{M,C} + i_{t-1}^D D_{t-1} + (S_t - S_{t-1}) \tag{8-15}$$

等式的左边表示商业银行的资产增量，右边表示负债与权益的增量。这样 $D_t - D_{t-1}$ 就表示各类贷款余额增量。

政府部门面临着如下的预算约束：

$$G_t + i_{t-1}B_{t-1}^T = T_t + (B_t^T - B_{t-1}^T) \tag{8-16}$$

等式左边表示政府在商品、劳务及转移支付上的支出与债务利息支出，右边表示税收与政府债券的发行。

由于中国中央银行的属性，我们将其与政府部门合二为一，得到两者总体的预算约束：

$$G_t + (F_t - F_{t-1}) + (B_t^B - B_{t-1}^B) + i_{t-1}B_{t-1}$$
$$= T_t + i_{t-1}^B B_{t-1}^B + i_{t-1}^F F_{t-1} + (H_t - H_{t-1}) + (B_t^C - B_{t-1}^C) + (B_t - B_{t-1}) \tag{8-17}$$

式中　B_t ——流通在公众和商业银行等机构的政府债券。

4. 世界经济

将除本国以外的世界经济看作一个整体，本国与世界经济之间可以进行贸易和资本流动。从商品角度看，居民既可以选择国内消费品，也可以消费国外的消费品；厂商既可以选择国内的投资品，也可以选择国外的中间品和投资品；相似的，政府的购买也是如此。由此，本国按外币计价的净出口为：

$$EX_t = Y_{Ht}^f P_{Ht}^f - Y_{Ft}^f P_{Ft}^f \tag{8-18}$$

5. 技术冲击与货币冲击

当经济中开始出现风险积累时，实际上是经济的总供给与总需求之间出现了某种程度的不匹配或失衡，当然，这种失衡是由许多种因素造成的。例如，若经济已经处于充分就业状态，但由于某种原因导致总需求旺盛、超过总供给时，物价就会上升，产出也上升，此时表现为经济"过热"。而当物价上升的预期已经形成，则总供给曲线左移，导致物价进一步上升，而产出下降回复到充分就业的产出水平；若经济处于充分就业状态，由于某种原因导致总需求萎缩，则经济就会发生相反的波动。因此，经济风险或短期经济波动的分析实际上是对经济与均衡产出状态的偏离的分析。

经济中对总供给的冲击主要表现为对生产函数的冲击。原材料价格的下降、自然资源可获得性的增加、劳动力数量的增加以及劳动力教育水平的提高都会造成正面的总供给冲击；反之，原材料价格的上升，自然资源可获得性的下降，台风、霜冻、干旱、洪水、地震等自然灾害对工农业生产的破坏以及劳动力数量的减少等都会造成负面的总供给冲击。

总供给的冲击体现在生产函数中的 z_t。根据实际商业周期理论，我们假设它们服从如下过程：

$$z_t = \vartheta z_{t-1} + e_t \tag{8-19}$$

式中 ϑ——常数，反映了前一期冲击对本期冲击的影响；

e_t——白噪声。

经济中对总需求的冲击主要表现为对产品市场均衡（IS 曲线）与货币市场（或金融市场 LM 曲线）的冲击。减税、货币供应量的增加、政府支出的增加、出口需求的增加、对未来经济走势乐观的预期等都是正面的总需求冲击；反之，税收增大、政府支出减少、货币供应量下降、出口需求减少等则是负面的总需求冲击。这些总需求冲击中，我们认为货币供给是受到宏观经济变量的影响而有所调整的，并设货币供给速率的扰动 $u_t = \mu_t - \mu_t^*$ 服从如下过程：

$$u_t = \xi u_{t-1} + \sum_i \psi z_{t-1} + e_t^M \tag{8-20}$$

式中 μ_t——货币供应速度；

ξ、ψ——常数；

e_t^M——白噪声；

ψ——反映货币当局根据总供给的冲击作出的调整。

由以上几个部分建立的模型是我们进行金融运行风险预测的基本模型，其中中间品生产函数采用如下形式：

$$y = F(K_t, L_t) = z_t K_t^{1-\alpha} L_t^{\alpha} \tag{8-21}$$

（二）实证研究

采用中国历年的消费、投资、政府支出、进出口、产出、通胀率，以及包括货币供求等在内的金融指标的季度数据，先去趋，获得对趋势偏离的百分比，作为实证研究数据（部分参数则根据现有文献进行校准）。该模型包含消费者、三类商品厂商、金融机构和政府部门的行为方程，将金融系统与实体经济结合起来，以分析金融系统运行是否符合实体经济的需要，用于判别金融运行风险。

1. 数据处理

1）月度数据转换

将部分季度数据（GDP）转换为月度数据，采用 Chow-Lin 法，具体处理如下：

假设需要产生 T 个月度观察向量 x_m，如 GDP，且 x_m 与一组月度观察 X_m（如消费、投资、进出口等）相关，并具有如下关系：

$$x_m = X_m \alpha + e_m \tag{8-22}$$

式中 X_m——包含一系列经济指标，如月度消费、投资、进出口、货币余额等；

e_m——0 均值的残差，且具有自回归形式。

$$e_{mt} = \rho e_{mt-1} + v_{mt} \tag{8-23}$$

v_{mt} 是独立同分布的，具有 0 均值，方差为 σ^2，因此 e_m 的协方差为：

$$\Sigma_e = \frac{1}{1-\rho^2} V_m \tag{8-24}$$

其中：

$$V_m=\begin{bmatrix}1 & \rho & \cdots & \rho^{T-1}\\ \rho & 1 & \cdots & \rho^{T-2}\\ \vdots & & & \vdots\\ \rho^{T-1} & \cdots & & 1\end{bmatrix} \tag{8-25}$$

x_m 与其季度观察 x 之间具有如下关系：

$$x=Cx_m=CX_m\alpha+Ce_m=X\alpha+e \tag{8-26}$$

其中：$X=CX_m$；

$e=Ce_m$；

矩阵 C 为：

$$C=\begin{bmatrix}1 & 1 & 1 & 0 & & & \cdots & & 0\\ 0 & 0 & 0 & 1 & 1 & 1 & 0 & \cdots & 0\\ \vdots & & & & & & & & \vdots\\ 0 & & \cdots & & & 0 & 1 & 1 & 1\end{bmatrix}$$

采用广义最小二乘估计，可生成月度数据：

$$x_m=(X^T\hat{V}^{-1}X)^{-1}(X^T\hat{V}^{-1}x)+\hat{V}_mC^T(C^T\hat{V}_m^{-1}C)^{-1}e \tag{8-27}$$

其中　$\hat{V}$——与 V_m 对应的矩阵，将通过季度观察 X 的自回归系数估计出来。

月度数据处理中有关参数估计采用 Matlab 编程计算。对本课题中涉及的 GDP 数据，从季度转换为月度的结果如图 8-12 所示。

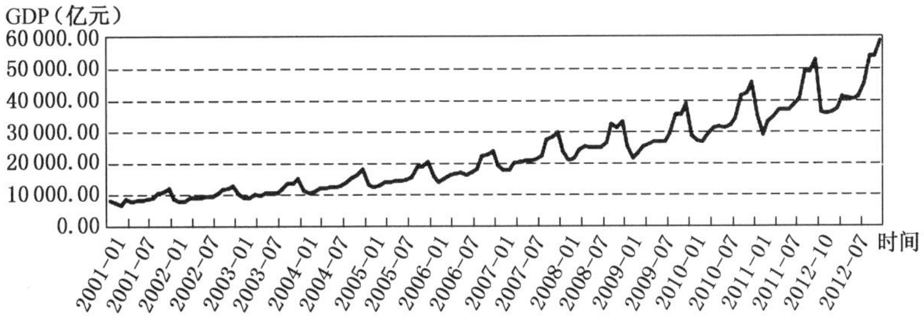

图 8-12　*GDP* 月度处理结果

2）去趋

在进行参数估计之前，对各月度数据进行去趋，先进行季度调整，再采用 H-P 滤波方法去除趋势，剩下的残差与趋势相比较，得出当期对趋势的偏离比例（缺口），部分数据去趋结果如图 8-13 和图 8-14 所示。

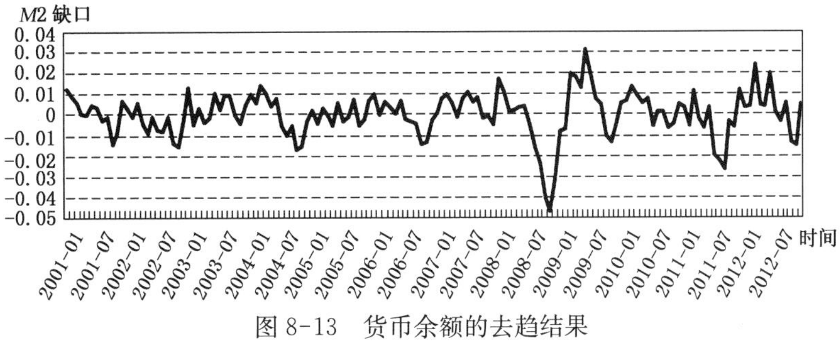

图 8-13　货币余额的去趋结果

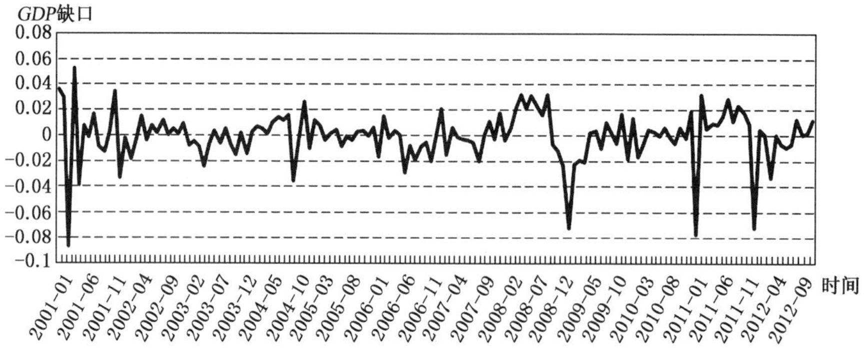

图 8-14　*GDP* 的去趋结果

2. 参数估计方法选择

我们采用 Bayes 方法来估计模型参数。假设需要估计的模型参数向量为 θ，数据集为 Y，则根据 Bayes 法则，可得参数的条件概率密度为：

$$f(\theta \mid Y) = \frac{f(Y \mid \theta)g(\theta)}{f(Y)} \tag{8-28}$$

其中　$g(\theta)$ ——参数的先验密度。

由于计算 $f(Y)$ 具有难度，因此采用马尔科夫链蒙特卡罗模拟方法（MCMC）来处理。我们只考虑参数的连续分布，故采用 M-H 算法。Bayes 参数估计采用 Matlab 编程进行计算。

（三）金融运行风险度量与预测

1. 风险度量方法

风险指标权重描述该风险指标的下一级指标的影响，反映了各下级指标的重要程度，我们的确定思路如下：

首先，根据前文建立的基本模型，获得稳定均衡状态下各经济变量的稳定值，例如稳定的人均产出、人均现金持有量、通胀预期等；其次，对经济中各个需要考察的状态变量，给定 1% 的变动，则根据动态模型，可以计算出未来重新达到均衡前各状态变量的动态变化，因而也就能够确定各状态变量对其稳定值的偏离的大小。下面进行说明。

设稳定均衡下各状态构成的向量为 $x^* = (x_1^*, \cdots, x_N^*)^T$，那么一旦发生对稳态均衡的偏离，则各状态变量的动态方程可以在稳定均衡附近展开为：

$$x_{i,t+1} - x_{i,t} = \left.\frac{\partial\varphi_i(x)}{\partial x_1}\right|_{x_i=x_i^*,\, i=1,\cdots,N}(x_{1,t} - x_i^*) + \cdots + \left.\frac{\partial\varphi_i(x)}{\partial x_N}\right|_{x_i=x_i^*,\, i=1,\cdots,N}(x_{N,t} - x_N^*) \tag{8-29}$$

显然 $\left.\dfrac{\partial\varphi_i(x)}{\partial x_i}\right|_{x_i=x_i^*,\, i=1,\cdots,N}$ 为常数，因此

$$x_{t+1} - x_t = \Psi(x^*)(x_t - x^*) \tag{8-30}$$

其中　$\Psi(x^*) = \left(\left.\dfrac{\partial\varphi_i(x)}{\partial x_i}\right|_{x=x^*}\right)_{N\times N}$。

这样，由这些状态变量构成的动态系统就在稳定均衡状态附近波动。为了将波动转换为无量纲形式，设任一状态变量 x_i 偏离其稳定值的百分比为 u_i，那么

$$u_{i,\,t}=\frac{x_{i,\,t+1}-x_{i,\,t}}{x_i^*} \tag{8-31}$$

$$\frac{x_{i,\,t+1}-x_{i,\,t}}{x_i^*}=u_{i,\,t+1}-u_{i,\,t} \tag{8-32}$$

因此状态变量的线性动态可以转化为：

$$u_{i,\,t+1}-u_{i,\,t}=\sum_{j=1}^{N}\frac{x_j^*}{x_i^*}\left.\frac{\partial\varphi_j(x)}{\partial x_j}\right|_{x=x^*}u_{j,\,t} \tag{8-33}$$

这是一组关于各状态变量对各自稳定状态偏离的百分比的变动线性方程，描述了我们所关注的经济在某些变量受到冲击后的动态调整过程。显然，各状态变量对其稳定值的偏离就是由 u_i 来描述的，u_i 越大，则该变量偏离稳定的程度越大，改变量对应的风险指标也越大，反之越小。

考虑各风险指标的权重。若以各经济变量的稳定值为参照(原点)，$u_t=(u_{1,\,t},\cdots,u_{N,\,t})^T$ 反映了第 t 期的经济状态相对于稳定经济状态的位置，而 $\rho(u_t)=\sqrt{\sum_{i=1}^{N}u_{i,\,t}^2}$ 则反映了第 t 期的经济状态相对于稳定经济状态的“距离”，该“距离”越大，经济运行风险也越大。

给各个经济变量(或风险指标)指定权重的主要根据，是看该变量每变动 1%，对其他经济状态的影响程度如何。如果经济系统线性化已经完成，并且有关的系统参数也已经校准确定完毕，则该基本系统已经确定。若在期初人为地赋予某个 $u_{i,\,0}=1\%$，而 $u_{j,\,0}=0$，$j\neq i$，即经济在稳定状态时人为地给予某个变量 1%的外生冲击，那么该经济系统就开始逐期调整直到重新稳定。当然，很可能该冲击的影响还没有消除时，现实中很可能新的冲击又已出现。但是在认识中，我们可以识别出每一次冲击的“纯粹”的影响。而方程组 $u_{i,\,t+1}-u_{i,\,t}=\left.\frac{\partial\varphi_i(x)}{\partial x_i}\right|_{x=x^*}u_{i,\,t}$ 告诉我们各个经济指标如何逐期变化，当经济重新稳定时，可能是在第 T_i 期之后，那么在这 T_i 期内，经济一直处于失衡(有风险)的状态。我们采用 $\gamma_i=\sum_{j=0}^{T_i}\rho(u_{t+j})$ 表示此 1%的外生冲击对经济造成的总体影响，而采用 $\omega_i=\frac{\gamma_i}{\sum_{i=1}^{N}\gamma_i}$ 表示第 i 个经济变量(对应于某个或某些风险指标)对总体风险的贡献，因此我们采用 ω_i 作为各指标的风险权重。这样，一旦给出了各主要的风险指标，则风险总体指标对应的值就是以 ω_i 为权重的加权。

外生地给定经济变量 1%的冲击后，经济重新稳定所需要的时间不同，因此不同的 i 对应于不同的 T_i，而 T_i 的确定则完全通过对经济系统的计算机模拟来确定。很显然，T_i 越大表明该状态变量的影响时间越长。当经济重新稳定时，T_i 可能未必是整数，我们采用“四舍五入”的方式来近似代替，否则 γ_i 无法计算。由于我们主要以季度为时间单位，因此总体来说误

差可以接受。

2. 金融运行风险度量

我们将金融运行风险划为“高风险”、“较高风险”、“有风险”、“风险关注”和“无风险”五个级别。2013 年总体金融运行风险在“较高风险”区间，如图 8-15 所示。

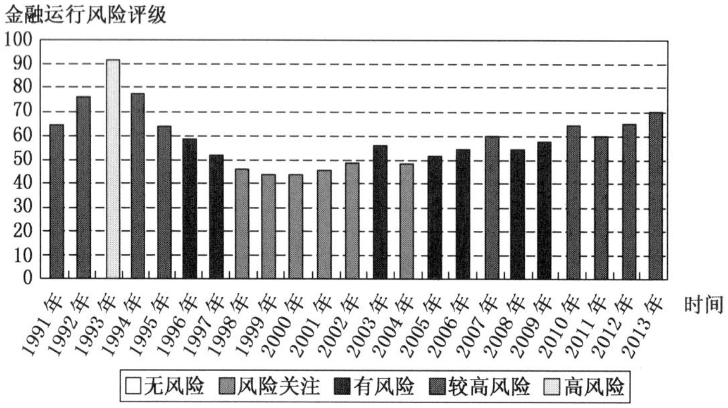

图 8-15 金融运行风险评级

与 2012 年相比，我们评估 2013 年的金融运行风险进一步加大（2012 年相比 2011 年已有所加大），达到近年来的最高值，根据模型实证研究结果，我们发现引起金融运行风险上升的主要原因如下。

1）国际经济、金融环境导致的风险进一步加大

近年来，美国和日本都进一步采取了量化宽松货币政策，导致资本向新兴市场国家（特别是中国）流入。但是，随着美国经济逐渐向好、其量化宽松货币政策可能提前终结，则资本流入势头很可能产生逆转，导致资本流出，如果发生持续资本流出，则金融系统将出现流动性不足。

如果资本完全自由流动，则在浮动汇率制度下，货币政策具有独立性而财政政策无独立性。如果形成了该国货币发生贬值的市场预期，则国际资本迅速流出，该国货币会发生贬值，在很短的时间内，出口贸易尚不会因为本币贬值而增大，这样，该国的外汇储备会迅速减少，增大其主权信用风险，进一步强化其货币贬值的预期。为了防止这种情形出现，该国必然收缩货币供给（否则本国外汇储备会被耗尽），从而形成经济紧缩，发生衰退。此外，单纯的做空交易，在一定程度上扩大了对货币的需求，这就对货币供求形成一种冲击，使 LM 曲线左移，利率升高，也可能引起经济紧缩。如果资本项目完全封闭，则资本不能迅速流出，而只能通过扩大进口的方式逐渐流出，资本自由流动条件下贬值预期导致的经济紧缩（从而引起衰退）的情况就不易发生。中国的情况是，资本项目没有开放但存在热钱跨境流动的渠道，汇率制度是有管理的浮动汇率，因此若市场形成人民币贬值的预期，则资本会设法流出，而人民币贬值速度不会像完全浮动那么快速，因此资本流出会持续较长时间。为了防止长期的资本流出，收缩货币提高利率成为必然，这可能导致经济紧缩，首先就会加大金融运行风险。

从中国近年来热钱流动数据来看（如表 8-1），基本上，热钱主动流入都伴随人民币升值，股市相对上涨，热钱主动流出都伴随人民币贬值，股市下跌。由此可以直观地看出，若资本流出，资产价格将会下跌，如果流出规模足够大、时间足够长，则会对实体经济造成危害。

表 8-1

近年来热钱大幅流动月份

时　　间	热钱规模(亿元)	人民币汇率中间价变动	上证指数	深市指数	沪深 300 指数
2008 年 10 月	−678.72	贬值	−24.63%	−22.75%	−25.85%
2009 年 1 月	−544.74	贬值	9.33%	8.17%	11.83%
2009 年 5 月	667.61	贬值	6.27%	6.58%	5.21%
2010 年 5 月	−743.56	贬值	9.7%	−8.59%	9.59%
2010 年 9 月	692.4	升值	0.64%	1.15%	1.12%
2010 年 10 月	776.21	升值	12.17%	16.56%	15.14%
2011 年 1 月	655.61	升值	−0.62%	−3.72%	−1.65%
2011 年 4 月	740.94	升值	−0.57%	−1.99%	−0.95%
2011 年 9 月	−816.66	升值	−8.11%	−9.70%	−9.32%
2011 年 11 月	−805.64	贬值	−5.46%	−7.51%	−6.45%
2011 年 12 月	−674.34	升值	−5.74%	−7.99%	−6.97%
2012 年 5 月	−1 167.29	贬值	−1.00%	−0.38%	−0.22%

从美元汇率走势来看(如图 8-16),美元有进一步走强的趋势,因此资本回流美国,造成新兴市场国家(包括中国)的资本外流可能性也相应增大。

图 8-16　美元指数收盘价(2010-01～2013-06)

2) 房地产泡沫、地方政府债务引发风险的概率加大

近年来中国房价涨幅明显,一线城市的房价问题尤为突出,房价—收入比水平相对世界其他国家偏高,而部分三四线城市则出现了“空城”、“鬼城”等过度投资现象。

房地产贷款包括地产贷款、房产贷款和个人购房贷款。虽然从房地产贷款余额增速来看,2009—2011 年增速逐年下降,但总的来说房地产各项贷款规模逐年上升,至 2011 年年末,房地产贷款余额已达 10.73 万亿元人民币，占当年金融机构贷款余额的比重已经超过 20%，占 GDP 的比例为 25%左右，其中个人购房贷款余额 7.14 万亿元，同比增长 15.5%（比上年年末低 14.0 个百分点），占房地产贷款总量的比例为 66.5%。2012 年年底，房地产贷款余额为 12.11 万亿元，同比增长 12.8%；地产开发贷款余额 8 630 亿元，同比增长 12.4%，增速比上季度末高 5.1 个百分点。房地产开发贷款余额 3 万亿元，同比增长 10.7%，增速比上季度末低 1.4 个百分点；个人购房贷款余额 8.1 万亿元，同比增长 13.5%，增速比上季度末高 0.9 个百分点；全年增加 9 610 亿元，同比多增 23 亿元。由此可以看出，因为房地产贷款规模比较大，故蕴含着一定的金融风险。特别是若房地产价格下降幅度过大，一方面可能直接引发部分个人购房者违约；另一方面也会使开发商销售收入减少而影响其偿还能力，这些风险若管理不善，就可能产生系统性的问题。

长期以来，中国地方政府在经济增长中起着积极而关键的作用，尤其是地方政府支出对当地的经济增长起到重要的拉动作用。地方政府的财政收入逐年增大，这其中土地出让金的贡献不言而喻，特别是 2009—2011 年，土地出让金的增速超过地方政府财政收入的增速非常明显，而且土地出让金占地方政府财政收入的比重近年来也不断上升，2010 年甚至高达 76%以上①。

此外，房地产行业对国民经济具有广泛而深远的影响，还因为房地产行业涉及许多相关行业，上游包括钢铁、水泥等建筑材料，下游包括家居装潢、五金建材、电器和家电，以及生产这些产品的化工、有色金属冶炼等；此外还有与房地产相关的设计、建筑、物业、中介机构、银行和其他金融机构等。这些行业包括主要的制造业和服务业，对就业、经济增长等宏观经济指标起到非常关键的作用。

2012 年下半年至 2013 年第 1 季度，全国房价出现了又一轮普涨，进一步加大了地产泡沫化的程度，在其他因素的作用下②，泡沫破灭的概率有所上升。

地方政府债务规模在近年来也迅速扩大。截至 2010 年年底，中国地方政府性债务余额超过 10.7 万亿元；2011 年规模不详；2012 年年底，地方政府债务为 12.1 万亿元，从债务资金来源看，2012 年年底债务余额中，银行贷款和发行债券分别占 78.07%和 12.06%，是债务资金的主要来源。由于近年来地方政府的财政收入面临困难，加上对土地出让金的依赖，房地产泡沫又比较严重，因此，地方政府债务一旦发生违约，则会由于其对居民信心带来严重影响而引发系列金融风险。

3）实体经济下行压力加大，使金融运行风险有所上升

当前，中国实体经济下行的风险仍然比较大，这会对以制造业为主的企业贷款带来较大风险。当前实体经济下行主要有两个方面的因素：一是需求受到抑制，特别是全球金融危机的影响仍没有结束，出口行业影响很大，而且制造业中已存在较严重的产能过剩现象（包括钢铁、水泥、电解铝、平板玻璃、光伏电池、多晶硅、造船等行业。过剩的产能必然导致资源错配，可能引发各种问题）；二是成本上升，特别是劳动力成本上升显著。实体经济下行会导致金融运行风险，这是因为经济下行会导致银行贷款风险上升。

宏观经济下行压力加大主要表现在如下几个方面：

---

① 这是全国的总体水平，个别地方政府的比重远高于此。

② 如实体经济下行导致收入减少、热钱流出等。

第一，从消费来看，2013 年 1～5 月，社会消费同比增幅只有 12%～13%的水平，比 2012 年减少约 2 个百分点，而且也是近年来的最低水平，说明消费乏力，如图 8-17 所示。

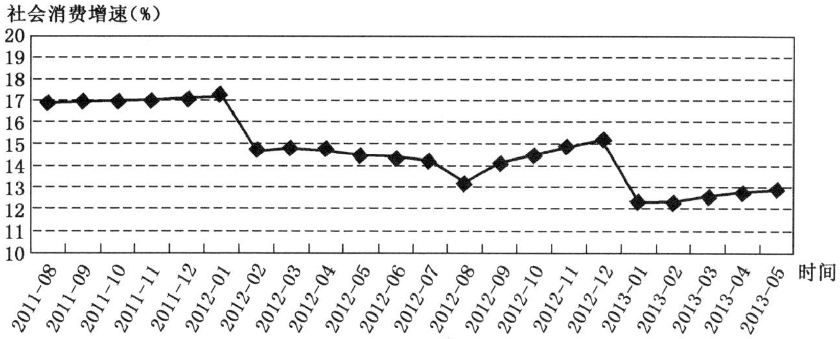

图 8-17 社会消费增速

第二，2013 年前 4 个月的固定投资同比增幅虽然略高于 2012 年全年水平，但下降趋势非常明显，如图 8-18 所示。

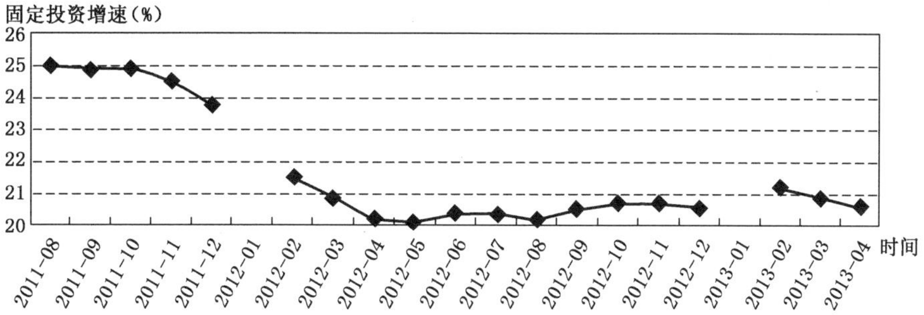

图 8-18 固定投资增速

第三，从进出口数据来看，虽然 2012 年年底到 2013 年年初进出口发生了较大反弹，但到 2013 年 5 月，进出口数据又急剧下降，如图 8-19 所示。

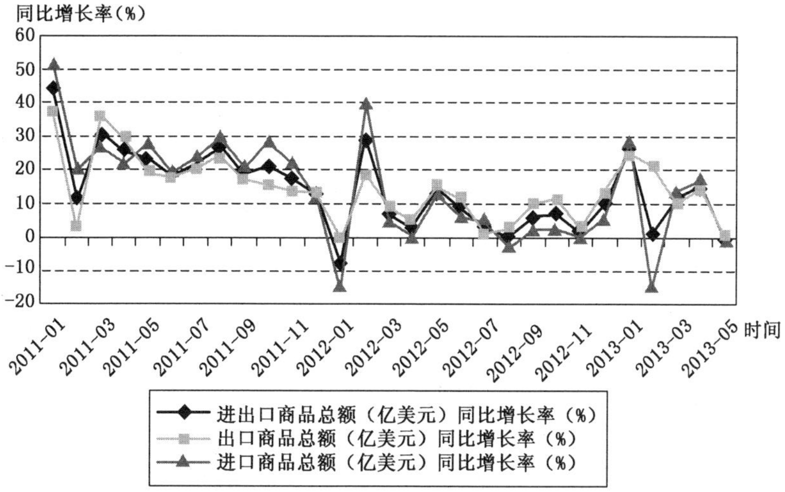

图 8-19 进出口数据

第四，物价水平自 2011 年年中以来，总体呈现下降趋势，其中 CPI 自 2012 年年中以来大体稳定，但 PPI 自 2013 年年初以来则重新呈现下降趋势，这说明制造业需求有萎缩的风险，如图 8-20 所示。

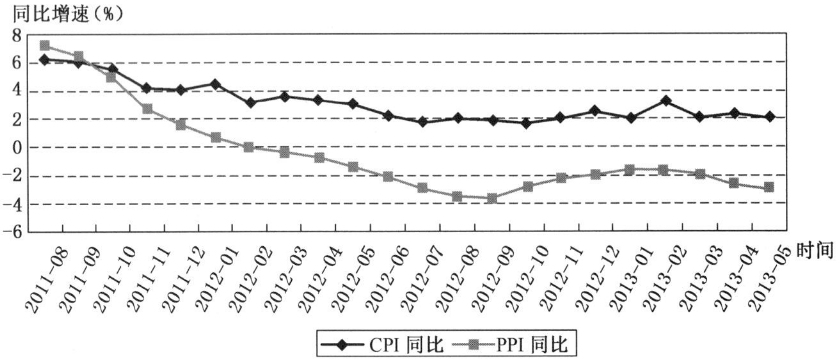

图 8-20 物价变动趋势

4）宏观经济政策难题依然存在

虽然短期内解决金融运行风险的国内宏观经济政策是刺激性的政策，从而降低经济下行的风险，但是，目前采取刺激性的经济政策比往年面临更大的难题。

首先，当前的金融运行风险是过去经济问题长期积累的结果，特别是 2008 年以来的大规模刺激性政策，各地的投资急剧扩张、货币供给也迅速扩大，从而出现物价上涨、成本上升。再次大规模的刺激性政策必然与消化上一轮政策导致的问题相抵触，由于这样的刺激政策已形成预期，可能进一步引发通货膨胀而难以对产出产生显著的拉动作用。

其次，金融作为实体经济的支持部门，其自身运行面临风险是正常的，如果总是仅仅改善其外部环境而长期忽视其自身建设，忽视其自身风险管理能力的培养，那么，这样的金融系统的稳定性就始终得不到提高，面临不确定性和冲击时甚至可能放大风险。

再次，当前如果采取刺激性政策，对财政政策来说，因为地方政府债务已经有了较大规模，而如果放任地方政府进一步举债，可能诱发较大风险；对货币政策来说，由于当前的货币存量已经很高，而且当前国际上还存在着做空中国的言论，因此，扩大货币有可能引发资本外逃，从而引起进一步的金融风险。

3. 金融运行风险的压力测试与仿真结果

我们从金融机构贷款趋向来看，截至 2012 年年底，房地产贷款余额、地方政府债务余额（按银行贷款占比 78.05％计算）、制造业贷款余额占的比重较大，如图 8-18 所示（制造业贷款在其中的“其他”一项中）。由此，对这几类贷款的风险进行单独的压力测试与仿真很有必要。

1）房价波动

房价波动的直接效应是影响房地产贷款风险，因为房地产贷款余额较大。此外，房价波动是中国金融运行风险很重要的一个影响因素，主要是因为房地产业带动了中国几十个相关行业，因此，房价波动将通过影响房地产业和其他相关行业影响中国经济，带来持续的金融运行风险。目前的关键问题是，相对于购买力来说，中国的房价偏高。我们假设中国房价分别下跌 5％、10％、15％和 20％几种情况，在不考虑宏观经济政策措施的情况下，通过本项目建立的模型对金融运行风险进行估计，结果如表 8-2 所示。

表 8-2

房价波动对金融运行风险的仿真结果(未考虑对财政收支的影响)①

房价下跌	金融运行风险变化	经济运行风险②
5%	—	—
10%	上升,维持现级别	*GDP* 下降 0.2%～0.5%
15%	上升至上一级别底部	*GDP* 下降 0.5%～1.2%
20%	上升至上一级别中部	*GDP* 下降 1.2%～2%

由此可以看出,房价波动对金融运行风险具有较强的影响,特别是当房价下跌 15%以上时,金融运行风险的级别将上升,宏观经济运行风险的影响也将变得不可忽略。

如果我们再考虑到房价波动对居民信心的影响,即居民预期也受影响、易形成恐慌性的羊群效应,则在一定时期内(政策干预出台前),金融系统可能出现发散式的动态演化,房价加速下跌,金融风险急剧上升,只有政府出台强硬的干预措施,才可能改变居民预期防止金融风险的进一步恶化。

此外,房价下跌还对当前金融运行风险的另一个重要因素,即地方政府债务形成叠加效应。如果房价出现剧烈下跌、中央政府不采取措施,财政预算严重依赖土地出让金的许多地方政府将面临严重的财政危机,加剧已经积累的金融运行风险。

2) 地方政府债务

地方政府债务在近年来因为其规模而备受关注,特别是部分地方政府为了地方经济的发展大肆举债,并且,近年来部分地方政府的财政收支严重依赖于土地出让金。地方政府债务发生违约,对经济造成的冲击主要在于居民信心,导致金融风险上升、流动性紧张。我们对地方政府债务违约比例为 1%、5%、10%和 15%几种情况进行风险测算,结果如表 8-3 所示。

表 8-3

地方政府债务违约金融运行风险的仿真结果

地方政府债务违约比例	金融运行风险变化	经济运行风险
1%	上升至本级顶部	*GDP* 下降 0～0.3%
5%	上升至上一级底部	*GDP* 下降 0.5%～0.8%
10%	上升至上一级中部	*GDP* 下降 0.8%～1.5%
15%	上升至上一级中上部	*GDP* 下降 2%～3.5%

事实上,地方政府债务存在违约风险已经引起市场的警觉,但如果地方政府债务违约一旦发生,对居民信心产生冲击可能比其他冲击更大,因此金融风险上升会比较明显。在中央政府不出台措施的情况下,这种冲击有可能进一步放大,从而影响实体经济。如果违约比例逐渐增

① 需要指出的是,我们的仿真有可能是保守的,主要是因为本课题目前建立的宏观经济模型尚未将房地产单独作为一个行业,还不能描述该行业与其他行业之间的相互影响,而将房地产业作为企业的一定比例来处理。

② 按月最大值折算为年计,下同。

大，则即使中央政府不出台措施，居民对出台措施的预期也会有所上升。因此，当地方政府债务违约比例逐渐上升时，金融风险和经济运行风险的上升并非非常剧烈，但这时候的居民预期并不稳定，很容易形成经济衰退的恶性循环。

3）实体经济下行

实体经济下行主要是指制造业萎缩，将使银行向相关行业发放的贷款面临风险。事实上，近年来银行的不良贷款主要是制造业和部分商贸企业带来的。如果需求不足，制造业就会面临困难。我们假设制造业（模型中采用中间品企业的60%来替代）的需求萎缩1%、5%、10%和15%，不考虑政策干预，测试结果如表8-4所示。

表8-4

制造业需求萎缩对金融运行风险的仿真结果

需求下降	金融运行风险变化	经济运行风险
1%	上升，维持现级别	<0.2%
5%	上升至上一级别中部	*GDP*下降0.3%～0.8%
10%	上升至上一级别上部	*GDP*下降0.8%～1.5%
15%	上升至上一级别顶部	*GDP*下降2%～3%

制造业若面临需求萎缩，会导致产出和投资需求下降、资产价格下跌，特别是在价格黏性下，产出下降的幅度比较大。此外，制造业萎缩会对就业产生很大影响，失业率上升会进一步导致消费需求的紧缩，如果萎缩持续时间较长，则制造业相关的固定投资也会萎缩，从而进一步导致制造业的需求萎缩，由此导致金融运行风险上升。

目前制造业萎缩的最直接、最主要的原因是金融危机导致内外两个市场需求都大幅萎缩，制造企业普遍陷入困境，影响了资金的周转效率，降低资金的流动性，造成企业资金占用增加、还款难度加大、不良贷款增多。

4）资本流动

资本流出对金融运行风险的影响较大，主要是由于资本流出必然导致金融系统的流动性紧张：资本流出将减少外汇储备，从而减少基础货币，在存款准备金保持不变的情况下，商业银行的货币创造也将缩小，从而表现为*M*2的紧缩，通过货币与产出之间的联系，对经济运行产生冲击。

我们假设资本流出规模占中国外汇储备的1%、5%、10%和15%几种情况进行测试，不考虑宏观政策干预，人民币汇率维持正负5%的波动区间，结果如表8-5所示。

表8-5

资本流出对金融运行风险的仿真结果

资本流出/外汇储备	*M*2紧缩(元)	金融运行风险变化	经济运行风险
1%	0.2万亿～0.7万亿	上升，维持现级别	—
5%	1.2万亿～1.4万亿	上升至上一级别底部	*GDP*下降0.2%～0.5%
10%	2.5万亿～3万亿	上升至上一级别中部	*GDP*下降0.8%～1.5%
15%	3.5万亿～4.5万亿	上升至上一级别顶部	*GDP*下降1.7%～2.2%

从仿真结果可以看出，当外汇储备突然减少5%时，短期内金融运行风险就将上升一个级别，并导致经济运行风险上升；当外汇储备突然减少10%时，则短期内GDP受到的冲击折算为年计将在1.2%左右，风险上升非常明显。此外，如果外汇储备减少是脉冲式的而非持续性的，则其影响不超过2个季度；但是如果考虑到人们预期改变带来的影响，则持续时间难以确定（经济有可能发散而非恢复初始均衡状态）。

从历史数据来看，近年来大多数情况下，月度资本流出（以热钱表示）基本上属于1%～5%的范围（如本章表8-1所示），所以，金融运行风险仍属于可控范围。

尽管如此，目前国际上部分金融机构在做空中国经济，虽然其本质属于投机性交易，但这些金融机构为了实现自己投机成功的目的，可能指出中国经济下行从而影响与中国相关资产价格，影响金融市场预期，这有可能成为资本流出的重要驱动力量。正如我们仿真过程中发现的，一旦金融市场的预期受到影响，则资本流出对金融运行风险的影响可能是很大的。

四、结论及政策建议

2013年金融运行风险比前两年有一定提高，其中的突出因素是货币余额较大、房地产泡沫存在破灭风险、地方政府债务规模较大以及实体经济面临下行压力等。为此，我们作出如下建议。

（一）维持适度的货币供给和贷款增速，提高金融效率

截至2013年5月，中国的M2已经超过104万亿元人民币，M2占GDP的比率近200%，从规模上看已成为全球最大的货币供应经济体。过高的货币余额带来的风险不言而喻，因此，应尽力控制货币供给过快。但是，由于中国央行的独立性相对较弱，因此，控制货币供给速度需要其他多方面的措施相配合。

在短期内，中国需要忍受适度的经济下行带来的不利影响，不能简单地对经济进行刺激，否则就会继续扩大货币供给，使已有的风险进一步积累。当然，这种忍受是有一定度的，如果经济下行压力超过一定限度，则需采取必要的刺激措施，货币供给扩大也成为必然，这也是维护适度货币供给和贷款增速面临的难题。

从长期来看，应进一步提高金融效率，避免只能依赖"粗放式"货币投放来适应经济发展的境况。提高金融效率，需要大力发展中国债券市场，深入推进股票市场上市制度改革，提高直接融资比例，转变社会融资方式，借以减轻对银行信贷方式的过度依赖，既能形成银行体系利率市场化改革的外在压力，又能疏解银行体系改革的内在风险；应改变以上调存款准备金率、控制信贷规模等数量调控手段为主的货币政策思路，逐渐过渡为以利率价格手段为主，流动性延续宽松手段为辅的策略。流动性延续适当的宽松，可以提供金融资源供给避免伤害到实体产业正常性贷款需求，与利率价格上调合力形成对金融资源需求的有效调控；应主动适时调整国家产业政策与财政投资进度，控制国内基础设施等固定投资的过快增长，从而避免信贷配给手段造成的不公平；鼓励发展服务于中小企业的地方性小型金融机构，打破金融领域与实体经济领域的市场垄断，为发挥市场在资源配置中的主导作用提供制度基础。

（二）采取措施防止房地产泡沫进一步扩大

鉴于房地产业对中国经济的影响，必须采取措施防止泡沫扩大，因为泡沫越大其破灭风险越大。需要从如下方面采取措施防止泡沫的扩大：

(1) 加强对房地产市场的宏观监控和管理。宏观经济形势和政策的改变，往往会引起其

他因素的连锁反应，政府对宏观经济形势进行全方位的监控，制定合适的政策，是防止房地产泡沫的首要措施。房地产兼有资产和消费品两重性，正因为如此，房地产市场的投资十分活跃，容易产生房地产泡沫。如果房地产泡沫出现，就必须加强对房地产市场的管理。首先，要加强对房地产建设的投资管理，根据收入的水平来确定投资规模，使房地产的产与销基本适应，不至于过多积压；其次，要加强房地产二级市场的管理，防止过分炒高楼市，使房地产泡沫剧增；此外，应调整房地产开发结构，大力发展安居型房地产，加强市场统计和预测工作。

（2）建立全国统一的房地产市场运行预警预报制度。加强和完善宏观监控体系，应当通过对全国房地产市场信息及时归集、整理和分析，就市场运行情况作出评价和预测，定期发布市场分析报告，合理引导市场，为政府宏观决策做好参谋。近年来，中国房地产业持续以较快的速度增长，吸引了大量的企业进行房地产投资，因此，要加快建立和完善房地产业的宏观监控体系，通过土地供应、税收和改善预售管理等手段进行必要的干预和调控，有效地防止房地产泡沫。

（3）强化土地资源管理。应根据房地产市场的要求，保持土地的合理供应量和各类用地的供应比例，控制地价。坚决制止高档住宅的盲目开发和大规模建设，防止出现新的积压、出现由结构性过剩引发的泡沫；严格惩处各类违规行为，严厉查处房地产开发企业非法圈地、占地行为。

（4）加强金融监管力度，合理引导资金流向。要进一步健全金融监管体系，增加监管手段，增强监管能力，提高监管水平；要加强信用总规模的控制，不使社会总信用过度脱离实质经济的要求而恶性膨胀，从源头上防止现代泡沫经济发生；要加强投资结构的调控，通过利率、产业政策等，引导资金流向生产经营等实质经济部门；要加强外资和外债的管理，尽可能引进外资的直接投资和借长期外债。此外，推动房地产泡沫产生的资金绝大部分从银行流出，因此要加强对银行的监管，从源头上控制投机资本。

（三）积极解决地方政府债务问题

除了严格控制地方政府债务规模的快速扩大，还应该从如下方面给予解决：

（1）加快经济体制改革，健全完善财政体制。转变地方政府的职能，实现经济分权，加快经济建设，进一步增强可用财力，解决地方政府显性债务问题。加快基础配套设施建设，改善投资环境，促进个体私营经济和外向型经济的发展。

（2）建立健全地方政府债务管理体系。建立地方政府债务信息公开披露制度。有效的信息披露是提高债务管理效率的前提，可以帮助地方政府避免债务风险的发生，建立严格的信息披露制度的内容不仅包括地方债务中的显性债务，也包括或有债务、隐性债务等。同时应该实行严格的债务投资决策责任制。各级地方政府应该建立严格的债务投资决策审核制度，杜绝行政领导随意取舍的行为，规范贷款资金的运行程序，严格核准项目的可行性和必要性。

（3）借鉴美、日等发达国家的地方政府融资经验，完善地方政府融资体系。美国、日本等发达国家的地方政府融资体系都很发达，地方债务已经成为政府公债的重要内容。随着市场经济的加速发展，中国应借助成熟的资本市场的运行模式和经验，在考虑本国经济发展特点的同时，汲取发达国家好的经验，完善中国地方政府债务融资体系。

（4）完善分税制财政体系，明确中央与地方事权。明确界定政府间的事权划分，分清偿债责任。要合理界定各级政府间的事权与支出职责的划分，必须按照决策责任与筹资责任一致性的原则，解决目前的事权错位问题。决策主体至少应在原则上对所制定和实施的公共政策成本承担起责任。对各级地方政府之间的事权范围和支出职责的进一步划分，能够促进各级政府之间财权与事权统一，明确地方政府对财政债务责任，创造规范各级政府举债行为的条件。

（四）防止出现剧烈的资本流出

资本流出甚至外逃在很大程度上是国内经济政策扭曲和制度缺陷的反映，政府干预和控制资本外逃的回旋余地不大，应从体制和政策环境等深层次上采取措施加以解决。

（1）加强政府的宏观调控力度。首先，推进国内金融改革的深化，减少在利率管理、市场准入、投资限制等方面的直接管制和行政干预，深化外汇市场改革，逐步放松外汇需求管理，逐步采用市场手段进行间接调控汇率和利率；将利率和汇率形成机制市场化，维持稳定而合理的实际汇率和实际利率；有效地化解银行不良资产，推出套期保值、规避风险的金融工具，减少居民的风险预期。其次，缩短不同所有制企业之间待遇的差距，适时改善投资环境，减少交易成本来增强投资的吸引力。

（2）调整经济利益和法律关系，监督和防范资本流动。加快建立现代企业制度，建立适应市场经济要求的国有资产管理体系，加强对国有资产运营状况的监督，完善公司治理结构，从机制上解决化公为私的国有资产转移问题。规范企业对外直接投资、买壳上市以及国际并购中的资产评估和财务管理，加强对金融机构及境外国有资产存量运营的监督和管理；强化对涉外投资行为的监管力度，截堵资本外逃中通过贸易和资本项目的转移渠道，制订严格的收付汇纪律，实行严格审批手续，加强对进出口重点部门、重点种类交易行为的管理；建立私有产权保护制度，大力宣传贯彻法律对私人合法财产保护的有关规定，打消私营企业对政策变化的担心，消除私人资本外逃的动因。此外还应该推进税制改革，一个国家的税收制度会影响到该国金融市场的投资收益水平，因此要完善本国的税制，防止出于逃避税收目的的资本外逃。

（3）逐步取消资本控制。尽管外汇管制在短期内可能会取得一定的效果，但是外汇管制会降低经济运行效率，不利于国际收支的长期平衡。从资本外逃国的中、长期改革方向看，资本控制和外汇管制应当取消。鉴于一些管制措施对抑制资本外逃存在一定的作用，如果突然取消这些管制措施，可能会对汇价和银行体系形成一定的冲击力量，因此应当采取渐进的方式取消资本管制。

（4）加强资本管制的国际协调。与资本转移的目的国建立信息共享协议，共同制定一套全面的资本逃避衡量体系，为资本管理提供有效及时的预警。将境外资产征税的属地原则与居民原则结合起来，改进境外资产的管理，加强与其他国家对突发性的资本外逃的共同防御。

（五）促进内需，加快经济发展方式转变

中国金融运行风险是在发展过程中积累下来的，从长期来看，只能在经济发展的过程中解决。只要经济发展方式转变完成，包括金融运行风险在内的许多问题都可以迎刃而解。

转变经济发展方式，需要实现三个转变：转变以投资、出口拉动，转为消费、投资、出口协调拉动；由主要以第一、第二产业拉动向依靠第一、第二、第三产业协同带动转变；由主要以消耗物质资源向主要依靠科技进步、劳动者素质提高和管理创新转变，坚持走新型工业传统道路，坚持扩大国内需求特别是消费需求的方针。

转变经济发展方式的一个重要抓手，是需要培育创新的环境与激励机制，改变经济的粗放型发展方式，改变部分产业的产能过剩问题。

参考文献

[1] 唐海燕. 中国经济运行风险研究报告2012[M]. 上海：立信会计出版社，2012.

[2] 唐旭，等. 论建立中国金融危机预警系统[J]. 经济学动态，2006(6).

[3] 陈学彬. 银行不良资产与金融风险和通货膨胀的博弈分析[J]. 经济研究，1997(7).

[4] 李扬. 金融发展和金融创新必须服务于实体经济[J]. 当代财经，2009(1).

[5] 李翀. 论美国次级抵押贷款危机的原因和影响[J]. 经济学动态，2007(9).

[6] 刘锡良，等. 金融结构视觉中的金融安全论[J]. 经济学动态，2004(8).

[7] 孙立坚. 再论中国金融体系的脆弱性[J]. 财贸经济，2004(3).

[8] 伍志文. 中国金融脆弱性(1991—2000)：综合判断及对策建议[J]. 当代经济科学，2002(9).

[9] 中国货币政策执行报告，2011(1)—2012(4).

[10] 唐海燕，贾德奎. 中国宏观经济运行季度指数[M]. 上海：上海人民出版社，2012(12).

[11] YANNICK K. Financial fragility in emerging market countries: firm balance sheets and the productive structure. PSE Working Papers, 2005.

[12] GOODHART C A E, SUNIRAND P, TSOMOCOS D P. A time series analysis of financial fragility in the UK banking system[J]. Annals of Finance, 2006(2).

[13] TSOMOCOS D P. Equilibrium analysis, banking and financial instability[J]. Journal of Mathematical Economics, 2003(3).

[14] HOGGARTH G, SAPORTA V. Costs of banking system instability: some empirical evidence[J]. Financial Stability Review, 2001(6).

[15] LAGUNOFF R, SCHREFT S. A model of financial fragility[J]. Journal of Economic Theory ,2001(2).

[16] GOODHART C A E, SUNIRAND P, TSOMOCOS D P. A model to analyse financial fragility[J]. Economic Theory, 2006(1).

[17] HALDANE A, HALL S, SAPORTA V, TANAKA M. Financial stability and macroeconomic models[J]. Bank of England Financial Stability Review, 2004(6).

[18] HOGGARTH G, WHITLEY J. Assessing the strength of UK banks through macroeconomic stress tests[J]. Bank of England Financial Stability Review, 2003(6).

[19] FENDER I, JACOB G. Overview: global financial crisis spurs unprecedented policy actions[J]. BIS Quarterly Review, 2008(9).

[20] ALLEN F, GALE D. Bubbles and crises[J]. The Economic Journal, 2000(1).

[21] ERCEG, CHRISTOPHER J, DALE W H, ANDREW T L. Optimal monetary policy with staggered wage and price contracts[J]. Journal of Monetary Economics, 2000(46).

[22] DAVID N D, CHETAN D. Structural Macroeconomictrics [M]. Princeton University Press, 2007.

第九章 财税风险

一、绪论

(一) 研究背景及意义

中国现行税制中营业税与增值税是最重要的两个流转税税种，两者相互平行、相互补充。这一结构始于1994年的分税制改革，适应了当时的经济发展水平与税收征管能力。但是，随着经济的发展与税收征管能力的进步，营业税与增值税并行征收的弊端日益凸显，尤其是营业税存在的重复征税现象越来越成为阻碍服务业健康发展的巨大障碍。

中国"十二五"规划明确提出了要加快税制改革，积极构建有利于转变经济发展方式的财税体制，并将"扩大增值税征收范围，相应调减营业税等税收"作为其中一项重要内容。2012年1月1日上海率先实行增值税扩围试点，拉开了我国增值税扩围改革的帷幕。增值税扩围改革是近年来中国最重要的税制改革之一，其涉及中国两大税种，影响范围广，覆盖行业多，会对各个行业税负、产品价格、就业、收入分配、居民福利等各个方面产生影响。因此，研究增值税扩围改革对经济运行可能带来的风险，对促进中国经济平稳较快增长具有重要的理论与现实意义。

增值税扩围引起的经济变化相当复杂，它涉及宏观经济的各个方面。由于政策决策者与市场主体之间的信息不对称，制度的设计难免会有估计不到的方面，可能会对经济产生不利的影响。再者，"营改增"会产生多种不同的政策效应，这些政策效应的发挥需要的时间不同，如在短期内会减少国家财政收入，会加大企业的"遵从成本"等，而"营改增"对经济带动作用的发挥也需要一段时间。因此，"营改增"政策设计难免会对经济、财政收入等各个方面产生一些不利的影响。本章将这些因素看作是"营改增"政策的风险点进行研究，力图找出"营改增"可能产生的政策风险，对这些风险进行定性的分析或者定量的测量，然后提出自己的政策建议。

本章采取总分总的结构(见图9-1)。第一部分介绍"营改增"的背景、本章结构与研究方法以及相关文献综述。第二至第五部分分别按照风险分析、风险识别、风险传导、风险测算以及风险应对的结构，研究了"营改增"可能产生的四种风险。其中，第二部分介绍"营改增"对国家财政收入可能带来的风险，即短期内可能大幅减少国家财政收入；第三部分介绍"营改增"带来的动态税负上升的风险，即"营改增"可能会带来部分行业税负的长期上升；第四部分介绍"营改增"过渡性政策可能带来的对经济发展的阻碍作用，即"营改增"可能会影响经济主体投资行为的跨期抉择，从而导致当期投资减少，经济发展减速的现象；第五部分介绍"营改增"过程中财政补贴政策可能产生的财政收入的无谓损失风险。第六部分对本章做了一个总结。

(二) 文献综述

增值税扩围改革早已引起了众多学者的关注，前期的争论与研究主要放在了对增值税扩

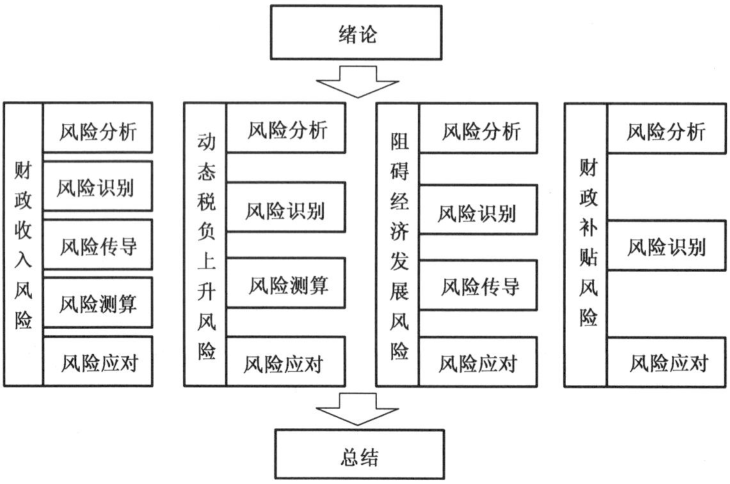

图 9-1　本章结构图

围的意义及目标、扩围的路径及行业选择等方面。早在 2002 年,邵瑞庆等人就对交通运输业实行增值税的可行性进行了分析①。

施文泼、贾康(2010)认为:将第三产业排除在增值税的征税范围之外,对服务业的发展造成了极其不利的影响。首先,营业税的全额征税特点不可避免地会产生重复征税,扭曲了企业的生产和投资决策。其次,企业外购服务所含营业税无法得到抵扣,企业更愿意自行提供所需服务。导致服务生产内部化,阻碍了服务业的专业化分工和服务外包。再次,服务业出口时无法进行退税,导致服务含税出口,难以与国际接轨,致使中国服务业产品国际竞争中处于劣势②。

肖绪湖、汪应平(2011)则认为:单一的增值税并非是最好选择,现阶段中国营业税税制的优越性仍然存在,统一增值税制时机并不成熟③。

王金霞(2009)认为:理想的增值税应该充分体现其"中性"特征,征税范围应覆盖经济活动各个领域,形成一个连接紧密、环环相扣的链条,链条中的各环节形成足额抵扣的相互稽核、相互制约的有机整体。而中国现行增值税征税范围距离增值税"中性"要求还有一定的距离,从制度上人为地割裂了增值税抵扣链条,也造成税负失衡④。

靳东升、伦玉君(2011)提出:由于现行增值税征税范围不完整、转型不彻底,致使行业间税负不公、税收非中性,重复征税问题仍然存在⑤。

胡怡建(2011)在总结了现代服务业发展具有区别于传统服务业的四大特征后认为:建立

① 邵瑞庆,巫珊玲,劳知雷.交通运输业实行增值税的可行性分析[J].税务研究,2002(10).

② 施文泼,贾康.增值税"扩围"改革与中央和地方财政体制调整[J].财贸经济,2010(11):46-51+145.

③ 肖绪湖,汪应平.关于增值税扩围征收的理性思考[J].财贸经济,2011(07):24-28+62.

④ 王金霞.扩大增值税征税范围的思考[J].税务研究,2009(08):48-50.

⑤ 靳东升,伦玉君.中国与韩国增值税制度要素的比较研究[J].经济社会体制比较,2011(05):172-178.

在传统服务业基础上的营业税制已不能适应现代服务业发展要求，推进服务业增值税改革是促进经济发展方式转变和结构调整优化的重要举措①。

汪德华、杨之刚（2009）也提出：增值税和营业税并行的税制在供给和需求两方面对服务业都有扭曲作用，导致中国经济在整体向服务化发展的同时，制造业反而减少了外部服务投入，而2009年的增值税转型改革将使税制安排对服务业发展的制约作用进一步凸显②。

高培勇（2010）认为：增值税扩围存在三个问题：一是能够替代营业税成为地方新的主体税种的这样一种税可能不存在，或难以改变归属；二是增值税扩围对于现行税制体系框架和税制改革方案具有巨大的影响；三是增值税扩围后分税制财政体制要推倒重来、重新构建，需要强大的魄力和细致的调研才能推进。故而，他认为增值税扩围时机并不成熟。

蔡昌（2011）认为：增值税"扩围"应该采取"多步骤分段扩围"战略：首先适度扩大增值税一般纳税人范围；其次优先考虑与工商业关系密切的传统行业，如建筑业、交通运输业、物流业、仓储业、代理业、租赁业等；最后考虑将增值税的征收范围扩展到邮政通讯业、娱乐业、旅游业、房地产业及其他服务业。这样的扩围顺序有利于维护各行业之间的税负公平及均衡关系③。

施文泼、贾康（2010）从税权划分的角度认为：增值税应由中央与地方共享。依据各地的人口、消费能力、公共服务需要及地方政府的财政收入能力等因素综合确定。其对增值税"扩围"改革路径提出的设想是：先抓紧时机推进资源税改革和以房产税支撑地方政府财源；待上述两项税制改革有实质进展、形成地方财政收入一定支撑力时再推进增值税的"扩围"改革。扩围过程不强求"一步到位"，改革过程应该覆盖两个五年规划期的长期进程④。

王金霞（2009）将增值税"扩围"的步骤划分为近、中、远三大目标。其中，近期目标是将交通运输业以及仓储保管业、租赁业等纳入增值税征税范围；中期目标是将建筑业纳入增值税征税范围；终极目标则是将像金融保险、邮政电信等与最终消费和中间投入都有关联度的行业纳入增值税征税范围⑤。

在经历了对要不要扩围、什么时间扩围以及如何扩围的讨论之后，很多学者开始对增值税扩围的经济效应进行研究。

税负方面：姜明耀（2011）使用投入产出表，对扩围后工业税负和服务业税负进行了测算，认为扩围行业改革后适用税率高于10%，则服务业税负将明显增加。改革后10%的适用税率可保证工业和服务业税负水平同改革前基本相当。在10%的税率下，工业税负平均降低1.52%，服务业税负略有增加，平均上升1.2%，其中部分服务业税负有所降低⑥。潘文轩（2011）从增值税的原理出发，使用投入产出表测算了各个服务行业的中间投入比例并据此计

① 胡怡建. 推进服务业增值税改革　促进经济结构调整优化[J]. 税务研究，2011(06)：35-39.

② 汪德华，杨之刚. 增值税"扩围"——覆盖服务业的困难与建议[J]. 税务研究，2009(12)：36-38.

③ 蔡昌，吴星，李梦娟. 我国增值税改革的税制框架设计[J]. 中国财政，2011(23)：44-46.

④ 施文泼，贾康. 增值税"扩围"改革与中央和地方财政体制调整[J]. 财贸经济，2010(11)：46-51+145.

⑤ 王金霞. 扩大增值税征税范围的思考[J]. 税务研究，2009(08)：48-50.

⑥ 姜明耀. 增值税"扩围"改革对行业税负的影响——基于投入产出表的分析[J]. 中央财经大学学报，2011(02)：11-16.

算出全面扩围后服务业各行业的税负平衡点。他认为目前租赁业17%、交通运输业11%的试点税率偏高,可考虑分别下调至11%和6%①。

对财政收入的影响方面:胡怡建、李天翔(2011)根据投入产出表研究了增值税扩围对财政收入的影响,并模拟了三档扩围税率对财政收入的影响,分析了影响财政收入的因素为税率变动、增值率高低、中间投入结构和设备抵扣比率②。

对居民福利的影响方面:平新乔(2009)在研究中创造性地建立了税收价格模型,该模型可以反映增值税和营业税对价格影响的不同特点。平新乔借鉴Creedy(1998)的方法测算了中国增值税和营业税的福利效应,发现中国营业税对消费品的价格效应大于增值税的价格效应,从而导致营业税对各消费群体的福利伤害大于增值税的福利伤害③。程子健(2011)借鉴平新乔等(2009)的方法建立增值税和营业税的价格影响模型,并比较了增值税抵扣链在不同阶段中断的影响,其结论揭示了抵扣链条的中断阶段不同对最终商品的价格效应亦不同。程子健还运用投入产出数据和实际税收数据测算了中国增值税和营业税的价格影响④。

总的来说,国内对增值税扩围的效应分析数量多、涉及面广,但仍存在缺陷。首先,上述关于增值税扩围改革效应分析方面的研究一般只限于局部均衡,忽略了许多重要的税收间接和衍生效应的影响。其次,在研究方法的选取上,姜明耀(2011)、潘文轩(2012)、胡怡建和李天祥(2011)使用了投入产出法。投入产出法是测算增值税税基的最常用办法之一,但由于存在税收优惠、征管能力不足、数据体系不完整等各方面的原因,投入产出法并不适用于测算增值税的应纳税额,其测算结果往往与实际情况相差甚大,因此使用这种方法进行增值税扩围的效应分析不尽合理。平新乔等(2009)创建了一个多环节的生产模型,并结合Creedy(1998)的研究成果测算比较了营业税与增值税的福利效应,但由于这个模型使用了一些过于理想化的假设,其测算结果难免不尽如人意。

二、"营改增"的财政收入风险

(一)"营改增"财政收入风险的分析

中国的税收收入结构是以间接税为主,直接税为辅。增值税扩围涉及中国间接税中的两大税种——增值税和营业税,这两个税种在组织财政收入方面作用重大。根据历年《中国统计年鉴》,2000—2012年,增值税与营业税的税收收入之和占总税收比重最小的年份为2011年,但占比仍高达42.28%(如表9-1),这表明增值税和营业税对中国税收收入的贡献较高,中国的税收收入很大程度上依赖于增值税与营业税。在这种情况下,对营业税与增值税范围内的任何改革都必须考虑到其对国家税收收入的影响程度,必须考虑到国家财政的承受能力。

---

① 潘文轩. 增值税扩围改革有助于减轻服务业税负吗?——基于投入产出表的分析[J]. 经济与管理,2012(02):51-54.

② 胡怡建,李天祥. 增值税扩围改革的财政收入影响分析——基于投入产出表的模拟估算[J]. 财政研究,2011(09):18-22.

③ 平新乔,梁爽,郝朝艳,等. 增值税与营业税的福利效应研究[J]. 经济研究,2009(09):66-80.

④ 程子建. 增值税扩围改革的价格影响与福利效应[J]. 财经研究,2011(10):4-14.

表 9-1

增值税与营业税收入之和占国家税收收入的比重　金额单位:亿元

年份	税收收入	增值税	营业税	两税占税收总额之比(%)
2000	12 581.51	4 553.17	1 868.78	51.04
2001	15 301.38	5 357.13	2 064.09	48.50
2002	17 636.45	6 178.39	2 450.33	48.93
2003	20 017.31	7 236.54	2 844.45	50.36
2004	24 165.68	9 017.94	3 581.97	52.14
2005	28 778.54	10 792.11	4 232.46	52.21
2006	34 804.35	12 784.81	5 128.71	51.47
2007	45 621.97	15 470.23	6 582.17	48.34
2008	54 223.79	17 996.94	7 626.39	47.25
2009	59 521.59	18 481.22	9 013.98	46.19
2010	73 210.79	21 093.48	11 157.91	44.05
2011	89 738.39	24 266.63	13 679.00	42.28
2012	100 601.00	26 416.00	15 748.00	41.91

注:2000—2011 年数据来源《中国统计年鉴 2012》,其他数据来自:http://www.mof.gov.cn/。

一般认为,决定财政收入的根本因素是经济水平。而"营改增"从本质上来说具有优化资源配置,减少重复征税等优势,对经济具有良好的促进作用。故而从长期来看,增值税扩围对于经济发展和财政收入的增长都有好处,但是就短期来看增值税扩围后最直接的影响就是减税。

增值税扩围对国家财政收入的影响可以分为两部分:一是增值税扩围政策对税收收入的直接影响,主要分为两个方面:第一方面,是扩围行业的两税税负变化以及原增值税纳税行业的可抵扣进项税额增加两种效应引起的,一般来说,这是一种减税效应,这种效应主要是对两税(营业税、增值税)、城市维护建设税及教育费附加产生影响;第二方面,相关企业两税税负的减少会影响企业的利润,从而对企业所得税产生影响,一般来说这是一种增税效应。因为扩围对第二方面的影响程度明显小于第一方面,因此,总体来说,增值税扩围对税收收入的直接影响是一种减税效应。二是增值税扩围政策对税收收入的间接影响,主要表现为增值税扩围改革减少了营业税的重复征税现象、减轻了部分行业税负、优化了资源配置从而带动了经济发展,使得两税税基增加,从而又对税收收入的增长产生了促进作用,本章称之为增值税扩围对税收收入影响的间接效应。增值税扩围的这两种效应共同对国家税收收入产生影响。

2012 年 3 月 26 日,国家税务总局局长肖捷在第一届岭南论坛上透露,营业税改征增值税如果在全国推开,全国税收净减收大概超过 1 000 亿元①。根据新京报讯的报道,据估算,2012 年 9 月 1 日起试点营改增之后,北京每年总减收约 165 亿元,其中北京地方财政减收 72 亿元②。而中国新闻网报道称,2012 年 12 月 1 日浙江正式启动"营改增"试点工作,根据测算约 95%左右

① http://www.tax-edu.net/ch/news/News_View-2.asp? NewsID=13716.

② 李蕾.北京市营改增试点启动,每年减少财政收入 165 亿[N].新京报,2012-9-1.

企业税负下降或持平。同时,"营改增"后,浙江省当年财政总收入减收约 60.1 亿元①。

如上文所述,"营改增"作为中国结构性减税政策的重要组成部分,其在减少行业税负方面的作用是毋庸置疑的,但行业税负的降低可能会带来国家财政收入的减少,财政收入的过大减少可能会影响中国公共财政的开支。因此,必须对"营改增"之后国家税收收入的变化进行研究,找出"营改增"过程中隐含的风险点,并提出相应的预防措施或政策建议。

（二）"营改增"财政收入风险的识别

1. "营改增"行业静态税负设计对财政收入的影响

"营改增"政策设计的最初目的在于减少营业税的重复征税现象、充分发挥增值税的税收中性的优势、促进第三产业发展与结构调整,同时考虑到国家税收的承受能力,在设计扩围行业"营改增"政策方案的一个基本原则就是保证扩围行业税负大体不变或者略有降低。这主要是通过税率设计、税收优惠、政策补贴等措施来实现的。因此,"营改增"之后扩围行业的静态税负可以认为大体不变或者略有降低,即"营改增"过程中扩围行业的静态税负减少对国家财政收入的影响有限。

2. 原增值税纳税行业增值税应纳税额减少对财政收入的影响

扩围行业下游企业可抵扣进项税额增加是短期中财政收入减少的主要原因。"营改增"以后,营业税行业的下游企业中的原增值税纳税行业使用的扩围行业的产品作为中间投入,将获得增值税专用发票,引起原增值税纳税行业增值税进项税额增多。由于在短期中"营改增"对经济的带动作用还没有完全发挥出来,原增值税纳税行业的销项税额不变,其进项税额的增加必然引起原增值税纳税行业应纳税额减少。

（三）"营改增"财政收入风险的传导机制

"营改增"在短期内造成国家税收收入减少的基本原理,可以用一个机制图来对其进行更直观的说明(见图 9-2)。

图 9-2　"营改增"财政风险传导机制图

假设 A 行业与 C 行业均为原增值税纳税行业,B 行业为"营改增"行业,原来缴纳的营业税为 TB,"营改增"之后缴纳增值税,只要保证应纳税所得额等于其原先缴纳的营业税 TB,即可保证"营改增"行业静态税负不变,而且这与"营改增"的制度设计要求基本相符。但同时由于 B 行业的销项税额中有一部分成为 C 行业的进项税额,减少了 C 行业的增值税应纳税额,从而导致国家税收收入减少。因此,短期内"营改增"导致原增值税纳税行业可抵扣进项税额增多是国家税收收入减少的主要原因,且具体额度取决于"营改增"行业的产出有多少被用作原增值税纳税行业的中间投入以及"营改增"行业的增值税税率等因素。

（四）"营改增"财政收入风险的测算方法

1. 增值税理论应纳税额的测算

中国增值税实行抵扣制,即"应纳增值税额＝销项税额－进项税额"。对于销项税额与进

---

① 邵燕飞,徐乐静. 浙江营改增试点 95%企业减负,财政收入减 60 亿[N]. 中国新闻网:http://www.yicai.com/news/2012/10/2197210.html. 2012-10-29.

项税额的测算本章使用了姜明耀(2011)所使用的投入产出法,则销项税额为:

$$\text{销项税额} = PA_a \cdot (QA_a - stock_a)\frac{tvad_a}{1+tvad_a} \tag{9-1}$$

其中 $stock$——存货增加;

$tvad$——增值税的法定税率。

值得注意的是,本章与姜明耀(2011)所用方法的最大不同,在于姜明耀(2011)在测算销项税额时扣除了出口,而此处没有。这主要是考虑到《中国税务年鉴》中各行业的税额是在出口退税之前的税额。

根据处理方法的不同,我们将增值税的进项税额分为两部分:一部分为来自中间投入的进项税额,另一部分为来自固定资产的进项税额。

固定资产允许抵扣进项税额事实上降低了要素投入中资本投入的成本,因此通过资本投入的价格来计算来自固定资产的进项税额:

$$\text{固定资产进项税额} = tvak \cdot WK \cdot QKD_a, \quad a \in A \tag{9-2}$$

其中 $tvak$——固定资产的抵扣税率,因为投入产出表以及统计年鉴中的数据是含税的,因此 $tvak = 0.17/1.17$。

不同行业可抵扣的固定资产主要来自《中国统计年鉴(2008)》中"5－13 按行业分城镇固定资产投资和建设总规模(2007 年)",有分行业城镇设备工器具购置,然后根据全国设备工器具总额与城镇设备工器具总额之间的关系,得到全国分行业设备工器具购置额。

来自中间投入的进项税额降低了中间投入的成本,因此通过中间投入来测算来自中间投入的进项税额:

$$\text{中间投入的进项税额} = \sum_{c\in C} ica_{ca} \cdot PQ_c \frac{tvad_c}{1+tvad_c}, \quad a \in A,\ c \in C \tag{9-3}$$

下标 c 表示商品 C,PQ_c表示商品 C 的价格。从而可以得到使用投入产出法测算出的增值税应纳税额的理论数值:

$$\begin{aligned}\text{增值税理论税额} = {} & PA_a \cdot (QA_a - stock_a)\frac{tvad_a}{1+tvad_a} - tvak \cdot WK \cdot QKD_a \\ & - \sum_{c\in C} ica_{ca} \cdot PQ_c \cdot QA_a \frac{tvad_c}{1+tvad_c}, \quad a \in A,\ c \in C\end{aligned} \tag{9-4}$$

2. 投入产出法的调整

本章的上部分介绍了测算增值税应纳税额的投入产出法,但是根据验证,用上述公式测算出的增值税应纳税额与实际数据相差非常大,因此,必须对传统的投入产出法进行调整。

为了使得投入产出法对于增值税应纳税额的测算更加精确,本章引入了征税率的概念。对于征税率,本章在此作三条假定:

第一,原增值税纳税行业在营改增前后征税率不发生变化。第二,对于营改增过程中新纳入增值税征收范围的行业,其来自原增值税纳税行业进项税的抵扣比例取决于原增值税纳税行业的征税率。原增值税纳税行业增值税征收体系已经完善,其征税率并不会随"营改增"而发生很大变化,因此假设原增值税纳税行业在营改增前后征税率不发生变化。这样一个事实就保证了第一、第二条假设的成立。第三，假设营改增行业的征收率在一定范围内是可控的，即国家可以通过税收优惠、税收返还、即征即退、财政补贴等方式对某一行业的征收率产生影响。营改增过程中新纳入增值税征收范围的行业的销项税以及来自扩围行业的进项税的调整比例取决于自身的征税率。

因此，对于原增值税纳税行业，征税率为：

$$Leiv_a = VAT_a/[PA_a \cdot (QA_a - stock_a)\frac{tvad_a}{1+tvad_a} - \sum_{c\in C1} ica_{ca} \cdot PQ_c \cdot QA_a \frac{tvad_c}{1+tvad_c} - 0.07ica_{convey,a} \cdot PQ_{convey} \cdot QA_a leiv_a \beta],\quad a \in A1,\ c \in C \tag{9-5}$$

对于扩围行业，征税率为：

$$Leiv_a = (\mu \cdot BUST_a + \sum_{c\in C1} ica_{ca} \cdot PQ_c \cdot QA_a \frac{tvad_c}{1+tvad_c} leiv_c)/[PA_a \cdot (QA_a - stock_a)\frac{tvad_a}{1+tvad_a} - \sum_{c\in C2} ica_{ca} \cdot PQ_c \cdot QA_a \frac{tvad_c}{1+tvad_c} - tvak \cdot WK \cdot QKD_a],\ a \in A2 \tag{9-6}$$

其中 $leiv$——各行业的征收率①，因为各行业征管水平、税收优惠等情况不同，因此不同行业的征收率亦不相同；

$A1$、$C1$——原增值税纳税行业的行业及商品集合；

$A2$、$C2$——营改增行业的行业及商品集合；

$convey$——交通运输业；

β——政策变量，在营改增之前值为 1，在营改增之后值为 0；

n——政策情景系数，n 值取决于政策情景设计；

VAT——各行业实际缴纳的增值税税额；

$BUST$——各行业实际缴纳的营业税税额，数据来源于《中国税务年鉴(2008)》。

3. “营改增”财政风险的测算方法

根据上述的政策假设，“营改增”行业对国家税收收入的直接影响在一定程度上是可控的，此处假设幅度在 0～－10%之间。“营改增”之后原增值税纳税行业购进的服务可以获得增值税专用发票，其可抵扣进项税额增多，而短期内销项税额不变，因此应纳增值税税额减少。

在这样的假设之下，某一行业扩围对国家两税收入的直接影响可以分为行业自身减负的影响以及下游行业进项税额增多的影响，具体表示为：

$$\text{“营改增”行业 a 减负对两税收入的直接影响} = b \cdot BUST_a \tag{9-7}$$

(9-7)式表示对行业 a 进行“营改增”，使得行业 a 税负下降会对两税收入产生什么样的影响。

其中 b——政策变量，数值为 0～－0.1；

$BUST_a$——“营改增”之前行业 a 缴纳的营业税税额，其数值来自《中国税务年鉴(2008)》。

$$\text{下游进项税额增多} = \sum_{c\in C} ica_{ca} \cdot PQ_a \frac{tvad_a}{1+tvad_a} \cdot leiv_a,\quad a \in A,\ c \in C \tag{9-8}$$

---

① 本章所提出的征收率是指一个行业的实际应纳增值税税额与用投入产出法测算出的理论税额之间的比值。征税率的测算主要依据的是《2007 年中国投入产出表》以及《中国税务年鉴(2008)》。

这两种影响共同构成了行业 a“营改增”对国家两税收入的直接影响：

$$b \cdot BUST_a + \sum_{c \in C} ica_{ca} \cdot PQ_a \frac{tvad_a}{1 + tvad_a} \cdot leiv_a, \quad a \in A, c \in C \tag{9-9}$$

在扩围税率的选取方面，主要参照财政部和国家税务总局发布的《交通运输业和部分现代服务业营业税改征增值税试点实施办法》和其他政府文件。税率选取如表 9-2 所示。

表 9-2

增值税扩围改革税率选取

行　　业	税率(%)	行　　业	税率(%)
建筑业	11	商务服务业	6
交通运输业	11	租赁业	17
仓储业	6	研究与试验发展业	6
邮政业	6	综合技术服务业	6
信息传输业	11	居民服务业	6
计算机服务和软件业	6	教育	6
住宿和餐饮业	6	卫生、社会保险和社会福利业	6
房地产业	6	文化体育娱乐业	6

注：其中“教育”与“卫生、社会保险和社会福利业”所设置的税率主要是针对这两个行业中以盈利为主要目的的部分。

根据上述对原增值税纳税行业征收比率的测算方法，通过投入产出表测算出原增值税纳税行业的征税比率值，即 $leiv$，如表 9-3 所示。

表 9-3

原增值税纳税行业征收比率

行　　业	征收比率(%)	行　　业	征收比率(%)
煤炭开采和洗选业	77.8	金属冶炼及压延工业	74.7
石油和天然气开采业	83.1	金属制品业	81.6
金属采选业	68.0	通用专用设备制造业	44.8
非金属矿及其他矿采选业	23.6	交通运输设备制造业	60.8
食品及烟草加工业	22.5	电气机械及器材制造业	60.3
纺织业	29.1	通信设备、计算机及其他电子设备制造业	41.7
纺织服装鞋帽皮革羽绒及其制品业	44.0	仪器仪表及文化办公用机械制造业	73.0
木材加工及家具制造业	30.5	工艺品及其他制造业	23.6
造纸印刷及文教体育用品制造业	55.1	废品废料	6.0
石油加工、炼焦及核燃料加工业	69.4	电力、热力的生产和供应业	99.3
化学工业	59.6	燃气、水的生产和供应业	96.9
非金属矿物制品业	37.4	批发零售业	79.2

注：数据根据《中国统计年鉴(2008)》、《2007 中国投入产出表》、《中国税务年鉴(2008)》计算得出。

4. 情景设置

要预测"营改增"对国家财政收入的直接影响，首先要对"营改增"的政策情景进行一个定性。

1）三种政策情景

我们认为，除了设计税率之外，政府还可以通过税收优惠、即征即退、财政补贴等方式在一定程度上控制某一行业的征收比率，从而影响这个行业的实际税负水平。在这样的假设之下，本章设置了如下三种政策情景：

情景一：在该情景下政府会采取相关措施配合各行业的税率使得各行业静态税负不发生变化①。

情景二：根据上海市财政统计数据，上海市 2012 年 1～5 月份"营改增"行业税负大约降低 10%，根据上海市 2012 年 1～5 月份"营改增"试点的实际情况，调整各行业的征收比率，使得"营改增"行业税负降低 10%。因为上海市经济自身的特点，上海市"营改增"过程中各行业的税负减轻程度一般都要大于全国的平均水平，可以使用情景二作为全国"营改增"中行业税负减轻最大的一种情况，而可以将情景一作为扩围改革过程中行业税负减轻最小的一种情况。因此，"营改增"的实际情景就处于两者之间，通过研究"情景一"与"情景二"两种情景下各宏观经济及指标的变动，即可对"营改增"的经济效应做一个大致的推测。

情景三：调整各个行业的征收比率，使得"营改增"行业静态税负降低 5%，即取情景一与情景二的中间值，以防止"营改增"的经济效应呈偏态分布而使得预测误差过大。

三种模型虽然都对"营改增"行业扩围之后的税负变化进行了设定，但是这种设定是一种静态的设定，在实际的经济运行过程中各个行业的价格会发生变化，从而引起税收负担在各个行业之间的转嫁，使得"营改增"行业税负发生新的变化。这三种政策情景的设置，在本质上是对"营改增"行业征收比率($leiv$)的不同赋值。

2）"营改增"分步扩围

本模型模拟"营改增"分两步进行：第一步是全国按照上海市 6+1 试点的行业范围在全国范围内推进(下称 6+1 扩围)，主要包括"交通运输业"、"计算机服务和软件业"、"仓储业"、"租赁业"、"研究与试验发展业"、"综合技术服务业"以及"文化、体育和娱乐业"；第二步是将除金融业、农业以外的所有行业纳入"营改增"范围(下称全行业扩围)。此外使用以上三种情景的平均值来估算这两步"营改增"对财政收入的直接影响。

（五）"营改增"财政收入风险的测算

1. "营改增"对税收直接影响

政策传导需要时间，为了保证上海市"营改增"试点的顺利实施，上海市政府对试点企业出台了一些优惠政策，这些政策在保证"营改增"试点顺利实施的同时也会降低"营改增"政策效应的传导速度，因此，我们认为"营改增"政策效应的传导可能会较慢。而在"营改增"之初，各经济体来不及对自己的经济行为作出相应调整，短期中 GDP、总产出、就业等宏观经济变量不会因"营改增"工作而发生太大变化，"营改增"对税收收入影响的间接效应来不及发挥。"营改

① 本章提到的静态税负是指不考虑"营改增"前后厂商行为的变化，而仅仅关注增值税与营业税计税方法的不同而产生的税负差异。因为静态税负假设厂商来不及调整自己的行为，因此可以看作是一种"营改增"的短期效应。

增”对税收收入的影响主要是直接效应在发挥作用。我们使用前文测算出的征收比率对“营改增”两税收入影响的直接效应进行了测量，见表 9-4。

表 9-4

“营改增”对两税收入直接影响(百分比)

	6+1“营改增”	全行业“营改增”
情景一	−0.705	−2.339
情景二	−0.851	−3.520
情景三	−0.778	−2.929
MEAN	−0.778	−2.929

表 9-4 给出了在全国范围内推进“营改增”的两个步骤所引起的两税收入减少会对国家税收收入产生什么样的直接影响，即在全国范围内按照 6+1 的行业范围进行“营改增”会使得两税收入的减少额占国家税收收入的 0.778%，如果按照全行业范围进行“营改增”将会使得两税收入的减少额占国家税收收入的 2.929%。根据中国财政部官方网站所公布的数据，中国 2012 年国家税收总收入完成 110 740 亿元。因此，“营改增”所引起的两税收入的减少对国家财政收入影响的直接效应如下：6+1“营改增”使得两税收入减少 861.54 亿元，按全行业“营改增”使得两税收入减少 3 243.92 亿元。

表 9-5

“营改增”对税收收入直接影响(百分比)

	6+1“营改增”	全行业“营改增”
情景一	−0.570	−1.893
情景二	−0.689	−2.849
情景三	−0.630	−2.371
MEAN	−0.630	−2.371

正如前面所述，“营改增”对国家税收收入影响的直接效应中，两税收入的减少会通过城建税及教育费附加、企业所得税等影响国家的税收收入。考虑了这些因素之后，表 9-5 给出了“营改增”对国家税收收入的直接影响。可以看出，6+1“营改增”时国家税收收入减少 0.63%，相当于 697.25 亿元；全行业“营改增”对国家税收收入减少 2.371%，相当于 2 625.31 亿元。

2. 分行业扩围对两税收入的直接影响

表 9-6

分行业“营改增”对两税收入的影响(百分比)

行　业	情景一	情景二	情景三	MEAN
建筑业	−0.030	−0.155	−0.281	−0.155
交通运输业	−0.431	−0.478	−0.524	−0.478
仓储业	−0.006	−0.008	−0.009	−0.008

（续表）

行 业	情景一	情景二	情景三	MEAN
邮政业	−0.013	−0.015	−0.017	−0.015
电信和其他信息传输服务业	−0.218	−0.238	−0.258	−0.238
计算机服务和软件业	−0.026	−0.028	−0.031	−0.028
住宿餐饮业	−0.201	−0.226	−0.251	−0.226
金融业	−0.524	−0.619	−0.714	−0.619
房地产业	−0.108	−0.270	−0.431	−0.270
租赁业	−0.011	−0.023	−0.034	−0.023
商务服务业	−0.333	−0.395	−0.457	−0.395
研究与试验发展业	−0.062	−0.063	−0.063	−0.063
综合技术服务业	−0.121	−0.126	−0.131	−0.126
水利、环境及公共设施管理业	−0.021	−0.022	−0.023	−0.022
居民服务及其他服务业	−0.119	−0.143	−0.167	−0.143
教育	−0.017	−0.018	−0.018	−0.018
卫生、社会保障和社会福利业	−0.045	−0.046	−0.046	−0.046
文化、体育和娱乐业	−0.047	−0.053	−0.059	−0.053
公共管理和社会组织	−0.004	−0.005	−0.006	−0.005

注：数据根据《2008 中国统计年鉴》、《2007 中国投入产出表》、《2008 中国税务年鉴》测算得出。

表 9-6 给出了分行业“营改增”对国家两税收入的直接影响，可以看出当行业扩围时对国家两税收入影响最大的行业分别为金融业（−0.619%）、交通运输业（−0.478%）、商务服务业（−0.395%）、房地产业（−0.27%）以及电信和其他信息传输服务业（−0.238%），而公共管理和社会组织业（−0.005%）对财政收入的影响最小。因此，不同行业“营改增”对财政收入的影响差别较大，最大值金融业（−0.619%）为最小值公共管理和社会组织（−0.005%）的 120 多倍。

“营改增”对促进经济增长的优势将会随着扩围行业的增多而越来越明显，但同样，“营改增”对财政收入的压力也会随着扩围行业的增多而增大。这样，一个显而易见的问题就是应首先对哪些行业进行“营改增”呢？扩围顺序的错误选择无疑会破坏企业与地方政府的积极性，甚至对政策产生抵制情绪。

3. 行业扩围顺序的确定

“营改增”对扩围行业的减税效果会随着扩围行业的增多而越来越明显，在分行业扩围时先扩围的行业有一种先行优势。因此，我们按照行业减税与其对经济带动作用的相互关系来确定扩围顺序。“营改增”顺利推进的一个重要条件即是调动地方政府的积极性，因此在全国范围内推进增值税扩围改革时，应优先选择短期内对国家税收收入影响较小，而对经济的带动作用却较大的行业进行扩围。通过以上的研究，我们计算了不同行业“营改增”对两税收入的直接影响，确认不同行业“营改增”对经济的带动作用也是不同的，在这种情况下把握不同行业扩围对国家税收收入的直接影响以及对经济的带动作用具有重要的意义。我们构建了一个中国税收的多部门可计算一般均衡模型(CGE),可以对不同行业扩围对经济的带动作用进行测算。按照短期内对国家税收收入影响较小与长期内对经济增长的带动作用较大这两个标准来对扩围行业的顺序进行选择。

1) 测算方法

模型设置标准的 CGE 模型的设置相同,只不过在静态选择上会有所不同。本章通过对静态选择的控制,分别来对"营改增"的资源配置效应与结构性减税效应进行研究。增值税扩围改革的效应分为资源配置效应与结构性减税效应,通过两种比较静态选择来分别研究增值税扩围改革的这两种效应:

第一,将增值税征收范围扩大到所有行业,同时内生化各个行业的税率,从而保持各行业的两税税负不变,进而研究增值税扩围的资源配置效应。

第二,在第一种比较静态选择的基础上,分别降低各个行业的税负,研究不同行业税负降低对宏观经济的影响,从而为增值税扩围改革过程中结构性减税的行业选择提供依据。

2) 模拟测算结果——增值税扩围改革的结构性减税效应

要测度增值税扩围改革的结构性减税效应,首先,要得到将增值税征税范围扩大到所有行业之后仍保持各个行业两税税负不变的增值税税率;其次,依次降低各个行业的两税税负(降幅 5%①);最后,依次测算不同行业两税税负降低对宏观经济的影响,如表 9-7 所示。

表 9-7

增值税扩围改革的结构性减税效应对宏观经济的影响

	GDP 增加(万元)	税收收入减少(万元)	*GDP* 增加/税收收入减少
建筑业	634 997	874 940.7	0.725 76
交通运输及仓储业	625 403.3	136 558.3	4.579 754
邮政业	25 603.3	4 503.863	5.684 742
信息传输、计算机服务和软件业	214 203.3	79 157.18	2.706 05
住宿和餐饮业	254 503.3	88 115.18	2.888 302
金融业	1 568 203	173 309.5	9.048 571
房地产业	821 903.3	713 629.5	1.151 723
租赁和商务服务业	1 390 603	32 950.49	42.202 81
研究与试验发展业	8 103.3	335.962 7	24.119 64
综合技术服务业	53 403.3	19 388.66	2.754 357
水利、环境和公共设施管理业	3 203.3	5 842.763	0.548 251
居民服务和其他服务业	338 903.3	130 348.5	2.599 979
文化、体育和娱乐业	43 703.3	24 391.97	1.791 708

注:表 9-7 表示分别将各个行业两税税负降低 5%可以对 *GDP* 及税收收入带来的影响程度。为了准确测算分析增值税扩围的结构性减税效应,表 9-7 中均为剔除了资源配置效率之后的数据。本模型的测算结果包括 42 个行业,由于篇幅所限,本表仅摘录了部分可能纳入增值税扩围改革范围的行业数据。

① 根据上海市 1～5 月份增值税扩围试点中扩围行业平均税负降低情况估算得出。

凯恩斯主义理论认为，当经济处于有效需求不足状态时，减税能够促进 *GDP* 的增长。表 9-7 即表示了税收收入减少与 *GDP* 增长之间的关系，其中“*GDP* 增长/税收收入减少”一列表示 *GDP* 增长与财政收入减少的比值，说明了不同行业税负降低 5%所引起的国家税收收入减少与 *GDP* 增长之间的关系。从促进经济发展、保证政府财政收入与提高扩围行业积极性的角度上考虑，最优的扩围顺序如下：“租赁和商务服务业”、“研究和试验发展业”、“邮政业”、“综合技术服务业”、“信息传输、计算机服务和软件业”等。当各省市进行增值税扩围试点时，还应根据各省市自身的产业特点，以上述顺序为参考，合理选择最适合自身行业特点的扩围顺序。

（六）“营改增”财政收入风险的应对

从短期分析，“营改增”的结构性减税会使得国家税收较大幅度下降，给国家财政造成不小的压力。根据测算，短期 6+1“营改增”会使得国家税收收入减少 0.63%，大约相当于 697.25 亿元；全行业“营改增”会使得国家税收收入减少 2.371%，大约相当于 2 625.31 亿元。可以看出，“营改增”在短期内会给生产收入造成压力，但长期这个状况会因“营改增”对经济的带动作用而得到改善。因此，从减少财政收入压力的视角上来看，应采取分地区、分行业的扩围方式，逐步释放“营改增”对财政的压力，防止一次性全行业、全地区扩围对国家财政收入带来的冲击。

“营改增”顺利推进的一个重要条件即是调动地方政府的积极性，因此在全国范围内推进增值税扩围改革时，应优先选择短期内对国家税收收入影响较小，而对经济的带动作用却较大的行业进行扩围。上面的研究计算了不同行业“营改增”对两税收入的直接影响。不同行业“营改增”对经济的带动作用也是不同的，在这种情况下把握不同行业扩围对国家税收收入的直接影响以及对经济的带动作用具有重要的意义。

对增值税扩围的结构性减税效应的模拟估算可以发现，不同行业的相同减税程度会对国民经济带来不同影响，可以使用“*GDP* 增加/税收收入减少”来评价这一程度，评价结果可以作为增值税扩围改革中不同行业扩围先后顺序的重要指标。结合模拟计算结果与各行业的实际情况，我们认为增值税扩围改革应先将政策传导机制较快的生产性服务业纳入增值税征收范围，以保证增值税扩围改革的顺利推进。当增值税扩围工作在全国范围内推进时，从促进经济发展、保证政府财政收入与提高扩围行业积极性的角度上考虑，最优的扩围顺序如下：“租赁和商务服务业”、“研究与试验发展业”、“邮政业”、“综合技术服务业”、“信息传输、计算机服务和软件业”等。当各省市进行增值税扩围试点时，还应根据各省市自身的产业特点，以上述顺序为参考，合理选择最适合自身行业特点的扩围顺序。

三、“营改增”行业动态税负上升风险

（一）“营改增”行业动态税负上升风险的分析

增值税扩围改革对行业税负的影响可以分为直接影响与间接影响两部分。直接影响是指在短期内，厂商来不及对税制的变革作出反应所引起的税负变化。直接影响主要分为两方面：一方面是对于扩围行业税负的影响，另一方面是对原增值税纳税行业税负的影响。增值税扩围对行业税负的影响主要是通过税率设计、税收优惠设计、财政政策等相关措施来达到的。对原增值税纳税行业税负的影响主要是由于原增值税行业可抵扣进项税额增多引起的。直接影响可以看作是增值税扩围对行业税负影响的短期效应。间接影响是指在长期中，各行业商品价格会发生变化，税负因为价格变化而发生转嫁，各个行业通过税负转嫁重新分配增值税扩围

带来的减税收益。

（二）"营改增"行业动态税负上升风险的识别

正如以上所述，"营改增"政策设计的最初目的在于减少营业税的重复征税现象、充分发挥增值税的税收中性的优势、促进第三产业发展与结构调整。因此，国家设计扩围行业"营改增"政策方案的一个基本原则就是保证扩围行业税负大体不变或者略有降低。这主要是通过税率设计、税收优惠、政策补贴等措施来实现的。但是这个设计仅仅是对扩围行业静态税负的设定，即没有考虑企业行为变化所引起的行业税负的动态变化。

在短期，即静态的情况下，"营改增"行业税负不变，而原增值税纳税行业税负减少。而在长期中，各个企业会进行重新定价，共同享受"营改增"带来的减税收益。各个行业由于其市场地位不同、议价能力不同、商品或服务的价格需求弹性不同等原因，从"营改增"中享受的减税收益也会不同。但可以肯定的一点是，各个行业的税负会发生新的变化，"营改增"行业的税负可能会升高也可能会降低。因此，对长期中"营改增"行业的动态税负变化进行研究有利于正确认识和合理应对"营改增"过程中的税负上升风险。

（三）"营改增"行业动态税负上升风险的测算方法

我们在投入产出法的基础上引入了征税率的概念，完善了测算增值税应纳税额的投入产出法，并使其与CGE模型相结合，建立了凯恩斯闭合的中国税收可计算一般均衡模型。改良后的投入产出法能够准确测算"营改增"对行业税负的影响，而CGE模型则能够考虑到各经济主体面对"营改增"税制改革所作出的反应，因此能够准确测算"营改增"对行业税负的动态影响。

1. CGE模型简介

CGE模型的理论基础是里昂惕夫的投入产出理论与瓦尔拉斯的一般均衡理论，它能够刻画经济系统运行过程、经济结构以及经济主体的最优行为决策，并且通过把各个市场联系起来描述经济主体和市场对政策变化的一系列连锁反应和博弈过程来模拟研究相关经济变量对经济的影响。

人们普遍把约翰森模型(Johanson，1960)看作第一个CGE模型。但那个时候的经济学家更加注重"让数据说话"的经济计量方法，CGE模型在20世纪60年代并不活跃，之后CGE模型的发展进入一个沉寂期，发展缓慢。一直到20世纪70年代以后，石油危机爆发，由于传统的计量模型将经济结构"黑箱化"，不能清晰刻画政策传导和响应，使得传统的"让数据说话"的经济计量方法在解释石油危机问题中乏力，经济学家开始重新重视CGE模型。随后，电子信息技术的飞速发展也使得CGE模型在算法、应用及专门的应用软件方面取得了巨大的进步，CGE模型表现出强劲的生命力。

经济学有很多不同的研究领域，为了不同的研究内容，经济学家建立了许多不同的CGE模型，但这些CGE模型在结构上都有一些较为显著的共同点。我们可以将CGE模型简单地分为三部分：供给部分、需求部分以及供求平衡部分。

1) 供给部分

在供给部分，CGE模型主要是对商品和要素供给者的行为进行描述，主要包括生产方程、约束方程以及优化方程等。生产方程一般采用多层嵌套的形式，允许生产过程的各种投入之间存在不完全的替代关系。

2) 需求部分

在需求部分，一般将总需求分解为中间产品、最终消费和投资三部分，而消费者一般分为居民、企业以及政府三类。模型通过构建消费者的效用函数以及约束方程对其最优的消费行为进行描述。

3）供求平衡部分

在供求平衡部分，供求双方通过市场建立联系。这个平衡包括产品市场平衡、要素市场平衡、居民收支平衡、政府收支平衡以及国际收支平衡等。CGE 模型假设经济原先处于平衡状态，而新的政策变量的加入会打破这种平衡，各经济主体会作出相应的反应，这种反应直到经济达到新的平衡为止。CGE 模型通过研究这前后两个平衡之间的变化来研究该政策变量的经济效应。

2. 模型设定与数据基础

为了研究"营改增"对各行业税负的动态影响，本章在中国基本国情基础之上设置了一个包括营业税、增值税和其他主要财政税种的多部门 CGE 模型。该模型包括商品市场与要素市场，并进一步区分为国内市场与国外市场；包括三个国内经济参与者，即居民、企业与政府，以及一个国外主体；商品市场分为 45 个部门（部门划分依据《2007 年中国 42 个部门投入产出表》），其中 1 个农业部门，25 个工业部门以及 19 个服务业部门。

1）CGE 生产模块生成

标准的 CGE 模型使用 CES 生产函数来描述生产者的生产行为：

$$QA_a = A_a\left[\delta_a QVA_a^{\rho_a} + (1-\delta_a)QINTA_a^{\rho_a}\right]^{\frac{1}{\rho_a}}, \quad a \in A \tag{9-10}$$

其中 下标 a——行业 a；

QA——行业产量；

QVA——行业增加值；

$QINTA_a$——行业的中间投入；

$QINTA$、QVA——投入；

A——规模参数；

δ——份额参数。

企业遵循成本最小化的原则，合理选择不同中间投入的比例。给定企业的产量，企业行为的表现形式为：

$$\begin{aligned} &\min C_a = PVA_a \cdot QVA_a + PINTA_a \cdot QINTA_a,\ a \in A \\ &\text{S. T.} \quad QA_a = A_a\left[\delta_a QVA_a^{\rho_a} + (1-\delta_a)QINTA_a^{\rho_a}\right]^{\frac{1}{\rho_a}},\ a \in A \end{aligned} \tag{9-11}$$

其中 PVA、$PINTA$——分别表示三者的价格。

上述方程表示在固定的生产条件（即固定的生产函数）、固定的产量下，使得成本 C 最小。用拉格朗日方程求解：

$$\begin{aligned} \min L = {} & PVA_a \cdot QVA_a + PINTA_a \cdot QINTA_a \\ & -\lambda \cdot \left\{QA_a - A_a\left[\delta_a QVA_a^{\rho_a} + (1-\delta_a)QINTA_a^{\rho_a}\right]^{\frac{1}{\rho_a}}\right\},\ a \in A \end{aligned} \tag{9-12}$$

对相应变量求微分，有一阶条件：

$$\frac{\partial L}{\partial QVA_a} = PVA_a - \frac{\lambda A_a}{\rho_a}[\delta_a QVA_a^{\rho_a} + (1-\delta_a)QINTA_a^{\rho_a}]^{\frac{1}{\rho_a}-1}\delta_a\rho_a QVA_a^{\rho_a-1} = 0 \tag{9-13}$$

$$\frac{\partial L}{\partial QINTA_a} = PINTA_a - \frac{\lambda A_a}{\rho_a}[\delta_a QVA_a^{\rho_a} + (1-\delta_a)QINTA_a^{\rho_a}]^{\frac{1}{\rho_a}-1}(1-\delta_a)\rho_a QINTA_a^{\rho_a-1} = 0 \tag{9-14}$$

将上述两个一阶条件合并，可以得到：

$$\frac{PVA_a}{PINTA_a} = \frac{\delta_a}{1-\delta_a}\left(\frac{QINTA_a}{QVA_a}\right)^{1-\rho_a},\ a \in A \tag{9-15}$$

这是成本最小化的优化条件。再加上生产模块的价格方程，我们就得到了传统 CGE 模型生产模块的三个基本方程：

$$QA_a = A_a[\delta_a QVA_a^{\rho_a} + (1-\delta_a)QINTA_a^{\rho_a}]^{\frac{1}{\rho_a}},\ a \in A \tag{9-16}$$

$$\frac{PVA_a}{PINTA_a} = \frac{\delta_a}{1-\delta_a}\left(\frac{QINTA_a}{QVA_a}\right)^{1-\rho_a},\ a \in A \tag{9-17}$$

$$PA_a \cdot QA_a = PVA_a \cdot QVA_a + PINTA_a \cdot QINTA_a,\ a \in A \tag{9-18}$$

将 QVA 看作是要素市场的供应方程，则同理可得要素市场的三个基本方程。

$$QVA_a = A_a^{va}[\delta_a^{va} QLD_a^{\rho_a^{va}} + (1-\delta_a^{va})QKD_a^{\rho_a^{va}}]^{\frac{1}{\rho_a^{va}}},\ a \in A \tag{9-19}$$

$$\frac{WL}{WK} = \frac{\delta_a^{va}}{1-\delta_a^{va}}\left(\frac{QKD_a}{QLD_a}\right)^{1-\rho_a^{va}},\ a \in A \tag{9-20}$$

$$PVA_a \cdot QVA_a = WL \cdot QLD_a + (1+tvak_a)WK \cdot QKD_a,\ a \in A \tag{9-21}$$

其中　QLD、QKD——不同行业对劳动和资本的需求；
　　WL 与 WK——劳动和资本的价格。

中间投入的方程为：

$$QINT_{ca} = ica_{ca} \cdot QINTA_a,\ a \in A,\ c \in C \tag{9-22}$$

$$PINTA_a = \sum_{c \in C} ica_{ca} \cdot PQ_c,\ a \in A \tag{9-23}$$

其中　ica——中间投入部分的投入产出直接消耗系数。

以上 8 个方程组成了传统的标准 CGE 模型的生产模块。在此基础上将上述模型与调整过的投入产出法结合即可用来研究“营改增”问题①。

2) 投资与储蓄

关于社会总投资，我们使用了陈烨(2010)的处理方法，即认为资本总需求的增加可以部分地影响社会总投资。r 为影响力系数，取决于资本总需求的增加可以在多大程度上影响投资，假设 $r = 0.5$。

$$EINV = EINV0 + r(QKSAGG - QKSAGG) \tag{9-24}$$

3) 宏观闭合规则选择

研究中国国情可发现：首先，中国劳动力市场具有大量的剩余劳动力，存在大量非自愿失业或者隐性失业。其次，中国固定资产投资受利率和税收政策影响较小，而受政府行为影响较

① 鉴于篇幅原因，此处不再详细展开。

大。再次，中国国内有效需求不足，内需对经济的带动作用有限。这三点正好符合凯恩斯闭合中生产要素具有价格下降黏性、经济主要依靠有效需求来拉动的本质，因此我们选择凯恩斯闭合作为CGE模型的闭合规则。

$$WL = \overline{WL} \tag{9-25}$$

$$WK = \overline{WK} \tag{9-26}$$

我们在相对购买力平价理论下，将汇率与国外部门储蓄同时设置为内生变量，以更加准确地评价“营改增”对中国经济各个方面的影响。其中，*EXR* 表示实际汇率，*EXR*0 表示“营改增”之前的汇率，*PGDP* 表示 GDP 价格指数。

$$EXR = EXR0 \cdot PGDP \tag{9-27}$$

为了准确判定政策效果，我们将政府开支设为外生变量，允许财政赤字。这样的设计是为了防止政府支出变动对宏观经济产生影响，从而夸大或减少“营改增”的政策效果。

4）数据基础与参数选择

社会核算矩阵的编制主要依靠《2007年中国投入产出表》、《中国统计年鉴(2008)》以及《中国税务年鉴(2008)》，社会核算矩阵使用RAS法调平。CGE模型中的份额参数以及规模参数通过SAM表校准估算得到，模型中CES生产函数、Armington函数以及CET函数中的替代弹性主要参考郑玉歆(1999)、GTAP5(Global Trade Analysis Project 5.0)和王直(1994)的数据。在税率的选取方面，主要参照财政部和国家税务总局发布的《交通运输业和部分现代服务业营业税改征增值税试点实施办法》和其他政府文件。其中，建筑业、交通运输业以及信息传输业采用税率11%，租赁业税率17%，其他“营改增”行业税率6%。

（四）“营改增”行业动态税负上升风险的测算结果

本章使用如下公式来衡量增值税扩围前后行业两税（两税是指增值税与营业税）税负的变化：

两税税负变化=扩围后两税税额/行业总产出－扩围前两税税额/行业总产出

1）“6+1扩围”对行业税负的动态影响见表9-8

表9-8

“6+1扩围”对行业两税税负的动态影响率(%)

行业名称	影响率	行业名称	影响率
农林牧渔业	0.00	燃气生产和供应业	－0.67
煤炭开采和洗选业	－0.23	水的生产和供应业	－0.25
石油和天然气开采业	－0.17	建筑业	0.00
金属矿采选业	－0.19	交通运输业	0.17
非金属矿及其他矿采选业	－0.08	仓储业	－0.37
食品制造及烟草加工业	－0.02	邮政业	0.00
纺织业	－0.03	电信业	0.00
纺织服装鞋帽皮革羽绒及其制品业	－0.06	计算机服务和软件业	－0.04

（续表）

行业名称	影响率	行业名称	影响率
木材加工及家具制造业	－0.05	批发和零售业	－0.28
造纸印刷及文教体育用品制造业	－0.08	住宿和餐饮业	0.00
石油加工、炼焦及核燃料加工业	－0.09	金融业	0.00
化学工业	－0.08	房地产业	0.00
非金属矿物制品业	－0.07	租赁业	－1.07
金属冶炼及压延加工业	－0.08	商务服务业	0.00
金属制品业	－0.12	研究与试验发展业	－0.08
通用、专用设备制造业	－0.06	综合技术服务业	－0.06
交通运输设备制造业	－0.08	水利、环境和公共设施管理业	0.00
电气机械及器材制造业	－0.08	居民服务和其他服务业	0.00
通信设备、计算机及其他电子设备制造业	－0.06	教育	0.00
仪器仪表及文化办公用机械制造业	－0.16	卫生、社会保障和社会福利业	0.00
工艺品及其他制造业	－0.04	文化、体育和娱乐业	－0.12
废品废料	－0.01	公共管理和社会组织	0.00
电力、热力的生产和供应业	－0.12		

注：部门划分主要依据《2007年中国42个部门投入产出表》，是在此表的基础上，将“交通运输及仓储业”、“信息传输、计算机服务及软件业”、“租赁和商务服务业”分别拆分成“交通运输业”、“仓储业”、“电信和其他信息服务业”、“计算机服务及软件业”、“租赁业”以及“商务服务业”，从而将42个部门划分为45个部门。

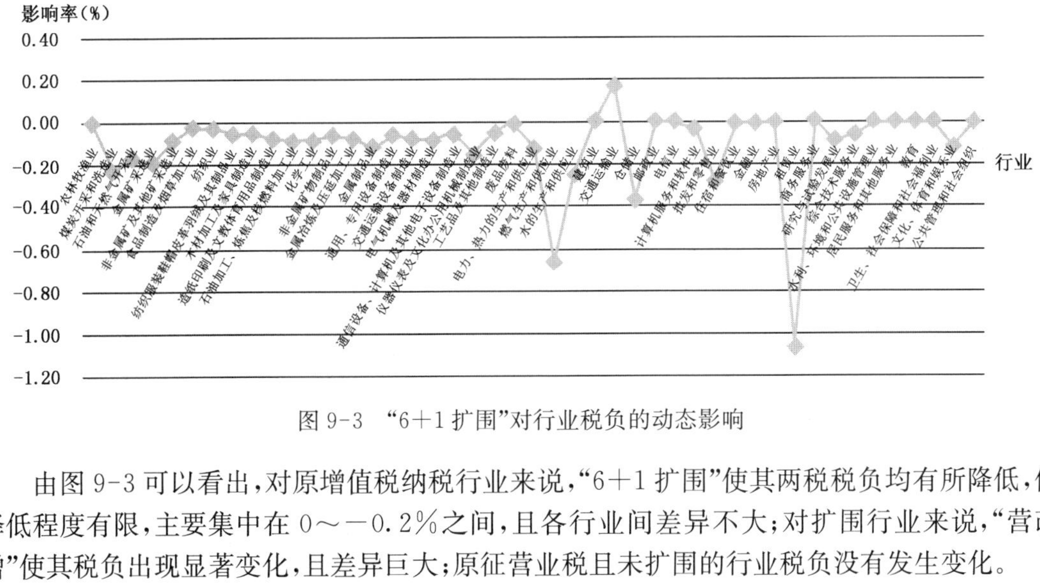

图 9-3 “6＋1扩围”对行业税负的动态影响

由图9-3可以看出，对原增值税纳税行业来说，“6＋1扩围”使其两税税负均有所降低，但降低程度有限，主要集中在0～－0.2%之间，且各行业间差异不大；对扩围行业来说，“营改增”使其税负出现显著变化，且差异巨大；原征营业税且未扩围的行业税负没有发生变化。

表 9-9

“6＋1 扩围”前后突出行业的税负变化(%)

行　业　名　称	两税税负变化	行　业　名　称	两税税负变化
交通运输业	0.17	水的生产和供应业	－0.25
租赁业	－1.07	煤炭开采和洗选业	－0.23
燃气生产和供应业	－0.67	金属矿采选业	－0.19
仓储业	－0.37	石油和天然气开采业	－0.17
批发和零售业	－0.28	仪器仪表及文化办公用机械制造业	－0.16

注:表中包含了所有税负升高的行业与部分税负降低程度较大的行业。本章中“突出行业”指税负变化明显行业,下同。

表 9-9 给出了“6＋1 扩围”前后突出行业的税负变化情况,可以看出“交通运输业”税负不降反升,税负上升 0.17%,这也是“6＋1 扩围”的情况下唯一一个两税税负上升的行业。但值得注意的是,我们在进行政策模拟情境设置时,分别假设在三种情景下交通运输业税负分别较低,为 0、5%以及 10%。由此可见,即使政策设计时保证交通运输业的静态税负降低,在经济运行时市场的力量仍然会拉高交通运输业的税负,这与上海市增值税扩围试点过程中部分交通运输企业税负不降反升的情况是一致的。

表 9-9 的其他部分给出了“6＋1 扩围”的情况下,税负降低最大的 9 个行业,其中包括 2 个服务业行业,7 个工业行业,税负降低最大的行业分别为租赁业(－1.07%)、燃气生产和供应业(－0.67%)以及仓储业(－0.37%)。

2)“全行业扩围”对行业税负的动态影响

“全行业扩围”对行业两税税页的动态影响见表 9-10。

表 9-10

“全行业扩围”对行业两税税负的动态影响率(%)

行　业　名　称	影响率	行　业　名　称	影响率
农林牧渔业	0	燃气生产和供应业	－1.96
煤炭开采和洗选业	－0.52	水的生产和供应业	－0.94
石油和天然气开采业	－0.42	建筑业	－0.12
金属矿采选业	－0.41	交通运输业	0.16
非金属矿及其他矿采选业	－0.19	仓储业	－0.86
食品制造及烟草加工业	－0.06	邮政业	－0.35
纺织业	－0.07	电信业	0.28
纺织服装鞋帽皮革羽绒及其制品业	－0.19	计算机服务和软件业	－0.17
木材加工及家具制造业	－0.12	批发和零售业	－1.02
造纸印刷及文教体育用品制造业	－0.20	住宿和餐饮业	－0.08
石油加工、炼焦及核燃料加工业	－0.22	金融业	0
化学工业	－0.19	房地产业	－2.75
非金属矿物制品业	－0.14	租赁业	－1.14
金属冶炼及压延加工业	－0.21	商务服务业	－0.58

（续表）

行　业　名　称	影响率	行　业　名　称	影响率
金属制品业	－0.31	研究与试验发展业	－0.28
通用、专用设备制造业	－0.15	综合技术服务业	－0.10
交通运输设备制造业	－0.18	水利、环境和公共设施管理业	－2.16
电气机械及器材制造业	－0.23	居民服务和其他服务业	0.21
通信设备、计算机及其他电子设备制造业	－0.12	教育	0.06
仪器仪表及文化办公用机械制造业	－0.45	卫生、社会保障和社会福利业	－0.04
工艺品及其他制造业	－0.12	文化、体育和娱乐业	－0.34
废品废料	－0.02	公共管理和社会组织	0.09
电力、热力的生产和供应业	－0.35		

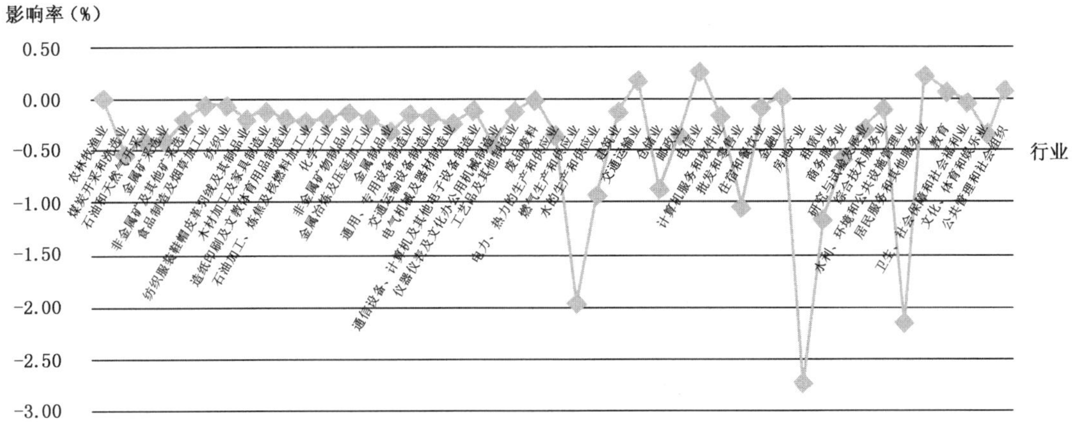

图 9-4　“全行业扩围”对行业税负的动态影响

由图 9-4 可以看出，除“燃气生产和供应业”（－0.668％）外，“全行业扩围”对原增值税纳税行业的影响与“6＋1 扩围”大致相同，只是减税幅度有所增大，主要集中在 0～－0.5％之间；扩围行业税负变化明显，且差异显著，其中 5 个行业出现税负上升现象。

表 9-11

“全行业扩围”前后突出行业的税负变化情况（％）

行业名称	两税税负变化	行业名称	两税税负变化
电信业	0.28	房地产业	－2.75
居民服务和其他服务业	0.21	水利、环境和公共设施管理业	－2.16
交通运输业	0.16	燃气生产和供应业	－1.96
公共管理和社会组织	0.09	租赁业	－1.14
教育	0.06	批发和零售业	－1.02

注：表中包含了所有税负升高的行业与部分税负降低程度较大的行业。

根据表 9-11 可以看出，“全行业扩围”时税负上升的行业有 5 个，且全部为扩围行业，分别为“电信业”（0.28％）、“居民服务和其他服务业”（0.21％）、“交通运输业”（0.16％）、“公共管理和社会组织”(0.09%)以及“教育”(0.06%)。由于“全行业扩围”时总共有 19 个行业扩围，因此，扩围行业之中税负上升行业占比高达 26.3%；表 9-11 的其他部分给出了税负降低最大的 5 个行业，其中税负下降最多的行业分别为“房地产业”(－2.75%)、“水利、环境和公共设施管理业”(－2.16%)以及“燃气生产和供应业”(－1.96%)。

(五)“营改增”行业动态税负上升风险的应对

本章在政策设计时，所模拟的三种情景使得扩围行业静态两税税负变动在 0～10%之间，这可以看作是扩围行业两税税负的短期变化。在长期中各行业通过价格变化重新分享增值税扩围带来的减税收益，从而引起各行业两税税负的新一轮变化。

“营改增”对行业税负变化的影响是由政策设计、市场调节以及各行业自身的特点共同决定的。由上述分析可知，增值税扩围所引起的原增值税纳税行业的两税税负均有所减少，且差异不大。而扩围行业税负变化差异较大，部分行业甚至出现税负上升的现象。在“6＋1 扩围”时，“交通运输业”(0.17%)税负上升；在“全行业扩围”时，“电信业”(0.28%)、“居民服务和其他服务业”(0.21%)、“交通运输业”(0.16%)、“公共管理和社会组织”(0.09%)以及“教育”(0.06%)均出现税负上升状况。因此，即使在短期内政府通过税率设计、税收优惠等方式使得扩围行业静态税负有所下降，在长期中部分行业仍然会出现税负上升的现象。

但值得注意的是，各行业两税税负变化并不能用来说明各行业在增值税扩围之中的受益程度，即“交通运输业”在扩围后两税税负上升并不能说明“交通运输业”在扩围中受损。这是因为增值税等于销项税额减去进项税额，当某一行业产出品或服务价格相对于其成本上升时，其销项税额的增长幅度就有可能大于其进项税额的增长幅度，则该行业增值税税负就有可能上升；但另一方面，该行业产出品或服务价格相对于成本上升会带来行业利润的增加，因此，不能简单地使用各行业扩围前后两税税负的变化来衡量增值税扩围前后各行业的受益程度。

因此，要区分不同的情况来应对“营改增”过程中部分行业动态税负上升的现象，不应使用一刀切的财政补贴形式。

1. 设计一套完整的指标来衡量“营改增”对企业的影响

要设计一套完整的指标体系来衡量“营改增”对不同企业的影响，这套指标体系衡量的内容要包括企业的两税税负、总体税负、利润、公司价值以及发展前景等多方面的内容。其设计的基本要求是要能够准确全面地衡量出“营改增”之后企业的受益或者受损程度，而不仅仅是对部分指标进行片面的分析。如部分企业税负上升的同时，要对其利润、公司价值等进行考量，同时还要排除其他因素的影响，然后才能对其受“营改增”的影响进行一个定性的判断。

2. 根据不同的情况采取不同的应对措施

首先，要区分个例与通病。若某一行业大部分企业因“营改增”而出现受损情况，则应采取财政补贴、税收优惠等措施消除其不良影响，促进行业发展。对于个例，即一个行业中只有少数企业出现受损的情况，应督促其改进生产技术，改进管理方法，充分发挥市场的优胜劣汰作用。其次，对企业受“营改增”影响的评价应该更加注重利润，而不是税负。以利润为评价标准更能体现出企业在“营改增”中的受益程度，但也应注意剔除其他因素对利润的影响。

四、“营改增”过渡性政策对经济发展形成阻碍的风险

(一)“营改增”过渡性政策对经济发展的阻碍风险分析

在上一部分提到了“营改增”过程中的动态税负上升风险，并对可能出现动态税负上升的

行业进行了分析，并作出了部分预测。但我们在对初始的政策变量进行假设时，将企业按照行业进行了划分，并将一整个行业作为一个"黑匣子"来处理，即假设整个行业的静态税负不变。这样的假设方便了我们对"营改增"经济效应的分析，但同时也掩盖了"营改增"在短期内可能出现的一系列问题。一个非常典型的例子就是部分企业的静态税负上升，对这个问题的解释非常简单：一个行业内不同企业的状况千差万别，具体的经营业务、公司的发展阶段、面向的客户、公司的规模等各不相同，在这种情况下整个行业静态税负不变的"营改增"政策难免会引起部分企业税负上升。

"营改增"是中国最重要的税制改革之一，其牵扯面大，影响范围广。正如我们上文提到的，在实施过程中部分企业难免会出现税负上升的风险，针对这种情况不同地区出台了各式各样的过渡性政策。其中非常具有代表性的政策即为财政补贴，即对部分税负上升的企业进行财政补贴。如上海 2012 年 2 月财政补贴公开的口径是"确保试点行业和企业税负基本不增加"，具体流程是"企业据实申请、财政分类扶持、资金及时预拨"，操作方法是企业按月报告，财政部门"按月跟踪分析、按季审核预拨、按年据实清算"。

经济学界普遍认为，过渡性的财政税收政策会扭曲经济主体的跨期行为决策，从而对资源的最优配置产生影响，即"营改增"过程中的过渡性的财政政策可能会扭曲资源的最优配置，从而对经济的发展产生一定的阻碍作用。

（二）"营改增"过渡性政策对经济发展阻碍风险的识别

"营改增"过程中过渡性的财政政策会扭曲经济主体的跨期行为决策，从而扭曲资源的最优配置，产生阻碍经济发展的风险。其作用机理可能非常多，包括推迟或者提前其产品的上市时间，减少或增加当期的投资等，我们认为其中投资对"营改增"过渡性财政补贴政策最为敏感。且投资作为拉动中国经济发展的"三驾马车"之一，其对经济发展的影响更为显著，因此，本章主要从"营改增"过渡性财政补贴政策对投资影响的角度进行分析。

（三）"营改增"过渡性政策对经济发展阻碍风险的传导机制

1. 不存在"营改增"过渡性财政政策时的企业投资行为

为了清晰地表现出"营改增"过渡性财政补贴政策对经济发展的阻碍风险，本章构建了一个投资模型。考虑一家代表性企业在 t 时期的真实利润与其资本存量 $k(t)$ 成正比，并随全行业的资本存量 $K(t)$ 递减，此厂商的利润形式为 $\pi[K(t)]k(t)$。同时，假设厂商在调整资本存量时面临调整成本 $C(k)$，并且 $C(0)=0$，且厂商的边际调整成本是递增的。同时，为了简单起见，假设资本品的购置价格不变且为 1，并且假设折旧率为 0，因而 $k(t)=I(t)$，其中 I 为厂商投资。

在这样的假设之下厂商在某一时刻的瞬时利润即为 $\pi[K(t)]k(t)-I(t)-C(t)$。厂商最大化利润的现值即表现为：

$$\eta=\int_{t=0}^{\infty}\mathrm{e}^{-rt}\{\pi[K(t)]k(t)-I(t)-C[I(t)]\}\mathrm{d}t \tag{9-28}$$

为简单起见，假设真实利率 r 不变，这样厂商的行为即为在不同时期内选择不同的投资以使得 η 最大化。将每一年看做一个时间节点，这样可以得到厂商利润最大化问题的离散时间表达式，即为：

$$\eta=\sum_{t=0}^{\infty}\frac{1}{(1+r)^t}\{\pi[K(t)]k(t)-I(t)-C[I(t)]\} \tag{9-29}$$

这样一个很明显的约束即为 $k(t)=k(t-1)+I(t-1)$。据此可得厂商最大化问题的拉格朗日函数：

$$L=\sum_{t=0}^{\infty}\frac{1}{(1+r)^t}\{\pi[K(t)]k(t)-I(t)-C[I(t)]\}+\sum_{t=0}^{\infty}\lambda(t)[k(t-1)+I(t-1)-k(t)] \tag{9-30}$$

λ 为拉格朗日乘子，它对应将 $k(t)$ 与 $k(t-1)$ 联系起来的约束。因此，拉格朗日乘子给出了放松约束的边际值。因此，若我们定义 $q(t)=(1+r)^t\lambda(t)$，则 $q(t)$ 表示 t 时期每一单位额外资本给厂商带来的价值。根据定义，可以将拉格朗日函数重写为：

$$L=\sum_{t=0}^{\infty}\frac{1}{(1+r)^t}\{\pi[K(t)]k(t)-I(t)-C[I(t)]+q(t)[k(t-1)+I(t-1)-k(t)]\} \tag{9-31}$$

因此，对厂商 t 时期投资的一阶条件为：

$$\frac{1}{(1+r)^t}\{-1-C[I(t)]+q(t+1)\}=0 \tag{9-32}$$

这等价于：

$$q(t+1)=1+C[I(t)] \tag{9-33}$$

这便是没有过渡性财政政策时厂商投资的决定式，即厂商获得一单位资本的成本等于其购买价格加上其边际调整成本。

2. 存在“营改增”过渡性财政政策时的企业投资行为

现在假设 $t=0$ 期时存在“营改增”的过渡性财政补贴政策，即政府部门对于“营改增”过程中税负上升的企业进行一定比例的补贴。由于企业进行投资时购进的设备工器具等固定资产允许抵扣进项税额，因此企业投资可以减少其增值税应纳税额，从而减少其税负。那么，“营改增”的过渡性财政补贴政策会在多大程度上扭曲企业的投资行为呢？

假设上述企业在 $t=0$ 期时购进 $I_0(0)$ 的固定资产，企业的税负将与缴纳营业税时相同。则政府的补贴函数可以写为：

$$F[I(0)]=\begin{cases}0, & I>I_0\\ [I(0)-I_0]tv, & 0<I<I_0\end{cases} \tag{9-34}$$

其中 $tv=0.17rod/1.17$；

rod——政府的补贴比例，$rod=1$ 时表示政府为企业全部的税负上升进行补贴。企业行为的拉格朗日函数重新写为：

$$L=\sum_{t=0}^{\infty}\frac{1}{(1+r)^t}\{\pi[K(t)]k(t)+F[I(t)]-I(t)-C[I(t)]+q(t)[k(t-1)+I(t-1)-k(t)]\} \tag{9-35}$$

假设“营改增”的过渡性财政补贴政策只在当期，这样 t 不等于 0 时，$F=0$。则在 $t=0$ 期的企业投资行为的决定函数为：

$$\begin{cases}q(1)=1+C[I(0)], & I>I_0\\ q(1)-tv=1+C[I(0)], & 0<I<I_0\end{cases} \tag{9-36}$$

这样可以得出几点结论：

第一，$q(1)-tv-1\leqslant 0$ 时，表示增加任何一单位资本所获得的净收益均小于政府对企业税负上升进行的补贴。因此，企业将不再进行投资，而是依靠政府补贴赚取利润。即此时“营改增”的过渡性财政补贴政策会使得部分扩围行业的投资完全萎缩。

第二，$0<q(1)-tv-1<C(I_0)$ 时，表示增加一单位资本所获得的净收益要大于政府对企业税负上升进行的补贴，但却小于投资等于 I_0 时的调整成本与政府对企业税负上升的补贴之和。企业投资不会完全萎缩，但是由于投资调整成本 C 是 I 的增函数，因此过渡性财政补贴政策的存在会在一定程度上减少部分“营改增”企业的投资额。

第三，只有在 $q(1)-tv-1\geqslant C(I_0)$ 时，表示增加一单位资本所获得的净收益要大于投资等于 I_0 时的调整成本与政府对企业税负上升的补贴之和。因此，企业的投资不会停留在 $0\sim I_0$ 之间，只有这时，过渡性的财政补贴政策才不会引起企业当期投资额的减少。

3. “营改增”过渡性财政政策对企业投资行为影响的扩展

本章在上面论述了“营改增”过渡性财政政策对企业投资行为的影响，可以看出“营改增”过程中的过渡性财政补贴政策可能会减少企业在当期的投资额，甚至激发企业依靠控制当期投资的投资额来骗取财政补贴的风险。这无疑会扭曲资源的最优配置，甚至会引起企业投资行为的减少，从而阻碍经济发展。

上述模型在分析问题时隐含了一个假设，即不存在流动性约束；当存在流动性约束时，情况可能会更加糟糕，企业会有更大的激励在第二期或者以后投资，从而对经济主体的投资行为产生更大的扭曲作用，阻碍经济的发展。

（四）“营改增”过渡性政策对经济发展阻碍风险的应对

要减少乃至消除“营改增”过渡性财政补贴政策对经济的阻碍作用最重要的是要对企业的税负上升现象进行定性，多方面考核企业税负变化的原因，只对正常经营下的税负上升现象进行补贴。但是由于对本期投资额的选择取决于多种因素，具体数额的决定具有隐蔽性，因此企业税负上升的性质一般难以界定。政府应合理地设定补贴比例，即合理选择 rod 的大小，在保证对税负上升企业进行一定补贴的情况下尽量采取小的 rod，减少对企业投资行为的干扰。同时，还可以制定相关的暂行条例，对骗取政府补贴的行为进行罚款，加大其骗取财政补贴的成本。

五、财政补贴风险

（一）财政补贴产生的分析与识别

1. 财政补贴产生的原因

“营改增”导致部分企业税负不降反增，个别企业税负增加了两倍，甚至有的企业喊出了“撤离上海”的口号。① 中国物流与采购联合会对运输、仓储、快递和货物代理等一种或者多种业态的物流企业的 65 家样本企业测算后发现，这些企业 2008—2010 年年均营业税的实际负担率是 1.3%，其中运输业务负担率为 1.88%。如果运输行业实施 11%的增值税税率，由于运输企业的人力成本等税法规定不能抵扣项目的支出，约占到总成本的 35%，实施增值税后，企业发生的其他购进项目全部可以取得增值税发票，并进行进项税额抵扣，实际负担率会增加

---

① 肖明. 增值税扩围税负倍增：物流企业撤离上海[N]. 21 世纪经济报道，2012-01-11(002).

到4.2%，增幅高达123%。以运输业中公路运输为例，由于其是充分竞争的行业，公路运输业平均利润率只有3%左右，倘若税收负担大幅增加，企业内部无法消化，如不采取一定的方式对企业进行税收优惠或者补贴则企业无法生存。

2. 财政补贴的现状

为了帮助企业渡过困难时期，不因为税制变更增加企业负担，针对个别企业税收负担增加的问题，上海市财政局下发《关于实施营业税改征增值税试点过渡性财政扶持政策的通知》，并设立了"营业税改征增值税改革试点财政专项资金"，对税收负担增加的企业给予过渡性财政扶持，即对"营改增"税负增加的试点企业进行财政扶持。相关企业可以在进行纳税申报时如实向税务机关反映税收负担变化情况，上海市财政、税务部门将根据企业提出的申请，对税负升高的企业进行财政补贴，保证其税收负担不变。据悉，2012年上海市月平均税负增加5 000元以上的试点企业约为3 000户，上海市政府对这些企业提供的财政扶持资金高达10亿元①。

（二）财政补贴风险的传导机制

我们认为，上海市目前旨在解决企业税负升高问题的财政补贴办法存在以下两个问题：一是难以区分税负变化原因，可能对扩围过程中受益的企业进行补贴导致财政的无谓损失；二是财政补贴政策改变了扩围企业和其上下游企业之间的博弈平衡，诱发企业合谋套取财政补贴。

1. 对获利企业进行补贴的风险

一般在含税销售价格一定的情况下，税收负担与企业的利润反方向变动，税收负担升高企业利润受损；然而对于增值税来说，在成本结构及固定资产更新率一定且企业自由定价的情况下，随着产品定价的提高，增值税税收负担与企业的利润则同向变化，利润率越高税收负担越重。故而通过税负的升降来决定补贴对象有一定合理性，但通常建立在"营改增"前后企业的产品含税销售价格不变的条件下。实践中，厂商往往共享"营改增"的利益或共同分担"营改增"带来的损失。共享（分担）过程的实现往往是通过对价格达成一致来体现的。故而"营改增"前后厂商产品的价格往往发生变动。目前的财政补贴政策没有考虑到税负与利润变动的关系，不区分税负上升的原因对税负上升的企业进行补贴，极可能对受益的企业进行补贴，或者对亏损企业补贴过高，从而造成财力的浪费。

1）"营改增"对企业利润的影响

税负只是影响企业生产经营活动的一个因素。比起税负的变动，企业更关心自身利润的变动。这里从企业的角度出发，将重点放在"营改增"对企业利润的影响上，并在此基础上对利润与税负的关系进行讨论。

"营改增"后企业的会计核算主要发生三个方面的变化：一是中间投入品的增值税进项税额不再计入成本，而通过"应交税费——应缴增值税（进项税额）"科目核算，作为应缴增值税的抵扣项目；二是营业税改为增值税后，缴纳的税收不再通过"营业税金及附加"科目作为费用处理；三是销售收入收取的销项税额不计入销售收入。这三者的变化共同决定了企业利润的变化。

假设企业在"营改增"前的产品含税销售价格为A，营业税税率为t_1；"营改增"后增值税税率为t_2，可抵扣进项税额为α，产品销售价格（不含税）为B。同时假定扩围前后产品含税销售

---

① 周潇枭. 上海出台增值税改革过渡办法：改革后税负加重企业可由财政直补[N]. 21世纪经济报道，2012-02-10(006).

价格不变，即 $B\times(1+t_2)=A$。为方便叙述，下称此定价策略为基准定价策略。

根据假设可知：

扩围企业的销售收入增加：$A/(1+t_2)-A$；成本增加：$-\alpha$；费用增加：$-At_1$。

扩围企业利润增加额度为：$A/(1+t_2)-A+\alpha+At_1=-At_2/(1+t_2)+\alpha+At_1=At_1-[At_2/(1+t_2)-\alpha]$，等于“营改增”后应纳税额的减少额。

由于含税销售价格相同，可知：

当 $At_1=At_2/(1+t_2)-\alpha$ 时，扩围企业税负不变，“营改增”后企业利润不变；

当 $At_1>At_2/(1+t_2)-\alpha$ 时，扩围企业税负降低，“营改增”后企业利润升高；

当 $At_1<At_2/(1+t_2)-\alpha$ 时，扩围企业税负升高，“营改增”后企业利润降低。

由此可知，在基准方式定价策略下，扩围企业将独自承受税负变化对其利润的影响，此时利润与税收负担完全呈反比。本章将企业获得的这部分收益称为税负收益。此时，下游行业中间投入产品的入账成本减少 $(At_2)/(1+t_2)=Bt_2$，利润增加 $(At_2)/(1+t_2)=Bt_2$。由于 Bt_2 因税制变革产生且与税负变化无关，此处称为制度收益。而通过计算可知两个企业的利润增加额之和等于 $At_1+\alpha$。

在实践中企业间博弈的结果往往使得商品价格 $B\neq A/(1+t_2)$，但无论“营改增”后企业如何定价，两个企业的利润增加值之和都为 $At_1+\alpha$。这是因为，任何其他定价策略（含税）都可以看作是在价格 A 的基础上额外收取了一部分价外费 β，扩围企业的利润相应增加了 $\beta/(1+t_2)$，其下游行业的利润减少了 $\beta/(1+t_2)$。结合增值税的性质可以较容易证明此结论，此处不再赘述。

综上所述，基准定价策略 $B=A/(1+t_2)$ 是所有可能的价格中的一个特例。此时扩围企业完全承担税负变动对利润的影响，税收负担与利润率反方向变动。而扩围企业的下游企业则完全获得制度收益。当价格 $B>A/(1+t_2)$ 时，扩围企业开始分得部分制度收益，税收负担率也将开始升高并无限趋近于 $t_2/(1+t_2)$，此时税收负担与利润同方向变动。直到 $B=A$ 时扩围企业获得所有的全部的收益，其下游行业利润不变。

对于企业定价策略的研究有助于我们了解以下几个问题：①扩围企业行业的利润由两部分组成，即税负收益与税制收益。其中，税负收益是指扩围后企业在基准定价策略中获得的收益，可能是正的也可能是负的；税制收益则是通过改变定价策略（在基准价格的基础上向下游厂商收取一定量的价外费用）实现的，当企业定价高于基准定价时获得税制收益。②不存在财政补贴的情况下，扩围企业及其下游企业可供分配的全部利益是定值。③对企业定价模式的探讨有助于明确财政补贴的范围及额度。

2）财政补贴风险的举例

本段将通过举例的方式展现如何运用上文的结论，并说明可能导致财政补贴风险产生的状况。

假设某企业的税负收益等于0[即企业如果按照 $B=A/(1+t_2)$ 模式进行定价时其税负和利润不变]，厂商间的博弈结果使得扩围行业产品的价格 $B=A/(1+t_2)+\beta$，此时扩围企业利润增加了 β（获得了 β 的税制收益分配）。但是企业的边际税负增加了 $t_2/(1+t_2)$，较扩围前的税收负担 t_1 升高，获得了 $\beta\times[t_2-(1+t_2)t_1]$ 的财政补贴。“营改增”后企业获利，却获得了政府的财政补贴。

例如，某企业扩围前销售收入为 106 元，营业税税率为 3%，扩围后增值税税率为 6%，可抵扣进项税额 2.82 元。如果企业定价为 100 元，其应纳增值税为 3.18 元，较扩围前税负不变。“营改增”前后企业的利润也不发生变化。扩围行业利润与其下游行业利润增加之和为 6 元。如果企业将产品定价为 110.24 元，利润将增多 4.24/(1 + 6%) = 4(元)，税负将升高 0.12%，同时将获得 $4.24\times[t_2-(1+t_2)t_1]=0.1128$ 元的补贴。下游企业利润增加 2 元。两企业利润增加总和为 6.112 8 元。政府对获利企业进行补贴。

又如，某企业销售收入为 106 元，营业税税率为 3%，税改后其增值税税率为 6%，可抵扣进项税额为 0.82 元。当企业定价为 100 元时缴纳增值税 5.18 元，税负升高。原利润为 106－3.18－成本－其他费用，扩围后利润变为 100－(成本－0.82)－其他费用。“营改增”后企业利润增加－2 元。此时企业将获得 2 元的财政补贴。实际上企业只需将产品定价为 102 元，向下游企业收取 2.12 元的价外费用就可弥补自己的损失。此时下游行业在“营改增”后利润仍然增加。财政补贴的存在降低了企业通过市场方式解决问题的动力，企业不需要与下游行业进行谈判就可以通过申请财政补贴的方式弥补自己的利润损失。更有趣的现象是，如果企业通过与下游行业进行谈判并将价格定在 102 元(含税售价 108.12 元)，弥补自己利润损失时财政仍然会对其补贴 2.88 元。

3) 小结

税收负担降低的企业利润(率)具有一定前提，税收负担并不总是与企业利润反方向变动。“营改增”后企业的产品价格往往发生改变，故而税负与利润的变动关系具有以下特征：一是扩围后企业亏损必定是由于税收负担上升所导致，即亏损的企业同时表现出税收负担上升的现象。二是获利企业税负可能上升也可能降低。这取决于其分配到的制度收益是否超过利润增加额。若企业分配到的制度收益超过其利润增加额，则企业税负上升；反之，则企业税负下降。

2. 企业合谋套取财政补贴的风险

Stephen R. Lewis(1998)认为：增值税实质上是一种具有一系列抵免以前每一加工和分配阶段所付税额规定的一般零售税。增值税可以消除其他税种的不良属性在于其抵免制度。他认为：增值税应当具有足够宽广的税基，否则企业会将利润转移给未纳入增值税抵扣链条的企业从而减少税收①。例如某产品最终销售时，整个制造流程实现增加值 200 万元，增值税税率为 17%。在全面的增值税情况下，最终含税售价为 234 万元，税收收入为 34 万元。如果最终环节征收 3%的营业税(或者是增值税征收率，如小规模纳税人)，企业间将一半的增加值转移到最终环节实现，则最终产品售价为 (100 + 17 + 100) × (1 + 3%) = 223.51(万元)，税收收入为 23.51 万元，政府损失了 10.49 万元的税收。

针对中国目前的消费型增值税来说，只有当商品最终流入消费环节时，整个链条的增值税税收收入才得以实现。故而 Stephen R. Lewis 所说的这种转移利润的问题对财政收入影响有限。但是财政补贴的存在将促使上下游企业通过合谋的方式套取财政补贴。而这种合谋将对整体财政收入造成较大的影响。

1) 企业间的纵向合谋

上海市的财政补贴政策可以理解为：在保证增值税链条完整、扩围顺利推进的情况下，对

① 斯蒂芬・R・刘易斯. 寻求发展的税收：原则与应用[M]. 解学智，郭庆旺，译. 北京：中国财政经济出版社，1998.

税负升高的企业则按照原税负征收等额的增值税。而对于具有先进性的企业给予减税奖励。税负升高的企业并没有真正地纳入增值税抵扣链条中，此时增值税抵扣链条的完整性是通过政府财力维持的。所以税负升高的企业是企业转移利润的关键节点。企业不必将利润转移到最后环节便可以通过获得财政补贴的方式实现少缴税款。结合上一章节结论可知，每当扩围企业获得上下游转移的一份利润，政府便会相应给予扩围行业 $[t_2-(1+t_2)t_1]$ 的财政补贴，这将促使企业纵向合谋套取财政补贴。

2）企业间的横向合谋

上海市的财政补贴政策也可以被看作是赋予所有企业一份税负看涨期权。企业在缴纳税款时根据自身的情况选择行权或者不行权：当税负升高时企业行权，少缴税收（获得财政补贴）。税负降低时则选择不行权。显然期权的价值取决于扩围前后的税负的波动性，企业税负波动性越大期权价值越高。为充分利用期权的价值，企业间极有可能通过横向的合并和分立，重新整合成本。将企业税负极端化，最终使得某些企业税负极度升高，利润极低，获取财政补贴。而另一些企业利润极高税负极低，享受减税优惠。尤其处于未扩围地区的企业更可能进行预谋性的重组，企图扩围时获取财政补贴。

（三）财政补贴风险的应对

1．适时降低扩围行业税率

导致财政补贴的原因是大量企业的税负升高。适度地降低扩围行业的税率就可以减少需要补贴的企业，进而降低财政补贴所带来的一系列风险。

实际上“保持试点行业总体税负不增加或略有下降”的税率制定原则，更多的意义在于保护本地的税收收入的稳定。从增值税的理论出发，无论中间环节的税率是多是少都不影响最终增值税的税收收入。但是中间环节的税率却影响各个环节缴纳的征收额。当考虑到非试点地区使用试点地区服务的情况时，便不难理解这一制定原则。故而从保护自身本地区税收利益的角度出发，政府自然倾向于设置较高税率。随着其他地区“营改增”的开展，非扩围地区使用扩围地区产品的现象将进一步减少，适时地改变税率制定原则并降低扩围行业税负或将成为可能。

2．优化财政补贴政策

“营改增”既影响企业的会计核算和税收负担，又影响企业的产品价格。企业利润的变化则由这两者共同决定。目前财政补贴的弊端在于仅考虑“营改增”后企业税负的变化而不考虑利润的变化。本章建议在制定补贴措施时将利润和税负同时考虑用于确定财政补贴的对象，并仅对企业在基准定价策略下由于税负升高所导致的利润减少额进行补贴。实践中可以结合企业的历史数据将企业产品售价调节为基准价格后，重新计算税负变动。对于税收负担增加的企业进行相应的财政补贴，这样便可以解决对获利企业补贴和过度补贴问题。同时，仅对基准定价模式下税负升高导致的利润损失进行财政补贴的财政政策是限额式补贴，补贴额度相对固定。上下游企业之间可重新分配的利润总和为定值 Bt_2，消除了企业间纵向合谋套取财政补贴的可能性。

六、结论及政策建议

正如上文所述，增值税扩围引起的经济变化相当复杂，牵扯到宏观经济的各个方面。由于政策决策者与市场主体之间信息不对称，制度设计难免会有估计不到的方面，可能会对经济产生不利的影响。再者,“营改增”会产生多种不同的政策效应,这些政策效应的发挥需要的时间不同,如在短期内会减少国家财政收入,会加大企业的“遵从成本”等,而“营改增”对经济带动作用的发挥则需要一段时间。因此,“营改增”政策设计难免会对经济、财政收入等各个方面产生一些不利的影响。本章主要针对“营改增”过程中可能出现的财政收入减少风险,扩围行业动态税负上升风险,过渡性财政政策对经济发展的阻碍风险以及财政补贴政策造成的财政收入的无谓损失风险这四个方面的风险进行了研究。

对财政收入减少风险的分析认为“营改增”的结构性减税会使得国家税收较大幅度下降,给国家财政造成不小的压力。我们建议采取分地区、分行业的扩围方式,逐步释放“营改增”对财政的压力,防止全面扩围①对国家财政收入带来的冲击。对“营改增”中扩围行业动态税负上升风险的研究显示,即使在短期内政府通过税率设计、税收优惠等方式使得扩围行业静态税负有所下降,在长期中部分行业仍然会出现税负上升的现象。我们提出设计一套完整的指标来衡量“营改增”对企业的影响而不仅仅依靠税负来进行衡量,同时根据不同的情况采取不同的应对措施,正确处理“营改增”过程中出现的行业动态税负上升的现象。对过渡性财政政策对经济发展的阻碍风险的研究显示,过渡性财政政策可能会通过扭曲经济主体的跨期投资选择,减少经济主体在当期的投资行为而阻碍经济的发展。本章认为要减少乃至消除“营改增”过渡性财政补贴政策对经济的阻碍作用最重要的是要对企业的税负上升现象进行定性,多方面考核企业税负变化的原因,只对正常经营下的税负上升现象进行补贴。随着其他地区“营改增”的开展,企业的中间投入中可抵扣进项税额将进一步增多,税负将进一步降低。税负升高的企业将进一步降低,政府补贴无谓损失的风险将减少。但是企业合谋套取财政补贴的风险依然存在。因此,优化财政补贴政策将利润的变动纳入选择补贴对象的考虑范围是解决财政补贴风险的关键。我们建议在制定补贴措施时将利润和税负同时考虑用于确定财政补贴的对象,并仅对企业在基准定价策略下由于税负升高所导致的利润减少额进行补贴。

参 考 文 献

[1] 胡怡建.增值税扩围风向[J].新理财(政府理财),2011(11).

[2] 徐利.中国税收可计算一般均衡模型研究——兼评增值税转型改革对中国经济的影响[M].中国财政经济出版社,2010.

[3] 潘文轩.增值税扩围改革有助于减轻服务业税负吗?——基于投入产出表的分析[J].经济与管理,2012(2).

[4] 贾康,施文泼.关于扩大增值税征收范围的思考[J].中国财政,2010(19).

[5] 肖绪湖,汪应平.关于增值税扩围征收的理性思考[J].财贸经济,2011(7).

[6] 程子建.增值税扩围改革的价格影响与福利效应[J].财经研究,2011(10).

[7] 邵瑞庆,巫珊玲,劳知雷.交通运输业实行增值税的可行性分析[J].税务研究,2002(10).

[8] 姜明耀.增值税“扩围”改革对行业税负的影响——基于投入产出表的分析[J].中央

① 一次性全行业全地区扩围。

财经大学学报,2011(2).

[9] 陈烨,张欣,寇恩惠,等.增值税转型对就业负面影响的CGE模拟分析[J].经济研究,2010(9).

[10] 李博,韩增林.基于投入产出法的大连市生产性服务业与制造业互动研究[J].地理科学,2012(2).

[11] 平新乔,等.增值税与营业税的福利效应研究[J].经济研究,2009(9).

[12] 赵永,王劲峰.经济分析CGE模型与应用[M].北京:中国经济出版社,2008.

[13] 李善同,段志刚,胡枫.政策建模技术——CGE模型的理论与实现[M].北京:清华大学出版社,2009.

[14] 张阳.中国税负归宿的一般均衡分析与动态研究[M].北京:中国税务出版社,2007.

[15] 刘起运,陈璋.投入产出分析[M].2版.北京:中国人民大学出版社,2011.

[16] 郭家华.增值税扩围改革对第三产业的影响——以交通运输企业为例[J].企业改革与发展理论月刊,2011(8).

[17] 胡怡建,李天祥.增值税扩围改革的财政收入影响分析——基于投入产出表的模拟估算[J].财政研究,2011(9).

[18] 何辉.增值税转型改革的效应评价——基于安徽省经验数据的实证分析[J].经济与管理,2012(1).

[19] 黄桂兰.增值税转型对企业固定资产投资的双刃剑效应分析[J].财会通讯,2012,1(中).

[20] 孙婷.增值税"扩围"问题思考[J].现代商贸工业,2012(1).

[21] 王金霞.扩大增值税征税范围的思考[J].税务研究,2009(8).

[22] 龚辉文.关于增值税、营业税合并问题的思考[J].税制改革,2010(5).

[23] 蔡昌.对增值税扩围问题的探讨[J].税务研究,2010(5).

[24] 宋英华,金瑛.试论增值税转型的总体影响与评价[J].经济研究导刊,2012(2).

[25] 洪群联.服务业税负分析及增值税改革的思考[J].宏观经济管理,2012(2).

[26] 胡晓鹏,李庆科.生产性服务业与制造业共生关系研究——对苏、浙、沪投入产出表的动态比较[J].数量经济技术经济研究,2009(2).

[27] 斯蒂芬·R·刘易斯.寻求发展的税收:原则与应用[M].解学智,郭庆旺,译.北京:中国财政经济出版社,1998.

[28] EMINI, CHRISTIAN A. Long Run vs. Short fun effects of a value added tax: a computable general equilibrium assessment for cameroon (June 1, 2000)[J]. Cahier de Recherche No. 00-12.

[29] GO, DELFIN S, KEARNEY, MARNA R, SHERMAN T, KAREN. An analysis of South Africa's value added Tax [J]. Policy Research Working Paper Series 3671, The World Bank.

[30] GILBERT E, METCALF. Life cycle versus annual perspectives on the incidence of a value added Tax[J]. NBER Chapters, in: Tax Policy and the Economy, Volume 8, National Bureau of Economic Research, Inc.

[31] RAJEMISON, HARIVELO, HAGGBLADE, STEVEN AND YOUNGER,

STEPHEN D. Indirect tax incidence in madagascar: updated estimates using the input-output table (September 2003) [J]. Cornell Food and Nutrition Policy Program Working Paper No. 147.

[32] CASPERSEN, ERIK, METCALF, GILBERT E. Is a value added tax progressive? Annual versus lifetime incidence measures (February 1995) [J]. NBER Working Paper No. w4387.

[33] MINGTAI Z, HORRIDGE M, XIAOGUANG Z, YUXIN Z. Assessing the effects of proposed taxation reform in China: an application of China CGE Model [R]. Paper Presented in The 14th International Conference on Input-Output Techniques. 2002.

第十章　低碳经济下的碳排放风险和管理

一、绪论

近年，世界各地自然灾害频发，特别是日本发生的地震、海啸及核爆炸等一系列事件加剧了人类对全球性环境危机的认知和重视。如果说日本地震和海啸是自然原因造成的，核爆炸则是人类自身活动造成的恶果。因此，气候变化是人类需要正视的一个重大危机，应对气候变化的重要性已经得到全球共识。而如何采取措施减缓气候变化，作为应对气候变化的一个重要方面，却由于涉及环境、经济和政治等方方面面错综复杂的利益关系而显得举步维艰。其中，城市聚集了世界上一半以上的人口，消费了约 75％的能源，排放了约 70％的二氧化碳，对全球气候变化产生了巨大的影响。

（一）问题的提出

低碳概念是发达国家在保护全球气候的名义下，提出的有利于后工业化国家的策略。一方面，发达国家通过将高碳模式转换到低碳模式中，在这一新的平台上和新的游戏规则下，利用其低碳技术方面的领先地位重新扩大与发展中国家的经济竞争优势，成为西方国家的一个巧妙战略；另一方面，发达国家以低碳为名，实施碳关税、技术性贸易壁垒和市场准入等贸易保护主义的倾向愈演愈烈，限制发展中国家发展的图谋已暴露无遗。发达国家虽有环境保护、温室减排之意，但其更深刻的目的却是要强行将发展中国家绑架到他们精心设计的轨道上去。因此，将“低碳”这一词引入中国，在实施中必须注意与中国的实际相结合，既吸收有关新能源、技术创新等积极内容，又要充分体现中国的国情、发展阶段和利益。

作为负责任大国，中国实行低碳政策为应对全球气候变化作出了重要贡献。中国“十一五”期间通过节能提高能效，节约能源 6.3 亿吨标准煤，减少二氧化碳排放 14.6 亿吨。统计数据显示：2012 年全国能源消费总量达 36.2 亿吨标准煤，同比增长 2.5％。相对于 2010 年消费 32.5 亿吨标准煤而言，增加能源消费 3.7 亿吨标准煤，增加了 11.38％。中国在“十一五”期间的经济增长已经逐步摆脱对于能源的过度依赖，2006—2010 年的经济平均增速是 11.2％，能源消费平均增速是 6.6％，能源消费弹性系数由最高点 2004 年的 1.6 降至 2010 年的 0.57。2006—2010 年，中国单位国内生产总值能耗累计下降 19.06％，基本完成“十一五”节能降耗目标。

如何保证在碳排放减少的同时又不影响经济的发展成为城市经济转型过程中的重要课题。2013 年伊始，“雾霾”天气接连不断地出现，环境问题被政府提上了工作议程，国家环境监测网监测数据表明：2012 年，城市环境空气中二氧化硫（SO_2）、二氧化氮（NO_2）和可吸入颗粒物（PM10）3 项主要污染物平均浓度均有所下降，空气质量有所好转，但是形势依然严峻，如表 10-1 所示。

表 10-1

全国废气中主要污染物排放量年际变化

年度	二氧化硫排放量(万吨)			烟尘排放量(万吨)		
	合计	工业	生活	合计	工业	生活
2007	2 468.1	2 140	328.1	986.6	771.1	215.5
2008	2 321.2	1 991.3	329.9	901.6	670.7	230.9
2009	2 214.4	1 865.9	348.5	847.7	604.4	243.3
2010	2 185.1	1 864.4	320.7	829.1	603.2	225.9
2011	2 217.6	2 017.2	200.4	1 215.7	1 100.9	114.8

依据《环境空气质量标准》(GB 3095—2012)对 SO_2、NO_2 和 PM10 进行评价，地级以上城市达标比例仅为 40.9%。酸雨污染程度依然较重。PM10 指环境空气中空气动力学当量直径小于等于 10 μm 的颗粒物，也称可吸入颗粒物。中国政府于 2012 年年初完成了空气环境质量标准的修订，新发布的《环境空气质量标准》中，增设了颗粒物(粒径小于等于 2.5 μm)浓度限值。调整了颗粒物(粒径小于等于 10 μm)浓度限值，北京、广州和上海等一批城市开始按照新的法规发布 PM2.5 等重要污染物监测数据。截至 2012 年 8 月 31 日，已公布颗粒物浓度限值的有 55 个城市 192 个点位。

(二) 低碳经济研究的主要方向

国内外有关低碳经济研究的主要内容有：

(1) 低碳经济发展的评价体系研究。Cheng FL(2007)等在灰色理论和投入—产出理论的基础上，运用模糊目标规划方法构建模型，模拟了 3 种碳税方案下的碳减排力度和经济影响；A. Druckman (2008) 运用环境型投入—产出模型来分析英国的碳减排情况；J. Pafikh(2009)通过投入—产出法和社会会计矩阵(SAM)来评估印度经济发展的碳排放现状。

(2) 低碳经济的因素评价。从行业角度研究低碳经济。Chang TC(1999)采用灰色关联分析测算了中国台湾 34 个行业产值与碳排放量的灰色关联系数、总能源使用量以及各种能源使用量与碳排放量的灰色关联系数；M. Mazzarino(2000)采用比较静态的方法和货币估值技术，发现运输业是 OECD 国家碳排放量最大的行业，约占到总排放量的 1/3；R. Rehan(2005)认为，水泥业也是温室气体排放的主要行业，并探讨了在清洁发展、联合履行和排放交易 3 种机制下水泥业的发展前景。

(3) 经济发展、能源消耗与碳排放的关系。Huang(2008)对 21 个发达国家的 GDP 与温室气体排放关系进行了分析，发现有 7 个国家出现了 EKC 现象。OECD(2002)对比分析了脱钩指标的国家差异后，发现环境与经济脱钩的现象普遍存在于 OECD 国家中，而且还有可能实现环境与经济的进一步脱钩。Tapio(2005)通过脱钩指标体系的设计，将脱钩现象进一步细分为相对脱钩和绝对脱钩，前者指 *GDP* 增长率高于碳排放增长率，而后者则指 GDP 稳定增长时碳排放量反而减少的情形。其实，EKC 曲线反映的就是经济增长与环境污染的关系从不脱钩到相对脱钩、再到绝对脱钩的动态变化轨迹。

(4) 国民经济中的高碳产业。由于不同产业使用能源的种类、强度与方式不同，国民经济中不同产业排放温室气体的数量与特征有很大差异。其中，造纸、橡胶、石化与金属制品等 11

个行业属于能耗强度、碳强度与碳排放系数“三高”的碳密集型行业。K Paustian(1998)认为：农业生产对碳循环的影响具有“双刃剑”的作用，一方面农业生产使自然生态系统转换成农业土地利用，增加了大气中 CO_2 排放；另一方面也可通过土地利用变化、土地整治等增加碳“汇”，从而减少碳排放。

(5) 碳减排的经济成本和路径研究。OECD(1992)和 Manne(1992)都对减少碳排放的经济代价和社会影响进行了研究。结果表明：严厉的碳减排措施将影响经济发展，但减排强度与经济风险呈非线性相关。D. Harvey(1996)在分析了无管制排放的危害后，也论述了碳减排的经济风险，诸如挤占紧缺资源、减缓经济增长、政府过多干预造成市场扭曲、减排措施产生副效应或成本高于预期或减排措施失灵等。但也有一些研究结论认为，碳减排的成本并非想象的那么高，也不一定会带来经济衰退，证据是 1998 年中国、欧盟和日本的经济发展与碳排放均实现了不同程度的绝对脱钩。R. Gerlagh(2004)则构建了以技术为内生变量并基于两种能源的宏观经济模型，分析后指出若要将全球升温控制在 2 度以内，必须尽早采取减排措施，而且减排成本也是很低的。

(6) 低碳经济的技术支撑。王文军(2009)研究指出当前的低碳经济技术开发有：废旧产品与废弃物的回收、循环利用、再生利用以及无害化技术开发，资源效率最大化的技术开发，替代高碳能源的技术开发，资源循环利用技术、物质循环减量化技术开发，环保产业技术，清洁生产技术以及可再生能源开发等。政府间气候变化专家委员会(IPCC)(2001)认为：低碳或无碳技术的研发规模和速度将决定未来温室气体排放减少的规模。任奔(2008)综合研究了国际上低碳技术发展，指出当前低碳经济技术主要是以下三个方面：一是节约能源技术，二是低碳能源技术，三是碳捕获和埋存技术(CCS)。付允(2008)对碳中和技术进行的归纳，主要包括三类：一是温室气体的捕集技术，二是温室气体的埋存技术，三是低碳或零碳新能源技术。姬振海(2009)通过研究指出，低碳经济的技术创新主要包括电力、交通、建筑和冶金等部门的节能技术及可再生能源、新能源和煤的清洁高效利用等领域的温室气体减排技术。

(三) 研究内容与思路

中国能源结构以煤炭这种高碳能源为主，且城市经济处于高速发展阶段，因此中国同时面临着温室气体减排、能源安全和资源环境等三个方面的压力，发展低碳势在必行。根据合理的城市碳排放测算方法，设计碳排放的统计方法和标准，从而通过回归分析方法得到 2000—2011 年北京、福建和上海的城市碳排放经济效率和演变过程。在此基础上，建立碳排放风险指标评价体系，并通过主成分方法评估各个城市的低碳风险指数。研究过程和方法主要分为以下几步：

(1) 明确城市碳排放统一可行的测算方法，只将能源碳排放计入在本次碳排放统计中，综合比较主要国际研究机构的计算方法，采用 IPCC 公布的《IPCC2006 温室气体排放清单》来计算。

(2) 在分析城市的重要性和代表性以及数据可得性的基础上，得到中国北京、福建和上海的能源碳排放的趋势，分析能源消费和碳排放的现状，把握不同人均收入的城市能源碳排放特征。

(3) 利用已经测算出来的数据和相关的国家统计数据，采用生产函数分析中国主要城市能源消费效率和碳排放效率，分析各个城市能源效率和碳排放效率的变化关系。

(4) 对于不同时间不同城市的碳排放效率进行排序并组成一个大样本，运用面板数据方法分析碳排放效率的影响因素。

(5) 建立了能源子系统和碳排放子系统的碳排放风险指标评价体系，利用主成分分析确定各层次的风险指数，分析中国主要城市的碳排放发展水平。

二、低碳发展趋势

(一) 世界能源发展趋势

全球一次能源消费创历史新高，2011 年全球能源消费量达到 2008 年金融危机前的历史峰值。金融危机导致全球一次能源消费在 2009 年下降了 1.5%，2010 年世界经济有了阶段性的复苏，增长率为 5.1%。2011 年全球一次能源消费较 2010 年增长 2.5%，如图 10-1 所示。各类能源需求量均强劲增长，合计达到 122.75 亿吨标准油。

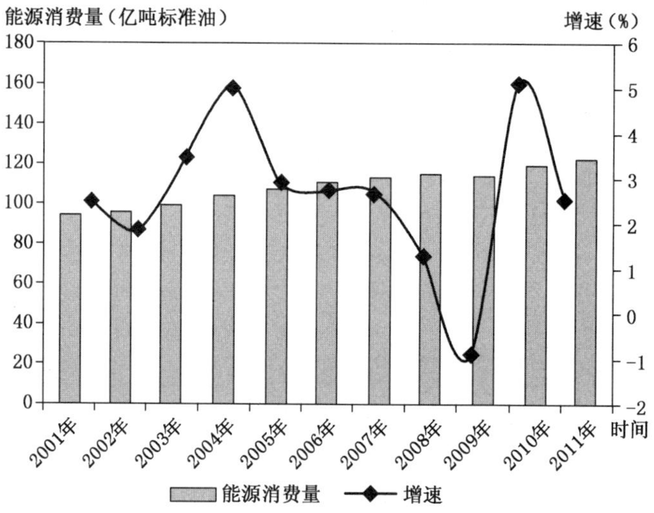

图 10-1 世界一次能源消费量及增速(2001—2011 年)

2011 年中国能源消费量居世界首位，并连续 3 年位居第一。BP(2012)统计数据显示，2011 年中国一次能源消费量达 26.13 亿吨标准油，占全球消费总量的比例增加到 21.30%，居世界第一位，亚太其他国家及中东在全球一次能源消费中的比例也显著提高，分别占 39.10% 和 6.10%。美国 2011 年一次能源消费量达 22.69 亿吨标准油，居世界第二位，占全球总量的 18.50%。地区消费比例上，北美、中南美、欧洲及欧亚、前苏联和非洲分别为 22.6%、5.2%、23.8%、8.3%和 3.1%。增速上，2011 年中国一次能源消费增长 8.8%，中南美增长 3.8%，亚太地区增长 5.4%，中东地区增长 4.3%，美国下降 0.4%。

经济合作与发展组织(Organization for Economic Cooperation and Development, OECD)国家能源消费自 2010 年增长 3.5%后，2011 年开始降低，出现了在过去 4 年中的第三次下降，而非经合组织国家能源消费继续增加。根据 BP(2012)统计数据显示，OECD 国家的能源需求降低了 0.8%，非 OECD 国家能源消费量增长了 5.3%，比 2001 年高出 67.55%。2011 年全球石油消费量达到创纪录的每天 8 800 万桶，增幅为 0.7%，每天增加了 60 万桶，低于历史平均水平。这使石油再次成为化石燃料中全球消费涨幅最小的化石能源。经合组织国家的石油消费量减少 1.2%，是过去 6 年中的第五次下滑，下滑到 1995 年以来的最低水平。非 OECD 国家的石油消费量增长 2.8%，即 120 万桶/日。并且一次能源消费量所占比重过半，从 2000 年的42.1%上升到2008年的50.9%,首超OECD国家,2011年占全球的比例达到55.0%。主要原因为:第一,随着多数OECD国家工业化及城镇化进程的完成,以及发达国家将高能耗产业向发展中国家转移,产业结构已逐步向低能耗型转型;第二,部分发展中国家如中国、印度、巴西和俄罗斯等近年来经济增长速度快,能源消耗快速增长,而OECD国家经济增速较低,能源增长较缓慢;第三,发达国家高度重视节能与提高能源使用效率。

中东北非动荡与“欧债”危机导致国际原油价格大幅波动。综观2010—2012年油价,国际油价先后经历了平稳期和大幅涨跌阶段。受新兴国家石油需求旺盛、全球资本流动性过剩、OECD国家经济复苏迟缓以及OPEC(石油输出国组织,又称欧佩克)产能相对过剩等因素影响,2010年国际油价一直在80美元/桶的附近低位震荡。2011年年初,利比亚爆发骚乱并持续升级,同时日本灾后重建推高原油需求预期,油价不断走高并突破112.79美元/桶,刷新两年半来收盘新高。随后,受美国经济复苏乏力、欧洲债务危机阴霾不散影,油价震荡下跌到探底的75.67美元/桶。2011年第4季度,由于美国原油库存连创新低,中国、印度和中东经济体的需求增长,油价恢复百美元时代。2012年石油均价为112美元/桶,创历史最高年度均价水平。

未来世界能源需求量仍将继续增加。根据国际能源署(International Energy Agency, IEA)2011年度报告预测,全球经济从2009—2035年的年增长率约为3.6%,非OECD国家将推动全球70%的增长,GDP份额将由2009年的45%上升到2035年的60%。2035年的世界人口较2009年将增长26%达到86亿元,但年均增长量将逐渐下降。依照此发展趋势,世界一次能源总需求将在2010—2035年期间增长约1/3,在现行政策、新政策与“450 ppm碳浓度”三种情境下,2020年将分别达到151.2亿吨标准油、147.7亿吨标准油和141.9亿吨标准油,2035年分别为183.0亿吨标准油、169.6亿吨标准油和148.7亿吨标准油。其中90%的增长将来源于非经合组织国家,中国仍将是全球最大的能源消费国,到2035年,其能源消费总量将超过美国70%,但人均消费量不到美国人均的一半。中国在很长一段时间内仍面临十分严峻的能源短缺问题。

(二)世界核能和页岩气发展

1.“福岛核事故”改变世界核能发展规划

在过去的几十年里,在诸多清洁能源中,核电已经成为当前诸多清洁能源中技术较为成熟、运行比较稳定的发电技术。总体来讲,核电在世界能源消费中的比重上升,而20世纪70年代,核电在世界能源消费结构中所占比例还不到1%(BP,2012)。2011年核电在一次能源消费结构中占4.88%,较2010年下降4.3%,创下有史以来的最大降幅,主要是因为日本(降低44.3%)和德国(降低23.2%)的核能发电量骤减。目前,美国、法国、日本、英国、德国、加拿大和韩国7国核电比例分别为8.3%、41.17%、7.73%、7.87%、7.96%、6.48%和12.93%,而中国只有0.75%,如图10-2。

据世界核能协会(World Nuclear Association, WNA)统计,截至2011年2月,全球30个国家拥有正在运营的核电站超过440个,总装机能力37.7兆瓦,约占世界发电总量的14%。全球超过60个正在建设的核电反应堆,约为当前核发电量的17%,超过150个核电反应堆已确认建设,为当前核发电量的46%。

2011年,日本东北部3·11大地震及其引发的强烈海啸,引发福岛第一核电站核泄漏事故,其成为继1979年美国三里岛核事故与1986年苏联切尔诺贝利核事故之后的世界上又一起重大核事故。受“福岛核事故”的影响,各国重新审视本国的核计划,从而改变全球核能发展

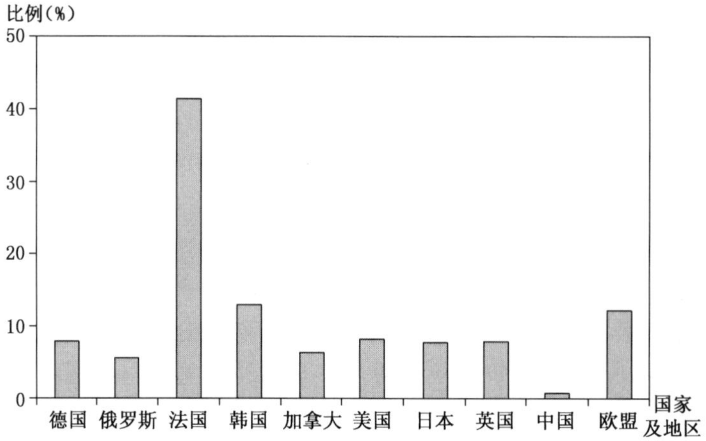

图 10-2　世界主要国家及地区核能占一次能源比重(2011 年)

规划:日本宣布中止核能发展计划;德国暂停 2010 年通过的“延长核电站运营期限计划”3 个月,关闭 1980 年以前投入运营的 7 座核电站,并宣布在 2022 年前关闭其境内所有核反应堆。瑞士宣布在 2034 年以前关闭核电站;意大利重启核电的计划遭受夭折;俄罗斯宣布将改变核能发展战略。中国政府决定暂停审批核电项目,强调核电发展安全第一,要求对核设施进行全面安检。

2. 页岩气撼动全球天然气格局

页岩气是指从页岩层中开采出来的天然气,其被认为是一种重要的非常规天然气资源。随着水平钻井和大型压裂技术的进步,页岩石气的开发成本大幅降低、产量得到了有效提高,经济性的改善使这种长期被人忽视的天然气资源崛起为清洁能源的生力军。2011 年 4 月 5 日,EIA 公布了其对全球页岩气资源的初步评估结果。结果显示,全球总的页岩气技术可采资源量 187 万亿立方米。其中,中国的页岩气技术可采资源量为 36 万亿立方米,排名世界第一位(约占全球 20%),其后依次是美国(约占全球 13%)、阿根廷、墨西哥和南非。

从评估结果看,页岩气在欧洲的分布比较广泛。而据美国石油地质家协会(AAPG)预测,全球页岩气、煤层气及致密砂岩气资源量是常规天然气资源量的 2.2 倍。低气价在降低页岩气开发经济性、限制页岩气市场发展的同时,反过来促进了天然气需求的增长。根据 BP(2012)统计,世界天然气消费量 2011 年增长 2.2%,由 28.43 亿吨标准油,增加到 2011 年的 29.06 亿吨标准油。在全球应对气候变化的背景下,作为相对清洁的能源,天然气在世界能源结构中的地位日益重要,世界能源消费正进入“能源气体化”时代。随着美国先进页岩气开发技术的不断推广,全球各地非常规天然气的开采成本必将大大降低,进而影响各国的天然气使用政策,改变全球天然气市场的竞争态势以及世界经济和能源地缘政治格局。

(三) 世界能源消费结构呈现清洁低碳化趋势

受世界资源储量的制约和技术进步的推动,世界能源消费结构不断发生变迁。目前世界一次能源消费以石油、煤炭、天然气等化石能源为主,不同国家或地区因资源禀赋的差异而有所不同。按热当量法计算,如图 10-3 所示,2011 年世界能源消费总量为 122.7 亿吨标准油当量,其中煤炭、石油、天然气、核能、水电、可再生能源分别占 30.34%、33.07%、23.67%、4.88%、6.45%和 2.1%。与 1973 年相比,石油消费比重下降了 13.79 个百分点,天然气增加

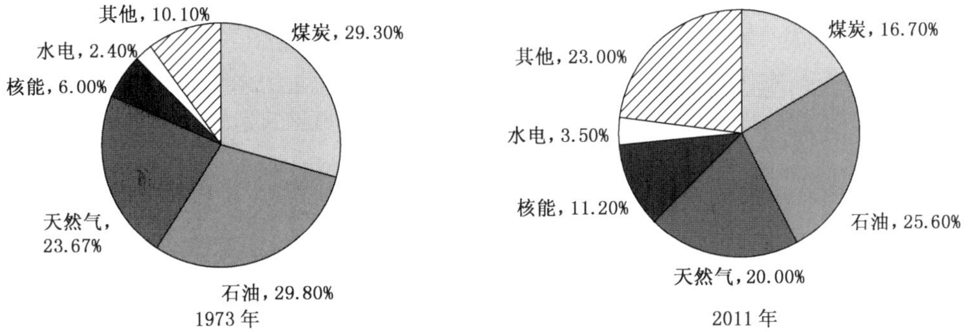

图 10-3　世界一次能源消费结构的变化

了 4.84 个百分点，核能增加了 4.55 个百分点。

近 30 年来，世界能源消费结构中，石油比例大幅持续下滑、煤炭比例先下降后有所回升。天然气比例快速上升、核能与可再生能源比例略有上升而水电比例保持稳定（发电煤耗法）。天然气以及其他清洁能源对石油、煤炭的消费替代效应逐步显现，世界能源消费结构呈现低碳化、清洁化趋势。

石油消费比例大幅下滑。世界石油消费比重持续下降，1973 年石油消费占一次能源消费比重为 46%，到 2011 年已降至 33.07%。天然气消费比例不断上升。天然气在世界能源消费中的地位日益重要。进入 21 世纪后，随着气候问题日益受到关注，世界对相对清洁的天然气的需求大幅上升，刺激了新一轮的天然气消费增长，其消费量在 2001—2011 年间年均增长率为 3.12%。2011 年世界天然气消费量达到 32 229 亿立方米，占世界能源消费总量的 23.67%。美国、俄罗斯、伊朗、中国和日本是全球天然气消费量最大的 5 个国家，2011 年消费天然气量占世界消费量的 46.7%。然而，世界天然气分布却十分不均衡。截至 2011 年年末，仅俄罗斯、卡塔尔、伊朗 3 国的天然气资源储量就占全球天然气储量的 49.3%。

核能消费稳步上升，但前景不容乐观。2011 年世界核能消费总量为 5.99 亿吨油当量，同比下降 4.3%。美国、法国、俄罗斯为世界上最大的核电消费国，占比分别为 31.4%、16.7%和 6.5%。2011 年日本发生的核泄漏事件，使日本的核消费量比 2010 年下降了 44.3%，再次为核电的发展蒙上了一层阴影。如何在核电发展过程中保证安全，是影响核电未来发展的根本因素。

（四）中国能源约束现状

1. 中国能源安全面对风险

在国家层面上，中国主要面对的是石油对外依存度持续上升，石油已经从一个关乎国家安全的战略物资演变成为一个在全球化市场里与金融市场联系紧密、饱受地缘政治等诸多因素影响的、贸易量最大的商品。实际上，中国能源安全面临较多的风险：

受国内石油储量和产能的约束，中国原油进口增长非常快，从 1996 年的 2 261 万吨，迅速增加到 2011 年的 3.28 亿吨，对外依存度高达 56.5%，且进口来源又主要集中在局势动荡的中东和北非地区，所以石油的进口面临着复杂的地缘政治风险。

由于现货贸易、定价机制和缺乏国家战略石油储备等原因，中国石油进口出现很多奇怪现象，如“买涨不买落”和“量价齐增”。中国海关统计数据表明：经常出现国际油价上涨，中国当月石油进口量也相应增加，国际油价下跌，中国当月进口量相应减少的现象。因此，国际石油价格的剧烈波动，又给现货贸易为主的中国石油进口带来了较高的价格风险。

2010 年全球共发生海盗袭击事件 443 起，主要集中在索马里、马六甲海峡、亚丁湾和几内亚湾。而上述海盗高发区，恰恰是中国石油进口的必经之路，因为中国石油进口主要依赖于海上油轮运输。石油进口的 80%要通过马六甲海峡，其中约 90%的运输由外籍船运公司承担，本国船运公司承担的 10%还主要集中在相对安全的东南亚地区。因此，中国石油进口面临较高的运输风险。

能源需求国竞争加剧。未来 20 年，中国不仅要面对发达国家不断增长的能源需求所带来的竞争压力，同时面临着印度等新兴经济体巨大的能源对外需求的压力。

2010 年暴露于空气质量差状况下的人口最多，所占比重达 57.99%，空气质量整体处于差的水平。2005—2010 年，暴露于空气质量好、差状况下的人口比例均呈下降趋势，极差状况下的人口比例呈上升趋势，表明空气质量水平整体恶化。因此，无论是中国能源供应安全还是使用安全都面临着很多的风险和挑战。

2. 中国能源供应短缺事件分析

1) 近年来中国能源供应短缺的典型事件

改革开放后，中国进入了经济快速发展的时期，能源的需求量有了较大增长，尤其是进入 21 世纪以来，能源消费量迅猛增长，年平均增长速度高达 12.8%。快速增长的能源需求，使能源稳定供应的压力越来越大，一旦出现影响能源供应的突发事件，能源短缺或中断就在所难免。近年来，中国局部地区能源供应短缺(油荒、电荒和煤荒)事件时有发生，给当地社会经济稳定发展造成了较大的负面影响。

2005 年 8 月初，由于受消费旺季和台风阻碍运输等多方面因素的影响，广东珠三角地区出现大面积的“缺油”现象。广州、东莞、佛山、中山等城市相继出现了不同程度的成品油供应紧张的局面。大部分社会加油站出现了各类标号汽油和柴油脱销的现象，尤其是汽油。面对“供不应求”的局面，大部分加油站采用了“限量供应”等策略，但这仅仅是全国性的成品油缺货的开端，继广东省成品油短缺后，油荒逐渐波及上海、南京、武汉、昆明、青岛和黑龙江等省市，这些地方出现了不同类型标号汽油和柴油短期断档的现象。此次油荒对珠三角和长三角地区的经济发展产生了较为严重的负面影响，直接和间接经济损失巨大。

2008 年年初，一场罕见的雨雪冰冻灾害突袭中国南方广大地区，电力供应设施遭受重创，湖南、湖北、贵州、四川等省份公路运输基本瘫痪，很多供电设施被雨雪压塌，多个城市出现缺煤、断电等能源供应短缺，经济发展和居民日常生活受到严重影响。因电煤储备不足，煤炭运输线路受阻，部分地区的燃煤电厂不得不停止发电，长沙、郴州等部分城市供水也受到严重影响。据新华网发布的消息，南方雨雪冰冻灾害造成的直接经济损失高达 1 516.5 亿元。

2009 年年底至 2010 年年初，由于京冀晋等地突降暴雪，全国多数地区遭遇罕见的寒潮袭击，煤炭运输受到严重影响，山西、河南、河北等煤产地的煤炭外运困难。急速降温导致煤炭需求量大幅上涨，原本季节性的煤炭供应不畅更加显得雪上加霜。中国多地出现电煤短缺，造成发电厂电煤储量急剧下降，华东、华北等地电厂的存煤仅可维持 7 天，华中地区为 10 天，将要触及煤储量警戒线。作为全国煤炭“风向标”的秦皇岛港煤炭内外贸库存一度接近 500 万吨的库存警戒线。上海、江苏、湖北、河南和湖南等多个省市的供电厂实行了拉闸限电的措施。这次由于突发的天气异常变化引发的大规模、持续时间较长的煤炭短缺，造成电力行业的供电紧张，制约了工业制造业尤其是高耗电企业的发展，影响了各地经济发展，同时也给各地人民生活造成了一定的负面影响。

2009 年 11 月，由于受到中石油西南油气田公司老气田综合递减率增高、新气田产量不足以及需求日益增大的影响，重庆出现了较为严重的天然气供应不足。出租车在加气站外排起长队等候加气，居民用气受限，重庆市政府采用错峰加气、限制加气、加收出租车燃油附加费等措施来缓解供气不足。同时，在其他城市，如武汉、杭州等城市也出现供气不足的现象。这次的天然气供气不足导致部分工业企业停气甚至停产。采暖用户及车用燃气供应受到较大影响。

接连不断的局部地区电煤供应短缺、突发性和季节性油荒、电荒等能源供应短缺事件，不断冲击中国脆弱的能源供应体系，一次次验证中国能源安全预警和应急预案的不足。因此，系统开展中国能源供应安全预警与应急预案的研究迫在眉睫。

2）中国能源供应短缺的影响因素分析

分析中国近些年来遭遇的能源供应短缺事件，可以将影响能源供应的因素归结为以下几点：

突发的自然灾害是能源供应短缺的“导火索”。自然灾害对能源供应的影响主要体现在对能源运输和能源储备设施的影响上。2005 年 8 月份，广东珠三角地区受到台风接二连三的影响，使得从东北往南输送成品油的油轮难以靠岸，令广东市场的成品油供应紧张进一步加剧。2008 年出现的“煤荒”、“电荒”是因为一场突如其来的雨雪天气造成了交通运输的瘫痪和多处供电设施的损坏。2009 年年底出现的煤荒，主要原因是突如其来的降雪和寒潮阻碍了煤炭运输，煤炭公路、铁路运输均受到严重影响，加上北方沿海地区出现了罕见的大风、大雾等恶劣天气，受此影响，秦皇岛、唐山、天津和黄骅等煤炭发运港持续多天封航。封航造成北方船舶无法正常进出港口，煤炭发运量下降。寒潮突袭造成气温骤降，人民生火取暖需求明显增加，能源消耗增大，也加剧了能源供给的相对短缺。突发的自然灾害导致能源运输不畅，从而导致能源供应链条断裂，成为各类能源荒的导火索。自然灾害虽然是不可避免的，但是以目前预测技术的发展水平，大多数自然灾害在发生前是能够得到一些预报信息的，如果能够根据预报信息提前采取防范措施，如及时补充库存，加强能源基础设施保护，可以在一定程度上降低自然灾害对能源供应的影响。

能源战略储备和商业储备不足无法应对能源的供需变动。上述几次典型的能源供应短缺事件暴露了中国能源供应体系中亟待解决的一个重要问题——能源储备体系不完善。当遭遇突发自然灾害或其他影响导致能源供应不足时，不能及时地进行能源储备调用。在此能源储备不足中，一方面是中国能源战略储备不足，另一方面是当地销售公司的商业储备量不足。能源储备是能源危机的缓冲器，能够起到维持能源供应稳定、缓解能源供应危机的重要作用。无论是国家战略能源储备，还是商业储备均应达到一定的标准。以石油储备为例，欧盟要求各成员国到 2012 年年底战略石油储备达到 90 天的净进口量（The Council of the European Union，2009），美国的战略石油储备量则更多，中国的战略石油储备政策启动较晚，因而储备量大大低于欧美等发达国家。中国的成品油销售以中石油、中石化和中海油为主，由于原油价格波动加大、成品油储备条件复杂、储备成本较高等多因素影响，销售公司缺乏成品油储备的动力，因而造成有些地区成品油储备不足。2005 年“油荒”以及成品油消耗旺季出现的供应不足，均与当地成品油储备体制不完善，成品油库不足有关。2008 年和 2009 年出现的“煤、电荒”，各电厂煤炭储备不足推动了电、煤短缺态势的扩大。由于煤炭价格波动和煤炭储存时间过长会导致热值下降等，电厂多数不愿意大量囤煤。在美国，电厂的存煤天数一般都在50天以上，日本和欧盟等地区的存煤可用天数一般也在1个月以上，而中国部分地区的电厂储煤量仅仅为7～15天，当遭遇极端天气时，煤炭运输困难，这些存煤量远远不能满足需求，往往导致煤荒。

能源供应预警监控和应急预案的不完善降低了处置能源突发事件的效率。防患胜于抢险，如果能在供应短缺事件发生前，或者在短缺事件初露苗头时能够发现并采取一定的措施进行控制，那么短缺事件波及的范围有可能缩小，不良影响将会降低。但是，从近些年来出现的能源短缺事件中可以看出，能源短缺事件爆发后，波及范围不断扩大，对当地经济和人民生活造成了极大的不良影响，能源供应预警监控系统没有起到相应的预警作用，因而在短缺事件爆发前并没有采取有效的控制措施，各级政府及能源供应销售企业均是在短缺事件已经发生后才开始进行能源紧急调拨等一系列的补救措施，可见至少从地方政府和成品油销售企业的角度来看能源供应预警监控体系并没有发挥作用。能源短缺事件爆发后，虽然应急体系也给予响应，但是涉及各主体间行为缺乏协同，导致国家、地方政府，能源主管部门，能源企业以及其主管部门的应急责任和义务不清晰，应急响应滞后，同时也增加了应急响应的成本，降低了处置能源突发事件的效率。从目前的国际和国内能源发展状况来看，出现能源供应短缺事件在未来是不可避免的事情，因此如何在出现紧急情况时采取有效措施控制事态恶化是非常重要的，中国需要建立和完善能源安全预警体系和应急预案，并进行应急预案的演练。

三、低碳城市能效分析

能源效率的国际比较有两种办法，即按汇率和购买力平价计算。以汇率计算，中国能源效率是世界上最低的国家之一，而按购买力平价计算，2000年中国能源效率仅比日本低20%。因此，在与世界其他国家进行比较过程中会出现高估与低估的现象，但国内城市之间进行比较的时候这种情况就会相对减少许多。

（一）城市碳排放的核算

在碳排放测算方面，美国能源部二氧化碳信息分析中心（Carbon Dioxide Information Analysis Center，2010）和IEA（International Energy Agency，2009）等众多机构对全球碳排放进行了大量的基础性工作。这里关于国家CO_2排放总量的计算参考《IPCC国家温室气体排放清单指南2006》，采用二次能源消费量换算回一次能源消费量的方法，即CO_2排放总量＝一次化石能源消费碳排放＋二次化石能源消费碳排放（换算回一次能源消费量计算）＝全社会煤炭消费量×煤炭的CO_2排放系数＋全社会石油消费量×石油的CO_2排放系数＋全社会天然气消费量×天然气的CO_2排放系数。本次对于城市经济的碳排放核算，基于数据的可得性和实际计算的方便性仍采用上述计量方法，可以分别得到福建、北京和上海2000—2011的碳排放数据，其中各类能源的碳排放系数如表10-2所示。

表10-2

各类能源的碳排放系数（吨/吨标准煤）

项目	煤炭	石油	天然气	水电、核电
$F_i(CO_2)$	2.745	2.146	1.629	0.0

注：$F_i(CO_2)$是二氧化碳排放系数。

据数据统计，3 个城市人均 GDP 在 2011 年接近，同时能源消费和碳排放量均持续上升，如图 10-4 所示。

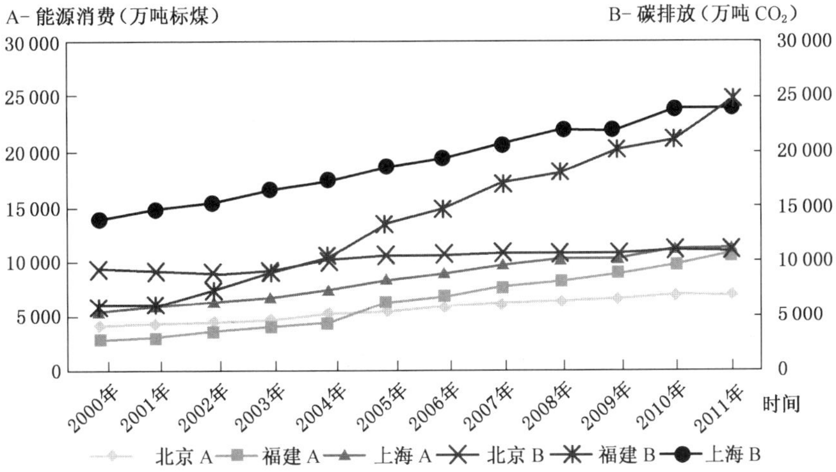

图 10-4　2000—2011 年 3 个城市的能源消费和碳排放

如图 10-5 所示，人均碳排放表现不一，上升、下降和缓慢上升皆有，与 GDP 关系不大，但单位 GDP 碳排放都在持续下降。计算可知，中国 2011 年人均碳排放为 6.3 吨 CO_2/人，除北京以外的其他两个城市的人均碳排放均高于全国平均水平，但低于发达国家水平。

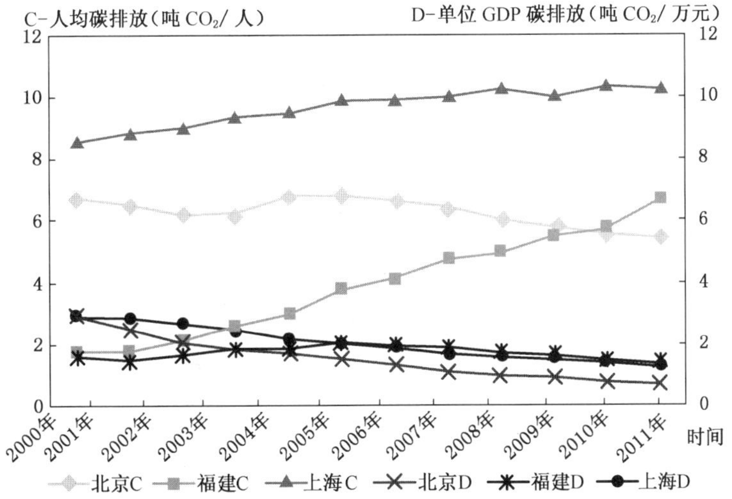

图 10-5　2000—2011 年 3 个城市的人均碳排放和单位 GDP 碳排放

（二）低碳城市的影响因素对比分析

从发达国家的发展经验看，人均 *GDP* 与碳排放效率正相关，即随着人均 *GDP* 增加，由于技术进步，单位 *GDP* 碳排放效率会逐步提高。按照这一逻辑，经济发达地区的碳排放效率要高于经济相对落后地区的碳排放效率。

图 10-6 为 3 个城市 2000—2011 年碳排放效率与人均 *GDP* 两个变量的关系。单个城市之间两者可以较好地呈现上述经验关系，不同的城市之间出现了较大的差距。上海作为国际大都市虽然人均 *GDP* 很高，但是碳排放效率则相对较低。

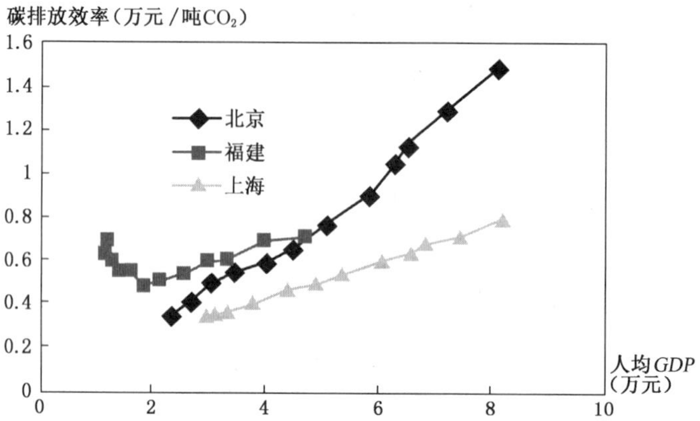

图10-6　2000—2011 年 3 个城市的碳排放效率与人均 GDP 的关系

1. 产业结构的比较

由于产业结构本身的能源消耗强度和碳排放强度不同，经济变化中产业结构变动直接影响两者的效率。通常，碳排放强度较高或者能源消费弹性系数较大的产业的快速上升会导致碳排放效率下降。从中国的三个产业结构看，第二产业的能源弹性系数和碳排放强度均高于其他两个产业，因此经济结构中第二产业的比重变动直接影响着地区城市经济的碳排放效率。

如图 10-7 所示，通过对比不同城市的碳排放效率和第二产业结构关系，可以发现除了福建外，碳排放效率较高的省份在产业结构上有着相似的地方，第二产业出现持续地下降，第三产业持续地上升。这说明产业结构的差异可以很好地反映碳排放效率出现的异常现象。而且，考察产业结构调整对城市碳排放效率的影响，不仅要从广义的比重分析，还要深入考察地区工业内部行业技术差异。

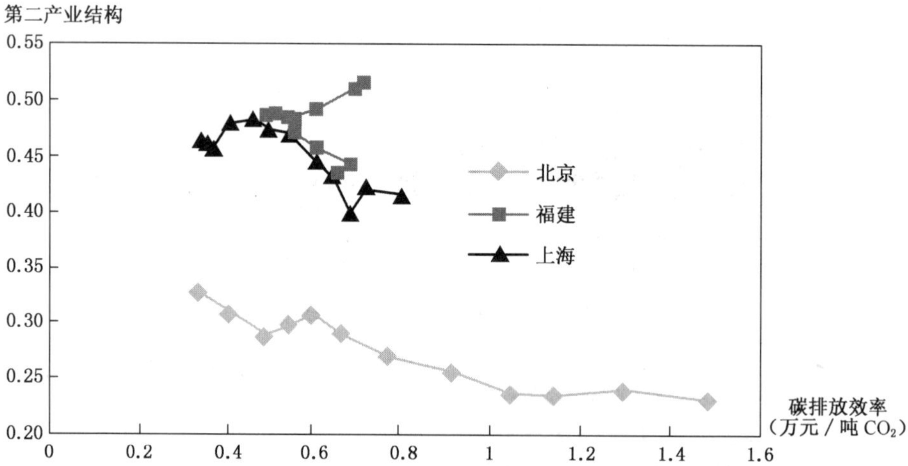

图 10-7　3 个城市的碳排放率和第二产业比重关系

2. 能源消费结构的对比

从图 10-8 可以看出：能源消费结构中的煤炭所占比例与碳排放效率呈现负相关，这意味着煤炭消费较少的城市碳排放效率和能源效率都相对较高。3 个城市中碳排放效率最高的北京煤炭消费在能源消费结构中的比例远远低于国家平均水平。

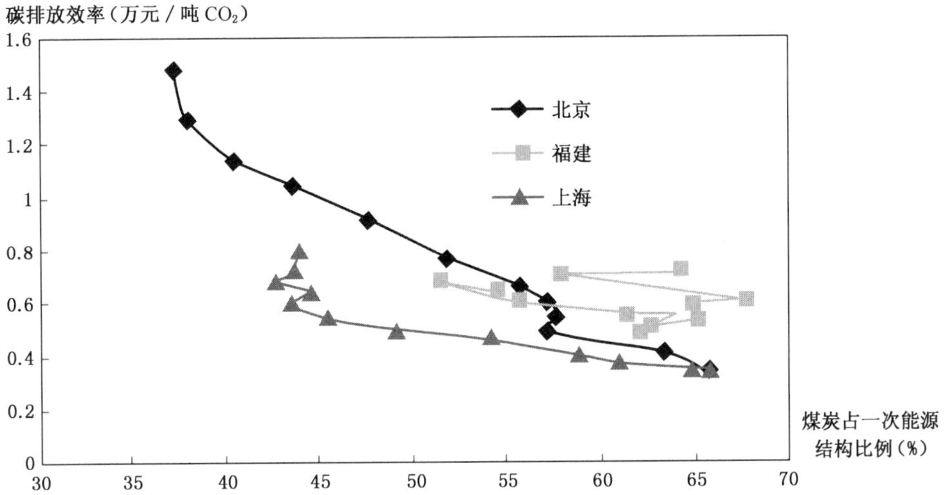

图 10-8 3 个城市的煤炭消费比例和碳排放效率的关系

3. 能源资源禀赋、地理位置的比较

能源效率和碳排放效率高的城市主要集中在东南沿海城市，这些省份靠近沿海，气候适宜、土地肥沃、人口稠密、交通发达，对外开放程度较高。此外，能源经济效率比较高的地区和城市往往能源资源匮乏，需要从其他地区调入大量的能源。

（三）城市碳排放效率的变化趋势

从理论上讲，单位 *GDP* 碳排放是一种偏要素生产力指标，受经济中诸多要素特别是生产中其他要素的影响，因此生产函数的计量分析是碳排放效率分析的自然起点。柯布-道格拉斯生产函数显示，投资和劳动力是决定经济增长的两大因素。在此函数中，经济增长主要是由资本和劳动力推动的，没有技术进步的贡献。这虽然强调了经济增长过程中储蓄和投资的作用，却忽视了技术进步的作用。为了修正这一模型，在经济增长函数中引入了技术进步因素 A，从而得到一个新的生产函数。

$$Y = F(K,\ L,\ A) \tag{10-1}$$

其中 Y＝经济产出；

K＝资本投入；

L＝劳动力。

为了简化实际计算过程中的资本计算并加入碳排放对经济产出的影响，(10-1)式变为：

$$Y_t = AY_{t-1}^{\alpha}L_t^{\beta}T_t^{\gamma} \tag{10-2}$$

其中 Y_t——时间 t 时刻经济产出；

Y_{t-1}——时间 $t-1$ 时刻经济产出；

L_t——t 时刻投入的劳动力；

T_t——t 时刻碳排放。

$$\frac{Y_t}{T_t} = A\frac{Y_{t-1}^{\alpha}}{T_t^{\alpha}}\frac{L_t^{\beta}}{T_t^{\beta}}T_t^{\alpha+\beta+\gamma-1} \tag{10-3}$$

$$\ln\left(\frac{Y_t}{T_t}\right) = \ln A + \alpha\ln\left(\frac{Y_{t-1}}{T_t}\right) + \beta\left(\frac{L_t}{T_t}\right) + (\alpha+\beta+\gamma-1)\ln(T_t) \tag{10-4}$$

A，α，β 和 γ 为各自的产出弹性系数，单位无量纲。当后三个参数之和大于、等于和小于 1 时，经济中要素投入的规模报酬依次为递增、不变或递减。运用 Matlab 软件编程可得如表 10-3 所示。

表 10-3

参数模型的结果

城市	α	β	γ	$\ln A$	规模效益	R^2
北京	0.914 6	0.081 1	0.240 1	−1.860 7	0.235 8	0.997 1
福建	0.853 8	0.362 6	0.117 9	−2.437 2	0.334 3	0.973 1
上海	0.426 1	−0.145 4	1.590 2	−9.232 2	0.870 9	0.995 4

从估计结果可知：三个城市的参数计量方程的 P 值皆接近 0，小于 0.05，说明上述方法适用于城市低碳经济效率的研究。同时，参数 γ 大于 0 说明中国目前经济发展将不可避免地增加二氧化碳的排放量。参数 β 的结果表明上海已经或即将退出人口红利城市系列，主要依靠规模效率的增加来达到经济增长的需要，将持续一段高增长碳排放的阶段。另外，规模效益从上到下依次递增。若在规模效益中不考虑碳排放的影响，北京仍依靠前期资本积累和人才优势发展经济，两者相加接近 1，而福建则更多地体现中国沿海的优势，资本和人才流入、对外技术和资本的交流促使其高速发展。上述结果显示了 3 个城市之间存在巨大差异，引入碳排放要素后，随机生成函数可以更好地刻画不同要素对经济增长的贡献和多种因素对生成效率的影响及地区增长的差异，比较符合改革开放以来的中国城市经济增长的现实。

此处的参数计量方程(10-4)，等式左边 Y/T 为城市产出—碳排放效率，即为碳排放效率，等式右边第一项为 Y_{t-1}/T_t 解释为资本累积—碳排放效率，L/T 为劳动—碳排放效率，最后一项为碳排放的城市规模。因此，碳排放效率由 4 个方面的因素决定，即城市全要素生产率($\ln A$)、资本累积—碳排放效率、劳动—碳排放效率和以碳排放衡量的城市规模。表 10-4 为北京各部分的效率数据。

表 10-4

北京碳排放效率差异分解

年份	产出—碳排放效率（万元/吨 CO_2）	资本累积—碳排放效率（万元/吨 CO_2）	劳动力—碳排放效率（人/吨 CO_2）
2000	0.343 2	—	0.067 22
2001	0.410 1	0.349 7	0.069 56
2002	0.490 5	0.421 5	0.077 21
2003	0.547 5	0.471 8	0.076 90
2004	0.596 2	0.494 8	0.084 41
2005	0.662 9	0.573 9	0.083 51
2006	0.768 0	0.659 4	0.087 01
2007	0.913 7	0.753 2	0.087 47
2008	1.044 1	0.925 0	0.092 14
2009	1.137 9	1.040 7	0.093 47
2010	1.294 9	1.115 1	0.094 65
2011	1.483 4	1.288 2	0.097 64

（四）城市碳排放效率与影响因素的回归分析

依据低碳城市的影响因素分析，碳排放效率与工业化程度、重工业比重和人均能源消费等因素有着密切的关系。同时中国城市碳排放与经济增长之间是非线性的，经济发展必将带入大量二氧化碳排放，且碳排放效率与工业化程度、煤炭占能源消费结构存在一定反向关系。由于重工业化和煤炭的碳排放强度很高，两者的上升势必加剧中国本来就严重的能源环境压力。而事实上，1999 年开始，中国的能源消费强度和能源消费弹性系数随着中国工业的发展出现了转折性变化。

这里采用面板数据模型对上述参数之间的关系进行分析，主要采用固定和随机效应两种模型进行分析。参数变量解释如表 10-5 所示。

表 10-5

2000—2011 年各个变量的说明

变　量	定　　义	单　位
碳排放量	二氧化碳排放量	万吨
人口	城市常住人口	人
工业化程度	第二产业占产业结构比重	%
煤炭比例	煤炭占能源消费结构比重	%
经济产出	*GDP*	%

（1）二氧化碳排放量，记为 TAN_{it}。

（2）人口的增长会导致二氧化碳排放量的增加，在这里记为变量 RK_{it}，预期影响效应为正。

（3）工业化程度对二氧化碳排放量的影响较大，预期影响效应为正，记为 $GYH\%_{it}$。

（4）减少煤炭比例能减少二氧化碳排放量，煤炭结构比例记为 $MT\%_{it}$，预期影响效应为正。

（5）经济增长需要消耗大量的能源，随之会产生大量的碳排放，记为 GDP_{it}，预期影响效应为正。基于上述变量的选取，这里构建计量模型如下：

$$\ln Tan_{it} = C + \beta_1 RK_{it} + \beta_2 GYH\%_{it} + \beta_3 MT\%_{it} + \beta_4 GDP_{it} + \mu \tag{10-5}$$

其中 β_1、β_2、β_3 和 β_4——待定系数；

C——常数；

μ——误差项。

Kao Residual Cointegration Test
Series: LOG(TAN?) LOG(RK?) LOG(GYH?) LOG(MT?) LOG(GDP?)
Date: 06/18/13 Time: 08:55
Sample: 2000－2011
Included observations: 12
Null Hypothesis: No cointegration
Trend assumption: No deterministic trend
Lag selection: fixed at 1
Newey-West bandwidth selection using Bartlett kernel

	t-Statistic	Prob.
ADF	-3.291988	0.0005
Residual variance	0.002323	
HAC variance	0.002722	

图 10-9 Kao 协整检验结果

Kao 检验的原假设为不存在协整关系，如图 10-9 所示，由于 p 值小于 0.05，所以上述 5 个变量存在协整关系。回归结果见表 10-6 所示。

表 10-6

碳排放面板数据模型回归结果

变　量	固　定	个体固定	随效应
人口	−0.499 2*	0.604 2**	−0.616 4*
工业化	0.690 3*	1.245 8*	1.019 5*
煤炭	1.324 7*	1.017 3*	0.662 9*
GDP	0.969 3*	0.663 9*	0.807 7*
截距	—	−4.011 5**	5.307 8*
R^2	0.924 4	0.978 4	0.973 7

注：表中 * 和 ** 为 1%和 5%水平上显著。

由计量结果可知，城市低碳的影响因素工业化程度、煤炭占一次能源消费结构的比例和 *GDP* 等因素的增长都会直接导致碳排放量的增加。但人口因素则不如在中国区域内的计量结果显著，可能是因为城市所承载的人口数量众多、人口密度大，在此模型中无法得到更好的阐述。其次，在发展低碳城市时，能源结构和产业结构的优化才是政府需要重点注意的。

如果把上述方程的因变量换成碳排放效率，依然使用面板数据方法，可得结果如表 10-7。

表 10-7

碳排放效率面板数据模型回归结果

变　量	固　定	个体固定	随效应
碳排放效率	0.071 3*	1.475 5**	0.423 6*
工业化	−0.128 7*	−0.078 7*	0.062 0*
煤炭	−0.015 4**	−0.136 0*	−0.102 4*
GDP	0.037 4*	−0.105 5*	−0.068 2*
截距	—	0.041 1*	0.024 5*
R^2	0.928 6	0.972 8	0.965 5

上述计量方程依然有很好的回归结果，工业化程度和煤炭占一次能源消费比例的提高均会降低碳排放效率。因此，需要注意处理好第二产业和第三产业的比例关系。由于第二产业具有高耗能特点，在技术水平滞后的情况下，过快地发展第二产业不仅加大能源需求的压力，也会导致碳排放效率的降低。由于不同能源品种对经济产出的支持程度不同，能源结构发生变化时，总体碳排放效率也会受到影响。合理安排能源消费结构有助于提高城市能源效率和碳排放效率，而且还会减少能源消耗所产生的环境污染。

四、低碳城市风险形势

当前，作为具有广泛社会性的经济理念，低碳城市经济并没有约定俗成的严格定义。低碳经济概念是以低能耗、低排放、低污染为基础的经济模式，其实质是提高能源利用效率和发展清洁能源，核心是技术创新、制度创新和能源消费观的演变。而能源是城市生存和发展的基本条件，是城市功能正常运转的必要保证。因此，有必要对城市经济的低碳风险进行评估；但是，对低碳城市经济内涵的理解还没有明确、统一的认识，大多是学者结合自己所研究的领域，从不同的角度提出的各种各样的定义。本章着力设计一个低碳城市经济的标准并进行风险评价与预测。

（一）低碳经济风险指标体系

以国际原子能结构开发完成的30个可持续发展能源指标体系为基础，参照前人开发的能源风险系统评价指标体系，结合政府重点能源问题和统计数据，最终确认低碳城市风险指标共10个，见表10-8至表10-13。主要分为能源和碳排放相关的两个方面，只涉及与碳排放直接相关的因素。

表10-8

北京2000—2011年能源相关指标

年份	人均能源消费量（吨标准煤/人）	能源效率（万元/吨标准煤）	第二产业比重（%）	能源消费（万吨标准煤）	经济产出（现价亿元）
2000	3.039 0	0.763 0	32.68	4 144.0	3 161.7
2001	3.053 4	0.876 8	30.81	4 229.2	3 708.0
2002	3.117 0	0.972 7	28.97	4 436.1	4 315.0
2003	3.191 5	1.077 2	29.70	4 648.2	5 007.2
2004	3.443 1	1.173 9	30.72	5 139.6	6 033.2
2005	3.590 3	1.262 1	29.08	5 521.9	6 969.5
2006	3.687 8	1.374 9	26.99	5 904.1	8 117.8
2007	3.750 0	1.566 7	25.48	6 285.0	9 846.8
2008	3.572 6	1.756 7	23.63	6 327.1	11 115.0
2009	3.532 4	1.849 7	23.50	6 570.3	12 153.0
2010	3.544 6	2.029 5	24.01	6 954.1	14 113.6
2011	3.465 5	2.323 2	23.09	6 995.4	16 251.9

表10-9

北京2000—2011年碳排放相关指标

年份	人均碳排放（吨CO_2/人）	碳排放效率（万元/吨CO_2）	碳排放（万吨）	煤炭占能源消费比重（%）	天然气占能源消费比重（%）
2000	6.756 3	0.343 2	9 213	65.64	1.88
2001	6.527 3	0.410 1	9 041	63.25	2.83
2002	6.181 2	0.490 5	8 797	57.05	3.38
2003	6.280 0	0.547 5	9 146	57.53	3.26
2004	6.778 9	0.596 2	10 119	57.18	3.76
2005	6.835 6	0.662 9	10 513	55.58	4.15
2006	6.602 2	0.768 0	10 570	51.76	4.92
2007	6.430 3	0.913 7	10 777	47.49	5.30
2008	6.011 0	1.044 1	10 646	43.43	6.85
2009	5.742 0	1.137 9	10 680	40.35	7.54

（续表）

年份	人均碳排放（吨 CO_2/人）	碳排放效率（万元/吨 CO_2）	碳排放（万吨）	煤炭占能源消费比重（%）	天然气占能源消费比重（%）
2010	5.555 3	1.294 9	10 899	37.85	7.68
2011	5.427 5	1.483 4	10 956	37.21	7.51

表 10-10

福建 2000—2011 年能源相关指标

年份	人均能源消费量（吨标准煤/人）	能源效率（万元/吨标准煤）	第二产业比重（%）	能源消费（万吨标准煤）	经济产出（现价亿元）
2000	0.862 9	1.279 3	0.432 6	2 943	3 765
2001	0.918 2	1.287 6	0.442 8	3 163	4 073
2002	1.040 1	1.235 7	0.455 9	3 615	4 468
2003	1.160 1	1.226 7	0.469 7	4 063	4 984
2004	1.283 0	1.272 9	0.480 7	4 528	5 763
2005	1.731 0	1.066 9	0.484 5	6 157	6 569
2006	1.900 1	1.113 4	0.487 2	6 812	7 584
2007	2.097 0	1.221 1	0.484 0	7 574	9 249
2008	2.263 9	1.313 7	0.491 4	8 238	10 823
2009	2.432 2	1.372 4	0.490 8	8 916	12 237
2010	2.656 0	1.502 5	0.510 5	9 809	14 737
2011	2.863 6	1.648 4	0.516 5	10 653	17 560

表 10-11

福建 2000—2011 年碳排放相关指标

年份	人均碳排放（吨 CO_2/人）	碳排放效率（万元/吨 CO_2）	碳排放（万吨）	煤炭占能源消费比重（%）	天然气占能源消费比重（%）
2000	1.720 1	0.641 8	5 865	54.4	0
2001	1.729 0	0.683 8	5 956	51.4	0
2002	2.118 6	0.606 7	7 364	55.6	0
2003	2.565 2	0.554 8	8 983	61.4	0
2004	2.942 3	0.555 1	10 383	63.8	0.2
2005	3.777 2	0.489 0	13 435	62	0.1
2006	4.115 2	0.514 1	14 753	62.5	0.1
2007	4.721 9	0.542 3	17 056	65.4	0.1
2008	4.968 7	0.598 6	18 081	65	0.3
2009	5.520 0	0.604 7	20 236	67.6	1.3

（续表）

年份	人均碳排放（吨 CO_2/人）	碳排放效率（万元/吨 CO_2）	碳排放（万吨）	煤炭占能源消费比重（%）	天然气占能源消费比重（%）
2010	5.732 2	0.696 2	21 169	57.8	4
2011	6.645 5	0.710 3	24 721	64.4	4.3

表 10-12

上海 2000—2011 年能源相关指标

年份	人均能源消费量（吨标准煤/人）	能源效率（万元/吨标准煤）	第二产业比重（%）	能源消费（万吨标准煤）	经济产出（现价亿元）
2000	3.418 8	0.867 6	0.462 7	5 500	4 771
2001	3.533 4	0.883 9	0.461 3	5 895	5 210
2002	3.648 2	0.918 7	0.456 8	6 249	5 741
2003	3.848 9	0.985 0	0.479 4	6 796	6 694
2004	4.035 7	1.090 1	0.482 1	7 406	8 073
2005	4.351 9	1.124 3	0.473 8	8 225	9 248
2006	4.519 2	1.191 1	0.470 1	8 876	10 572
2007	4.686 2	1.292 0	0.445 9	9 671	12 494
2008	4.768 3	1.378 4	0.432 5	10 207	14 070
2009	4.690 5	1.451 3	0.398 9	10 367	15 047
2010	4.864 3	1.532 5	0.420 5	11 201	17 166
2011	4.801 1	1.703 2	0.414 7	11 271	19 196

表 10-13

上海 2000—2011 年能源相关指标

年份	人均碳排放（吨 CO_2/人）	碳排放效率（万元/吨 CO_2）	碳排放（万吨）	煤炭占能源消费比重（%）	天然气占能源消费比重（%）
2000	8.614 1	0.344 3	13 857	65.76	0.6
2001	8.847 3	0.353 0	14 760	64.75	0.73
2002	9.005 1	0.372 2	15 426	60.94	0.9
2003	9.380 4	0.404 1	16 564	58.75	0.95
2004	9.497 3	0.463 2	17 428	54	1.88
2005	9.850 6	0.496 7	18 618	49.08	2.96
2006	9.915 9	0.542 9	19 475	45.43	3.18
2007	10.059	0.601 9	20 757	43.41	3.76
2008	10.267	0.640 1	21 979	44.49	3.82
2009	10.003	0.680 6	22 109	42.62	4.2

（续表）

年份	人均碳排放（吨 CO_2/人）	碳排放效率（万元/吨 CO_2）	碳排放（万吨）	煤炭占能源消费比重（%）	天然气占能源消费比重（%）
2010	10.380	0.718 2	23 901	43.45	4.91
2011	10.273	0.796 0	24 115	43.89	5.85

以上数据为消除异方差，按下式对数据进行标准化处理。

当 X_i 为正向性指标时，$I_i = X_i/X_{max}$。

当 X_i 为负向性指标时，$Y_i = X_{min}/X_i$。

其中 X_i——某一指标的初始数据；

X_{max}——研究年份内的该指标数据的最大值；

X_{min}——最小值。

（二）低碳经济风险评价

主成分分析法也称主分量分析，是考虑各指标间的相互关系，利用降维的思想把多个指标转换成较少几个互不相干的综合指标，从而使研究变得简单的一种多元统计方法，其在综合评价时间中具有较多优势。利用 SPSS 软件分别对各子系统中指标标准化处理的数据进行第一轮主成分分析，得到各子系统的评价值，然后再利用所得到的子系统的综合评价值进行第二轮主成分分析，具体步骤如下。

1. 第一轮主成分分析

用 SPSS 软件对能源子系统的 5 个指标数据进行主成分分析，结果见表 10-14。软件自动提取 1 个主成分，1 个主成分方差贡献率为 88.925%，并且其特征值均大于 1。因此，可以认为这 1 个主成分包含了全部指标所具有的绝大部分信息，提取 1 个主成分有效。

表 10-14

特征值及方差贡献值

公因子	初始特征值			提取的载荷量平方和		
	整体	方差贡献率（%）	累积贡献率（%）	整体	方差贡献率（%）	累积贡献率（%）
1	4.446	88.925	88.925	4.446	88.925	88.925
2	0.481	9.621	98.546			
3	0.069	1.376	99.922			
4	0.002	0.043	99.965			
5	0.002	0.035	100.000			

在表 10-15 的因子荷载矩阵中，每一个载荷量表示主成分与其对应变量的相关系数，北京能源子系统得分值，如表 10-16 所示。

表 10-15

因子载荷矩阵

变量	变量 1	变量 2	变量 3	变量 4	变量 5
公因子	−0.817	0.974	0.952	−0.990	0.972

表 10-16

北京 2000—2011 年能源子系统得分值

年份	2000	2001	2002	2003	2004	2005
得分	−1.490 76	−1.282 85	−0.990 37	−0.823 54	−0.465 95	−0.112 69
年份	2006	2007	2008	2009	2010	2011
得分	0.252 84	0.628 87	0.819 08	0.933 79	1.130 95	1.400 62

用同样的方法对碳排放子系统的 5 个指标数据进行主成分分析，系统自动提取了 1 个主成分，方差贡献率为 87.332%。碳排放子系统得分值，如表 10-17 所示。

表 10-17

北京 2000—2011 年碳排放子系统得分值

年份	2000	2001	2002	2003	2004	2005
得分	−1.296 6	−1.085 12	−0.816 29	−0.744 99	−0.597 69	−0.421 09
年份	2006	2007	2008	2009	2010	2011
得分	−0.106 49	0.224 8	0.725 68	1.083 63	1.418 01	1.616 15

2. 以第一轮主成分分析法计算得到的能源、碳排放子系统得分为变量，再进行第二轮主成分分析

用 SPSS 软件对两个子系统的得分数据进行主成分分析，结果得到 1 个主成分，其方差贡献率高达 98.459%。最终得到北京 2000—2011 年低碳风险指数，其中低碳风险指数越大，城市产生风险的概率越小。

表 10-18

北京 2000—2011 年低碳风险指数

年份	2000	2001	2002	2003	2004	2005
得分	−1.404 54	−1.193 22	−0.910 37	−0.790 38	−0.535 97	−0.268 97
年份	2006	2007	2008	2009	2010	2011
得分	0.073 75	0.430 16	0.778 4	1.016 58	1.284 42	1.520 15

从表 10-18 可以看出，随着时间的推移，北京低碳风险指数越来越大，这意味着发生风险的概率越来越低。

3. 对福建与上海的数据进行同样的处理

上海低碳风险指数表现出和北京一样的规律，如图 10-10 所示。两者都在 2005 年左右变为正值，且低碳风险指数越来越大，发生风险的概率在降低。这些城市由于经济发展水平高、第三产业日臻成熟，高耗能行业正逐渐向周围地区迁移。技术与服务水平不断加强，使得能源效率和碳排放效率获得较大幅度提高，但城市的能源碳排放量依然在逐年增加。

图 10-11 反映了福建 2000—2011 年各个系统的风险指数结果，能源子系统和低碳风

险指数两者大致重合，反映了相同规律。随着时间的推移，福建低碳风险指数持续下降，主要的原因在于能源结构中煤炭比率持续上升，过高的煤炭一次能源投入导致碳排放和人均碳排放迅速上升，10 年间翻了两番，同时第二产业的发展仍处于上升阶段，单位 *GDP* 能耗始终高位徘徊，难以下降。其中，碳排放子系统的第一主成分也表现出如上规律，第二主成分则更多地是反映经济的高水平发展和较高单位产出，这从侧面说明了主成分分析在这里的适用性和合理性。

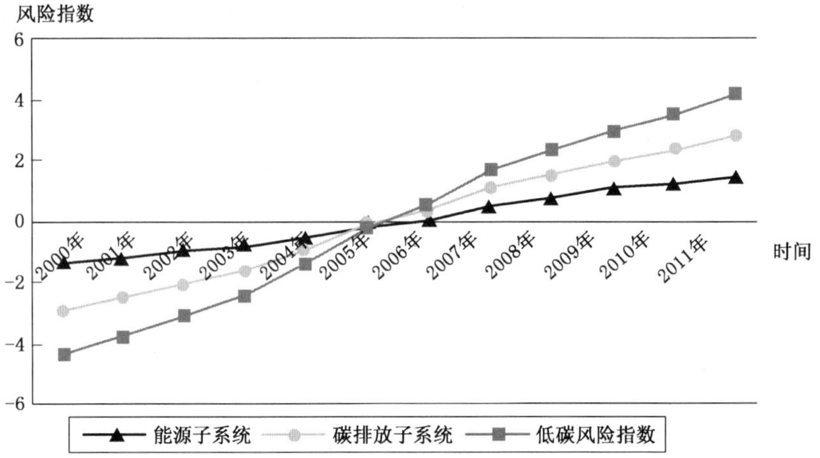

图 10-10　上海 2000—2011 年各系统风险指数

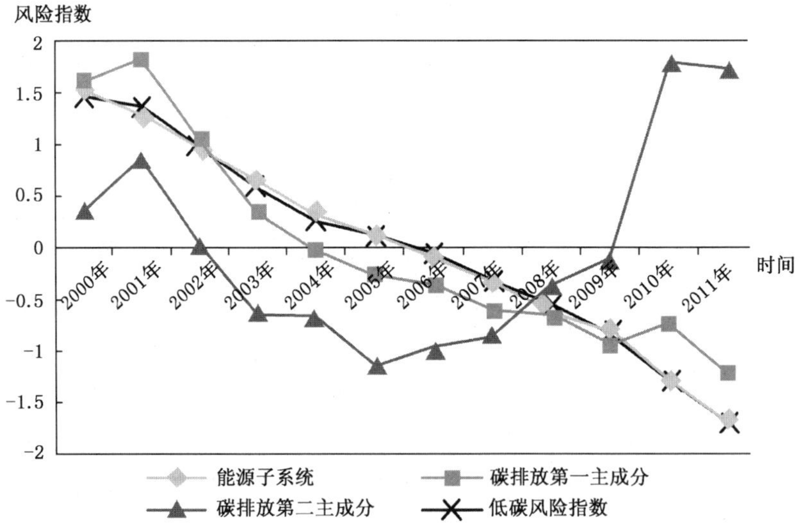

图 10-11　福建 2000—2011 年各系统的风险指数

（三）城市碳排放风险预测

我们在城市低碳经济风险指数评价的基础上，基于对各个城市社会经济、能源和环境现状的研究，对城市的碳排放进行情景分析，并根据情景分析的结果给出未来发展低碳城市的策略建议。考虑到中国城市发展的经济发展和能源需求状况，提出了 4 个情景：基准情景、节能情景、低碳情景和强化低碳情景。基准情景是节能情景、低碳情景和强化低碳情景分析的基础，每个城市基准情况都不相同，见表 10-19，这里仅以上海为例进行说明。

表 10-19

各个情景模式的设定

情　景	前　提	经济增长水平	工业化模式	技术进步
基准情景(Ref)	不影响社会经济快速发展为根本前提	略快于全国的平均经济增长速度	延续发达国家的工业化过程	技术进步使能源效率进一步提高
节能情景(EEI)	充分考虑当前的节能减排措施	不采取专门针对气候变化的对策	高耗能产品产量保持较高水平	节能减排技术突破不显著
低碳情景(LC)	考虑可持续发展和节能减排	对低碳经济发展有较大的投入	改变经济发展模式，转变生产与消费方式	新能源占能源消费比重持续上升
强化低碳情景(ELC)	进一步考虑国内以及国际间的合作	在低碳经济上投入大量的人力和物力	低碳关键技术逐一突破并推广实践	关键技术取得突破

根据 Yoichi Kaya 提出的 Kaya 恒等式，碳排放量可以有如下的基本公式：

$$T = \frac{T}{E} \times \frac{E}{Y} \times \frac{Y}{P} \times P \tag{10-6}$$

其中 T——碳排放量；

E——能源消费总量；

Y——国内生产总值(现价 GDP)；

P——人口。

进一步可得 CO_2 的排放量由区域内人口、人均 *GDP*、单位 *GDP* 能源消耗量和单位能耗排放量来决定，通过对这些变量在不同情境下的规定和预测来评估各个城市未来 CO_2 排放量。根据前面研究可得 3 个城市的基准情景，如表 10-20 所示。

表 10-20

3 个城市 2010 年的基准情景

城市	情景	人口(万人)	人均 GDP(万元)	单位 GDP 能耗(吨/万元)	单位能耗排放量(CO_2/吨)
上海	Ref	2 303	7.45	0.65	2.13
北京	Ref	1 962	7.19	0.49	1.57
福建	Ref	3 693	3.99	0.78	2.16

对(10-6)式左右两边都取对数，可变换为：

$$\ln(T) = \ln\left(\frac{T}{E}\right) + \ln\left(\frac{E}{Y}\right) + \ln\left(\frac{Y}{P}\right) + \ln(P) \tag{10-7}$$

即碳排放的增长率可以为单位能耗排放的增长率、单位 *GDP* 能耗的增长率、人均 *GDP* 的增长率和 *GDP* 增长率之和。通过前面的实证研究和文献资料的总结，对上海市各个参数在不同情景下设定变量预测值，如表 10-21 所示。

表 10-21

不同情景下上海各个参数的设定值

年份	情景	人口(万人)	人均 GDP(万元)	单位 GDP 能耗(吨/万元)	单位能耗排放量(CO_2/吨)
2015	EEI		10	0.55	
	LC	2 350	9.5	0.53	2.1
	ELC		9	0.45	
2020	EEI	2 550	12.5	0.45	2.0
	LC		11.5	0.47	
	ELC		10.5	0.38	
2025	EEI		15	0.42	
	LC	2 700	13.5	0.40	1.8
	ELC		12	0.35	

以上海市 2010 年的基准情景为情景预测起点，碳排放总量为 23 901 万吨 CO_2。其后各主要年份的碳排放量随着情景变化而不同。在节能情景下，碳排放量呈持续上升的态势，前期涨势较小，是由于现有节能减排的政策和措施很好地促进了工业节能减排，但随着第三产业的快速发展，能耗主要集中在建筑和交通上，现有节能政策就显现出了弊端，碳排放量不能得到有效的控制。同时，如图 10-12 所示，碳排放量从 2010 年的 2.4 亿吨增长到 2025 年的 3.1 亿吨，增长缓慢说明上海已经开始进入后工业化时代，碳排放量快速增长时期即将结束，但是若不采用低碳经济模式，碳排放总量依然会增加。低碳模式和强化低碳模式都可以实现碳排放的减少，后者的代价略大，但随着时间的推移，两种情景的差距会逐渐减小。

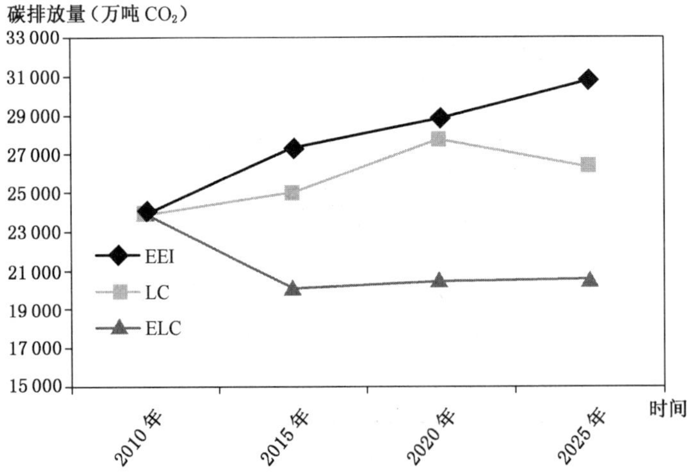

图 10-12　不同情景下上海市碳排放预测值

根据若瑟姆曲线理论，上海市正处于城市化后期阶段，第三产业的比重将持续上升，碳减排的重点应从现在的工业生产逐渐转移到建筑交通上。此外，根据前面的分析，上海在低碳情景下，可以承担更多的减排责任。这些都要求上海市制定严格的减排计划，减排计划应将温室气体排放量(GHG)作为贯穿始终的目标与线索，统合所有低碳行动方案的指标，使得上海市未来可持续发展策略的指向性更加明确;加强温室气体排放统计工作,建立完整的数据收集和核算系统,直观的数据能让政府作出准确的低碳决策,为民众的低碳消费提供指南,进而推动城市的低碳发展。

(四) 中国(城市)能源进口风险

上述城市的能源供应大部分靠外部输入,因此能源运输风险急剧上升。当前,中国能源进口贸易以原油、成品油和天然气为主,煤炭进口量相对较少,出口则主要是煤炭贸易。

中国油气进口的主要能源通道包括:中东航线、北非航线、东非航线、西南非航线、南美航线和东南亚航线;中俄泰纳支线安大石油管线、中哈油气管线、中国—中亚天然气管线以及中缅油气管线。中国石油进口的主要渠道是海上油轮运输。虽然海运在很大程度上保障了中国的能源供应,但由于中国距离油气生产基地路途遥远,海运风险很大。自然气候、海盗风险和地缘政治因素严重威胁着中国海运通道的安全。美国公开表示要控制全球 16 个重要战略通道,其中,与中国能源运输密切相关的达 7 个之多。

为缓解能源进口过度依靠海运的局面,中国开始把目光投向了周边国家。随着俄罗斯和中亚地区能源大开发的深入,中俄、中国—中亚能源合作也不断加强。2000 年中国原油进口来源国主要是中东、非洲和亚太地区国家;2012 年俄罗斯及中亚国家已成为中国原油进口的重要来源地。进入 21 世纪以来,该地区已建成了东北和西北两条重要的油气进口通道,逐步改变了中国能源进口过度依靠海运的局面,为保障国家能源供应安全发挥了重要的作用。

综上所述,石油海洋运输风险受地缘政治、海盗袭击、突发事件、自然灾害等不确定因素的影响,为了有效规避和降低中国石油进口的海洋运输风险,中国政府已经采取了一系列的措施,但措施真正发挥作用还需以时日。中国跨境油气进口管网初见端倪,解困马六甲尚需时日。中国正在积极地寻求在俄罗斯、中亚的陆地运输管线和印度洋的入海口,周边很多潜在的运输线路先后受到关注和启动。2008 年 12 月,中国海军编队远赴索马里执行远航护航任务,正式拉开了武力打击海盗袭击的序幕。

1. 中美原油进口风险的比较分析

美国和中国作为世界上两个最大的经济体,石油消费量也占据前两位,受国内石油储量和产能的制约,中美也是世界上最大的两个原油进口国。2011 年美国和中国原油进口量分别为 4.81 亿吨和 3.28 亿吨,约占国际原油贸易的 33.06%,对外依存度分别为 57.7%和 56.5%。随着经济的持续快速发展,中国原油进口量也增长迅速,1996 年仅进口 0.23 亿吨原油,2011 年原油进口量为 3.28 亿吨,15 年的时间增长了 13.3 倍(BP,2012)。相对于中国,美国原油进口增长相对缓慢,2004 年以前基本保持年均 4.0%左右的速度增长,2004—2007 年基本保持不变,2008 年以后受经济危机的影响,美国原油进口量大幅降低,2009 年原油进口量相对于 2008 年下降了 8.1%,2011 年原油进口量又开始缓慢增长。

1) 中美原油进口来源和多元化差异

2011 年中美两国原油进口量约占世界原油贸易的 33%。由于地缘政治和地理位置等原因,中美两国原油进口来源差异明显。总的来看,中国原油进口主要依赖地缘政治复杂的中东和北非地区,约占进口总量的 76.72%(中国海关统计,2011),而且需要长距离海上油轮运输,面临较大的运输风险;而美国原油进口主要依赖于与之毗邻且地缘政治单一的北美和中南美地区,约占进口总量的 53.68% (EIA,2011),运输线路较短,且远离海盗袭击,运输方式多样,部分通过石油管线运输,所以整体运输风险较小。因此,美国的原油进口来源相对于中国风险低，地缘政治风险也更低。

中国的原油进口必须经过索马里、亚丁湾、马六甲、几内亚湾等海盗袭击高发海域，而美国原油进口除了中东和西北非的航线较长之外，主要进口来源都依赖北美的两大邻国，完全远离海盗袭击高发海域。此外，中国原油进口航线长，其中80%依赖油轮运输，其中90%由外籍船运公司承担运输任务，所以中国原油进口的运输风险相对较高。美国原油进口主要来源于北美、中南美和西非地区，总的来看，美国原油进口航程短，而且远离海盗袭击高发海域，所以其运输风险远低于中国原油进口的运输风险。

2）中美原油进口的策略差异

1996年之后，中国原油进口量增长迅速，多方面的原因致使中国原油进口出现了“买涨不买落”和“量价齐增”的现象，使石油进口贸易蒙受了巨大的经济损失。

1997—1998年亚洲金融危机期间，国际油价暴跌，中国原油进口量相应减少。1998年9月国际Brent现货月平均价格降到13.34美元/桶，当月中国原油进口量为216万吨；12月油价跌到9.82美元/桶，中国当月原油进口量也跌至129万吨，减少了87万吨。而同期美国原油进口则正好相反，9月份美国进口量为3 479万吨，12月份为3 533万吨，增加了54万吨。

1999年亚洲金融危机过后，国际油价开始一路上涨，中国原油进口量也相应增加。7月当油价涨到19.08美元/桶时，中国当月原油进口量232万吨；8月油价继续上涨达到20.22美元/桶，进口量增加为419万吨；9月油价进一步涨到22.54美元/桶，进口量也增加到429万吨；11月当油价涨到24.58美元/桶时，进口量为367万吨，虽然相对于9月份有所下降，但仍比7月份多了135万吨，且比当年月平均进口量仍高20%。而同期美国原油进口量却随着国际油价的上涨而下降，11月份的进口量比7月份少了606万吨。

2001年国际油价波动相对稳定，基本徘徊于24～28美元/桶，中国各月原油进口量也随着国际油价的波动而增减。1月份油价为25.62美元/桶，进口量为370万吨；2月份油价涨到27.50美元/桶，进口量也增加到519万吨；3月份当油价跌至24.50美元/桶时，进口量也减少到469万吨；4月份油价又涨到25.66美元/桶，进口量也增加到713万吨；6月份油价继续攀升到27.85美元/桶，进口量为654万吨；之后油价开始下降，进口量也相应减少；10月份油价跌至20.54美元/桶，进口量仅为401万吨。而同期美国原油进口恰恰是随着国际油价上涨而减少，随着油价下降而增如。

2008年国际油价经历了“过山车式”的暴涨暴跌，中国各月原油进口量也差异巨大。1月份油价为92.18美元/桶，进口量为1 394万吨；之后油价开始飙升，3月为103.64美元/桶，进口量也高达1 730万吨；6月油价涨到历史最高位132.32美元/桶，进口量为1 457万吨；之后油价开始迅速回落，中国原油月进口量也快速减少，11月油价跌至52.45美元/桶，进口量也降至1 336万吨；2009年1月当油价跌至2005年以来的最低点时，中国原油进口量仅为1 282万吨。而同期美国原油进口再一次随着国际油价的上涨而减少，随着油价的暴跌而增加，虽然其变化量都相对较小，但仍然非常值得中国石油贸易反思和借鉴。

2010年国际油价开始波动上涨，中国原油进口随着油价的变化亦步亦趋。3月份油价为78.83美元/桶，中国原油进口量为2 106万吨；4月份油价涨到84.82美元/桶，进口量也增加到2 117万吨；5月份油价跌至75.95美元/桶，进口量也相应减少到1 784万吨；9月份油价又回升到77.84美元/桶，进口量也猛增到2 328万吨；12月份当油价涨到91.45美元/桶时，进口量仍高达2 085万吨。同期美国原油进口量的变化，总是能够根据油价的波动，准确地调整各月原油进口量。

3）中美原油进口策略的比较

如前所述，美国原油进口采取风险中立的进口模式，各月进口量变化不大，而且能够根据国际油价的走势，合理调整原油进口策略，降低进口成本。研究结果表明，如果1996—2010年中国原油进口完全按照美国各月进口的份额，那么“买涨不买落”和“量价齐增”现象明显减少，而且原油进口成本会大大降低，累计节约32.55亿美元(按2010年汇率约合220.35亿元人民币)，平均每年节约2.17亿美元(约14.69亿元人民币)，也就是说，相对于美国的原油进口策略，中国的原油进口策略使得每一位中国人每年为原油进口多支付了至少1元人民币。

然而，并不是所有年份美国原油进口策略都优于中国的进口策略，有些年份恰好相反，如1997年、2004年、2006年和2007年。这主要是因为这些年份中国各月原油进口量变化不大，“买涨不买落”现象不明显，而且国际油价变化相对单调，所以有利于风险偏好型的进口策略，使得中国原油进口成本相对较低。不过，美国原油进口策略相对于中国实际进口的收益率呈下降趋势(忽略经济危机的影响如1997—1999年和2008—2009年)。也就是说，中国实际原油进口策略正逐步改进。

2. 进口风险评价

无论是从进口来源方面，还是从运输风险、多元化、进口策略等方面，中国原油进口风险都明显高于美国原油进口风险，所以作为第二大石油进口国，降低石油进口风险任重道远。研究结果表明，如果按美国的原油进口策略，重新组织中国原油进口，不仅有利于规避和减少中国原油进口的“买涨不买落”和“量价齐增”现象，而且很大程度上能降低中国原油进口成本，1996—2010年将累计节约32.55亿美元。因此，未来中国应尽快优化进口策略，各月原油进口份额也应该控制在8.3%左右，然后再根据对未来国际油价走势的判断，适当增加和减少各月原油进口量，不仅能够很好地规避“买涨不买落”和“量价齐增”现象，而且能够大大降低原油进口成本。

参 考 文 献

[1] 张小军.关于低碳经济竞争力评价体系构建的研究[J].商业时代,2011(34).

[2] 昝月梅.基于财税政策对低碳经济的作用机理分析我国低碳经济发展状况[J].经济论坛,2011(3).

[3] 张明星,贺立.低碳经济下煤炭企业战略经营业绩评价指标构建[J].内蒙古农业大学学报(社会科学版),2011(4).

[4] 司晋娟,张素蓉.低碳经济下的碳战略业绩评价体系建设[J].北华航天工业学院学报,2011(2).

[5] 王曙光,刁晓君,慕楠.关于借鉴环境监测经验构建低碳经济监管体系的探讨[J].环境污染与防治,2011(10).

[6] 周惠军,高迎春.绿色经济、循环经济、低碳经济三个概念辨析[J].天津经济,2011(11).

[7] 李虹,周莹莹.基于低碳经济视角的项目投资决策模式研究[J].会计研究,2011(4).

[8] 李志萌,张宜红.鄱阳湖流域生态与低碳经济发展综合评价研究[J].鄱阳湖学刊,2011(2).

[9] 祝福冬.低碳经济时代企业碳管理探析[J].企业经济,2011(7).

[10] 乌力吉图,王东亚.低碳经济发展评价指标体系构建及实证研究——以江浙沪动态对比为例[J].江苏商论,2011(12).

[11] 查建平,唐方方,傅浩.中国工业技术效率及其影响因素研究——基于碳排放的约束条件[J].山西财经大学学报,2011(4).

[12] 陈飞,诸大建.低碳城市研究的内涵、模型与目标策略确定[J].城市规划学刊,2009(4).

[13] 王丽丽,赵勇.基于DEA的中国制造业效率评估[J].山东大学学报(哲学社会科学版),2010(1).

[14] 王兵,卢金勇,陈茹.环境约束下的中国火电行业技术效率及其影响因素实证研究[J].经济评论,2010(4).

[15] 刘玉海,武鹏.能源消耗、二氧化碳排放与区域经济增长效率——基于APEC视角的面板数据分析[J].山西财经大学学报,2011(10).

[16] 赵昕,郭晶.中国低碳经济发展的技术进步因素及其动态效应[J].经济学动态,2011(5).

[17] 王小李,等.基于可变模糊分析的省区低碳经济评价体系探索[J].生态经济(学术版),2011(2).

[18] 张晨.浅议低碳经济评价体系构建[J].现代商业,2011(30).

[19] 颉茂华,胡伟娟.低碳经济下的煤炭企业经营绩效评价指标体系构建[J].煤炭经济研究,2012(1).

[20] 华瑶,李学超.低碳经济风险评价及应对研究[J].工业技术经济,2011(3).

[21] 何宜庆,文静,袁莹莹.基于因子分析的江西省城市低碳经济发展评价分析[J].企业经济,2011(12).

[22] 付加锋,郑林昌,程晓凌.低碳经济发展水平的国内差异与国际差距评价[J].资源科学,2011(4).

[23] 梁毕明,蒋文春.低碳经济下生产型企业综合绩效评价的构建[J].会计之友,2011(12).

[24] 文琪.低碳经济下企业业绩评价的内涵[J].商业会计,2011(24).

[25] 张莎莎.基于低碳经济的企业业绩评价探讨[J].东方企业文化,2011(22).

[26] 周富华,陈雄.国内外低碳经济评价初探[J].当代经济,2011(9).

[27] 何雄浪,马永坤,恩佳.低碳经济下战略性新兴产业发展研究——基于层次分析法的价值指标评析[J].当代经济管理,2011(9).

[28] 刘安兵.低碳经济下经济责任审计目标和内容的探讨[J].湖北经济学院学报(人文社会科学版),2011(7).

[29] 何帆.浅谈低碳经济下我国会计体系的构建[J].改革与开放,2011(18).

[30] 荆有印,王保生,齐永霞.循环流化床锅炉循环倍率的通用数学模型[J].动力工程,2003(3).

[31] 范爱军,王丽丽.中国技术效率的地区差异与增长收敛——基于省际数据的研究[J].经济学家,2009(4).

[32] 课题组.中国未来研究会未来研究中心低碳经济评价研究[R].2010各国低碳经济评价课题研究报告.未来与发展,2011(5).

[33] 徐晓飞,赵琛,崔艳娟.区域低碳经济发展的评价体系研究[J].科技管理研究,2011(16).

[34] 袁宏路.低碳审计在我国低碳经济发展中的应用分析[J].企业导报,2011(8).

[35] 张欣,赵涛.基于 DEA 的我国省级区域低碳经济的效率评价研究[J].西安电子科技大学学报(社会科学版),2011(5).

[36] 李刚,王忠东,张明.基于循环修正思路的低碳经济评价模型研究——以秦皇岛市低碳经济评价为例[J].东北大学学报(自然科学版),2011(12).

[37] 刘利群.低碳经济下企业业绩评价体系的改进——基于平衡计分卡的研究[J].会计之友,2011(10).

[38] 郑晓青.低碳经济、企业环境成本控制:一个概念性分析框架[J].企业经济,2011(6).

[39] 张小军.低碳经济视角下的科技竞争力评价体系构建及其评价[J].商业时代,2011(31).

[40] 岳冬冬.基于碳排放强度的低碳经济发展阶段划分研究[J].中国渔业经济,2011(4).

[41] 权微微.基于印度低碳经济发展的中国低碳经济发展建议[J].财经界(学术版),2011(3).

[42] 刘淑华.论我国发展低碳经济法律制度的完善[J].特区经济,2011(5).

[43] 陈永国,褚尚军,李宗祥.低碳经济内涵与四象限评价法[J].河北经贸大学学报,2011(6).

[44] 龙昀光,等.低碳经济下企业绩效评价体系的构建与探讨[J].中小企业管理与科技,2012(1).

[45] 郑林昌,付加锋,李江苏.中国省域低碳经济发展水平及其空间过程评价[J].中国人口、资源与环境,2011(7).

[46] 杨睿娟.低碳经济是保障石油生态安全的现实选择[J].企业经济,2011(6).

[47] 徐泓,朱秀霞.低碳经济视角下企业社会责任评价指标分析[J].中国软科学,2012(1).

[48] 肖彦.低碳经济视角下钢铁企业社会绩效评价[J].会计之友,2011(22).

[49] 何军兵.低碳经济下的电子送达方式正当性研究[J].企业经济,2011(11).

[50] 陈俊红,姜翠红,李红.都市型现代农业低碳经济进程评价及建议——以大兴区为例[J].生态经济(学术版),2011(1).

[51] 马靖忠.基于 AHP 法的城市低碳经济评价指标体系构建[J].商业时代,2011(21).

[52] 刘畅.论低碳经济下企业业绩评价体系的构建[J].中小企业管理与科技(下旬刊).

[53] 杨家金,杨易.民族地区低碳经济发展问题研究——以湘西州永顺县为例[J].企业经济,2011(11).

[54] 吴未,路平山.县域低碳经济发展评价——以惠民县为例[J].安徽农业科学,2011(22).

[55] 李达,肖彦.低碳经济背景下钢铁企业环境绩效评价[J].会计之友,2011(26).

[56] 许为男.低碳经济下公路交通运输业发展对策研究[J].现代营销(学苑版),2011

(5).

[57] 康颖.低碳经济下企业业绩评价体系——基于平衡计分卡(BSC)的研究[J].东方企业文化,2011(22).

[58] 王棣华,杨琳琳.低碳经济环境下的投资决策方法探讨[J].辽东学院学报(社会科学版),2011(3).

[59] 陈亚娟.低碳经济环境下企业绩效评价体系构建——以廊坊市为例[J].财会通讯,2011(27).

[60] 冯碧梅.湖北省低碳经济评价指标体系构建研究[J].中国人口、资源与环境,2011(3).

[61] 梁日忠.长三角区域低碳经济发展状态评价研究——以上海市为例[J].中国发展,2011(5).

[62] 陈幼敏.基于灰色系统的低碳经济企业财务绩效综合评价[J].中国证券期货,2011(9).

[63] 邢璐,单葆国.基于Kaya公式的中国CO_2排放影响因素分解[J].能源技术经济,2011(10).

[64] 李刚,等.基于基尼系数赋权的低碳经济评价模型及实证[J].科技管理研究,2011(21).

[65] 张小军.低碳经济背景下我国科技竞争力评价体系构建[J].商业时代,2011(7).

[66] 张文华.大力发展低碳经济是解决经济发展与环境保护问题的有效途径[J].对外经贸,2011(12).

[67] 李宇.清洁生产、循环经济与低碳经济:政府行为博弈市场边界[J].改革,2011(10).

[68] 辛玲.低碳城市评价指标体系的构建[J].统计与决策,2011(7).

[69] 张学毅,王建敏.基于物质流分析方法的低碳经济指标体系研究[J].学习月刊,2010(4).

[70] 马军,周琳,李薇.城市低碳经济评价指标体系构建——以东部沿海6省市低碳发展现状为例[J].科技进步与对策,2010(22).

[71] 王斌斌.低碳经济发展评价体系构建与经验研究——以大庆市为例[J].东北财经大学学报,2010(6).

[72] MAZZARINO M. The economics of the greenhouse effect: evaluating the climate change impact due to the transport sector in Italy[J]. Energy Policy, 2000, 28(13).

[73] REHAN R, NEHD M. Carbon dioxide emissions and climate change: Policy implications for the cement industry[J]. Environmental Science & Policy, 2005, 8(2).

[74] SOYTAS U, SARI R. Energy consumption, income, and carbon emissions in the United States [J]. Ecological Economics, 2007, 62(3-4).

[75] DRUCKMAN A, BRADLEY P. Measuring progress towards carbon reduction in the UK[J]. Ecological Economics, 2008, 66(4,15).

[76] PAFIKH J, PANDA M, GANESH-KUMAR A, et al. CO_2 emissions structure of Indian economy[J]. Energy, 2009, 34(8).

第十一章　经济运行的微观基础风险

一、绪论

（一）研究背景

2012年全球经济面临巨大的不确定性，经济增速创新低。欧债危机进一步加剧，欧元区主权债务危机导致的信用危机、金融危机，对欧洲经济以致世界经济产生了较大冲击。美国经济复苏迟滞，世界经济深层次的矛盾和问题正在显露之中，对中国的出口形成了较大的不利影响。2013年世界经济仍处在深度调整期，国内需求面临着一定的下行风险；房价、物价涨幅明显降低；出口增长速度放缓；投资和消费增长都有不同幅度的下降；经济增长率继续下行。美国政府为了应对"财政悬崖"问题，启动了量化的宽松政策，使我国面临着输入性通胀风险。宏观财政政策、货币政策调控的难度加大。

从中国国内形势来看，在政府货币紧缩和财政刺激政策退出的背景下，经济结构调整和宏观调控将进一步深入。在结构性减税，"营改增"试点，城镇化和服务业发展等的推动下，GDP增速整体小幅回升概率较大。新的制度性红利因素，如城镇化和西部大开发，降低贫困人口标准、扩大未来10年扶贫开发的规模等不可忽视。社会融资总规模扩大，货币政策以平稳为主，存贷款增长将保持近2年的增长状况。货币市场和债券市场的利率可能震荡上行，债市整体的交易机会有限。同时，市场竞争更加激烈，原材料成本、资金成本和劳动力成本不断增长，企业经营的压力进一步加大，对企业的短期经营业绩产生了负面的影响。

虽然风险管理研究日益受到重视，但由于人们开展风险研究时间较短，对风险的认识有限。在整个风险管理研究中，微观主体风险的度量和评价研究相对较少。本研究从影响宏观经济运行的微观主体角度出发，分析微观主体风险形成的机理和传导机制，并在此基础上采用计量经济学、树贝叶斯聚类模型等方法对微观主体风险进行度量和评价，为宏观经济管理和微观风险管理研究的有效衔接搭建一个基础性的研究平台，为宏观经济决策，有效地识别、评价自身风险，降低风险提供理论指导。

（二）微观主体风险的界定

微观主体风险是指未来的不确定性对微观主体实现其经营目标的不利影响。根据风险因素的不同，国际清算银行将金融企业所面临的风险划分为经济风险、经营风险、市场风险、利率风险、信用风险、法律风险、交易对象风险以及流动性风险。1994年美国的发起人委员会COSO在《内部控制——整体框架》报告中，将内部控制理论推进到内部控制整体框架阶段。COSO框架实现了控制要素由三要素到五要素的突破并首次将风险评估纳入内部控制整体框架之内。2004年COSO对原有的内部控制报告进行了拓展，形成了新的《企业风险管理——整体框架》，明确提出了企业风险管理的概念。按照他们的定义，企业风险管理是一个过程，它由一个主体的董事会、管理当局和其他人员实施，应用于战略制订并贯穿于企业之中，旨在识别可能会影响主体的潜在事项，管理风险以使其在该主体的风险容量之内，并为主体目标的实现提供合理保证。这个定义反映了几个基本概念。企业风险管理是一个过程，它持续地流动于主体之内；由组织中各个层级的人员实施；应用于战略制订；贯穿于企业，在各个层级和单元应用，还包括采取主体层级的风险组合观；旨在识别一旦发生将会影响主体的潜在事项，并把风险控制在风险容量以内；能够向一个主体的管理当局和董事会提供合理保证；力求实现一个或多个不同类型但相互交叉的目标。

企业风险管理包括八个相关要素：内部环境、目标设定、事件识别、风险评估、风险应对、控制活动、信息与沟通和监督。企业风险管理的八个组成部分是一个有机的整体，体现的是一个动态的过程。1995 年安德森提出管理经营风险的概念，将企业经营风险分为三个层面：环境流程风险、作业流程风险和决策用信息风险。他认为环境流程风险属于政治、经济、社会等的系统性风险，此类风险影响企业经营，但企业对之几乎无影响力；决策用信息风险主要来自竞争、信誉、政府法律法规等，此类风险影响企业经营活动，企业可以影响此类风险但无力控制；作业流程风险主要来自市场、科技、人员等，企业对此具有相当控制力。尽管不同的理论研究对风险的识别和分类有所差异，但综合来看，经营风险（运营风险）和财务风险是微观主体所面临的主要风险。

1. 经营风险

经营风险是指企业在采购活动、生产活动和销售活动中产生的风险，具体表现为采购风险、生产风险和资金回收风险。采购风险是由于采购物资的时间、数量、质量和货款支付方面的不确定性，所带来的物资不能满足生产需要或积压和不能按期支付货款的可能性。生产风险是由于生产质量控制、成本控制和新产品开发方面的不确定性，所带来的资金回收的不确定性。资金回收风险是指由于企业在产品资金转化为结算资金、结算资金再转化为货币资金的过程中，存在时间上和金额上的不确定而导致资金不能回收的风险，主要表现为应收账款的回收在时间上和金额上的不确定所导致的风险。在时间上具体表现为无法实现由产品资金到结算资金转变的风险和结算资金的拖欠风险；在金额上具体表现为结算资金不足以弥补资金成本和应收账款无法收回而形成坏账损失的风险。外部风险输入到企业内部后，与企业以价值创造为导向的治理结构发生摩擦和碰撞，而且这种碰撞波及企业的方方面面，这就要求企业在复杂的形势下做出选择，也就是企业管理者做出决策。经营风险在企业内部的传递也是可以控制的，实际上风险控制是企业内部控制活动的主要内容。经营风险通过企业的内部控制、决策机制和管理机制影响企业的价值创造。经营风险从产生到在企业内部传递，本身不会消失，而且随着决策次数的增加，经营风险有加大的趋势。

2. 财务风险

对于财务风险的界定有两种不同的观点：第一种观点认为，企业财务风险是企业财务活动中由于各种不确定因素的影响，企业财务收益与预期收益发生偏离，因此造成蒙受损失的机会和可能。企业财务活动组织和管理过程中的某一方面和某个环节的问题，都可能促使这种风险转变为损失，导致企业盈利能力和偿债能力的降低。企业的财务活动分为筹资活动、投资活动、资金回收和收益分配四个方面，财务风险就分为筹资风险、投资风险、资金回收风险、收益分配风险。第二种观点认为，财务风险是企业用货币资金偿还到期债务的不确定性。这种观点认为的财务风险与负债经营相关，财务风险是因偿还到期债务而引起的。本研究采纳的是财务风险的第一种观点，即财务风险是指企业的筹资活动、投资活动、资金回收和收益分配四个方面的风险。

（三）微观主体风险的研究思路

本研究将严格遵循风险相关问题研究的规范思路，首先，对影响微观主体风险的因素进行识别，对引致的微观主体主要风险因素进行筛选，并判断中国宏观经济中的微观主体风险的类型；其次，对微观主体的风险进行量化，以反映微观主体未来所面临的风险大小；最后，提出管理或缓解微观主体风险的政策建议。

（四）主要研究内容及框架

本研究的主要内容有中国宏观经济运行中的微观主体风险引致因素分析，测度微观主体风险的方法综述及对微观主体风险的实证研究。在对微观主体相关的基本概念进行界定后，主要的后续研究内容具体安排如下：

第一部分，对中国宏观经济中的微观主体运行的现状进行描述，并在此基础上，来分析和识别微观主体的主要风险因素。

第二部分，对中国经济运行中的微观主体风险因素进行识别。从中国经济运行现状出发，识别出微观主体风险因素，为风险的度量奠定了分析基础。

第三部分，微观主体风险的度量与预测分析。首先介绍了基于行业的微观主体风险度量的树贝叶斯聚类模型，构建了各行业的风险预警指标体系，进行样本的选择和指标的选取，并基于行业对微观主体的风险进行了预测与分析。

第四部分，结论与微观主体的风险管理对策。

二、经济运行中的微观主体风险因素的识别

（一）微观主体运行的现状

2012 年全球经济面临巨大的不确定性。经济增速创新低、人民币不断升值、制造业经理人采购指数不乐观、物价上涨压力等因素，给中国经济的持续快速上升带来了负面影响。美国政府为了应对“财政悬崖”问题，启动了量化宽松政策，使中国面临着输入性通胀风险，宏观财政政策、货币政策调控的难度加大。在政府货币紧缩和财政刺激政策退出的情况下，经济结构调整和宏观调控不断深入。在结构性减税、“营改增”试点、城镇化和服务业发展的推动下，GDP 增速整体小幅回升。微观主体面临融资难、成本高、利润薄等多重压力，运营环境面临着较大的不确定性。房价、物价涨幅明显降低；出口增长速度放缓，投资和消费增长有不同幅度的下降，经济增长率继续下行。2012 年及 2013 年的国内外宏观环境对中国微观主体的经营、财务等风险产生影响的因素主要集中在以下方面。

1. 全球经济增长速度下降，微观主体业绩的增速放缓

在宏观调控的背景下，中国经济增速明显放缓，营业总收入、营业总成本比 2011 年有所上升；营业利润和净利润比上年有所下降。从表 11-1 上市公司的整体（不含金融行业）情况看，2012 年营业收入的增幅为 0.077 1%；营业总成本增幅为 0.081 1%，营业成本的增幅超过营业收入的增幅。营业利润和净利润均有所降低，其中营业利润的降低幅度为 0.500 0%；净利润的降低幅度为 0.999 9%。

表 11-1

上市公司的整体情况(不含金融行业)

单位:万元

经济指标	2012 年	2011 年	增长率(%)
营业总收入	245 269.61	227 712.44	0.077 1
营业总成本	198 958.19	184 029.38	0.081 1
营业利润	25 503.67	25 631.42	−0.500 0
净利润(含少数股东损益)	20 796.20	20 814.09	−0.999 9

资料来源:Wind 数据库。

从表 11-2 每股收益来看,2012 年每股收益行业的增幅存在一定的差异:综合类公司每股收益的平均增幅为 216%;电力、热力、燃气及水生产和供应业公司的每股收益的增幅为 27.27%;水利、环境和公共设施管理业的每股收益的增幅为 17.65%;居民服务、修理和其他服务业公司的每股收益的增幅为 15.79%;租赁和商务服务业每股收益的增幅为 13.51%。科学研究和技术服务业,制造业,采矿业,交通运输、仓储和邮政业,信息传输、软件和信息技术服务业,批发和零售业,住宿和餐饮业等行业的每股收益都出现了不同程度的降低。其中科学研究和技术服务业的每股收益的降低幅度最大。除房地产行业,文化、体育和娱乐业的每股经营现金流量出现大幅降低外,其他各行业的现金流都比较充裕。

表 11-2

各行业主要每股指标及增长情况

证监会一级行业分类	每股收益			本期每股经营现金流量		
	2012 年	2011 年	增长率(%)	2012 年	2011 年	增长率(%)
采矿业	0.55	0.70	−21.43	0.64	0.83	−22.89
电力、热力、燃气及水生产和供应业	0.28	0.22	27.27	1.03	0.63	63.49
房地产业	0.37	0.34	8.82	0.18	−0.40	−145.00
建筑业	0.45	0.42	7.14	−0.12	−0.08	50.00
交通运输、仓储和邮政业	0.30	0.35	−14.29	0.51	0.49	4.08
教育	0.14	0.15	−6.67	0.29	0.28	3.57
金融业	0.69	0.67	2.99	3.49	0.03	11 533.33
居民服务、修理和其他服务业	0.44	0.38	15.79	0.60	0.51	17.65
科学研究和技术服务业	0.20	0.44	−54.55	0.42	0.35	20.00
农、林、牧、渔业	0.20	0.20	0.00	0.40	0.23	73.91
批发和零售业	0.38	0.39	−2.56	0.42	0.31	35.48
水利、环境和公共设施管理业	0.40	0.34	17.65	0.38	0.28	35.71
卫生和社会工作	0.42	0.41	2.44	0.14	0.19	−26.32
文化、体育和娱乐业	0.45	0.44	2.27	0.07	0.13	−46.15
信息传输、软件和信息技术服务业	0.45	0.48	−6.25	0.29	0.29	0.00
制造业	0.33	0.42	−21.43	0.36	0.19	89.47
住宿和餐饮业	0.30	0.32	−6.25	0.71	0.38	86.84
综合	0.79	0.25	216.00	0.17	0.15	13.33
租赁和商务服务业	0.42	0.37	13.51	0.84	0.40	110.00

从表 11-3 可以看出，各行业毛利率、销售净利率、净资产收益率、总资产净利率均为有较大幅度的增长。采矿业的净资产收益率最高，行业平均为 14.73%。净资产收益率在 10%以上的有房地产业，建筑业，居民服务、修理和其他服务业，水利、环境和公共设施管理业，卫生和社会工作，文化、体育和娱乐业，信息传输、软件和信息技术服务等行业。而农、林、牧、渔业的净资产收益率最低，行业平均只有 3.43%。其次是制造业、教育和综合类，行业平均分别为 4.59%、4.69%和 6.92%。

表 11-3

2012 年各行业盈利能力(%)

证监会一级行业分类	销售毛利率	销售净利率	净资产收益率	总资产净利率
采矿业	30.98	9.66	14.73	6.35
电力、热力、燃气及水生产和供应业	23.12	11.34	8.04	3.25
房地产业	37.66	11.96	10.49	3.48
建筑业	17.28	5.91	10.71	3.81
交通运输、仓储和邮政业	31.09	18.80	8.27	5.08
教育	34.19	14.74	4.69	2.49
金融业	34.23	29.13	9.75	2.22
居民服务、修理和其他服务业	35.53	18.42	10.81	4.55
科学研究和技术服务业	23.75	10.97	6.23	4.08
农、林、牧、渔业	20.01	3.51	3.43	2.48
批发和零售业	17.56	4.07	8.76	4.29
水利、环境和公共设施管理业	41.08	6.08	12.19	6.69
卫生和社会工作	42.49	18.10	11.41	9.22
文化、体育和娱乐业	30.68	3.58	11.16	6.02
信息传输、软件和信息技术服务业	45.45	15.27	10.00	7.21
制造业	25.73	14.86	4.59	4.39
住宿和餐饮业	42.77	9.76	7.71	4.60
综合	33.10	295.51	6.92	25.28
租赁和商务服务业	33.40	9.40	9.69	5.37

有些行业面临着全行业经营风险上升的状况。2012 年深交所 22 家光伏产业上市公司中，有 10 家出现亏损，亏损公司数较上年增加 8 家；累计亏损 27.36 亿元，平均每家亏损 2.74 亿元。

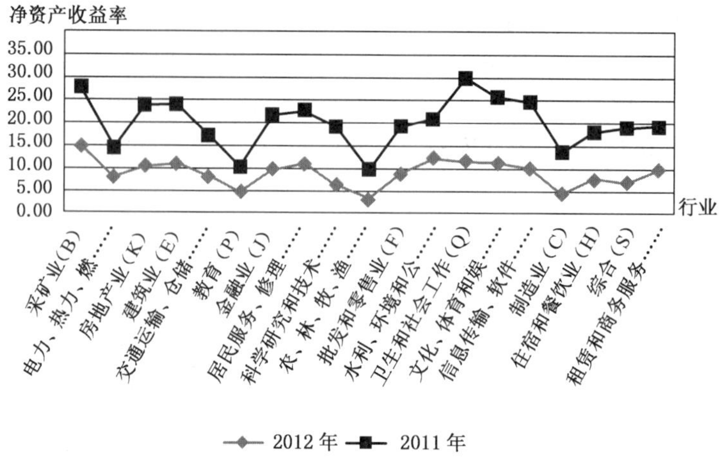

图 11-1(a) 各行业净资产收益率的比较(2012 年与 2011 年比较)

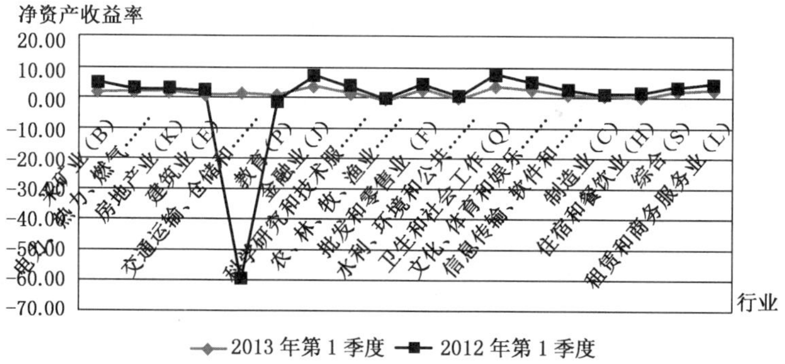

图 11-1(b) 各行业净资产收益率的比较(2013 年第 1 季度与 2012 年第 1 季度比较)

图 11-1 显示,2012 年各行业净资产收益率都明显低于 2011 年的水平[见图 11-1(a)]。2013 年第 1 季度各行业净资产收益率也基本上低于 2012 年的同期水平[见图 11-1(b)]。

2012 年欧债危机进一步加剧,欧元区主权债务危机导致的信用危机、金融危机,可能对欧洲经济以至世界经济产生较大冲击,美国经济复苏迟滞,世界经济的深层次矛盾和问题正在显露之中,这些都将对中国出口形成较大不利的影响。在政府货币紧缩和财政刺激政策退出的背景下,经济结构调整和宏观调控将进一步深入,市场竞争不断激烈,原材料成本、资金成本和劳动力成本不断增长,进一步加大了企业的经营压力,对企业的短期经营业绩产生了负面影响。表 11-4 显示,2013 年第 1 季度的制造业、采矿业和房地产行业的情况比较严峻。

表 11-4

2013 年第 1 季度各行业的盈利能力(%)

证监会一级行业分类	销售毛利率	销售净利率	净资产收益率	总资产净利率
采矿业	29.81	−281.64	1.90	1.14
电力、热力、燃气及水生产和供应业	24.94	13.29	2.35	0.97
房地产业	37.63	−14.93	1.67	0.59

（续表）

证监会一级行业分类	销售毛利率	销售净利率	净资产收益率	总资产净利率
建筑业	17.28	2.38	0.71	0.38
交通运输、仓储和邮政业	30.71	13.97	1.16	0.86
教育	23.81	2.15	0.65	0.27
金融业	41.13	22.41	2.19	0.76
科学研究和技术服务业	39.80	12.26	1.52	1.13
农、林、牧、渔业	20.73	−1.90	−0.46	0.36
批发和零售业	16.24	−4.73	2.51	1.00
水利、环境和公共设施管理业	20.04	−3.56	1.67	0.80
卫生和社会工作	42.94	14.26	3.75	2.93
文化、体育和娱乐业	33.88	6.20	2.47	1.59
信息传输、软件和信息技术服务业	43.85	2.53	0.99	0.65
制造业	25.40	−361.36	0.62	0.80
住宿和餐饮业	61.67	−2.09	0.27	0.34
综合	27.80	68.40	2.19	0.46
租赁和商务服务业	35.88	11.41	2.48	1.28

2. 融资结构有所改善，偿债能力进一步弱化

2013年3月末，广义货币(M2)余额103.61万亿元，同比增长15.7%，增速超过全年增长13%的目标。人民币贷款余额65.76万亿元，人民币存款余额97.93万亿元，存贷比67.15%，低于75%的"红线"，银行系统仍具有一定的信贷扩张空间。表11-5显示，2013年第1季度社会融资规模为6.16万亿元，比2012年同期多2.27万亿元。委托贷款、信托贷款和中期票据的迅速增长与"影子银行"的风险高度相关，值得人们关注。

表11-5

2013年第1季度社会融资规模与结构

融资规模6.16万亿元	2013年结构(%)	增长率(%)
		58.35
其中：人民币贷款	44.7	−18.6
外币贷款	7.2	3.8
委托贷款	8.5	1.3
信托贷款	13.4	8.8
未贴现的银行承兑汇票	10.9	4.9
企业债券	12.2	2.0
非金融企业境内股票融资	1.0	1.2

资料来源：《国民经济和社会发展统计公报》，中国国家统计局，2012年。

宏观财政政策、货币政策调控的难度加大。2012 年第 1 季度城市投资公司债的发行数量和融资规模都处于较高的水平，比 2011 年同期有大幅度的增长。但城市投资公司债的整体评级水平出现下滑，呈现了向 AA－和 AA 集中的现象。其中，AA 和 AAA 级别的城市投资公司所占比例出现下降趋势；而 AA－和 AA 级城市投资公司比例呈现上升趋势。2012 年也是地方融资平台还款高峰期，需要还本付息的总额为 2.7 万亿元左右，部分地方政府面临较大的财政支付压力。

资本结构中占较大比重的间接融资仍取得超经济增速的增长，而通过资本市场进行的融资中，债券类融资比重显著上升。国家统计局发布的 2012 年国民经济和社会发展统计公报中显示，全年上市公司通过境内市场累计筹资 5 841 亿元，比 2011 年减少了 939 亿元。其中，首次公开发行 A 股 154 只，筹资 1 034 亿元，减少了 1 791 亿元；A 股再筹资（包括配股、公开增发、非公开增发、认股权证）2 093 亿元，减少了 155 亿元；上市公司通过发行可转债、可分离债、公司债筹资 2 713 亿元，增加 1 006 亿元。全年公开发行创业板股票 74 只，筹资 351 亿元。全年发行公司信用类债券 3.7 万亿元，比 2011 年增加了 1.4 万亿元。

2012 年各行业的偿债能力普遍低于去年。表 11-6 显示，科学研究和技术服务业的资产负债率增长 18.85%；采矿业、卫生和社会工作行业的资产负债率都有所增加；而水利、环境和公共设施管理业、综合等行业的资产负债率降低了 50%左右。房地产行业的平均资产负债率在 62%左右，与 2011 年基本持平。

表 11-6

2012 年行业资产负债率情况(%)

证监会一级行业分类	2012 年	2011 年	增长率
采矿业	55.63	49.09	13.31
电力、热力、燃气及水生产和供应业	58.40	59.44	－1.76
房地产业	62.48	62.30	0.28
建筑业	65.53	61.29	6.91
交通运输、仓储和邮政业	46.35	46.80	－0.96
教育	49.78	49.81	－0.05
金融业	66.69	68.05	－1.99
居民服务、修理和其他服务业	50.29	50.42	－0.27
科学研究和技术服务业	43.95	36.98	18.85
农、林、牧、渔业	44.82	43.15	3.87
批发和零售业	53.42	54.31	－1.64
水利、环境和公共设施管理业	34.20	71.76	－52.34
卫生和社会工作	29.69	27.20	9.14
文化、体育和娱乐业	38.62	39.27	－1.66
信息传输、软件和信息技术服务业	34.16	36.34	－6.00
制造业	41.81	42.20	－0.93
住宿和餐饮业	41.27	43.01	－4.04
综合	110.72	221.80	－50.08
租赁和商务服务业	48.54	44.63	8.76

图 11-2 和图 11-3 显示，已获利息倍数和经营活动产生的现金流量净额与负债总额比这两个指标，普遍存在指标偏低情况，且 2012 年的情况不如 2011 年的情况。说明企业的偿债能力进一步弱化。

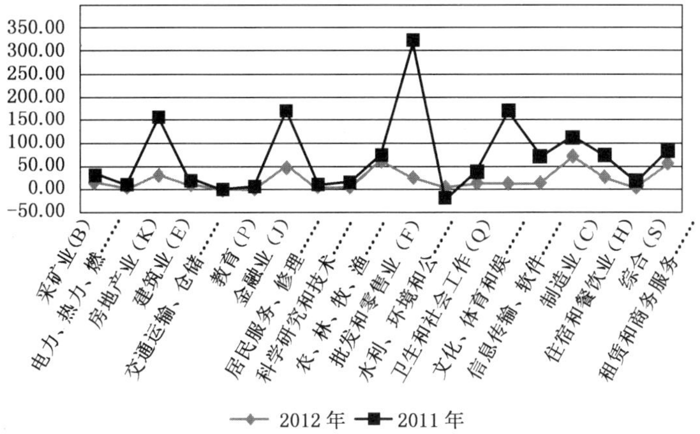

图 11-2 各行业已获利息倍数

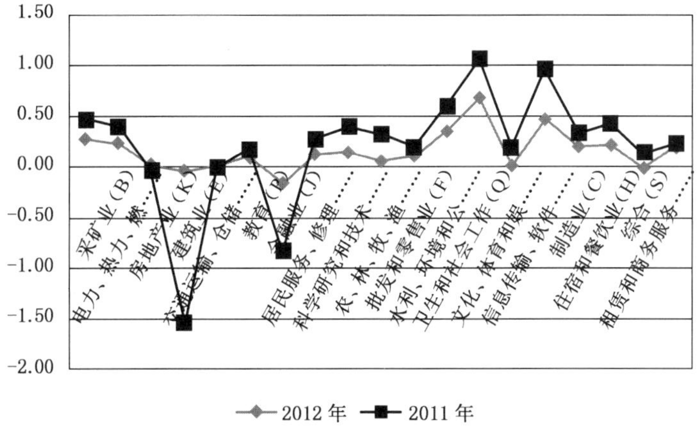

图 11-3 各行业经营活动的现金流与负债总额比

3. 要素使用效率下降，资产管理效率下降

随着国内外经济复苏过程中的不确定性和不稳定性的上升，要实现转方式、调结构的目标，就必须依赖经济内生增长动力的驱动，而要素使用效率是关键。由于外部需求不振、产品升级缓慢、结构性失衡、产能过剩，微观主体要素的使用效率一直呈现下降的趋势，应收账款和存货周转速度减缓。

从表 11-7 显示的 2012 年各行业的情况来看，房地产业的存货周转次数最低，明显慢于 2011 年；综合类，科学研究和技术服务业，批发和零售业，交通运输、仓储和邮政业，住宿和餐饮业的周转次数都比 2011 年低，说明这几个行业的存货管理效率较低。房地产业的存货周转次数几乎最低，而采矿业，文化、体育和娱乐业，信息传输、软件和信息技术服务业的存货管理效率较高。交通运输、仓储和邮政业，批发和零售业，制造业应收账款的周转效率较高，情况好于去年，而金融业，租赁和商务服务业，科学研究和技术服务业，农、林、牧、渔业，文化、体育和

表 11-7

各行业资产管理效率

证监会一级行业分类	存货周转率		增长率(%)	应收账款周转率		增长率(%)
	2012 年	2011 年		2012 年	2011 年	
采矿业	21.22	16.11	31.69	720.86	829.58	−13.11
电力、热力、燃气及水生产和供应业	57.76	54.97	5.08	19.21	21.03	−8.65
房地产业	0.88	475.16	−99.81	512.08	513.59	−0.29
建筑业	12.00	13.62	−11.91	7.85	6.59	19.21
交通运输、仓储和邮政业	612.20	1 088.18	−43.74	441.78	153.16	188.44
教育	4.34	4.90	−11.47	9.44	9.41	0.32
金融业	28.36	4.21	573.06	44.41	365.39	−87.84
居民服务、修理和其他服务业	15.708	18.724 2	−16.11	9.838 8	12.668 8	−22.34
科学研究和技术服务业	97.38	184.33	−47.17	20.68	41.04	−49.62
农、林、牧、渔业	2.62	2.79	−5.81	29.26	38.78	−24.53
批发和零售业	16.23	29.78	−45.49	1 359.73	786.48	72.89
水利、环境和公共设施管理业	26.17	29.85	−12.34	122.04	146.62	−16.76
卫生和社会工作	16.40	18.00	−8.89	35.42	38.61	−8.27
文化、体育和娱乐业	8.13	7.38	10.19	8.98	11.95	−24.83
信息传输、软件和信息技术服务业	51.15	39.30	30.14	12.66	16.10	−21.37
制造业	4.99	4.89	2.02	227.41	128.80	76.56
住宿和餐饮业	11.87	14.00	−15.22	33.67	32.60	3.28
综合	4.47	176.55	−97.47	11.92	10.96	8.81
租赁和商务服务业	812.07	783.52	3.64	31.74	58.29	−45.54

娱乐业等行业的应收账款的周转效率不如 2011 年，这意味着微观主体要素的使用效率不断降低。

表 11-8 显示，在严厉调控政策下，房地产行业库存持续增加，存货周转率下降明显。2012 年行业平均的存货周转率比 2011 年降低了 100%；应收账款的周转次数也略有降低，总资产的周转率比 2011 年降低了 7.85%。

表 11-8

房地产行业资产管理效率

一级行业	存货周转率			应收账款周转率			总资产周转率		
	2012 年	2011 年	增长率(%)	2012 年	2011 年	增长率(%)	2012 年	2011 年	增长率(%)
行业平均	0.88	475.16	−99.81	512.08	513.59	−0.29	0.27	0.30	−7.85

4. 行业间收益质量的差别大

在货币政策紧缩、市场需求尚未完全释放的背景下，部分企业资金链遭受严重考验，各行业的收益质量差别很大。从表 11-9 可以看出，金融业、建筑业、采矿业、卫生和社会工作、租赁和商务服务业等行业的经常性损益是净利润的主要来源，收益质量较高。有些行业如电力、热力、燃气及水的生产和供应业，科学研究和技术服务业，水利、环境和公共设施管理业，制造业等行业的营业外收支是利润的主要构成部分，收益质量较低。

表 11-9

2012 年行业平均的收益质量(%)

证监会一级行业分类	经营活动净收益/利润总额	价值变动净收益/利润总额	营业外收支净额/利润总额	扣除非经常损益后的净利润/净利润
采矿业	90.53	7.17	3.97	75.05
电力、热力、燃气及水的生产和供应业	−52.59	25.96	129.15	38.91
房地产业	65.07	30.20	6.72	59.16
建筑业	80.40	12.58	10.17	84.92
交通运输、仓储和邮政业	51.65	17.82	31.98	27.21
教育	58.17	18.85	22.98	88.78
金融业	7.70	93.47	2.93	94.02
居民服务、修理和其他服务业	45.15	35.21	26.44	34.75
科学研究和技术服务业	−226.42	14.41	318.41	−76.88
农、林、牧、渔业	42.69	23.31	37.64	22.65
批发和零售业	40.78	48.82	15.28	28.54
水利、环境和公共设施管理业	8.30	1.12	90.91	36.10
卫生和社会工作	75.03	9.04	15.93	76.77
文化、体育和娱乐业	33.12	42.64	30.05	60.54
信息传输、软件和信息技术服务业	40.26	19.90	46.35	68.50
制造业	−7.74	33.03	83.10	−5.81
住宿和餐饮业	29.33	36.16	40.54	17.72
综合	14.14	62.98	22.87	44.51
租赁和商务服务业	82.79	11.58	6.35	74.18

图 11-4 显示，2013 年第 1 季度各行业扣除非经常性损益后的净利润占净利润的比例明

显低于2012年的同期水平。图11-5显示，经营活动的净收益占利润总额的比例也低于2012年的同期水平。2013年批发和零售业，房地产业，交通运输、仓储和邮政业，信息传输、软件和信息技术服务业，电力、热力、燃气及水的生产和供应业等行业的收益质量较差，尤其是采矿业，水利、环境和公共设施管理业的收益质量较差。

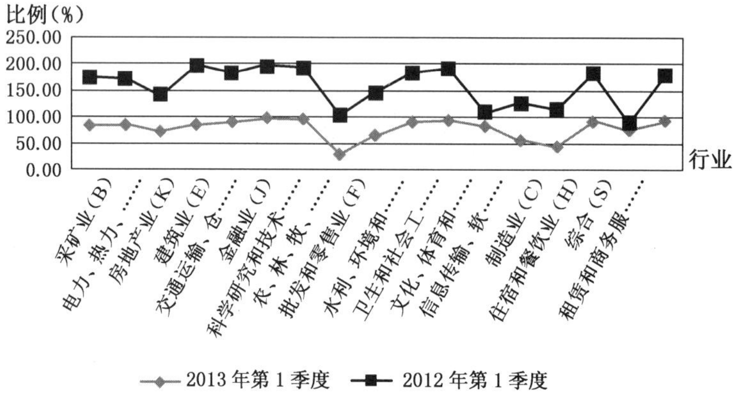

图11-4　扣除非经常性损益后的净利润占净利润的比例

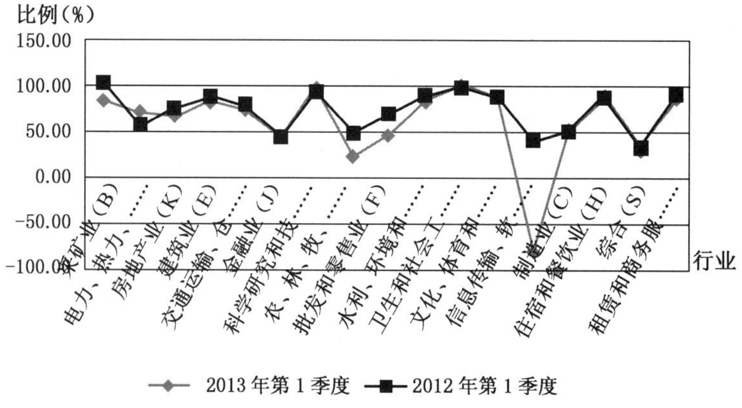

图11-5　经营活动的净收益占利润总额的比例

5. 初步形成创新发展的货币金融政策体系，内部控制制度稳步推进

这一点主要表现在以下方面：加强政策性金融对自主创新的支持，重点支持重大科技专项、重大科技产业化项目的规模化融资和科技成果转化项目、高新技术产业化项目、高新技术产品出口项目等。政府利用基金、贴息、担保等方式，引导各类商业金融机构支持自主创新与产业化。商业银行根据投资政策及信贷政策，对创新活力强的行业予以重点扶持。完善创业风险投资法律保障体系，依法对创业风险投资企业进行备案管理，促进创业风险投资企业规范健康发展。支持有条件的高新技术企业在国内主板和中小企业板上市。推进高新技术企业股份转让工作，对符合条件的高新技术企业发行公司债券给予支持。

在红利和公司治理逐步完善的推动下，上市公司管理水平进一步提升，持续治理机制不断完善，已陆续出台了加强对上市公司的控股股东、董事、监事、高管的监管和问责，全面提升上市公司的信息披露透明度，进一步加强对投资者合法权益的保护，大力推进上市公司合规地开展并购重组，激励和发挥证券公司、基金公司、审计机构、法律服务机构、评估机构等中介组织的专业约束作用等政策。大股东侵占、关联方交易不透明、募集资金使用不规范、母子公司管控不力等问题受到重视，正在逐步解决。并购重组继续保持活跃，现金分红意识和力度进一步增强，机构投资者参与公司治理的积极性有所提高。

（二）微观主体所面临的风险因素的识别

1. 经营风险因素的识别

经营风险具体地说是在一个企业内部由于在人、过程和技术等方面失败而可能使经营发生失败的可能性。由于在人、过程和技术等方面失败的可能性可以加以预计，因此，在制定经营计划时将这些方面的风险考虑到其中，可以从微观主体的收益质量和资产的管理效率方面来看经营风险。表 11-10 显示，2012 年，房地产业，建筑业，交通运输、仓储和邮政业，金融业，科学研究和技术服务等行业的营业收入增幅超过营业利润的增幅，存在较大的经营风险。采矿业，居民服务、修理和其他服务业，农、林、牧、渔业，水利、环境和公共设施管理业，文化、体育和娱乐业，信息传输、软件和信息技术服务业，制造业，住宿和餐饮业等行业的经营利润的增幅大大地超过了营业收入的增幅，这些行业的经营风险较小。

表 11-10

2012 年各行业收入和利润增长情况（%）

证监会一级行业	营业总收入增长率	营业利润增长率	净利润增长率
采矿业	10.21	2.12	−5.74
电力、热力、燃气及水生产和供应业	−3.52	−11.80	−12.77
房地产业	−1.11	−6.39	−1.68
建筑业	2.23	−48.55	−37.68
交通运输、仓储和邮政业	0.21	−15.11	−21.60
教育	22.93	100.74	100.75
金融业	−0.65	−34.46	−26.91
居民服务、修理和其他服务业	10.78	−3.76	−9.85
科学研究和技术服务业	5.86	−41.04	−34.15
农、林、牧、渔业	11.41	−11.01	−7.68
批发和零售业	4.89	−18.92	−15.08
水利、环境和公共设施管理业	17.40	−12.45	−8.01
卫生和社会工作	11.66	20.16	16.80
文化、体育和娱乐业	18.12	14.53	10.14
信息传输、软件和信息技术服务业	16.02	8.00	8.47
制造业	8.36	−1.70	−0.69
住宿和餐饮业	8.98	−3.34	−3.37
综合	11.00	12.68	12.69
租赁和商务服务业	12.67	−1.76	−0.11

图 11-6 显示，与 2012 年同期相比，2013 年第 1 季度电力、热力、燃气及水生产和供应业，农、林、牧、渔业，文化、体育和娱乐业，住宿和餐饮业，综合类等行业经营风险较高。

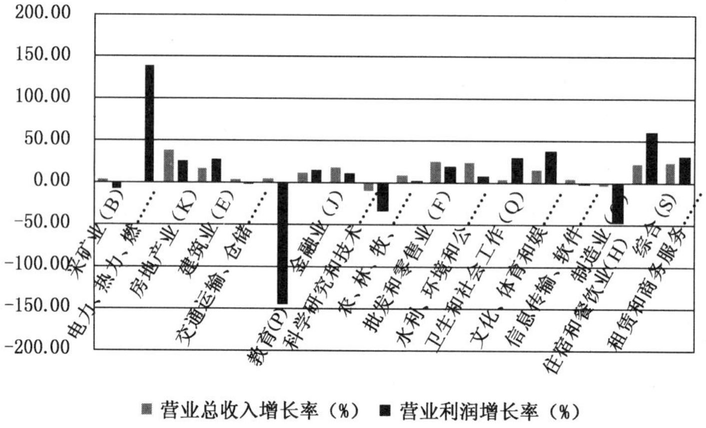

图 11-6　2013 年第 1 季度各行业营业收入和营业利润对比

表 11-11 中的数据显示，从行业上看，采矿业，金融业，文化、体育和娱乐业，信息传输、软件和信息技术服务业等行业的存货周转率明显加快。房地产业，建筑业，交通运输、仓储和邮政业，居民服务、修理和其他服务业，科学研究和技术服务业，农、林、牧、渔业，批发和零售业，水利、环境和公共设施管理业，卫生和社会工作等行业的存货周转率明显减慢；建筑业，交通运输、仓储和邮政业，批发和零售业，制造业，综合类等行业的应收账款的周转明显加快。但采矿业，电力、热力、燃气及水生产和供应业，居民服务、修理和其他服务业，科学研究和技术服务业，农、林、牧、渔业，居民服务、环境和公共设施管理业，卫生和社会工作，文化、体育和娱乐业，信息传输、软件和信息技术服务业，租赁和商务服务业等行业的应收账款周转明显放慢。因此，房地产业，建筑业，交通运输、仓储和邮政业，居民服务、修理和其他服务业，科学研究和技术服务业，农、林、牧、渔业，批发和零售业，水利、环境和公共设施管理业，卫生和社会工作，采矿业，电力、热力、燃气及水生产和供应业，文化、体育和娱乐业，信息传输、软件和信息技术服务业，租赁和商务服务业等行业是经营风险较高的行业。

表 11-11

微观主体各行业资产管理效率

证监会一级行业分类	存货周转率			应收账款周转率			总资产周转率		
	2012 年	2011 年	增长率(%)	2012 年	2011 年	增长率(%)	2012 年	2011 年	增长率(%)
采矿业	21.22	16.11	31.69	720.86	829.58	−13.11	0.80	0.84	−4.22
电力、热力、燃气及水生产和供应业	57.76	54.97	5.08	19.21	21.03	−8.65	0.40	0.40	0.94
房地产业	0.88	475.16	−99.81	512.08	513.59	−0.29	0.27	0.30	−7.85
建筑业	12.00	13.62	−11.91	7.85	6.59	19.21	0.78	0.90	−13.01

（续表）

证监会一级行业分类	存货周转率			应收账款周转率			总资产周转率		
	2012 年	2011 年	增长率(%)	2012 年	2011 年	增长率(%)	2012 年	2011 年	增长率(%)
交通运输、仓储和邮政业	612.20	1 088.18	−43.74	441.78	153.16	188.44	0.45	0.46	−2.70
教育	4.34	4.90	−11.47	9.44	9.41	0.32	0.49	0.52	−6.13
金融业	28.36	4.21	573.06	44.41	365.39	−87.84	0.10	0.10	−4.90
居民服务、修理和其他服务业	15.71	18.72	−16.11	9.84	12.67	−22.34	0.81	1.116 4	−27.72
科学研究和技术服务业	97.38	184.33	−47.17	20.68	41.04	−49.62	0.62	0.69	−9.65
农、林、牧、渔业	2.62	2.79	−5.81	29.26	38.78	−24.53	0.55	0.58	−6.19
批发和零售业	16.23	29.78	−45.49	1 359.73	786.48	72.89	1.49	1.58	−5.34
水利、环境和公共设施管理业	26.17	29.85	−12.34	122.04	146.62	−16.76	0.51	0.43	16.87
卫生和社会工作	16.40	18.00	−8.89	35.42	38.61	−8.27	0.94	0.94	−0.86
文化、体育和娱乐业	8.13	7.38	10.19	8.98	11.95	−24.83	0.60	0.88	−31.86
信息传输、软件和信息技术服务业	51.15	39.30	30.14	12.66	16.10	−21.37	0.57	0.69	−17.45
制造业	4.99	4.89	2.02	227.41	128.80	76.56	0.71	0.81	−12.20
住宿和餐饮业	11.87	14.00	−15.22	33.67	32.60	3.28	0.58	0.52	11.51
综合	4.47	176.55	−97.47	11.92	10.96	8.81	0.35	0.41	−13.94
租赁和商务服务业	812.07	783.52	3.64	31.74	58.29	−45.54	0.77	0.66	15.78

2. 财务风险因素的识别

度量财务风险主要与微观主体的偿债能力相关，常用的财务指标可以分为三类：第一类为流动性指标，包括流动比率和速动比率，用于反映短期偿债能力，度量短期筹资风险。通常这些比率越低，债权人得不到保障的可能性越大，微观主体的风险也就越大。第二类指标反映微观主体的长期偿债能力，一般包括资产负债率、产权比率、利息保障倍数等。通常，前二项指标越低，第三项指标越高，微观主体的长期负债能力越强，筹资风险越小。现金债务总额比是衡量微观主体筹资风险的第三类指标，现金流量和债务的比率可以更好地反映微观主体的偿债能力。该比率越高，表明微观主体承担债务的能力越强。

表 11-12 显示，从短期偿债能力上看，卫生和社会工作，信息传输、软件和信息技术服务

业，文化、体育和娱乐业，居民服务、修理和其他服务业，制造业，金融业，采矿业，农、林、牧、渔业，水利、环境和公共设施管理业，房地产等行业的短期偿债能力较强，财务风险很低；租赁和商务服务业，交通运输、仓储和邮政业，综合，住宿和餐饮业，批发和零售业，电力、热力、燃气及水生产和供应业，建筑业，教育等行业的短期偿债能力较低，存在一定程度的财务风险。从长期偿债能力上看，综合，科学研究和技术服务业，教育，交通运输、仓储和邮政业，建筑业等行业的偿债能力较弱，存在一定的财务风险。综上所述，租赁和商务服务业，交通运输、仓储和邮政业，综合，住宿和餐饮业，批发和零售业，电力、热力、燃气及水生产和供应业，建筑业，教育，科学研究和技术服务业都存在一定程度的财务风险。

表 11-12

2012 年各行业平均的偿债能力

证监会一级行业分类	流动比率	速动比率	产权比率	已获利息倍数	经营活动产生的现金流量净额/负债合计
采矿业	2.86	2.59	1.03	13.06	0.28
电力、热力、燃气及水生产和供应业	1.58	1.43	2.65	4.64	0.23
房地产业	2.16	0.87	2.73	31.55	0.01
建筑业	1.57	1.05	3.05	9.03	−0.04
交通运输、仓储和邮政业	1.79	1.59	1.29		
教育	1.31	1.28	1.07	2.44	0.09
金融业	3.23	3.15	6.66	51.44	−0.16
居民服务、修理和其他服务业	3.47	3.03	3.95	5.16	0.12
科学研究和技术服务业	2.02	1.03	1.00	3.03	0.14
农、林、牧、渔业	2.64	1.87	1.63	61.87	0.05
批发和零售业	1.60	1.17	2.83	24.38	0.11
水利、环境和公共设施管理业	2.23	1.87	0.70	4.66	0.34
卫生和社会工作	8.12	7.55	0.57	12.64	0.68
文化、体育和娱乐业	3.64	3.13	0.59	12.09	0.01
信息传输、软件和信息技术服务业	7.29	6.93	0.48	13.84	0.46
制造业	3.32	2.69	1.34	70.88	0.20
住宿和餐饮业	1.65	1.24	1.09	26.78	0.21
综合	1.76	1.35	1.63	3.77	−0.01
租赁和商务服务业	1.86	1.70	2.20	55.01	0.19

表 11-13 显示，与 2012 年同期相比，2013 年第 1 季度有一定财务风险的行业是交通运输、仓储和邮政业，综合，电力、热力、燃气及水生产和供应业，租赁和商务服务业，建筑业，住宿和餐饮业等。

表 11-13

2013 年第 1 季度各行业平均的偿债能力

证监会一级行业分类	流动比率	速动比率	产权比率	经营活动产生的现金流量净额/负债合计	已获利息倍数
采矿业	3.04	2.74	0.96	0.01	23.68
电力、热力、燃气及水生产和供应业	1.81	1.67	2.41	0.05	11.93
房地产业	2.16	0.76	2.87	−0.02	91.34
建筑业	1.59	1.04	3.11	−0.05	3.53
交通运输、仓储和邮政业	1.94	1.75	1.34	0.02	8.26
教育	0.58	0.38	1.41	−0.04	1.69
金融业	5.26	5.22	7.80	−0.04	21.33
科学研究和技术服务业	4.21	3.99	1.29	−0.02	9.65
农、林、牧、渔业	3.14	1.98	1.44	−0.04	3.29
批发和零售业	2.19	1.77	2.80	−0.07	667.26
水利、环境和公共设施管理业	3.14	1.98	1.44	−0.04	3.29
卫生和社会工作	2.92	2.63	0.23	0.09	279.15
文化、体育和娱乐业	3.91	3.33	0.61	−0.04	12.17
信息传输、软件和信息技术服务业	9.11	8.63	0.44	−0.33	8.68
制造业	3.54	2.86	1.20	−0.02	16.98
住宿和餐饮业	1.50	1.34	0.83	0.03	12.39
综合	1.87	1.37	1.61	−0.01	−46.34
租赁和商务服务业	1.70	1.50	2.27	−0.01	28.97

三、风险度量与分析

（一）基于行业的微观主体风险度量的树贝叶斯聚类模型

企业风险是指由多种因素的相互作用，使企业不能实现预期效益，从而造成损失的可能性，财务风险和经营风险是其中的两种主要风险。企业风险预警的核心是风险预测，通过科学的风险预测可使企业在危机发生之前向经营者提出警示，从而督促企业管理人员采取有效措施，避免潜在的危机演变成损失。我们将高斯分布、最大权重跨度树、Gibbs 抽样和贝叶斯网络理论等相结合建立树贝叶斯聚类模型，并将其用于企业财务和经营风险预测。

用 C, X_1, …, X_n 表示类与属性，c, x_1, …, x_n 是具体的取值，D 表示数据集，N 是数据集中的记录数量。

1. 聚类结构学习和条件概率分解

我们采用树结构进行贝叶斯聚类，首先给出连续变量的互信息计算公式，在此基础上，再给出用于树结构贝叶斯聚类的最大权重跨度树构建方法。

定理 1　在高斯分布假设下，连续属性 X 和 Y 的互信息计算公式为：

$$I(X, Y) = -\frac{1}{2}\log(1-\rho_{xy}^2) \tag{11-1}$$

其中 ρ_{xy} —— X 和 Y 的相关系数。

证明：由互信息的定义可知：

$$I(X, Y) = \iint p(x, y)\log\left[\frac{p(x, y)}{p(x)p(y)}\right]\mathrm{d}x\mathrm{d}y = H(X) + H(Y) - H(X, Y) \tag{11-2}$$

其中 $H(\cdot)$ ——微分熵；

$H(X) = -\int p(x)\log p(x)\mathrm{d}x$，$p(x)$ 是 X 的密度函数。

基于高斯分布的假设，通过计算可以得到 X 的熵为：$H(X) = \frac{1}{2}\log(2\pi e\sigma_x^2)$。由于 X 和 Y 服从联合高斯分布，则 $p(x,y) \sim N\left(\begin{bmatrix}\mu_x \\ \mu_y\end{bmatrix}, \sum_{xy}\right)$，其中 μ_x 和 μ_y 分别是 X 和 Y 的均值，$\sum_{xy}$ 是协方差矩阵，$\sum_{xy} = \begin{bmatrix}\sigma_x^2 & COV(X, Y) \\ COV(X, Y) & \sigma_y^2\end{bmatrix}$，$\sigma_x^2$ 和 σ_y^2 是 X 和 Y 的方差，$COV(X, Y)$ 是 X 和 Y 的协方差。最终可得到 X 与 Y 的互信息计算公式为：

$$I(X, Y) = \frac{1}{2}\log\left[\frac{\sigma_x^2\sigma_y^2}{\sigma_x^2\sigma_y^2 - COV(X, Y)^2}\right] = \frac{1}{2}\log\left(\frac{1}{1-\frac{COV(X, Y)^2}{\sigma_x^2\sigma_y^2}}\right) = -\frac{1}{2}\log(1-\rho_{xy}^2) \tag{11-3}$$

其中 $\rho_{xy} = \frac{COV(X, Y)}{\sigma_x\sigma_y}$ 是 X 和 Y 的相关系数；

$COV(X, Y) = E(XY) - E(X)\cdot E(Y)$。

定理 1 得证。

采用在 Chow 和 Liu 算法基础上改进的 Friedman 算法建立最大权重跨度树，具体步骤如下：

(1) 计算每一对连续属性的互信息 $I(X_i, X_j)$，并递减排序。

(2) 依据不产生环路的原则，按照边权重由大到小的顺序选择边。直到选取 $n-1$ 条边，建立最大权重跨度树。

(3) 选择一个结点作为根节点，由根结点向外的方向为边定向，得到有向树。

(4) 增加类结点及类结点指向所有属性结点的有向边，用 T 表示所建立的类约束下的有向最大权重跨度树。具体的树贝叶斯聚类结构如图 11-7 所示。

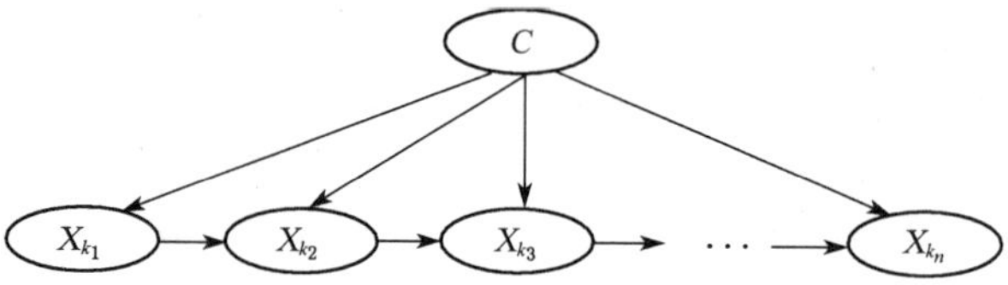

图 11-7 树贝叶斯聚类结构

其中 $X_{k_1}, \cdots, X_{k_n}$ 是 $X_1, \cdots, X_n$ 的一个排列。

Gibbs 抽样要求采用满条件分布 $p(c \mid x_1, \cdots, x_n)$ 进行抽样，根据贝叶斯公式和贝叶斯网络理论可得：

$$p(c \mid x_1, \cdots, x_n) = \frac{p(c, x_1, \cdots, x_n)}{p(x_1, \cdots, x_n)} = \alpha p(c) p(x_1, \cdots, x_n \mid c)$$

$$= \alpha p(c) \prod_{i=1}^{n} p[x_i \mid \pi(x_i), c, T] \tag{11-4}$$

其中　α——与 c 无关的量；

$p(c)$——类边缘概率；

$p(x_1, \cdots, x_n \mid c)$——属性条件联合密度；

$\pi(x_i)$——在类约束有向最大权重跨度树中 X_i 的父结点 $\Pi(X_i)$ 的取值。

这样可将满条件分布计算转化为 $p(c)\prod_{i=1}^{n} p[x_i \mid \pi(x_i), c, T]$ 的计算问题。

2. 确定类变量的值

确定类变量值的过程是一个迭代，在每一次迭代中，按照数据集中记录的顺序依次对 C 值进行修正（随机指派 C 的初始值），修正完所有记录中的 C 值实现一次迭代，直到满足终止条件结束迭代。

设在第 m 个记录 C 具有待修正值 c_m，X_i 的值为 x_{im}，$\hat{c}_m$ 表示 c_m 经过修正后的值，C 的可能取值为 $c^1, \cdots, c^{r_c}$。用 $D^{(k-1)}$ 表示第 k 次迭代修正前的数据集，$D_m^{(k-1)}$ 表示第 k 次迭代修正中对 c_m 修正后的数据集，$D^{(k)}$ 表示第 k 次迭代修正后的数据集。

定理 2　在高斯分布假设下，

$$p[x_i \mid \pi(x_i), c, T] = N_c\{\mu_{x_i} + \rho_{x_i\pi(x_i)} \frac{\sigma_{x_i}}{\sigma_{\pi(x_i)}}[\pi(x_i) - \mu_{\pi(x_i)}], \sigma_{x_i}^2(1 - \rho_{x_i\pi(x_i)}^2)\} \tag{11-5}$$

其中　$N_c(\cdot)$——类 C 约束下的高斯分布；

μ_{x_i} 和 $\sigma_{x_i}^2$——属性 X_i 的均值和方差；

$\mu_{\pi(x_i)}$ 和 $\sigma_{\pi(x_i)}^2$——X_i 的父结点 $\Pi(X_i)$ 的均值和方差；

$\rho_{x_i\pi(x_i)} = \dfrac{COV[X_i, \Pi(X_i)]}{\sigma_{x_i}\sigma_{\pi(x_i)}}$——$X_i$ 和 $\Pi(X_i)$ 之间的相关系数。

证明：根据高斯分布的假设，可得：

$$p[x_i \mid \pi(x_i), c] = \frac{p[x_i, \pi(x_i) \mid c]}{p[\pi(x_i) \mid c]}$$

$$= \frac{\dfrac{1}{2\pi\sigma_{x_i}\sigma_{\pi(x_i)}\sqrt{1-\rho_{x_i\pi(x_i)}^2}} \exp\left\{-\dfrac{1}{2[1-\rho_{x_i\pi(x_i)}^2]} \left\{\dfrac{(x_i-\mu_{x_i})^2}{\sigma_{x_i}^2} - 2\rho_{x_i\pi(x_i)} \dfrac{(x_i-\mu_{x_i})[\pi(x_i)-\mu_{\pi(x_i)}]}{\sigma_{x_i}\sigma_{\pi(x_i)}} + \dfrac{[\pi(x_i)-\mu_{\pi(x_i)}]^2}{\sigma_{\pi(x_i)}^2}\right\}\right\}}{\dfrac{1}{\sqrt{2\pi}\sigma_{\pi(x_i)}} \exp\left\{-\dfrac{[\pi(x_i)-\mu_{\pi(x_i)}]^2}{2\sigma_{\pi(x_i)}^2}\right\}}$$

$$= \frac{1}{2\pi\sigma_{x_i}\sqrt{1-\rho_{x_i\pi(x_i)}^2}} \exp\left\{-\frac{1}{2[1-\rho_{x_i\pi(x_i)}^2]}\left[\frac{x_i-\mu_{x_i}}{\sigma_{x_i}} - \rho_{x_i\pi(x_i)}\frac{\pi(x_i)-\mu_{\pi(x_i)}}{\sigma_{\pi(x_i)}}\right]^2\right\}$$

$$= \frac{1}{2\pi\sigma_{x_i}\sqrt{1-\rho_{x_i\pi(x_i)}^2}} \exp\left\{-\frac{1}{2\sigma_{x_i}^2[1-\rho_{x_i\pi(x_i)}^2]}\left[x - \{\mu_{x_i} + \rho_{x_i\pi(x_i)}\frac{\sigma_{x_i}}{\sigma_{\pi(x_i)}}[\pi(x_i)-\mu_{\pi(x_i)}]\}\right]^2\right\}$$

$$= N_c\{\mu_{x_i} + \rho_{x_i\pi(x_i)}\frac{\sigma_{x_i}}{\sigma_{\pi(x_i)}}[\pi(x_i)-\mu_{\pi(x_i)}], \sigma_{x_i}^2[1-\rho_{x_i\pi(x_i)}^2]\} \tag{11-6}$$

定理 2 得证。

分别用 $\hat{p}(c \mid D)$ 和 $\hat{p}(x_1 \cdots x_n \mid c, D)$ 表示在数据集 D 基础上的类边缘概率和属性条件联合密度估计，对 $\hat{p}^{(k)}(c_m \mid D_{m-1}^{(k)})\ \hat{p}^{(k)}(x_{1m}, \cdots, x_{nm} \mid c_m, D_{m-1}^{(k)}, T)$ 进行归一化处理，记：

$$w(h) = \frac{\hat{p}^{(k)}(c^h \mid D_{m-1}^{(k)})\ \hat{p}^{(k)}(x_{1m}, \cdots, x_{nm} \mid c^h, D_{m-1}^{(k)}, T)}{\sum_{j=1}^{r_c} \hat{p}^{(k)}(c^j \mid D_{m-1}^{(k)})\ \hat{p}^{(k)}(x_{1m}, \cdots, x_{nm} \mid c^j, D_{m-1}^{(k)}, T)}, \quad h \in \{1, \cdots, r_c\} \qquad (11\text{-}7)$$

对生成的随机数 λ，按如下方法确定类变量 C 的取值：

$$\hat{c}_m = \begin{cases} c^1, & 0 < \lambda \leqslant w(1) \\ \cdots & \\ c^h, & \sum_{t=1}^{h-1} w(t) < \lambda \leqslant \sum_{t=1}^{h} w(t) \\ & \\ c^{r_c}, & \lambda > \sum_{t=1}^{r_c-1} w(t) \end{cases} \qquad (11\text{-}8)$$

3. 迭代终止检验

采用相邻聚类变量值序列的一致性检验进行终止迭代判断。设相邻两次迭代所得到的聚类变量值序列分别为 $c_1^{(k)}, c_2^{(k)}, \cdots, c_N^{(k)}$ 和 $c_1^{(k+1)}, c_2^{(k+1)}, \cdots, c_N^{(k+1)}$，

$$signc(c_i^{(k)}, c_i^{(k+1)}) = \begin{cases} 0, & c_i^{(k)} = c_i^{(k+1)} \\ 1, & c_i^{(k)} \neq c_i^{(k+1)} \end{cases}。 \qquad (11\text{-}9)$$

对给定的阈值 $\eta > 0$，如果 $\frac{1}{N}\sum_{i=1}^{N} signc(c_i^{(k)}, c_i^{(k+1)}) \leqslant \eta$，则结束迭代。

（二）样本和指标的选取

1. 样本的选取

本研究选取了 2012 年和 2013 年第 1 季度公布财务报告的深、沪上市的 A 股公司作为研究样本。行业的划分以中国证监会 2012 年修订的《上市公司行业分类指引》为依据。《上市公司行业分类指引》(2012 年修订版)将上市公司所属行业划分为 19 个大类，本研究剔除了样本量较少的教育、金融业、卫生和社会工作三个行业，剩下的 16 个行业大类的样本数见表 11-14。研究中使用的财务数据来源于 Wind 和 Ccer 数据库。

表 11-14

2012 年和 2013 年第 1 季度样本的分布情况

证监会一级行业分类	2012 年	2013 年第 1 季度
采矿业	64	64
电力、热力、燃气及水生产和供应业	81	77
房地产业	129	138
建筑业	50	59
交通运输、仓储和邮政业	77	79
居民服务、修理和其他服务业	21	21
科学研究和技术服务业	16	11

（续表）

证监会一级行业分类	2012 年	2013 年第 1 季度
农、林、牧、渔业	38	38
批发和零售业	134	153
水利、环境和公共设施管理业	12	18
文化、体育和娱乐业	40	23
信息传输、软件和信息技术服务业	123	121
制造业	1 570	1 570
住宿和餐饮业	31	12
租赁和商务服务业	44	20
综合	5	18
合　计	2 435	2 422

2. 指标的选取

企业财务和经营风险指标均包含两部分：风险等级指标和影响风险等级的相关其他指标。风险等级分为四个级别，分别是高风险（A 级）、较高风险（B 级）、有风险（C 级）和风险关注（D 级）。影响企业财务风险的相关因素指标为：销售毛利率、净资产收益率、总资产净利率、每股收益、每股经营现金流量、已获利息倍数（EBIT/利息费用）、资产负债率。影响企业经营风险的相关因素指标为：存货周转率，应收账款周转率，总资产周转率，总资产增长率，营业总收入增长率，营业利润增长率等指标。

（三）基于行业的微观主体风险的预测与分析

本研究邀请了 30 位企业管理、财务管理和会计学等方面的专家，采用德尔菲法（Delphi Method），确定一部分企业的年度财务和经营风险的等级（经过三轮的专家评价，以各专家趋于一致的风险等级为最后的风险等级），以及财务和经营 A 级风险分布的参考值。基于树贝叶斯聚类模型进行 2012 年和 2013 年第 1 季度企业财务和经营风险等级引导性聚类预测，并分析预测结果。通过树贝叶斯聚类预测，获得每一个未知风险企业的风险等级，再经过简单统计得到的各行业风险分布情况见表 11-15 至表 11-18 所示。

表 11-15

2012 年各行业的财务风险分布

风险等级 / 证监会一级行业分类	高风险（A 级）	较高风险（B 级）	有风险（C 级）	风险关注（D 级）
采矿业	0.015 6	0.171 8	0.328 1	0.484 3
电力、热力、燃气及水生产和供应业	0.090 9	0.441 5	0.363 6	0.103 8
房地产业	0.015 5	0.232 5	0.480 6	0.271 3
建筑业	0.155 1	0.293 1	0.431 0	0.120 6
交通运输、仓储和邮政业	0.075 9	0.443 0	0.278 4	0.202 5
居民服务、修理和其他服务业	0.428 5	0.333 3	0.142 8	0.095 2

（续表）

风险等级 / 证监会一级行业分类	高风险（A级）	较高风险（B级）	有风险（C级）	风险关注（D级）
科学研究和技术服务业	0.363 6	0.181 8	0.181 8	0.272 7
农、林、牧、渔业	0.025 6	0.307 6	0.461 5	0.205 1
批发和零售业	0.117 6	0.281 0	0.379 0	0.222 2
水利、环境和公共设施管理业	0.157 8	0.210 5	0.210 5	0.421 1
文化、体育和娱乐业	0.227 2	0.090 9	0.363 6	0.318 1
信息传输、软件和信息技术服务业	0.123 9	0.380 1	0.330 5	0.165 2
制造业	0.073 2	0.224 8	0.421 0	0.280 8
住宿和餐饮业	0.250 0	0.166 6	0.333 3	0.250 0
租赁和商务服务业	0.166 6	0.388 8	0.222 2	0.222 2
综合	0.150 0	0.300 0	0.400 0	0.150 0

表 11-15 显示，2012 年居民服务、修理和其他服务业，租赁和商务服务业，科学研究和技术服务业，电力、热力、燃气及水生产和供应业，交通运输、仓储和邮政业，信息传输、软件和信息技术服务业，有 50%以上公司的财务风险处于“高风险”和“较高风险”等级。居民服务、修理和其他服务业，电力、热力、燃气及水生产和供应业，建筑业，综合，信息传输、软件和信息技术服务业，交通运输、仓储和邮政业，农、林、牧、渔业，租赁和商务服务业，批发和零售业，住宿和餐饮业，房地产业，科学研究和技术服务业，制造业等行业的财务风险处于 C 级以上的风险等级。采矿业，水利、环境和公共设施管理业有近 50%公司的财务风险处于“风险关注”等级（D 级）。尤其是居民服务、修理和其他服务业，科学研究和技术服务业，有 40%公司的财务风险处于“高风险”等级。因此，2012 年财务风险主要集中在居民服务、修理和其他服务业，科学研究和技术服务业，租赁和商务服务业，电力、热力、燃气及水生产和供应业，交通运输、仓储和邮政业，信息传输、软件和信息技术服务业等行业。

表 11-16

2013 年第 1 季度各行业的财务风险分布

风险等级 / 证监会一级行业分类	高风险（A级）	较高风险（B级）	有风险（C级）	风险关注（D级）
采矿业	0.125 0	0.218 7	0.281 2	0.375 0
电力、热力、燃气及水生产和供应业	0.103 8	0.376 6	0.272 7	0.246 7
房地产业	0.079 7	0.260 8	0.442 0	0.217 3
建筑业	0.203 3	0.169 4	0.440 6	0.186 4
交通运输、仓储和邮政业	0.088 6	0.417 7	0.126 5	0.367 0
居民服务、修理和其他服务业	0.333 3	0.285 7	0.238 0	0.142 8
科学研究和技术服务业	0.363 6	0.090 9	0.272 7	0.272 7

（续表）

风险等级 / 证监会一级行业分类	高风险（A级）	较高风险（B级）	有风险（C级）	风险关注（D级）
农、林、牧、渔业	0.131 5	0.131 5	0.526 3	0.210 5
批发和零售业	0.137 2	0.326 7	0.379 0	0.156 8
水利、环境和公共设施管理业	0.111 1	0.333 3	0.166 6	0.388 8
文化、体育和娱乐业	0.217 3	0.217 3	0.304 3	0.260 8
信息传输、软件和信息技术服务业	0.115 7	0.371 9	0.289 2	0.223 1
制造业	0.143 9	0.217 8	0.347 1	0.289 1
住宿和餐饮业	0.166 6	0.083 3	0.416 6	0.333 3
租赁和商务服务业	0.150 0	0.450 0	0.250 0	0.150 0
综合	0.166 6	0.166 6	0.388 8	0.277 7

表 11-16 显示，2013 年第 1 季度，所有行业都有 60%以上公司的财务风险处于 C 级以上风险等级。而科学研究和技术服务业与居民服务、修理和其他服务业两个行业有 30%以上的公司的财务风险处于“高风险”等级。租赁和商务服务业，交通运输、仓储和邮政业有 40%左右的公司的财务风险处于“较高风险”等级。居民服务、修理和其他服务业，租赁和商务服务业，交通运输、仓储和邮政业有 50%以上公司的财务风险处于“高风险”（A 级）和“较高风险”（B 级）。因此，2013 年第 1 季度的财务风险主要集中在居民服务、修理和其他服务业，租赁和商务服务业，交通运输、仓储和邮政业，科学研究和技术服务业。

表 11-17

2012 年各行业的经营风险分布

风险等级 / 证监会一级行业分类	高风险（A级）	较高风险（B级）	有风险（C级）	风险关注（D级）
采矿业	0.046 8	0.390 6	0.468 7	0.093 7
电力、热力、燃气及水生产和供应业	0.064 9	0.402 5	0.415 5	0.116 8
房地产业	0.054 2	0.364 3	0.403 1	0.178 2
建筑业	0.103 4	0.327 5	0.465 5	0.103 4
交通运输、仓储和邮政业	0.101 2	0.379 7	0.354 4	0.164 5
居民服务、修理和其他服务业	0.142 8	0.428 5	0.238 0	0.190 4
科学研究和技术服务业	0.090 9	0.454 5	0.272 7	0.181 8
农、林、牧、渔业	0.102 5	0.358 9	0.384 6	0.153 8
批发和零售业	0.032 6	0.352 9	0.483 6	0.130 7
水利、环境和公共设施管理业	0.105 2	0.263 1	0.421 0	0.210 5
文化、体育和娱乐业	0.136 3	0.318 1	0.363 6	0.181 8
信息传输、软件和信息技术服务业	0.016 5	0.338 8	0.578 5	0.066 1
制造业	0.053 5	0.368 7	0.482 1	0.095 5
住宿和餐饮业	0.083 3	0.333 3	0.416 6	0.166 6
租赁和商务服务业	0.050 0	0.250 0	0.500 0	0.200 0
综合	0.111 1	0.222 2	0.555 5	0.111 1

表 11-17 显示，居民服务、修理和其他服务业，科学研究和技术服务业有 55%以上公司的经营风险处于“高风险”和“较高风险”等级；交通运输、仓储和邮政业，电力、热力、燃气及水生产和供应业，农、林、牧、渔业，文化、体育和娱乐业，采矿业，建筑业，制造业，房地产业，住宿和餐饮业等行业，有 40%以上的公司处于“高风险”和“较高风险”等级。所有行业都有 80%以上的公司处于 C 级以上的经营风险等级。因此，2012 年经营风险主要集中在居民服务、修理和其他服务业，科学研究和技术服务业，交通运输、仓储和邮政业，电力、热力、燃气及水生产和供应业，农、林、牧、渔业，文化、体育和娱乐业，采矿业，建筑业，制造业，房地产业，住宿和餐饮业等行业。

表 11-18

2013 年第 1 季度各行业的经营风险分布

风险等级 / 证监会一级行业分类	高风险（A 级）	较高风险（B 级）	有风险（C 级）	风险关注（D 级）
采矿业	0.218 7	0.296 8	0.328 1	0.156 2
电力、热力、燃气及水生产和供应业	0.103 8	0.142 8	0.675 3	0.077 9
房地产业	0.239 1	0.036 2	0.195 6	0.528 9
建筑业	0.169 4	0.101 6	0.525 4	0.203 3
交通运输、仓储和邮政业	0.126 5	0.215 1	0.405 0	0.253 1
居民服务、修理和其他服务业	0.190 4	0.142 8	0.428 5	0.238 0
科学研究和技术服务业	0.181 8	0.363 6	0.272 7	0.181 8
农、林、牧、渔业	0.131 5	0.289 4	0.447 3	0.131 5
批发和零售业	0.065 3	0.307 1	0.483 6	0.143 7
水利、环境和公共设施管理业	0.111 1	0.166 6	0.666 6	0.055 5
文化、体育和娱乐业	0.086 9	0.304 3	0.478 2	0.130 4
信息传输、软件和信息技术服务业	0.272 7	0.066 1	0.404 9	0.256 1
制造业	0.227 3	0.147 7	0.477 7	0.147 1
住宿和餐饮业	0.166 6	0.250 0	0.333 3	0.250 0
租赁和商务服务业	0.200 0	0.200 0	0.350 0	0.150 0
综合	0.055 5	0.333 3	0.388 8	0.222 2

表 11-18 显示，2013 年第 1 季度，科学研究和技术服务业、采矿业，有 50%以上的公司经营风险处于“高风险”和“较高风险”等级。农、林、牧、渔业，住宿和餐饮业，租赁和商务服务业，有 40%公司的经营风险处于“高风险“和“较高风险”等级。除房地产行业以外的其他行业，都有 70%公司经营风险处于 C 级以上。因此，2013 年第 1 季度，经营风险主要集中在科学研究和技术服务业，采矿业，农、林、牧、渔业，住宿和餐饮业，租赁和商务服务业等行业。

表 11-19

2012 年微观主体的风险分布

风险等级 / 风险种类	高风险（A 级）	较高风险（B 级）	有风险（C 级）	风险关注（D 级）
财务风险	0.152 3	0.278 0	0.333 0	0.236 6
经营风险	0.081 0	0.347 1	0.425 2	0.146 6

从风险等级来看，表 11-19 和图 11-8 显示，2012 年微观主体所面临的财务风险主要为“有风险”的等级（C 级）；所面临的经营风险主要为“有风险”的等级（C 级）。图 11-9 显示，2013 年第 1 季度，微观主体所面临的财务风险主要为“有风险”的等级（C 级）；所面临的经营风险主要为“有风险”的等级（C 级）。

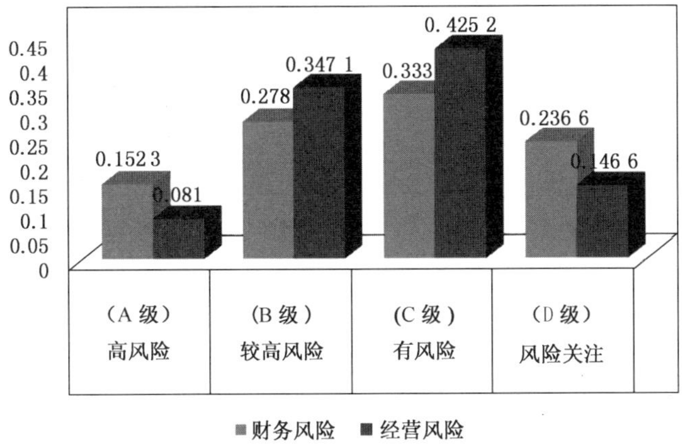

图 11-8　2012 年微观主体的风险分布

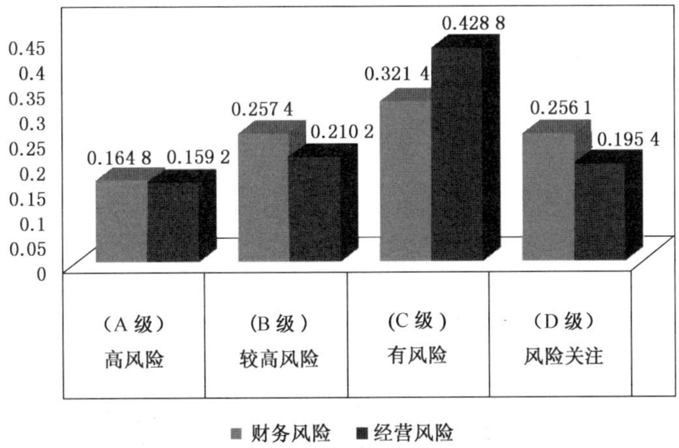

图 11-9　2013 年第 1 季度微观主体的风险分布

图 11-10、图 11-11 和图 11-12 显示的是微观主体经营风险的行业分布状态。图 11-10 显示，2012 年 B 级以上经营风险主要集中在居民服务、修理和其他服务业，科学研究和技术服务业，交通运输、仓储和邮政业，电力、热力、燃气及水生产和供应业，农、林、牧、渔业，文化、体育和娱乐业，采矿业，建筑业，制造业，房地产业，住宿和餐饮业；图 11-11 显示，2013 年第 1 季度 B 级以上经营风险主要集中在科学研究和技术服务业，采矿业，农、林、牧、渔业，住宿和餐饮业，租赁和商务服务业。而房地产行业的经营风险最低（D 级）；图 11-12 显示，2013 年微观主体 B 级以上经营风险主要集中在科学研究和技术服务业，采矿业，农、林、牧、渔业，住宿和餐饮业，租赁和商务服务业，居民服务、修理和其他服务业，文化、体育和娱乐业，交通运输、仓储和邮政业，制造业等行业。而水利、环境和公共设施管理业，采矿业，交通运输、仓储和邮政业等行业的经营风险较低（D 级）。

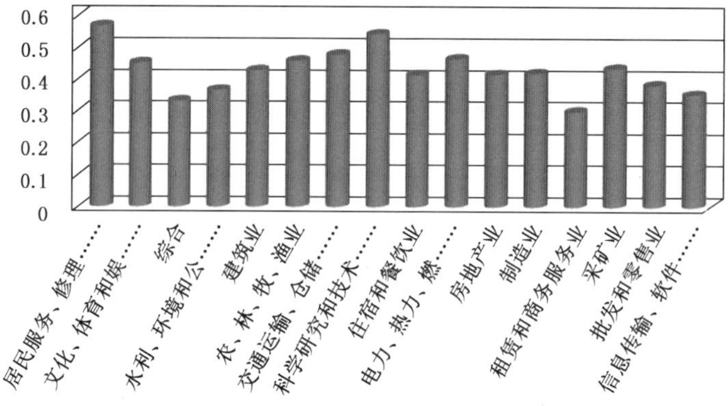

图 11-10　2012 年 B 级以上经营风险等级

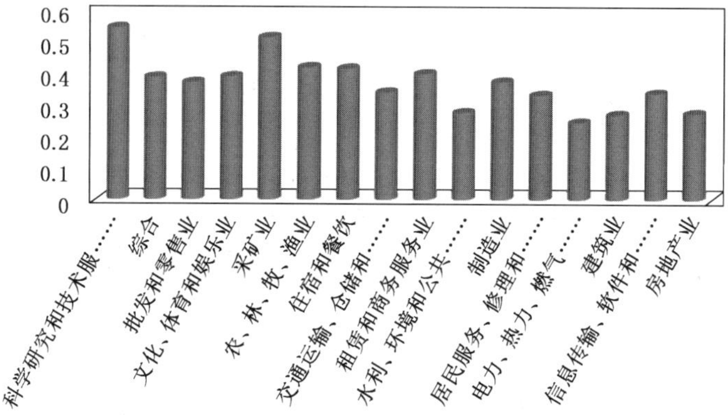

图 11-11　2013 年第 1 季度 B 级以上经营风险等级

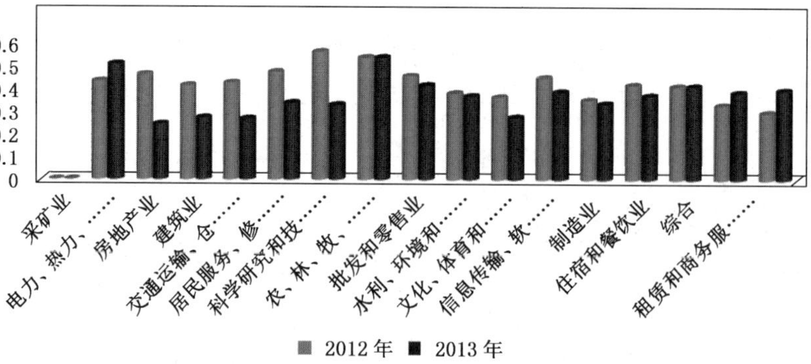

图 11-12　各行业 B 级以上经营风险的分布

从风险的行业分布上看，图 11-13 显示 B 级以上财务风险主要集中在：居民服务、修理和其他服务业，租赁和商务服务业，科学研究和技术服务业，电力、热力、燃气及水生产和供应业，交通运输、仓储和邮政业，信息传输、软件和信息技术服务业，综合，建筑业，住宿和餐饮业。

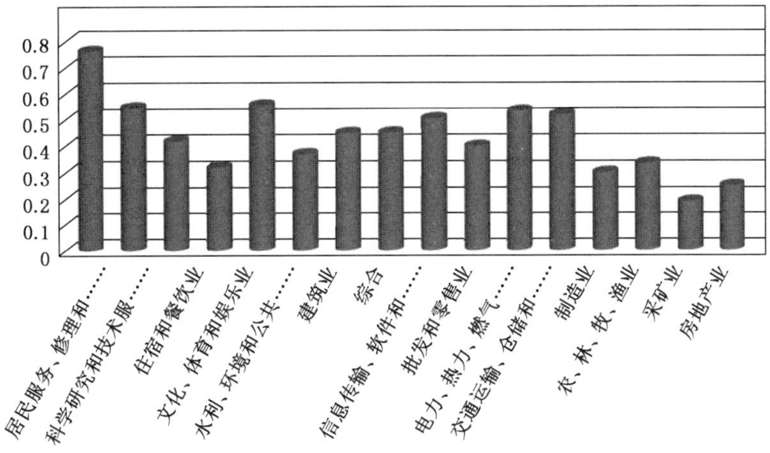

图 11-13　2012 年 B 级以上财务风险风险等级

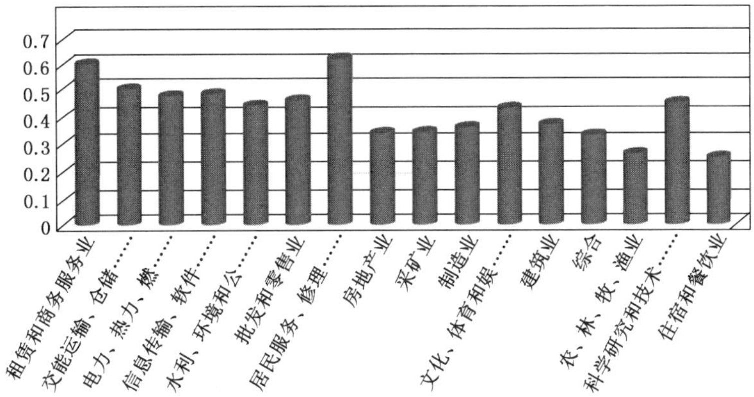

图 11-14　2013 年第 1 季度 B 级以上财务风险风险等级

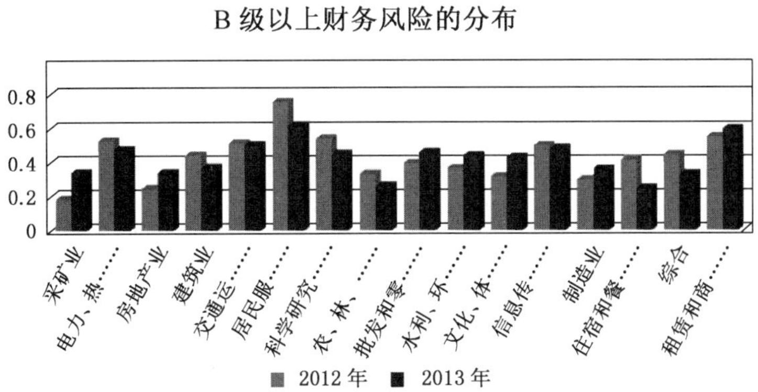

图 11-15　各行业 B 级以上财务风险的分布

图 11-14 显示，2013 年第 1 季度 B 级以上财务风险主要集中在居民服务、修理和其他服务业，租赁和商务服务业，交通运输、仓储和邮政业，信息传输、软件和信息技术服务业，电力、

热力、燃气及水生产和供应业，批发和零售业，科学研究和技术服务业，水利、环境和公共设施管理业，文化、体育和娱乐业等行业。图 11-15 显示，2013 年微观主体 B 级以上财务风险主要集中在居民服务、修理和其他服务业，租赁和商务服务业，科学研究和技术服务业，电力、热力、燃气及水生产和供应业，交通运输、仓储和邮政业，信息传输、软件和信息技术服务业，综合，建筑业，批发和零售业等行业。而水利、环境和公共设施管理业，采矿业的财务风险较低(D 级)。

四、结论与风险管理措施

(一) 结论

本研究分析和度量了影响中国经济运行的微观主体风险。通过建立各行业风险预警的树贝叶斯聚类模型，构建了各行业的风险预警指标体系。研究结果表明，2013 年微观主体所面临的财务风险等级主要是“有风险”(C 级)；所面临的经营风险等级主要是“有风险”(C 级)。

从风险的行业分布上看，微观主体 B 级以上经营风险主要集中在科学研究和技术服务业，采矿业，农、林、牧、渔业，住宿和餐饮业，租赁和商务服务业，居民服务、修理和其他服务业，文化、体育和娱乐业，交通运输、仓储和邮政业，制造业等行业。而水利、环境和公共设施管理业，采矿业，交通运输、仓储和邮政业等行业的财务风险较低(D 级)。B 级以上财务风险主要集中在居民服务、修理和其他服务业，租赁和商务服务业，科学研究和技术服务业，电力、热力、燃气及水生产和供应业，交通运输、仓储和邮政业，信息传输、软件和信息技术服务业，综合，建筑业，批发和零售业等行业。而水利、环境和公共设施管理业，采矿业的财务风险较低。

(二) 微观主体风险的管理对策

就微观主体整体而言，一方面可考虑全球经济环境的变化，尤其是经济增长、通货膨胀预期、就业、进出口等方面的变化趋势，作出合理的战略决策；另一方面则结合行业的特征，考虑影响该类企业的主要风险因素，在经营、财务安排上优先考虑相关的风险大小及控制措施，并通过公司治理结构的优化、持续有效的监控将风险控制在可接受范围之内。微观主体应把握宏观经济政策的变动趋势，在战略制定的调整、经营活动的导向、投融资活动的安排等方面作出灵活应对，在财务、经营等方面的选择更加符合国家产业政策、更符合企业自身风险偏好的策略，以帮助其更好地实现自身的目标。

就单个的微观企业而言，可以在以下方面有所改进，以更好地管理和应对风险。

1. 培育具有自身特色的风险管理文化

风险管理是企业战略的重要组成部分，一个组织的风险文化将决定微观主体如何成功地进行风险管理。因此，良好的风险管理文化，会将风险管理理念贯穿于微观主体的整个流程，培养全体员工风险管理的自觉意识和行为习惯，使风险管理体系不仅有其形，且具其神，确保风险管理机制有效发挥，政策和制度切实贯彻执行。由于风险管理的重心与微观主体业务的发展息息相关，因此，风险管理文化与风险管理的重心如影相随。积极培育具有自身特色的风险管理文化，充分体现微观主体特色的发展愿景、积极向上的价值观、诚实守信的经营理念、履行社会责任和开拓创新的企业精神，以及团队协作和风险防范意识，以此引导和规范员工行为，形成整体团队的向心力，促进企业长远发展。董事、监事、经理和其他高级管理人员在微观主体风险管理文化建设中发挥主导和垂范作用，以自身的优秀品格和脚踏实地的工作作风，带动影响整个团队，共同营造积极向上的风险管理文化环境。同时，微观主体还要加强风险管理文化的宣传贯彻，促进文化建设在内部各层级的有效沟通，并确保全体员工共同遵守；将风险管理文化建设融入生产经营全过程，切实做到风险管理文化建设与发展战略的有机结合，增强员工的责任感和使命感，规范员工行为方式，使员工自身价值在微观主体的发展中得到充分体现。

2. 建立有效的风险防范机制

构筑以“岗位牵制、合规管理和内审监督”三道内控防线为特征的风险管理架构，进一步明晰风险管理、合规管理、内部审计等职能定位。在此基础上制定并实施“分类管理、合理承担、全面控制”的风险管理策略。对于资产负债率过高，投资冲动强的企业，在考核时，将流动比率、速动比率和现金流作为主要的考核指标。根据自身发展战略目标、资产负债管理需要和经营目标确定资金运用的风险偏好、风险限额、收益要求等风险控制总目标。

企业决策部门必须增强风险防范意识，不论是对外投资还是对内融资，也不论是研制产品还是销售产品，都应预测估计可能产生的风险以及企业的承受能力，加强对企业管理人员的业务培训，增强他们认识风险、分析风险和防范风险的能力，提高管理决策水平，降低决策的随意性。同时，不断提高财务管理人员的风险意识，做到责、权、利相统一。财务风险存在于企业财务管理工作的各个环节，任何环节的工作失误都可能会给企业带来财务风险，必须将风险防范贯穿于工作的始终。企业应设置高效的财务管理机构，配备高素质的财务管理人员，规范各项规章制度，强化各项基础工作，使财务管理人员的风险意识不断提高。在利益分配方面，应兼顾企业各方利益，以调动各部门参与企业财务管理的积极性，真正做到责、权、利相统一。引进科学的风险管理程序，加强制度建设，建立健全财务风险管理机制，确定应付风险的方案和措施。制定企业财务战略和计划，优化财务决策和控制方法，健全财务信息的控制系统，出现风险及时处理，减少损失。建立科学的内部决策制度，对风险较大的经营决策和财务活动，要在微观主体内部的各职能部门中进行严格的审查、评估、论证，通过集思广益，尽量避免因个人决策失误而造成的风险。

3. 构建基于全面风险管理的组织架构

组织架构为企业风险管理提供了计划、执行、控制和监督其活动的框架，包括确定职责和责任的关键界区，以及确立恰当的报告途径。在建立企业组织架构时，应立足于形成“CEO最终负责、高层决策、专职统筹、部门支持、全员参与、董事会监督”的企业风险管理的运行体系，实行上级风险管理部门对下级风险管理部门负责人和同级业务部门“风险管理岗”负责人的直接管理和考核；下级风险管理人员在所管辖的区域和领域内全面监控执行风险管理政策，包括搭建运作组织，推广风险管理工具，量化评估与分析报告等，以利于总风险管理部门综合归纳各区域、各领域的风险暴露，进行全面风险整合，实现对微观主体的积极风险配置。

注意防范组织架构不能很好地承接企业战略，权责不清，分工不明确，组织间配合不力而形成的组织架构的设置风险；防范组织架构过分考虑内控，降低运行效率而形成的组织架构的运行风险；防范组织架构不能很好地响应市场和客户需求或者没有根据市场和公司管控的要求，不断优化，没有一套很好的监控和评价机制而形成的组织架构的监控风险。

4. 进一步完善内部控制体系

风险管理不仅在业务流程上建立风险管理机制，更为重要的是建立起一套全面、有效的风险内控机制，以确保风险管理机制最有效地执行，现代企业分支机构遍布各地，传统报表数据汇报信息不能完全、真实地反映分支机构的经营风险情况。

内部控制是由企业董事会、监事会、经理层和全体员工实施的、旨在实现控制目标的过程。

有效的内部控制制度是促使企业实现稳健经营、防范经营风险的必要条件，内部控制体系的建立、维护、评价和报告是经营者的重要责任。为了确保企业经营的效率效果、财务报告的可靠性和相关法律法规的有效遵守，如何建立健全内部控制制度、保持企业发展后劲，积极参与到国内、国际复杂而激烈的市场竞争，就成为了每一个企业的重要发展命题。加强内部控制有助于企业及时识别内外经营环境急剧变化形成的各类风险，有助于企业不断健全在战略风险、财务风险、合规风险、安全生产风险、环境风险等方面的管控措施，获得更多更好的发展机会，提升可持续发展能力。

为了实施有效风险管理，在企业总部成立直接对公司董事会负责的风险管理委员会和相应的职能部门，统一对各分支机构实施风险管理，专职、专业、专人负责对全系统分支机构进行风险监管，并制定统一的风险管理制度和流程，实施稽核检查；各分支机构下设独立风险总监，负责风险管理并可越过分支机构总经理直接向总部风险管理委员会和风险管理部门汇报情况。

5. 建立敏感的风险识别系统及有效的风险报告渠道

建立敏感的风险管理识别系统及有效的风险报告渠道，应采取以下措施：微观主体对内外部环境尤其是不确定性事件或者因素进行准确的预测和分析。不断地加大内部信息系统建设的投入，使信息系统的开发具有前瞻性和连续性，使信息系统能够涵盖微观主体所有的业务活动，充分满足企业的需求。建立适当的组织结构、完善的工作制度和通畅的交流渠道，保证风险信息的充分流动。借鉴国际先进风险管理信息系统的经验，考虑国内市场环境，利用现有资源和历史数据，构建风险管理信息系统，涵盖风险监测、风险分析等风险管理环节。针对各类风险的不同特点，制定差别化的风险信息传导机制。建立纵向报送与横向报送相结合的信息交流线路，保证信息的真实准确，实现信息共享，使风险政策能够得到良好的贯彻。制定对外信息披露管理办法，对信息披露的内容、格式、频度及职责等进行规范。

6. 建立风险事故数据库

风险事故数据库是风险有效预警的工具。通过对发生在企业外部的风险事故进行分析，将激励管理层测试企业自身的风险管理程序并使之保持警惕，来检查他们是否能阻止企业内的风险发生；对企业内部以前发生的风险事故进行分析，可以避免以后类似的风险事故的发生。

参考文献

[1] 曹德芳，夏好琴. 基于股权结构的财务危机预警模型构建[J]. 南开管理评论，2005(6).

[2] 姜秀华，任强，孙铮. 上市公司财务危机预警模型研究[J]. 预测，2002(3).

[3] 马若微，KMV 模型运用于中国上市公司财务困境预警的实证检验[J]. 数理统计与管理，2006(9).

[4] 孙星，邱菀华. 企业财务危机预警双基点距离比值法[J]. 管理工程学报，2005(3).

[5] 吴世农，卢贤义. 我国上市公司财务困境的预测模型研究[J]. 经济研究，2001(6).

[6] 王宗军，熊银平，邓晓岚. 非财务信息与财务危机预警——来自我国上市公司的证据[J]. 价值工程，2006(8).

[7] 张玲，陈收，张昕. 基于多元判别分析和神经网络技术的公司财务困境预警[J]. 系统工程，2005(1).

[8] 王双成，邵军，程新章. 时间不对称数据的动态贝叶斯网络结构学习. 全国模式识别学术会议，EI 检索，2009.

[9] 王双成，邵军，杜瑞杰. 企业风险等级预测的集成聚类方法研究[J]. 中国管理科学，2010(18).

[10] 唐海燕，贾德奎. 中国经济运行风险研究报告 2010[M]. 上海：立信会计出版社，2010.

[11] 唐海燕，贾德奎. 中国经济运行风险研究报告 2011[M]. 上海：立信会计出版社，2011.

[12] COATS, PAMELA K, FANT L F, 1993. Recognizing Financial Distress Patterns Using a Neural Network Tool. [J] Financial Management 22.

[13] PLATT, HARLAN D, PLATT, MARJORIE B, 2002. Predicting Corporate Financial Distress: Reflections on Choice-Based Sample Bias. Journal of Economics and Finance 26.

第十二章　宏观经济周期波动研究

一、中国宏观经济第10轮经济周期仍处在下行通道中

在《中国经济运行风险研究报告(2009)》中,我们判断了2007年是新中国成立后第10个经济周期的转折点——峰谷。2012年中国经济仍然处在下行通道中,图12-1显示了1990—2012年*GDP*增长率波动轨迹。它描述了新中国成立以来第9、第10轮经济周期的运行情况。从2007年开始,第10轮经济周期达到峰顶,开始步入下行,2012年延续了2011年的下行趋势。

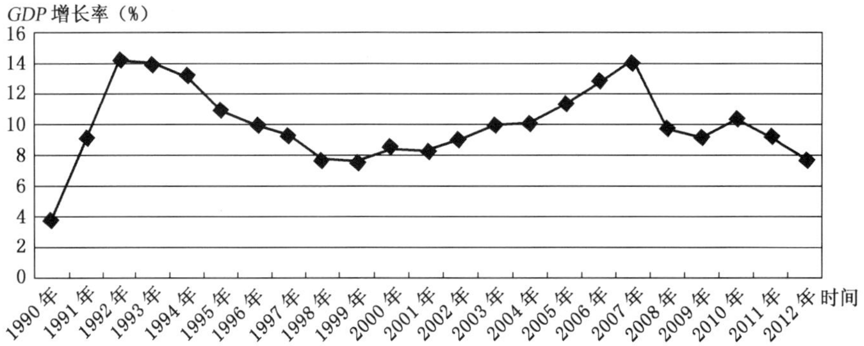

图12-1　1990—2012年*GDP*增长率波动轨迹

数据来源:同花顺数据库。

2012年,国内宏观政策转入了“稳增长、调结构、促转型”的调整期,中国经济仍然延续了2011年的下行态势,受欧债危机和最终需求不足的影响,*GDP*增长率自2002年以来首次破“8”,进入了改革开放以来的第二个调整型增长期。从季度情况看,第1至第3季度宏观经济呈逐季下滑的态势,第4季度在外部需求稳定、稳增长一揽子政策的作用下,宏观经济重新回到复苏的轨道上来。

2012年,宏观经济运行的总体情况表现在以下几个方面。

1. 经济增速持续低迷

受稳健偏紧货币政策以及外部经济恶化的影响,2012年中国经济增长逐季回落。2012年4个季度的*GDP*同比增长率均低于2012年,4个季度*GDP*同比增长率分别是8.1%、7.8%、7.7%和7.8%,逐季回落,全年累计7.8%,经济复苏依旧处于疲软期。见图12-2。

2. 固定资产投资增速出现回落

出口需求的下滑直接导致投资的大幅度下滑,固定资产投资增速出现回落。

2012年全年全国固定资产投资364 835亿元,同比名义增长20.6%,扣除价格因素实际增长19.3%,比2011年回落3.4个百分点。

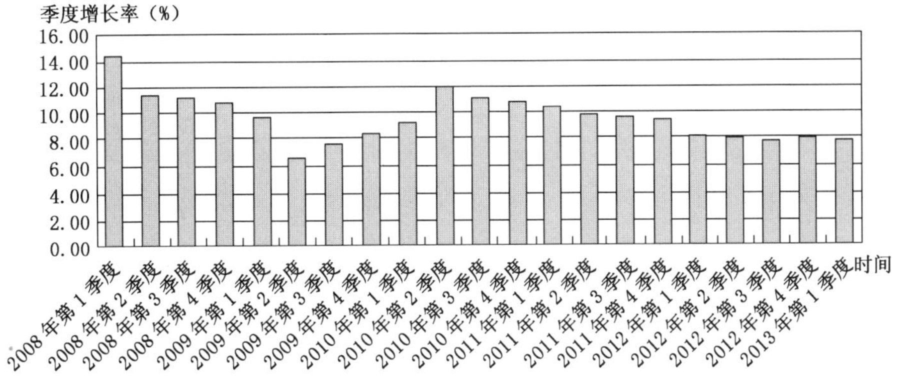

图 12-2　2008—2013 年中国 *GDP* 季度增速波动轨迹

数据来源：同花顺数据库。

分产业看，第一产业投资 9 004 亿元，同比增长 32.2%；第二产业投资 158 672 亿元，同比增长 20.2%，增速回落 0.9 个百分点；第三产业投资 197 159 亿元，同比增长 20.6%，增速加快 0.2 个百分点。

分地区看，东部地区投资 169 939 亿元，同比增长 17.8%；中部地区投资 103 713 亿元，同比增长 25.8%；西部地区投资 86 150 亿元，同比增长 24.2%。

2012 年全年固定资产投资 374 676 亿元，第 1 季度到第 4 季度，固定资产投资同比增长率分别是 21.29%、20.99%、21.04%和 20.83%，全年增长 24.09%，略高于 2011 年的水平，扣除固定资产投资价格上涨因素，实际增长 20.6%。分地区看，东部、中部、西部地区投资分别增长 20.1%、29.2%和 28.8%，中、西部地区明显高于东部。

3. 消费需求保持较快增长

2012 年全年社会消费品零售总额 207 167 亿元，同比增长率为 14.3%，与 2011 年相比，下降了 2.8 个百分点。扣除价格因素，实际增长 12.1%，与 2011 年的实际增长率 11.6%相比，上升了 0.5 个百分点。社会消费品零售总名义增速在 7 月触底之后连续上扬到 10 月的 14.5%，而实际增速从 4 月的 10.7%持续上扬到 10 月的 12.8%，高于 2011 年同期水平 1.1 个百分点。消费信心指数 7 月触底以后持续上扬。总体而言，城乡居民消费仍保持较快增长的态势。

4. 流动性呈现前紧后松的特点

2012 年，在稳健货币政策以及发达经济体季度宽松货币政策等因素的影响下，中国的流动性呈现前松后紧的特点。*M*0 余额 5.47 万亿元，同比增长 7.7%；*M*1 余额 30.87 万亿元，同比增长 6.5%，比上年年末低 1.4 个百分点；*M*2 余额 97.42 万亿元，同比增长 13.8%，比上年年末高 0.2 个百分点。全年第 1 季度、第 2 季度、第 3 季度、第 4 季度的 *M*0 同比增长率分别是 10.6%、10.81%、13.3% 和 7.7%；*M*1 同比增长率分别是 4.4%、4.68%、7.3% 和 6.5%；*M*2 同比增长率分别是 13.4%、13.64%、14.8%和 13.8%；金融机构贷款同比增长率分别是 15.70%、16.00%、16.30%和 15.00%。

在稳健货币政策下 CPI 持续走低，其中，1 月、2 月、3 月、4 月的 CPI 分别为 4.5%、3.2%、3.6%和 3.4%，6 月、7 月、8 月、9 月 4 个月的 CPI 均徘徊在 2%，从 2012 年 12 月份开始 CPI 有所回升，2013 年 2 月 CPI 回升到 3.2%。全年 CPI 同比上涨 2.6%，涨幅比上年回落

2.8 个百分点。

5. 工业生产平稳增长，呈现“前高后低”的发展态势，企业效益大幅下降

受房地产低迷及出口增速回落的影响，工业生产平稳增长。2012 年，全国规模以上工业增加值同比增长 10.0%，低于 2011 年 3.9 个百分点。分地区看，东部地区增加值比上年增长 8.8%，中部地区增长 11.3%，西部地区增长 12.6%。全年工业增加值同比增速仍然呈现“前高后低”的发展态势。2012 年 2 月份、3 月份工业增加值同比增长率分别为 11.4%和 11.9%，4 月份之后，逐月下滑，10 月份为 9.6%。2013 年前两个月继续下滑，3 月份为 8.9%。

工业企业效益增加幅度 10 年来首次下降。全国规模以上工业企业实现利润 5.56 万亿元，同比下降 9.48%，明显低于 2011 年的水平。全年多数月份工业企业总利润同比下降，10 月份才扭转为正值，全国规模以上工业企业实现利润约 4 万亿元，同比增长 0.5%。企业景气指数 4 个季度分别是 127.3、126.9、122.8 和 124.4；企业家信心指数 4 个季度分别是 123.0、121.2、116.5 和 120.4。两个指数都是先降后升，2013 年第 1 季度这两个指标分别为 125.6、122.4，维持了 2012 年年末反弹的趋势。但 2012 年 4 个季度指标均低于 2011 年同期水平。

6. 制造业经理采购指数先降后升

2012 年前 3 个季度 PMI 连续回落，从 3 月份的 53.1%一直下降到 9 月份的 49.8%，10 月份回升到 50.2%，全年 PMI 均值为 50.7%，低于历史均值 2.1 个百分点，低于 2007 年的最高点 4.3 个百分点，仅高于 2008 年金融危机时最低点 0.6 个百分点。从制造业 PMI 历史数据看，中国制造业经济整体上增速减缓。2013 年 3 月 PMI 指数一直在 50.5%左右浮动，显示出经济增速回落趋势有所缓和，但回暖力度不大。

7. 宏观经济景气指数显示中国经济增速放缓

2012 年，从先行指数、一致指数和预警指数的走势可以看出，中国经济回缓幅度逐月扩大。先行指数全年最高为 2 月份的 101.3，6 月份最低，为 99.19；一致指数全年基本在 96～102 之间徘徊，9 月份最低，为 97.3。而且这些指标都低于 2011 年同期水平。如图 12-3 所示。

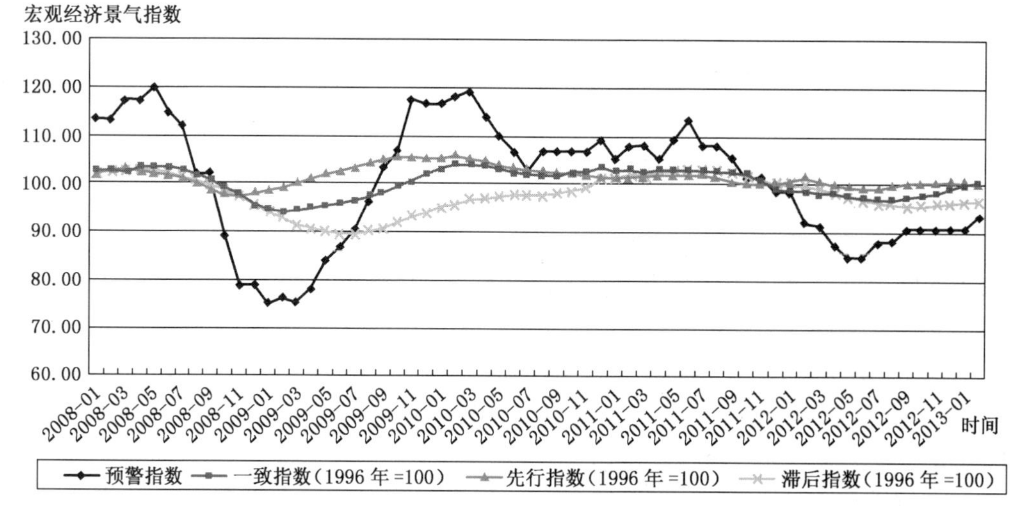

图 12-3 2008 年 1 月至 2013 年 2 月宏观经济景气指数波动轨迹

数据来源：同花顺数据库。

二、2012年主要经济变量波动对宏观经济的影响分析

1. 工业增加值的波动对宏观经济的影响

按照常规的中国经济增长模式，5.1%的工业增长对应的应该是3.5%的*GDP*①。由于缺少*GDP*的月度数据，所以我们用月度工业增加值来衡量月度经济总量。从图12-4可以看出，2012年全年，工业增加值同比增长率在3月份达到最高值11.9%后，缓慢回落，9月份、10月份分别下滑到9.2%和9.6%，年末这一数值有所回升，11月、12月分别回升到10.1%和10.3%。全年累计规模以上工业增加值同比增长10.0%，低于2011年3.9个百分点。2013年继续下降，2月为9.9%，3月为9.5%。

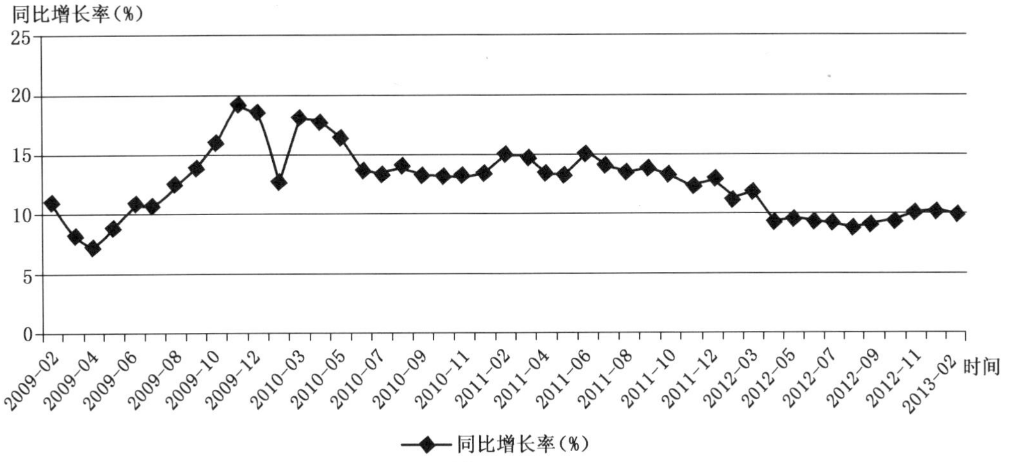

图12-4　2009年2月至2013年2月工业增加值同比增长率

数据来源：同花顺数据库，图中，各年度1月份工业增加值增长率的数据为前后两个月度数据的平均值。

2. 社会消费品零售总额的波动对宏观经济的影响

2012年，经济结构调整和国际上复杂多变的环境使得中国经济增长速度逐季放缓，出口增速出现下滑，贸易顺差大幅度减少。在这种环境下，全年社会消费品零售总额实现210 307.00亿元，比2011年名义增长14.35%。名义增速比2011年低2.8个百分点。扣除价格因素，实际增长12.1%，增速比2011年上升0.5个百分点，实际增速有所提高。同时，物价全面上涨，高物价迫使消费下移。消费对经济增长的贡献大大降低。从图12-5中可以看出，2012年各月社会消费品零售总额增长率均低于2011年的同期水平。

3. 居民消费价格指数、工业品出厂价格指数的波动对宏观经济的影响

从图12-6可以看出，2012年居民消费价格指数、工业品出厂价格指数持续下降，居民消费价格指数各个月份基本回到了3%的警戒线之下，直到2013年2月开始才略有回升。2012年12月工业品出厂价格指数为98.1，居民消费价格指数为102.5。

4. *M*2的波动对宏观经济的影响

2012年全年，在稳健货币政策的作用下，各项贷款的增长率都低于2011年同期水平，而*M*2

① 庞东梅.投资仍然是拉动中国经济增长重要引擎，www.chinagate.com.cn，2009-4-21.

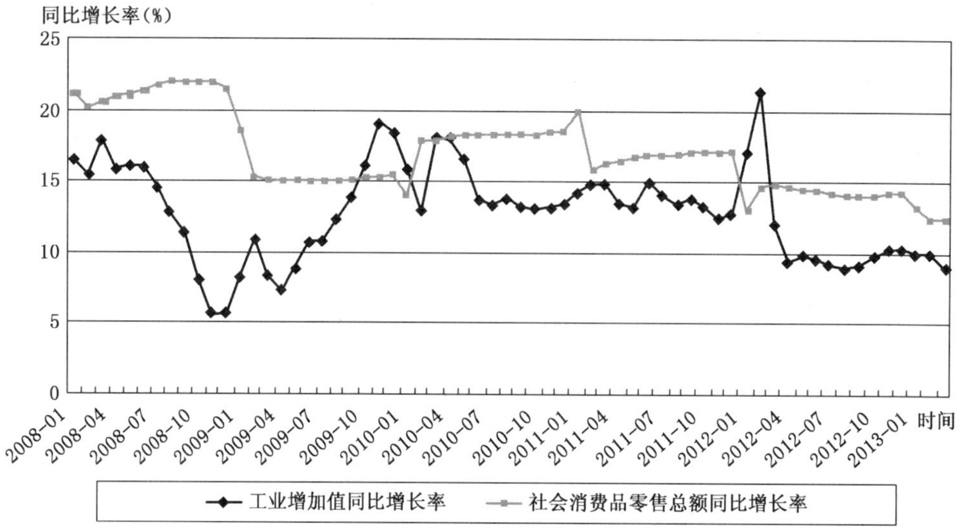

图 12-5 2008 年 1 月至 2013 年 3 月社会消费品零售总额增长率、工业增加值增长率波动轨迹

数据来源:同花顺数据库。

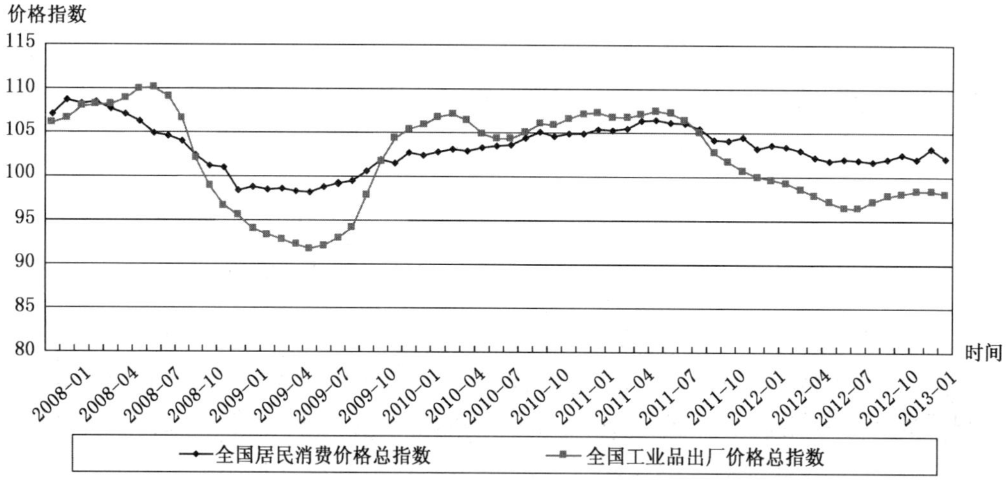

图 12-6 2008 年 1 月至 2013 年 3 月全部工业品出厂价格指数、居民消费价格指数变动轨迹

数据来源:同花顺数据库。

同比增长率相比 2011 年略有回升,如图 12-7。它们的增长与工业增加值的增长基本同步。

5. 出口、进口的波动对宏观经济的影响

2012 年,在严峻的外贸形势下,中国仍然实现外贸进出口总值 38 667.6 亿美元,同比增长 6.17%。

从全年来看,在稳出口政策作用下,2012 年上半年延续了 2011 年的良好发展态势,出口保持了低位增长,全年出口 20 489.3 亿美元,增长 7.92%。2012 年各月出口增速保持稳定,但从 2013 年 1 月份开始有明显提高。从图 12-8 可以看出,2012 年出口增长率的波动幅度不大,明显小于 2011 年的波动幅度。

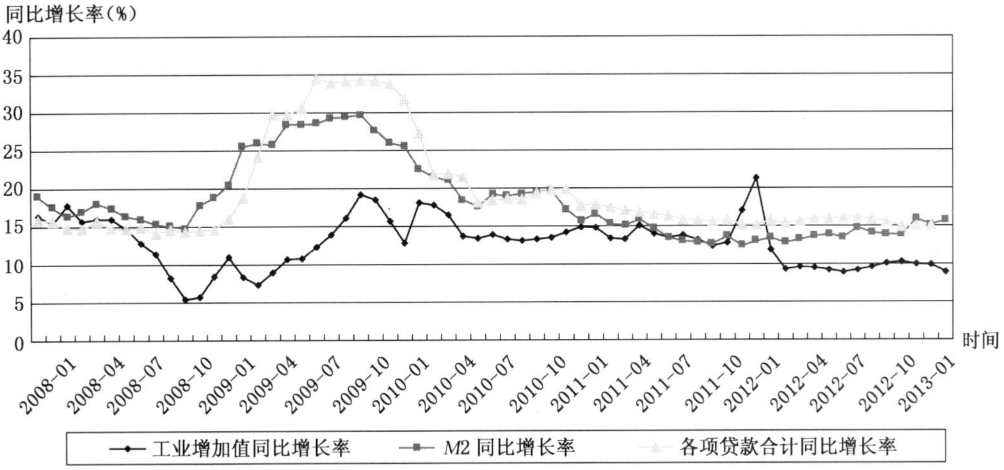

图 12-7　2008 年 1 月至 2013 年 3 月各项贷款增长率、$M2$ 增长率与工业增加值增长率波动轨迹

数据来源：同花顺数据库。工业增加值增长率、各项贷款增长率各年 1 月份的数值是前后两个月的平均值。

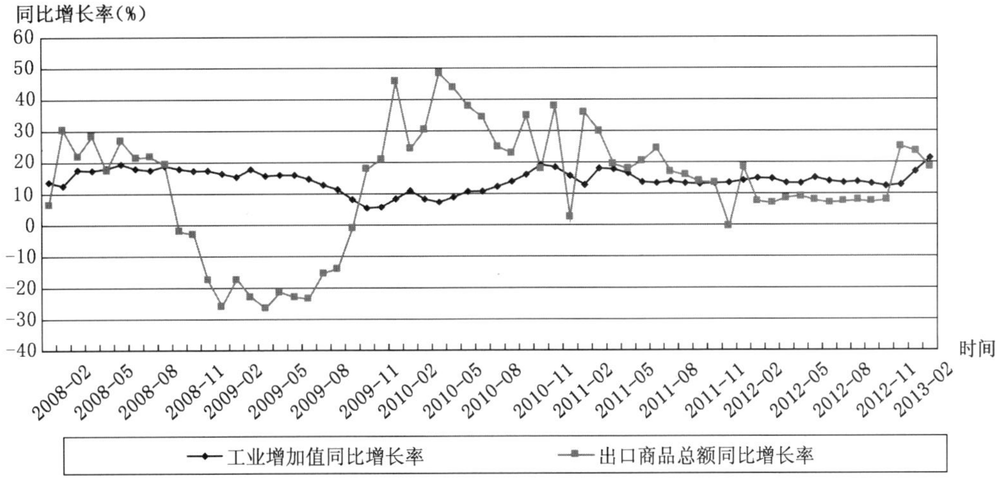

图 12-8　2008 年 2 月至 2013 年 2 月出口增长率与工业增加值增长率波动轨迹

数据来源：同花顺数据库。

在多种扩大进口的措施下，2012 年全年进口 18 178.3 亿美元，增长 4.27%，进口增速比上年有所回落。从图 12-9 可以看出，除 2013 年 1 月外，2012 年全年至 2013 年第 1 季度进口增长率都低于工业增加值增长率。

2012 年中国出口增速高出同期进口增速 3.65 个百分点，外贸顺差在 2011 年同比收窄 14.5%的基础上，2013 年增长率高达 48.9%，与外贸总值的比值为 5.97%，比 2011 年提高 1.7 个百分点。贸易顺差在连续两年下降的情况下，2013 年快速上升，贸易发展更趋平衡。从图 12-10 可以看出，2012 年全年，出口增长率基本上都大于进口增长率。从图 12-11 可以看出，2012 年贸易顺差增长率波动幅度较大。

2012 年最后 1 个月份的进口和出口规模双双创历史新高，一改之前出口连续两个月环比收缩的困局。

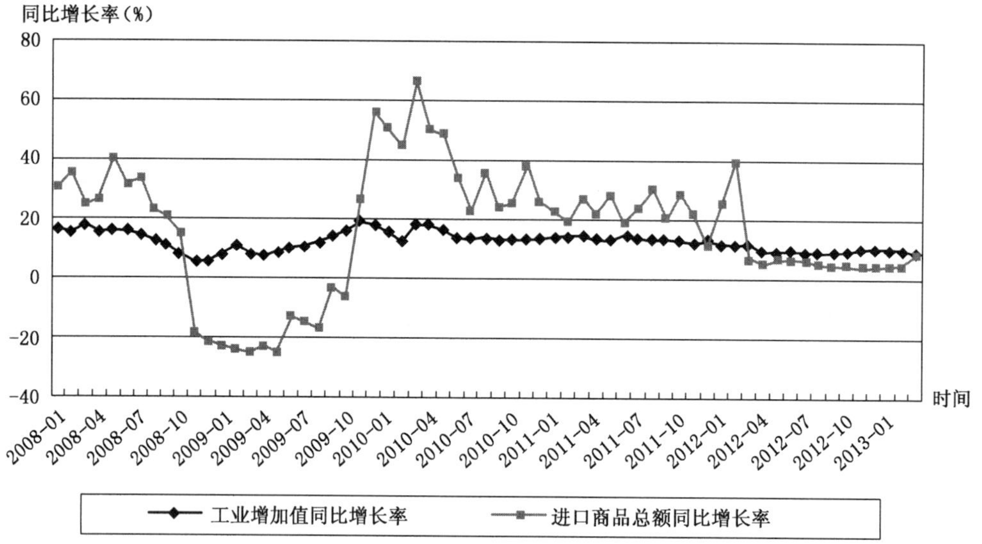

图 12-9　2008 年 1 月至 2013 年 3 月进口商品总额增长率与工业增加值增长率波动轨迹

数据来源:同花顺数据库。

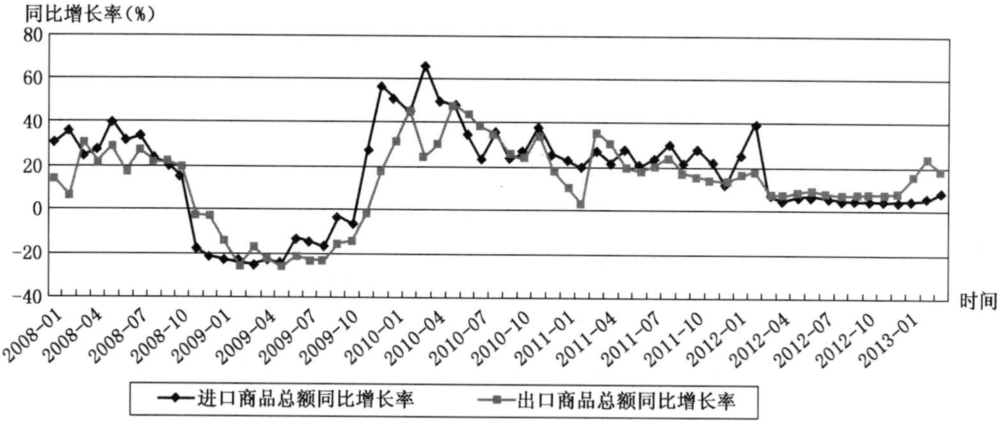

图 12-10　2008 年 1 月至 2013 年 3 月进、出口增长率波动轨迹

数据来源:同花顺数据库。

6. 固定资产投资的波动对宏观经济的影响

在宏观调控下,2012 年固定资产投资增速呈逐步放缓态势,全年固定资产投资增长率基本在 20.83%左右,最高为 1 月的 22.65%,最低为 5 月份的 20.15%。见图 12-12。全年固定资产投资 364 835.07 亿元,比上年增长 20.83%,扣除固定资产投资价格上涨因素,实际增长 16.1%。其中,第一产业投资 9 004.26 亿元,比上年增长 32.19%;第二产业投资 158 671.51 亿元,比上年增长 20.15%,增速降低 7.15 个百分点;第三产业投资 197 159.3 亿元,比上年增长 20.57%,增速回落 0.53 个百分点。下半年,在"稳增长"目标下,基础建设和重点工程项目的投资大幅度扩张,有效弥补了房地产低迷和出口疲软带来的投资缺口,改变了上半年投资增速下滑的局面。

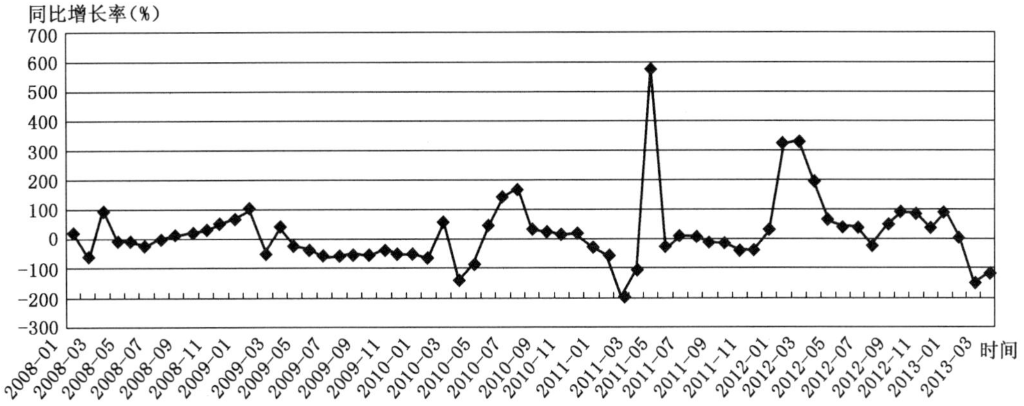

图 12-11　2008 年 1 月至 2013 年 2 月贸易顺差同比增长率波动轨迹

数据来源:同花顺数据库。

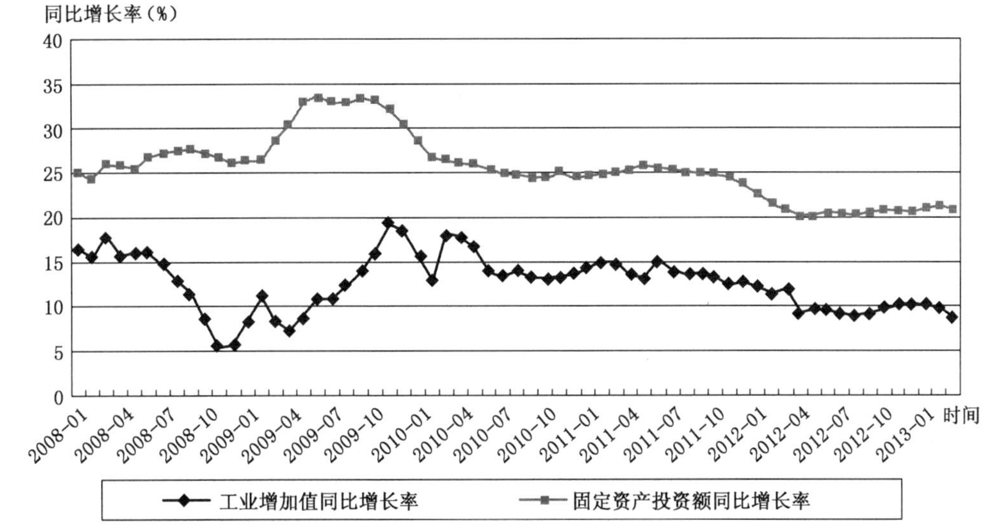

图 12-12　2008 年 1 月至 2013 年 3 月固定资产投资额增长率与工业增加值增长率波动轨迹

数据来源:同花顺数据库。各年度 1 月份的数据为前后两个月的平均值。

7. 财政收入的波动对宏观经济的影响

2012 年,全国财政收入 117 210 亿元,比 2011 年增长 12.98%,这是中国年度财政收入继 2012 年后第二次突破 10 万亿元。但从月度增幅来看,增幅上半年逐月回落,但从下半年开始财政收入略有回升。见图 12-13。6 月份财政收入同比增长率为 9.79%,7 月份、8 月份依次为 8.19%、4.2%。财政收入增幅回落的主要原因是经济增长放缓。

三、2013 年中国经济面临的风险

2012 年 9 月份以后,中国货币政策和财政政策的持续放松,消费持续增长,基础建设投资大幅增长、房地产政策微调带来了"刚需"释放,宏观经济开始出现"触底反弹",并在中共十八大召开的政治效应、外需小幅回升等因素的作用下,重返复苏的轨道。2013 年将延续 2012 年

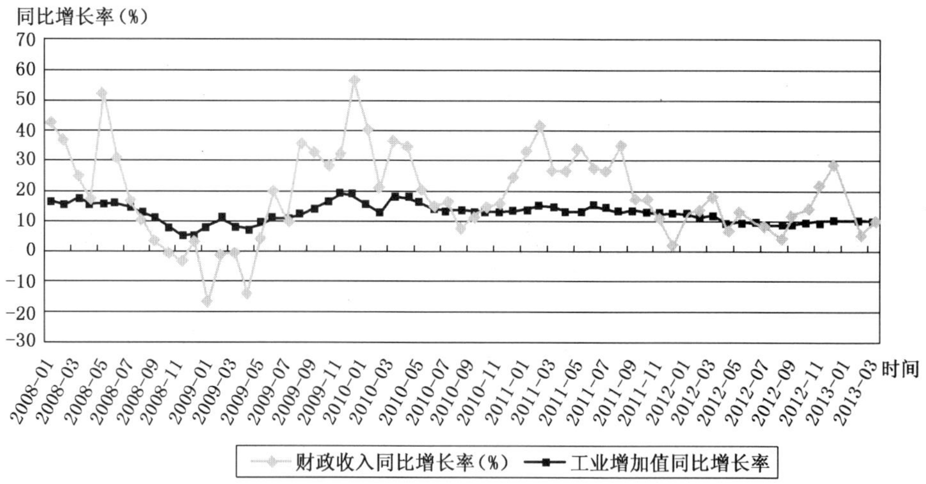

图 12-13　2008 年 2 月至 2012 年 12 月财政收入增长率与工业增加值增长率波动轨迹

数据来源：同花顺数据库。

第 4 季度反弹的趋势，中国经济仍将是复杂的 1 年，面临着各种风险。

1. 国际环境的不确定性风险

2013 年，世界经济形势依然错综复杂，充满不确定性。中国外部环境将面临持续的外需下滑和资本外逃的冲击。

美国“财政悬崖”仍存隐患，如财政支出进一步收紧，必将抑制消费增长，阻碍经济复苏；但房地产市场的回暖，能源及相关产业的投资增长，“再工业化”政策的实施都将增强美国经济复苏的势头。

欧债危机前景仍不明朗。欧盟启动了欧洲稳定机制，构筑危机扩散的防火墙，避免危机进一步扩大。欧央行推出直接货币交易计划，承诺在一定条件下无限量购买重债国国债。欧盟加强银行业联盟并强化欧央行监管职能，强化对金融风险的防范，市场信心趋于稳定，欧债危机显露出一些积极变化。但解决欧债危机的根本举措在于推进实质性改革，而改革会涉及重大利益调整，需要各方长时间博弈并相互妥协。总体上看，2013 年欧债危机失控的可能性不大，但仍可能不断发酵并引发国际金融市场波动，制约欧元区乃至全球经济复苏。

2012 年新兴经济体经济复苏步履蹒跚，失业率总体呈下降趋势，通胀压力总体缓解，贸易增速明显放缓且争端频繁，债务水平远低于发达经济体，但新兴经济体彻底摆脱金融危机的影响仍有待时日。2013 年，新兴经济体的发展仍将受到发达经济体经济运行状况等多种因素的影响。

在上述背景下，发达国家采取的“松货币”与“紧财政”政策组合效应具有较大的不确定性。

2. 实体经济持续低迷的风险

2012 年，全球贸易量增长 2.5%，增速比 2011 年下降 50%。据 2012 年《国际贸易环境发展概览》年度报告预测，2013 年全球贸易增长率为 4.5%，仍低于过去 20 年 5.4%的平均增长水平，中国实体经济面临的外部环境非常严峻。同时，国内经济的调整也进入了一个关键时期，经济运行处在从政策刺激向内生增长转变的过程，经济下行的风险仍然较大。

根据《2012 · 中国企业经营者问卷跟踪调查报告》结果，目前企业经营处于相对困难的时期,主要原因包括外需不足导致企业产品出口数量和出口价格均大幅下降;产能过剩矛盾日益突出,企业设备利用率下滑明显;部分企业经营者认为当前房地产调控政策在一定程度上波及相关产业企业的经营发展;中小企业融资难问题依然突出,资金紧张状况仍然比较严重。调查显示,基于当前的宏观背景,企业经营者认为经济回暖的过程可能会比较长。认为目前宏观经济“偏冷”的企业经营者占49.5%,认为“过冷”的占7.7%,两者合计比重比2011年上升了31.7个百分点,为近3年来的最高值,不过仍低于2009年第1季度的调查结果;认为“偏热”或“过热”的占9.9%,明显低于2011年;认为“正常”的占23.2%;认为“尚难判断”的占9.7%。

当前企业面临的困难,既有外部因素,也有内部因素。从外部看,欧债危机的蔓延导致全球经济波动加剧、复苏放缓,进而影响到中国企业出口的下滑;从内部看,突出反映了三方面的问题:一是由于前些年制造业投资过快增长,造成产能增加过快,在经济下滑时期,产能过剩的矛盾日益突出;二是房地产调控需突破两难困境,即一方面要在确保房地产业平稳健康发展的同时使过高的房价有效回落到合理价位,另一方面要防止房地产调控给房地产业及其相关行业的企业带来较大困难;三是近年来制约中小企业发展的融资难问题依然突出,中小企业的资金紧张状况仍然比较严重。

如图12-14所示,2012年*GDP*季度增长率持续回落,2013年第1季度*GDP*同比增长率为7.7%,仍然延续了2012年的回落。从三大产业来看,2012年第二产业与第三产业同步回落,2013年1季度除了第三产业同比增长率为8.3%,比上月略有回升外,其他产业下降趋势仍在延续。

从2012年第4季度开始,虽然固定资产投资增速持续回升,但主要是基建投资的贡献,而制造业投资始终未见起色。

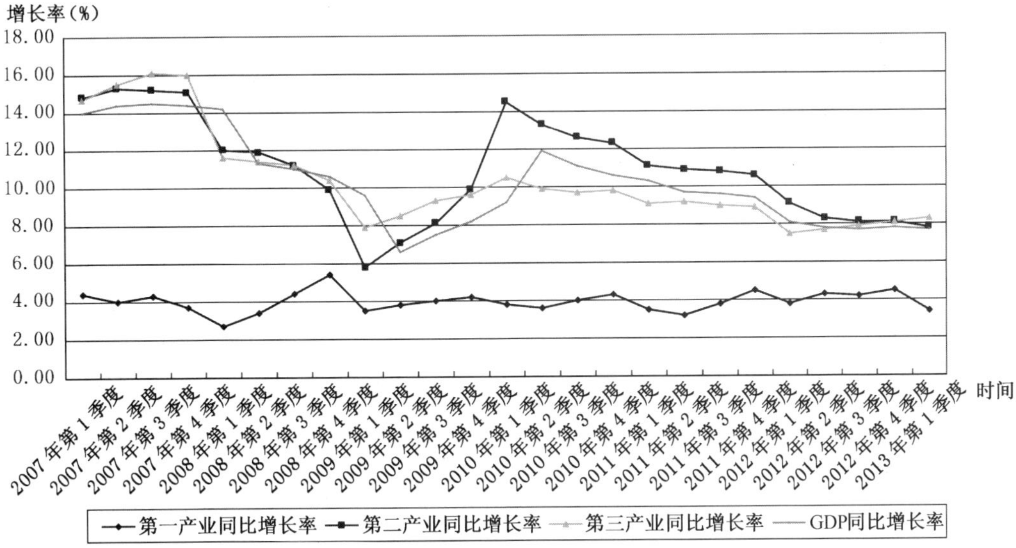

图12-14　2007年第1季度至2012年第1季度三大产业及*GDP*同比增长率

数据来源:同花顺数据库。

在制造业增速回落的引领下,工业增速趋缓较为明显。如图12-15所示,PMI指数自2012年4月份的全年最高值53.3下降到8月份的最低值49.2,跌破临界值50的水平。2013年PMI略有回升,3月份为50.9。与此同时,规模以上工业企业增加值出现下滑。2012年全年，工业增加值同比增长率在 2 月份达到最高值 21.3%后，快速回落，2012 年 11 月、12 月分别下滑到 10.1%和 10.3%。全年累计规模以上工业增加值同比增长 7.9%，低于 2011 年 2.5 个百分点。2013 年继续回落，2 月份为 9.9%，3 月份为 8.9%。

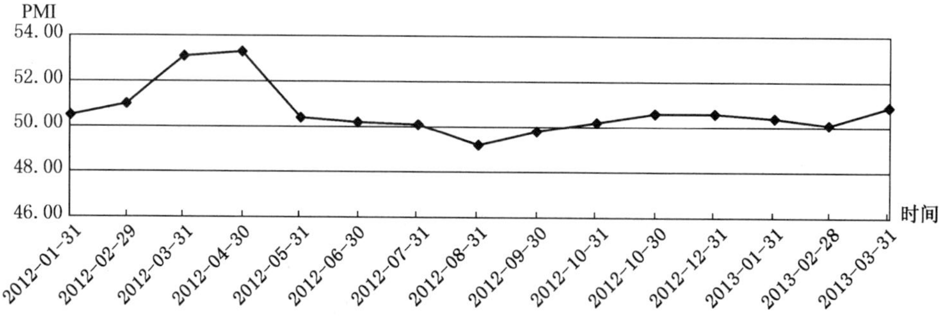

图 12-15　2012 年 1 月至 2013 年 3 月 PMI 波动轨迹

数据来源：同花顺数据库。

3. 房地产市场风险

2012 年，全国房地产开发投资 71 804 亿元，比上年增长 16.2%，增速比上年回落 11.7 个百分点，全国商品房销售面积 11.13 亿平方米，比上年增长 1.8%，增速比上年回落 3.1 个百分点，房地产开发资金来源合计 96 537.67 亿元，比上年增长 15.97%，增速比上年上升 1.14 个百分点。其中，银行贷款同比增速比上年增长 16%，资金来源中的应付款累计同比增长率全年各月都维持在 10%，2013 年这一比值相比 2012 年有所上升，2 月份为 33.7%。图 12-16 分别描述了全国房地产开发投资增速、全国商品房销售面积增速、全国商品房销售额增速、全国房地产开发企业本年资金来源增速波动情况。目前，房地产宏观调控使很多城市供应偏紧，这促使了 2013 年房价反弹并增加了房地产投资增速反弹的概率。如果出现反弹，产业管制将更严格，房地产畸形发展的可能是存在的。“控房价”与“保增长”、“短期民生问题”和中期房地产可持续发展之间的冲突依然在 2013 年严重存在，房地产的市场风险增大。

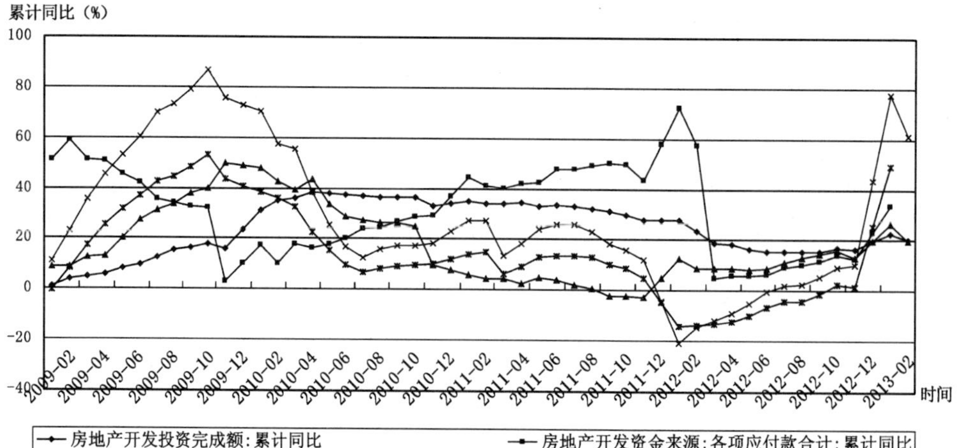

图 12-16　2009 年 2 月至 2013 年 3 月房地产开发情况

数据来源：同花顺数据库。

4. 通货膨胀风险

中国经济增长率与潜在增长率相差不大，因此预计 2013 年通货膨胀率依然会保持稳定。不过，与 2012 年中国相当低的通胀率相比，2013 年的通胀率可能略微反弹。主要原因包括：国内要素价格改革可能造成国内要素成本持续上涨；全球发达经济体央行集体实施的量化宽松政策可能推高全球能源与大宗商品价格，从而使得中国面临持续的输入性通胀压力；从"猪周期"来看，2013 年供求关系的转变可能启动猪肉价格的新一轮上升行情。在经济复苏、成本推动以及结构性因素的作用下，食品价格水平可能面临持续上扬的压力，食品推动型价格上涨引发的民生问题很可能导致促进经济持续复苏的宽松政策受阻，进而引发通货膨胀风险。

四、经济周期波动转折点预测

经济周期波动是宏观经济学研究的主题之一，而转折点是揭示经济周期波动规律的关键点，根据是否为转折点能够判断出下一个时期经济增长的总体走势。因此，研究建立有效实用的经济周期波动转折点预测模型，以及基于模型对转折点的预测在理论与应用两方面均有重要意义。

（一）连续属性完全贝叶斯分类器

用 $X_1, \cdots, X_n, c$ 表示连续属性和类，$x_1, \cdots, x_n, c$ 为其值；D 是具有 N 个记录的数据集，数据随机产生于混合分布；P、x_{im} 和 c_m 表示 $X_i(1 \leqslant i \leqslant n)$ 和 c 在数据集 D 中第 $m(1 \leqslant m \leqslant N)$ 个记录的观测值。

定义　对混合分布 $p(c, x_1, \cdots, x_n)$，称使用

$$\underset{c(x_1, \cdots, x_n)}{\operatorname{argmax}} \{p(c)p(x_1, \cdots, x_n \mid c)\} \tag{12-1}$$

进行分类的分类器为连续属性完全贝叶斯分类器。

完全贝叶斯分类器不施加任何条件独立性假设，这使得该分类器的结构是一个完全有向无环图(所有的完全有向无环图等价)，如图 12-17 所示。

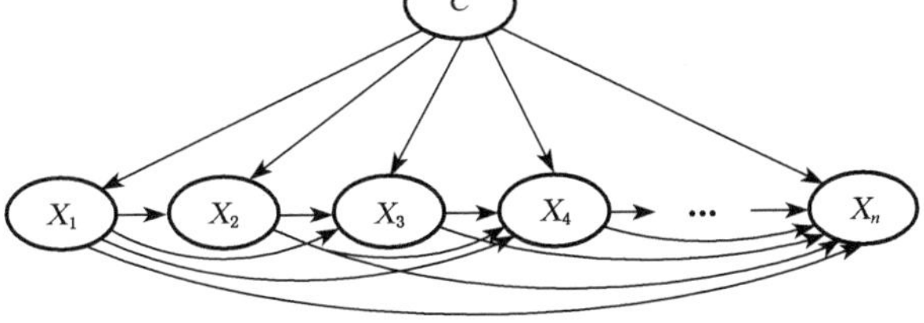

图 12-17　完全贝叶斯分类器结构

1. 属性条件联合密度估计

属性条件联合密度估计是连续属性完全贝叶斯分类器学习的核心，我们采用统计多元核函数方法来估计属性条件联合密度，并在多元核函数中为每个属性引入平滑参数，来控制分类器与数据的拟合程度。

用 $\hat{p}(x_1 \cdots x_n \mid c, D)$ 表示在数据集 D 基础上的属性条件联合密度估计，基于统计多元核函数的属性条件联合密度估计一般形式为：

$$\hat{p}(x_1 \cdots x_n \mid c, D) = \frac{1}{N(c)h_1 \cdots h_n} \sum_{m=1}^{N} \left[signa(c_m) \prod_{i=1}^{n} K_i\left(\frac{x_i - x_{im}}{h_i} \right) \right] \tag{12-2}$$

其中 $K_i(\cdot)$、$h_i(i = 1, \cdots, n)$ —— X_i 的核函数和平滑参数；

$$signa(c_m) = \begin{cases} 1, & c_m = c \\ 0, & c_m \neq c \end{cases}$$。

我们取 $K_i(\cdot)$ 为高斯核函数(也可以取其他的核函数)，即：

$$K_i\left(\frac{x_i - x_{im}}{h_i} \right) = g(x_i; x_{im}, h_i), \quad g(x_i; x_{im}, h_i) = \frac{1}{\sqrt{2\pi}h_i} \exp\left[-\frac{(x_i - x_{im})^2}{2h_i^2} \right]$$

那么

$$\hat{p}(x_1 \cdots x_n \mid c, D) = \frac{1}{N(c)h_1 \cdots h_n} \sum_{m=1}^{N} \left[signa(c_m) \prod_{i=1}^{n} g(x_i; x_{im}, h_i) \right] \tag{12-3}$$

其中 $N(c)$ ——训练集中 $C = c$ 的情况数量。

结合 $\hat{p}(c) = \dfrac{N(c)}{N}$，具有多平滑参数的完全贝叶斯分类器对 $N+1$ 情况的分类结果为：

$$\underset{cx_{1(N+1)}, \cdots, x_n(N+1)}{\operatorname{argmax}} \left\{ \sum_{m=1}^{N} \left[\prod_{i=1}^{n} signa(c_m) g(x_{i(N+1)}; x_{im}, h_i) \right] \right\} \tag{12-4}$$

除采用多元高斯核函数进行属性条件联合密度估计外，还可以使用多元高斯函数、扩展的多元高斯核函数和高斯 Copula 函数(从计算效率和可靠性方面考虑，扩展的高斯核函数中的平滑参数矩阵和高斯 Copula 函数中的协方差矩阵可采用三对角对称矩阵)等来估计属性条件联合密度，在实验中给出了几种属性条件联合密度估计方法的对比实验。

2. 属性条件联合密度优化

基于多元高斯核函数估计属性条件联合密度的优化有许多统计方法，我们通过对平滑参数的打分—搜索来实现属性条件联合密度优化。以分类器的分类准确性为打分标准，搜索策略采用区间异步长划分完全搜索。

分类准确性估计采用 10 折交叉有效性(10-fold cross-validation)验证方法，Kohavi(1995)曾对各种常用的分类准确性估计方法进行过综合实验与统计分析，认为基于 10 折交叉有效性验证方法所进行的分类准确性估计更加可靠。平滑参数决定着做叠加的高斯函数曲线形状，因此能够控制所估计的属性条件密度与数据的拟合程度。随着平滑参数接近于零，所估计的属性条件密度会更加拟合数据(也称为噪声估计)，并会产生过度拟合现象(欠平滑)；而随着平滑参数的增大，将使所估计的属性条件密度逐渐趋近于真实密度，直到取得最优平滑参数(具有最佳分类效果的平滑参数)。如果平滑参数持续增大，所估计的属性条件密度对数据的拟合程度将继续下降，以至于会出现欠拟合(过平滑)现象。

对于单平滑参数的完全贝叶斯分类器，采用区间异步长划分完全搜索方法发现最优平滑参数。一般根据实验确定平滑参数的界值 $h_{\min}$ 和 $h_{\max}$，十进位点将 $[h_{\min}, h_{\max}]$ 分成一些子区间，在这些子区间中的步长依次记为 Δ_1，Δ_2，…(为提高效率，步长可逐渐增加)这样便可得到平滑参数的取值集合，通过以分类准确性为标准的遍历打分—搜索来发现最优平滑参数。对于具有多平滑参数的情况，首先根据 Quinlan(1986)的信息增益率(information gain ratio)为属性排序(其中的条件密度计算采用高斯核函数,平滑参数使用 John 和 Langley(1995)的方法进行设置),然后采用单平滑参数的优化方法依次进行多平滑参数的优化,最终获得所有平滑参数的局部最优配置。

(二) 连续属性动态完全贝叶斯分类器

动态完全贝叶斯分类器是完全贝叶斯分类器与时间序列的结合(或完全贝叶斯分类器的时序扩展),能够有效利用类变量的动态时间序列信息和时间片内属性之间的依赖信息,是经济周期波动转折点预测的有力工具。分别用 $X_i[1]$, $X_i[2]$, …, $X_i[T]$ $(1\leqslant i\leqslant n)$ 和 $C[1]$, $C[2]$, …, $C[T]$ 表示属性和类序列;$x_i[1]$, $x_i[2]$, …, $x_i[T]$ 和 $c[1]$, $c[2]$, …, $c[T]$ 是具体的取值。$D[1]$, $D[2]$, …, $D[T]$ 是累计时间片数据集序列;$D[1]\subset D[2]\subset$, …, $\subset D[T]$。$N[1]$, $N[2]$, …, $N[T]$ 是对应时序数据集中的例子数量。

1. 分类器结构和表示形式

在动态完全贝叶斯分类器结构中,类时间序列构成马尔科夫链,给定一个时间片内的类时,所属的时间片属性与其他时间片内的属性和类条件独立,图 12-18 给出的是动态完全贝叶斯分类器结构。

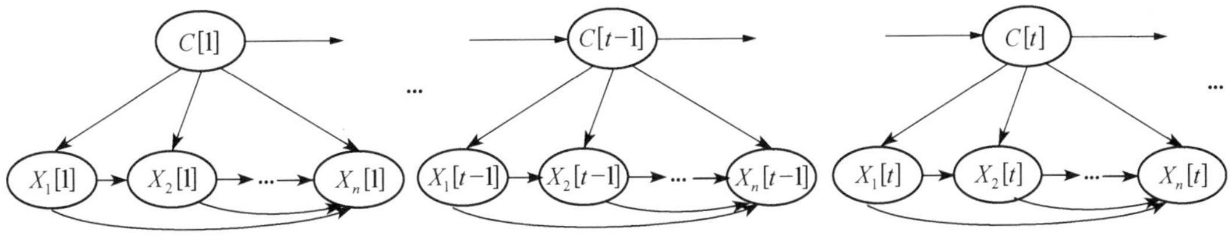

图 12-18　动态完全贝叶斯分类器结构

依据贝叶斯网络理论、概率公式和图 12-18 中所蕴含的条件独立性关系可得:

$$
\begin{aligned}
&p(c[t]\mid c[1],\cdots,c[t-1],x_1[1],\cdots,x_n[1],\cdots,x_1[t],\cdots,x_n[t])\\
&=p(c[t]\mid c[t-1],x_1[t],\cdots,x_n[t])\\
&=\frac{p(c[t],c[t-1],x_1[t],\cdots,x_n[t])}{p(c[t-1],x_1[t],\cdots,x_n[t])}\\
&=\beta p(c[t]\mid c[t-1])p(x_1[t],\cdots,x_n[t]\mid c[t]),
\end{aligned}
\tag{12-5}
$$

其中　β——与 $c[t]$ 无关的量。

动态完全贝叶斯分类器可表示为:

$$
\underset{c[t](c[t-1],x_1[t],\cdots,x_n[t])}{\operatorname{argmax}}\{p(c[t]\mid c[t-1])p(x_1[t],\cdots,x_n[t]\mid c[t])\}
\tag{12-6}
$$

其中　$p(c[t]\mid c[t-1])$——类转换概率;

$p(x_1[t],\cdots,x_n[t]\mid c[t])$——时间片属性条件联合密度。

2. 属性条件联合密度估计

用 $\hat{p}(x_1[t],\cdots,x_n[t]\mid c[t],D[t])$ 表示 $p(x_1[t],\cdots,x_n[t]\mid c[t])$ 的估计,那么

$$
\begin{aligned}
&\hat{p}(x_1[t],\cdots,x_n[t]\mid c[t],D[t])\\
&=\frac{1}{N(c[t-1])h_1[t]\cdots h_n[t]}\sum_{v=1}^{t-1}signb(c[v])\prod_{i=1}^{n}g(x_i[t];x_i[v],h_i[t]\mid D[t])
\end{aligned}
\tag{12-7}
$$

其中 $N(c[t-1])$——时序数据集中 $c[v]=c[t](1\leqslant v\leqslant t-1)$ 的情况数量；

$h_i[t]$ $(i=1, \cdots, n)$——平滑参数，$signb(c[v])=\begin{cases}1, & c[v]=c[t]\\ 0, & c[v]\neq c[t]\end{cases}$。

3. 分类准确性评价标准

设有时序数据 $x_1[1], \cdots, x_n[1], c[1], \cdots, x_1[T], \cdots, x_n[T], c[T]$，选择一个界值 T_0，T_0 的值可依据时间序列的大小 T、类转移概率与条件密度估计的有效性或实际需要来确定。用 $accuracy(dfbc, h_i, D[T], T_0)$ 表示动态完全贝叶斯分类器的分类准确率，h_i 是平滑参数，$c_{prediction}[t]$ 是使用 $x_1[1], \cdots, x_n[1], c[1], \cdots, x_1[t-1], \cdots, x_n[t-1], c[t-1]$ 进行训练，并依据 $x_1[t], \cdots, x_n[t]$ 的配置对 $c[t]$ 的预测结果，$c_{true}[t]$ 是真正的结果，那么

$$accuracy(dfbc, h, D[T], T_0)=\frac{1}{T-T_0}\sum_{t=T_0+1}^{T} signb(c_{prediction}[t], c_{true}[t]) \tag{12-8}$$

其中 $signb(c_{prediction}[t], c_{true}[t])=\begin{cases}1, & c_{prediction}[t]=c_{true}[t]\\ 0, & c_{prediction}[t]\neq c_{true}[t]\end{cases}$。

（三）GDP 增长率波动转折点预测

选择对 GDP 有较大影响的 16 个宏观经济指标，从国家统计局和相关数据源获取这些宏观经济指标的年度时序数据，通过建立动态完全贝叶斯分类器模型来对 GDP 波动转折点进行预测。

1. 影响 GDP 增长率的相关指标

选择下面的指标作为动态完全贝叶斯分类器的属性：第一产业同比增长率（$X_1[t]$），第二产业同比增长率（$X_2[t]$），第三产业同比增长率（$X_3[t]$），M0 同比增长率（$X_4[t]$），M1 同比增长率（$X_5[t]$），M2 同比增长率（$X_6[t]$），储蓄存款同比增长率（$X_7[t]$），各项贷款总额同比增长率（$X_8[t]$），社会固定资产投资总额同比增长率（$X_9[t]$），社会消费品零售总额同比增长率（$X_{10}[t]$），居民消费价格总指数（$X_{11}[t]$），全国商品零售价格指数（$X_{12}[t]$），出口商品总额同比增长率（$X_{13}[t]$），进口商品总额同比增长率（$X_{14}[t]$），财政预算收入同比增长率（$X_{15}[t]$）和财政预算支出同比增长率（$X_{16}[t]$），GDP 同比增长率（$X_{17}[t]$）。

2. 动态完全贝叶斯分类器结构和表示形式

在一个时间片内，动态完全贝叶斯分类器结构是一个完全有向无环图，用于 GDP 波动转折点预测的动态完全贝叶斯分类器结构如图 12-19 所示，依据结构便能够得到动态完全贝叶斯分类器的表示形式。

(1) 分类器结构。一个时间片内的动态完全贝叶斯分类器结构如图 12-19 所示。

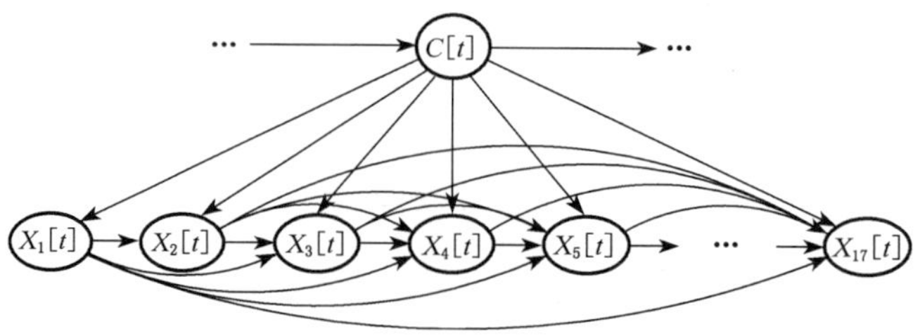

图 12-19 用于 GDP 波动转折点预测的动态完全贝叶斯分类器结构

(2) 分类器表示形式。根据图 12-19 显示的分类器结构得到分类器的表示形式为:

$$\underset{c[t](c[t-1],\, x_1[t],\, \cdots,\, x_{17}[t])}{\operatorname{argmax}} \{p(c[t] \mid c[t-1])p(x_1[t],\, x_2[t],\, x_3[t],\, x_4[t],\, x_5[t],\, \cdots,\, x_{17}[t] \mid c[t])\}$$

(3) 转折点预测。使用动态完全贝叶斯分类器模型,对 2000—2011 年 GDP 增长率波动的转折点进行预测,平滑参数的配置是 $h_1 = h_2 = h_3 = h_4 = h_5 = h_6 = h_7 = h_8 = h_9 = 1$, $h_{10} = 0.236$, $h_{11} = h_{12} = h_{13} = h_{14} = 1$, $h_{15} = 0.042$, $h_{16} = 1$, $h_{17} = 0.158$,具体情况如表 12-1 所示。对 2012 年 *GDP* 波动转折点的预测情况是:是转折点的概率为 0.479 2,不是转折点的概率为 0.520 8。这意味着 2013 年 *GDP* 增长率相对于 2012 年 *GDP* 增长率,有0.520 8 的可能性会下降。

表 12-1

2000—2011 年 *GDP* 波动转折点预测情况

转折点否	2000 年	2001 年	2002 年	2003 年	2004 年	2005 年	2006 年	2007 年	2008 年	2009 年	2010 年	2011 年
是转折点	0.504 7	0.886 0	0.001 2	0.008 8	0.037 5	0.000 7	0.431 1	0.999 9	0.003 3	0.994 4	0.963 1	0.001 8
不是转折点	0.495 3	0.114 0	0.998 8	0.991 2	0.962 5	0.999 3	0.568 9	0.000 1	0.996 7	0.005 6	0.036 9	0.998 2
真实转折点	是	是	不是	不是	不是	不是	不是	是	不是	是	是	不是

五、政策建议

根据上述预测结果,建议主要从以下几方面进行政策的完善。

1. 调整结构,转换经济发展模式,使经济发展可持续

加快经济发展方式的转变,顺应世界结构性调整,重视全球化逆转和国际分工格局调整对于中国经济结构的根本性冲击,积极推进改革和结构调整,提高增长的质量和效益。

2. 充分发挥市场的作用

完善市场建设的基础,使结构调整呈现市场主导的趋势性变化,寻找结构转型的市场支点、培育结构转型的市场力量。

3. 深化金融体制改革

积极推进利率市场化改革和汇率浮动机制改革,改善民营企业投资环境,高度重视"民间融资困局"的扩散,增强金融市场功能。

4. 推进收入分配改革

要发挥消费对经济的促进作用,必须构建扩大消费的长效机制。因此,需要提高居民收入在国民收入分配中的比重,提高劳动报酬在初次分配中的比重,降低税收,推出收入倍增改革方案。

5. 资源要素和公共服务价格改革

利用市场的力量,将各类生产要素的价格上调到合理区间,让参与市场的各类要素获得应有的收入分配,调动参与各方的积极性和消费能力。

6. 充分发挥税收在结构调整中的作用

利用各种财税政策强化产业梯度转移中的产业升级,积极构建中国在新区域和新产业的新的比较优势。

参 考 文 献

[1] 庞东梅.投资仍然是拉动中国经济增长重要引擎. www.chinagate.com.cn.2009-4-21.
[2] 中国企业家调查系统.2012·中国企业经营者问卷跟踪调查报告.
[3] 中国人民大学课题组.中国宏观经济分析与预测(2012—2013).

后　　记

经过《中国经济运行风险研究报告 2013》(以下简称本报告)项目研究团队的辛勤工作,作为集体智慧的结晶,本报告终于定稿付梓,这是我们自《中国经济运行风险研究报告 2007》出版以来,连续公开出版的第七本关于中国宏观经济运行风险的研究成果。

作为中国立信风险管理研究院的标志性科研成果之一,本报告以校内学术骨干为主体,并整合了校外研究学者的力量;不论报告框架的构建和研究思路的确定,还是研究主题的选择和具体内容的撰写,无不凝结着本报告项目组全体成员的辛勤耕耘和智慧。

在本报告出版之际,要特别感谢上海市教委领导和相关部门的资助和支持,同时也对学校各位领导的关心支持及为报告研究工作创造了良好的环境表示诚挚的谢意;学校学科办、科研处和财务处等职能部门对本报告的研究工作也提供了莫大的帮助,这些支撑和帮助都是本报告得以顺利完成的根本保证。另外,立信会计出版社的领导及编辑为本报告的顺利出版、发行付出了大量卓有成效的劳动,他们的工作态度和敬业精神尤其值得尊敬,在此一并表示最诚挚的谢意。

本报告的出版,是我们继 2012 年工作的进一步探索,欢迎风险管理领域的同仁批评指正,也非常希望风险管理研究领域的专家学者们提出宝贵建议,提供无私帮助。我们希望本报告的出版,能为有志于风险管理研究和实践的同行们提供一个交流平台,也非常愿意看到我们的工作能够使得越来越多的人关注中国经济运行中的风险问题,关心风险管理相关领域的学术研究工作。虽然本报告有可能在许多方面仍存有瑕疵,但我们会尽力在 2014 年的研究报告中继续改进和完善,并且,我们坚信能在中国经济运行风险研究这条路上走得更远。